Jordans/Klenk/Rösler
Preishandbuch –
Rechtskonformes Pricing
im Massengeschäft

# Preishandbuch – Rechtskonformes Pricing im Massengeschäft

herausgegeben von

**Prof. Dr. Roman Jordans, LL.M. (NZ)**
Rechtsanwalt

**Dr. Peter Klenk**

**Prof. Dr. Patrick Rösler**
Rechtsanwalt

bearbeitet von

Paul H. Assies, Rechtsanwalt; Maximilian Brauer, Rechtsanwalt; Josef Domesle, LL.M., Rechtsanwalt; Martin Janzen; Prof. Dr. Roman Jordans, LL.M. (NZ), Rechtsanwalt; Dr. Peter Klenk; Dr. Volker Lang, Justiziar; Britta Lissner, LL.M., Rechtsanwältin; Florian Martl; Vanessa Nägele; Dr. Christoph Naendrup, LL.M., Rechtsanwalt; Johannes Ristelhuber, Rechtsanwalt; Dr. Benedikt Rohrßen, Rechtsanwalt; Prof. Dr. Patrick Rösler, Rechtsanwalt; Dr. Sascha Vander, LL.M., Rechtsanwalt

2024

C.H.BECK      Vahlen

Zitiervorschlag: Jordans/Klenk/Rösler Pricing-HdB/Bearbeiter Kap. 1 Rn. 1

www.beck.de

ISBN 978 3 406 80484 7

© 2024 Verlag C.H.Beck oHG
Wilhelmstraße 9, 80801 München
Druck und Bindung: Beltz Grafische Betriebe GmbH
Am Fliegerhorst 8, 99947 Bad Langensalza

Satz: Druckerei C.H.Beck Nördlingen

Umschlag: X-Design
München (www.x-designnet.de)

Gedruckt auf säurefreiem, alterungsbeständigem Papier
(Hergestellt aus chlorfrei gebleichtem Zellstoff)

Alle urheberrechtlichen Nutzungsrechte bleiben vorbehalten.
Der Verlag behält sich auch das Recht vor, Vervielfältigungen dieses Werkes
zum Zwecke des Text and Data Mining vorzunehmen.

# Vorwort

Das Urteil des XI. Zivilsenat vom 27.4.2021 zur Unwirksamkeit der „Zustimmungsfiktionslösung" für AGB-Änderungen der Kreditwirtschaft hat zunächst die Bankbranche vor Herausforderungen gestellt. Dabei hat es schon 2007 Entscheidungen des BGH und 2020 eine Entscheidung des EuGH gegeben, die ähnliche Klauseln für unwirksam erklärten. Zustimmungsfiktionsklauseln können daher auch über die Bankbranche hinaus nicht mehr ohne weiteres für AGB-Änderungen und damit auch Preisänderungen herangezogen werden. Erforderlich wäre darum in allen abo-ähnlichen Vertragsverhältnissen grundsätzlich eine aktive Zustimmung des Kunden.

Daher ist es erstaunlich, dass noch 2023 Anbieter hiermit arbeiten, wie etwa Pinterest. DAZN wurde im Sommer 2023 von der VZBV vor dem LG München erfolgreich auf Unterlassung in Anspruch genommen. Umgekehrt wird der Thematik auch politisch Bedeutung beigemessen, wie die BT-Drucksachen 20/4888 und 20/7347 zeigen, mit denen eine gesetzliche Grundlage für eine Zustimmungsfiktionslösung in bestimmten Fällen gefordert wird. Aktuell diskutiert der Bundesrat (BR-Drucksache 362/23) im Rahmen des Entwurfs des Zunkunftsfinanzierungsgesetzes eine Ergänzung im AGB-Recht in § 310 Abs. 1a BGB sowie im Zahlungsverkehrsrecht in § 675g Abs. 2a BGB, die jeweils eine teilweise Nutzung der Zustimmungsfiktionsklausel wieder ermöglichen sollen.

Gerade aufgrund der Preissensitivität der Kunden und der zuletzt stark gestiegenen Inflation ist es für Anbieter von Waren und Dienstleistungen von großer wirtschaftlicher Bedeutung, Preise rechtssicher anpassen zu können. Sowohl für Preissetzung als auch Preisanpassungen gelten hierbei branchenübergreifende Erfolgsfaktoren.

Die Herausgeber danken den Autorinnen und Autoren, die es in kurzer, arbeitsintensiver Zeit geschafft haben, die wesentlichen wirtschaftlichen und rechtlichen Aspekte der Preissetzung und Preisänderung in diesem Werk aufzuzeigen.

Die Herausgeber danken dem Verlag C.H Beck und hier insbesondere Stefanie Menzel, Astrid Stanke und Roland Klaes für die Bereitschaft, das Werk in die „blaue Reihe" aufzunehmen sowie für die konstruktive Begleitung und Unterstützung bei der Entstehung des Werkes.

Allen Lesern danken wir für Ihr Interesse und freuen uns über Rückmeldungen zu den Themen des Buches.

*Roman Jordans*          *Peter Klenk*          *Patrick Rösler*

# Inhaltsverzeichnis

| | |
|---|---|
| Vorwort | V |
| Literaturverzeichnis | XI |
| **Kapitel 1. Einleitung** | 1 |
|    I. Wirtschaftliche Aspekte | 1 |
|    II. Rechtliche Aspekte | 1 |
| **Kapitel 2. Preissetzung aus wirtschaftlicher Sicht** | 3 |
|    I. Preissetzung: Bedeutung, Komplexität und Kontext | 3 |
|       1. Preissetzung ist wichtig! | 3 |
|       2. Preissetzung ist komplex! | 3 |
|       3. Preissetzung braucht Kontext! | 4 |
|    II. Preisstrategie | 4 |
|       1. Die zentralen Kerninhalte einer effektiven Preisstrategie | 4 |
|       2. Ökonomische Relevanz von Dauerschuldverhältnissen | 12 |
|       3. Erfolgsfaktoren der Preispositionierung – der Kontext ist ausschlaggebend | 13 |
|       4. Weitere Faktoren für Preisdurchsetzung und -controlling | 16 |
|    III. Methoden der Preisfindung | 17 |
|       1. Entwicklung der Angebotsstruktur | 18 |
|       2. Entwicklung eines Preismodells | 18 |
|       3. Methodenüberblick zur Preisfindung | 21 |
| **Kapitel 3. Preisänderungen aus wirtschaftlicher Sicht** | 25 |
|    I. Impulse für Preisanpassungen | 25 |
|       1. Preisanpassungen aufgrund von Wettbewerbsbeobachtungen | 26 |
|       2. Preisanpassungen aufgrund von Kostenveränderungen | 27 |
|       3. Preisanpassungen aufgrund veränderter Leistungen/Nutzenaspekte aus Kundensicht | 29 |
|    II. Erfolgsfaktoren in der Umsetzung | 30 |
|       1. Erfolgsfaktor 1: Kommunikationskonzepte | 31 |
|       2. Erfolgsfaktor 2: Befähigung der Mitarbeitenden (mit Kundenkontakt) | 33 |
|       3. Erfolgsfaktor 3: Digitale Applikationen/Zustimmungslösungen | 33 |
|       4. Erfolgsfaktor 4: Erfolgskontrolle | 36 |
|    III. Erfahrungen aus ausgewählten Branchen | 38 |
|       1. Banken | 38 |
|       2. Pricing und Preisänderungsprozesse bei IT-Dienstleistern | 41 |
| **Kapitel 4. Preissetzung aus rechtlicher Sicht** | 47 |
|    I. Rechtliche Rahmenbedingungen | 47 |
|       1. Vertragsfreiheit | 47 |
|       2. Das Preisklauselgesetz | 48 |
|       3. AGB-Recht | 51 |
|       4. Bei Verbraucherbeteiligung: Strengeres AGB-Recht und die Richtlinie 93/13/EWG des Rates vom 5.4.1993 über missbräuchliche Klauseln in Verbraucherverträgen | 53 |
|       5. Sonstiger Verbraucherschutz: die Preisangabenverordnung | 54 |
|       6. Sittenwidrigkeit/Wucher | 55 |

# Inhaltsverzeichnis

|  |  |
|---|---|
| II. Besonderheiten bei der Daseinsvorsorge | 58 |
| 1. Gas/Strom | 58 |
| 2. Wasser | 59 |
| 3. Telekommunikation | 59 |
| III. Buchpreisbindung | 60 |
| 1. Anwendungsbereich des BuchPrG | 60 |
| 2. Preisfestsetzung | 61 |
| 3. Preiseinhaltung | 62 |
| IV. Basiskonto | 62 |
| 1. Begriff des Basiskontos | 63 |
| 2. „Kontrahierungszwang" | 63 |
| 3. Vorgaben des Gesetzgebers zur Entgeltgestaltung beim Basiskonto | 63 |
| 4. Entscheidung des BGH zu Entgelten bei Basiskonten | 63 |
| 5. Vorgaben der Rechtsprechung an die Entgeltgestaltung bei Basiskonten | 64 |
| 6. Möglichkeit der Kündigung des Basiskontovertrags | 65 |
| V. Versicherungsverträge | 65 |
| 1. Die Prämie als Preis der Versicherung | 65 |
| 2. Darlegung von Preisen nach der VVG-InfoV | 66 |
| 3. Sondervergütungs- und Provisionsabgabeverbot | 67 |
| 4. Besonderheiten in der Lebens- und Krankenversicherung | 67 |
| VI. (Vertriebs-)Kartellrechtliche Besonderheiten (Rohrßen) | 68 |
| 1. Grundlagen: Preissetzungsfreiheit | 68 |
| 2. Preisbezogener Behinderungsmissbrauch | 69 |
| 3. Verbot der Preisbindung zweiter Hand | 77 |
| 4. Besonderheiten beim europäischen Vertrieb: The „Swiss Finish" | 79 |
| 5. Informationsaustausch über Preise | 79 |
| 6. Doppelpreissysteme: (Un-)zulässige Beschränkungen des Onlineverkaufs | 81 |
| **Kapitel 5. Preisänderung aus rechtlicher Sicht** | **83** |
| I. Vertragsfreiheit | 83 |
| II. Überblick über das AGB-Recht | 84 |
| 1. Anwendbarkeit des AGB-Rechts | 84 |
| 2. Liegen überhaupt AGB vor? | 84 |
| 3. Einbeziehungskontrolle | 85 |
| 4. Inhaltskontrolle | 85 |
| 5. Unterschiedlicher Prüfungsmaßstab bei Verbrauchern und Unternehmern | 86 |
| III. Zustimmung und Zustimmungsfiktion | 87 |
| 1. Ausdrückliche Zustimmung zur Preisänderung | 87 |
| 2. Gesetzliche Vorgaben zur Zustimmungsfiktion | 88 |
| 3. Höchstrichterliche Vorgaben zur Zustimmungsfiktion | 89 |
| 4. Unterschiede zwischen B2B und B2C? | 91 |
| IV. Sittenwidrigkeit und Wucher | 92 |
| V. Wegfall der Geschäftsgrundlage | 92 |
| VI. Kündigung des Vertrages | 94 |
| 1. Zulässigkeit der ordentlichen Kündigung | 94 |
| 2. Zulässigkeit der außerordentlichen Kündigung | 95 |
| 3. Wettbewerbsrechtliche Bedenken gegen die Kündigungsandrohung | 96 |
| VII. Buchpreisbindung | 97 |
| VIII. Preisänderungen bei Basiskonten | 98 |

| | |
|---|---|
| IX. Die Prämienanpassung im Versicherungsvertrag | 98 |
| 1. Gesetzliche Anpassungsmechanismen | 100 |
| 2. Die Preisanpassung durch Preisanpassungsklauseln und zustimmungsbedürftige Vertragsänderungen | 103 |
| 3. Besonderheiten in der Lebens-, Berufsunfähigkeits- und privaten Krankenversicherung | 111 |
| X. Wettbewerbsrechtliche Aspekte | 113 |
| 1. Hintergrund | 113 |
| 2. Anhang zu § 3 Abs. 3 UWG – sogenannte „Black List" | 114 |
| 3. Aggressive geschäftliche Handlungen, § 4a UWG | 115 |
| 4. Irreführung durch aktives Tun, § 5 UWG | 120 |
| 5. Irreführung durch Unterlassen, § 5a UWG | 123 |
| 6. Rechtsbruchtatbestand, § 3a UWG | 123 |
| 7. Auffangtatbestand des § 3 UWG | 124 |
| 8. Verbotene Verletzung von Verbraucherinteressen durch unlautere geschäftliche Handlungen | 124 |
| 9. Folgen wettbewerbsrechtlicher Verstöße | 124 |
| XI. Besonderheiten des Unterlassungsklagengesetzes | 127 |
| 1. Hintergrund | 127 |
| 2. Unterlassungs- und Widerrufsanspruch bei Allgemeinen Geschäftsbedingungen, § 1 UKlaG | 128 |
| 3. Ansprüche bei verbraucherschutzgesetzwidrigen Praktiken, § 2 UKlaG | 129 |
| 4. Anspruchsberechtigung/Verfahren | 130 |
| 5. Veröffentlichungsbefugnis, § 7 UKlaG | 130 |
| 6. Außergerichtliche Schlichtung, § 14 UKlaG | 130 |
| XII. Besonderheiten bei zusätzlichen Werbeeinwilligungen | 131 |
| 1. Hintergrund | 131 |
| 2. Lauterkeitsrechtliche Anforderungen | 132 |
| 3. Datenschutzrechtliche Grundlagen und Perspektive | 137 |
| 4. Widerruf und Widerspruch | 149 |
| 5. Folgen bei Verstößen | 152 |
| XIII. (Vertriebs-)Kartellrechtliche Besonderheiten | 154 |
| 1. Grundlagen | 154 |
| 2. Zulässige Preiserhöhungsschreiben versus verbotenes Signalling | 154 |
| 3. Preisänderungen durch KI/Algorithmen/Digital Pricing: Kollusionsrisiko | 155 |
| XIV. Fallbeispiele zu Änderungsklauseln aus Rechtsprechung und Praxis | 156 |
| 2. Fazit zu den Fallbeispielen aus Rechtsprechung und Praxis | 175 |

**Kapitel 6. Konsequenzen der Rechtsprechung für betroffene Anbieter** ... 177

| | |
|---|---|
| I. Unwirksame Klauseln | 177 |
| II. Rückforderung unwirksam erhöhter/eingeführter Entgelte | 179 |
| 1. Kondiktionsansprüche nach § 812 Abs. 1 S. 1 Alt. 1 BGB | 179 |
| 2. Darlegungs- und Beweislast | 181 |
| 3. Aufrechenbare Gegenansprüche | 182 |
| 4. Verfassungsrechtlicher Vertrauensschutz | 182 |
| III. Verjährung | 183 |
| 1. Regelverjährung gem. §§ 195, 199 BGB | 183 |
| 2. Hinausschieben des Verjährungsbeginns | 184 |
| IV. Einwände gegen die geltend gemachten Rückzahlungsansprüche | 189 |
| 1. Verwirkung | 189 |

# Inhaltsverzeichnis

    2. Rechtsmissbrauch wegen widersprüchlichen Verhaltens . . . . . . . . . . . 190
    3. Konkludente Annahme durch Weiterzahlung . . . . . . . . . . . . . . . . . . . 191
  V. Drei-Jahres-Rechtsprechung bei Energielieferungsverträgen . . . . . . . . . . 193
    1. Inhalt . . . . . . . . . . . . . . . . . . . . . . . . . . . . . . . . . . . . . . . . . . . . . . . . 193
    2. Erforderlichkeit und Europarechtskonformität . . . . . . . . . . . . . . . . . . 195
    3. Übertragbarkeit auf andere Branchen . . . . . . . . . . . . . . . . . . . . . . . . . 196
  VI. Einholung ausdrücklicher Kundenzustimmung . . . . . . . . . . . . . . . . . . . 199
    1. Ausdrückliche Zustimmung bei Abschluss neuer Produkte . . . . . . . . . 200
    2. Ausnahmsweise zulässige Zustimmungsfiktionsklauseln . . . . . . . . . . . 200

**Kapitel 7. Folgen für die Kautelarpraxis** . . . . . . . . . . . . . . . . . . . . . . . . . . . 203
  I. Einleitung . . . . . . . . . . . . . . . . . . . . . . . . . . . . . . . . . . . . . . . . . . . . . . . 203
  II. Gestaltung neuer Preisklauseln, ohne Zustimmung(sfiktion) des Kunden . . . . . . . . . . . . . . . . . . . . . . . . . . . . . . . . . . . . . . . . . . . . . . . . . 204
    1. Verlängerungsklauseln . . . . . . . . . . . . . . . . . . . . . . . . . . . . . . . . . . . . 204
    2. Indexierung mit einem Referenzwert . . . . . . . . . . . . . . . . . . . . . . . . 205
    3. Gestaffelte Preiserhöhung . . . . . . . . . . . . . . . . . . . . . . . . . . . . . . . . . 209
  III. Gestaltung neuer Klauseln zur Änderung von Bedingungen und Preisen 210
    1. Beschränkung auf Nichtverbraucher . . . . . . . . . . . . . . . . . . . . . . . . . 210
    2. Differenzierte Zustimmungsfiktion . . . . . . . . . . . . . . . . . . . . . . . . . . 211
    3. Lösung über § 308 Nr. 4 BGB (Änderung der Leistung) . . . . . . . . . . 213
  IV. Vorschlag zur Formulierung einer Änderungsklausel . . . . . . . . . . . . . . . 215
    1. Formulierungsvorschlag neue Zustimmungsfiktionsklauel . . . . . . . . . 215
    2. Erläuterung . . . . . . . . . . . . . . . . . . . . . . . . . . . . . . . . . . . . . . . . . . . 216

**Kapitel 8. Rechtswahl, Gerichtsstand, Schiedsgerichtsklauseln** . . . . . . . . . 219
  I. Auswirkungen von Rechtswahl und Gerichtsstand . . . . . . . . . . . . . . . . . 219
  II. Voraussetzungen von Rechtswahlklauseln . . . . . . . . . . . . . . . . . . . . . . . 220
    1. Europarecht . . . . . . . . . . . . . . . . . . . . . . . . . . . . . . . . . . . . . . . . . . 220
    2. Bilaterale Abkommen bzw. UN-Kaufrecht . . . . . . . . . . . . . . . . . . . . 223
    3. Nationalrechtliche Vorgaben . . . . . . . . . . . . . . . . . . . . . . . . . . . . . . 223
    4. Zwischenfazit . . . . . . . . . . . . . . . . . . . . . . . . . . . . . . . . . . . . . . . . . 223
  III. Voraussetzung von Gerichtsstandsklauseln . . . . . . . . . . . . . . . . . . . . . . 224
    1. Europarecht . . . . . . . . . . . . . . . . . . . . . . . . . . . . . . . . . . . . . . . . . . 224
    2. Bilaterale Abkommen . . . . . . . . . . . . . . . . . . . . . . . . . . . . . . . . . . . 226
    3. Nationalrechtliche Vorgaben, § 38 ZPO . . . . . . . . . . . . . . . . . . . . . . 226
    4. Zwischenfazit . . . . . . . . . . . . . . . . . . . . . . . . . . . . . . . . . . . . . . . . . 227
  IV. Schiedsgerichtsklauseln . . . . . . . . . . . . . . . . . . . . . . . . . . . . . . . . . . . . . 227
    1. Internationale Vorgaben . . . . . . . . . . . . . . . . . . . . . . . . . . . . . . . . . . 227
    2. Nationalrechtliche Vorgaben . . . . . . . . . . . . . . . . . . . . . . . . . . . . . . 227
    3. Besonderheiten durch Brexit . . . . . . . . . . . . . . . . . . . . . . . . . . . . . . 228
    4. Zwischenfazit . . . . . . . . . . . . . . . . . . . . . . . . . . . . . . . . . . . . . . . . . 228
  V. Zusammenfassung . . . . . . . . . . . . . . . . . . . . . . . . . . . . . . . . . . . . . . . . . 228

**Sachverzeichnis** . . . . . . . . . . . . . . . . . . . . . . . . . . . . . . . . . . . . . . . . . . . . . . 229

# Literaturverzeichnis

| | |
|---|---|
| Beckmann/Matusche-Beckmann VersR-HdB | Beckmann/Matusche-Beckmann, Versicherungsrechts-Handbuch, 3. Auflage 2015 (zitiert als Beckmann/Matusche-Beckmann VersR-HdB/Bearbeiter) |
| BeckOGK | Gsell/Krüger/Lorenz/Reymann, beck-online.GROSSKOMMENTAR, Kommentar, Band BGB, 44. Aufl. 2022 |
| BeckOK BGB | Hau/Poseck, BeckOK BGB, Kommentar, 66. Aufl. 2023 (zitiert als BeckOK BGB/Bearbeiter) |
| BeckOK VVG | Marlow/Spuhl, BeckOK VVG 19. Edition Stand 1.5.2023 (zitiert als: BeckOK VVG/Bearbeiter) |
| Bruck/Möller | Bruck/Möller, VVG- Großkommentar zum Versicherungsvertragsgesetz, Band 2: §§ 19–73 VVG, 10. Auflage 2022 (zitiert als: Bruck/Möller/Bearbeiter) |
| Bruck/Möller | Bruck/Möller VVG-Großkommentar zum Versicherungsvertragsgesetz, Band 1: Einführung, §§ 1–18 VVG, 10. Auflage 2020 (zitiert als: Bruck/Möller/Bearbeiter) |
| Bunte/Zahrte | Bunte/Zahrte, AGB-Banken, AGB-Sparkassen, Sonderbedingungen, Kommentar, 6. Aufl. 2023 (zitiert als Bunte/Zahrte/Bearbeiter) |
| Ellenberger/Bunte BankR-HdB | Ellenberger/Bunte, Bankrechts-Handbuch, Handbuch, 6. Aufl. 2022 (zitiert als Ellenberger/Bunte BankR-HdB/Bearbeiter) |
| Gola/Heckmann DS-GVO/BDSG | Gola/Heckmann, DS-GVO – BDSG, Kommentar, 3. Aufl. 2022 (zitiert als Gola/Heckmann DS-GVO/BDSG/Bearbeiter) |
| Grüneberg | Grüneberg, Bürgerliches Gesetzbuch, Kommentar, 81. Aufl. 2022 (zitiert als Grüneberg/Bearbeiter) |
| Grüneberg | Grüneberg, Bürgerliches Gesetzbuch, Kommentar, 82. Aufl. 2023 (zitiert als Grüneberg/Bearbeiter) |
| HdB-VerbraucherR | Tamm/Tonner/Brönneke, Verbraucherrecht, Handbuch, 3. Aufl. 2020 (zitiert als HdB-VerbraucherR/Bearbeiter) |
| HK-VAG | Brand/Baroch Castellvi, Versicherungsaufsichtsgesetz. 1. Aufl. 2018 (zitiert als: HK-VAG/Bearbeiter) |
| HK-VVG | Rüffer/Halbach/Schimikowski, Versicherungsvertragsgesetz, 4. Aufl. 2020 (zitiert als: HK-VVG/Bearbeiter) |
| HmbKomm-MedienR | Paschke/Berlit/Meyer/Kröner, Hamburger Kommentar Gesamtes Medienrecht, Kommentar, 4. Aufl. 2021 (zitiert als HmbKomm-MedienR/Bearbeiter) |
| Hopt | Hopt, Handelsgesetzbuch, Kommentar, 42. Aufl. 2023 (zitiert als Hopt/Bearbeiter) |
| Kaulbach/Bähr/Pohlmann | Kaulbach/Bähr/Pohlmann, Versicherungsaufsichtsgesetz: VAG mit Finanzdienstleistungsaufsichtsgesetz, Verordnung /EU) Nr. 1094/2010 (EIOPA-Verordnung) und Versicherungs-Vergütungsverordnung, 6. Aufl. 2019 (zitiert als: Kaulbach/Bähr/Pohlmann/Bearbeiter) |

# Literaturverzeichnis

| | |
|---|---|
| Köhler/Bornkamm/Feddersen | Köhler/Bornkamm/Feddersen, UWG, Kommentar, 41. Aufl. 2023 (zitiert als Köhler/Bornkamm/Feddersen/Bearbeiter) |
| Langenbucher/Bliesener/Spindler | Langenbucher/Bliesener/Spindler, Bankrechts-Kommentar, Kommentar, 3. Aufl. 2020 (zitiert als Langenbucher/Bliesener/Spindler/Bearbeiter) |
| Langheid/Rixecker | Langheid/Rixecker, Versicherungsvertragsgesetz mit Einführungsgesetz und VVG-Informationspflichtenverordnung, 7. Aufl. 2022 (zitiert als: Langheid/Rixecker/Bearbeiter) |
| Langheid/Wandt | Langheid/Wandt, Münchner Kommentar zum Versicherungsvertragsgesetz: VVG, Band 1: §§ 1–99, VVG-InfoV, 3. Auflage, 2022 (zitiert als: Langheid/Wandt/Bearbeiter) |
| Langheid/Wandt | Langheid/Wandt, Münchner Kommentar zum Versicherungsvertragsgesetz: VVG, Band 2: §§ 100–216, 2. Auflage 2017 (zitiert als: Langheid/Wandt/Bearbeiter) |
| Leupold/Wiebe/Glossner IT-R | Leupold/Wiebe/Glossner, IT-Recht, Handbuch, 4. Aufl. 2021 |
| Loewenheim/Meessen/Riesenkampff/Kersting/Meyer-Lindemann | Loewenheim/Meessen/Riesenkampff/Kersting/Meyer-Lindemann, Kartellrecht, Kommentar, 4. Aufl. 2020 (zitiert als Loewenheim/Meessen/Riesenkampff/Kersting/Meyer-Lindemann/Bearbeiter) |
| MüKoBGB | Säcker/Rixecker/Oetker/Limperg, Münchener Kommentar zum Bürgerlichen Gesetzbuch, Kommentar, Band 1, 2, 3, 4/2, 5, 6, 8, 9, 11, 9. Aufl. 2021 (zitiert als MüKoBGB/Bearbeiter) |
| MüKoWettbR | Bien/Meier-Beck/Montag/Säcker, Münchener Kommentar zum Wettbewerbsrecht, Kommentar, Band 2, 3, 4, 5, 4. Aufl. 2021 (zitiert als MüKoWettbR/Bearbeiter) |
| Nobbe | Nobbe, Kommentar zum Kreditrecht, Kommentar, 3. Aufl. 2018 |
| Prölss/Martin | Prölss/Martin, Versicherungsvertragsgesetz, Kommentar, 31. Aufl. 2021 (zitiert als Prölss/Martin/Bearbeiter) |
| Reithmann/Martiny IntVertragsR | Reithmann/Martiny, Internationales Vertragsrecht, Handbuch, 9. Aufl. 2021 |
| Staudinger | Staudinger, BGB – J. von Staudingers Kommentar zum Bürgerlichen Gesetzbuch mit Einführungsgesetz, Kommentar, 18. Aufl. 2018 (zitiert als Staudinger/Bearbeiter) |
| Staudinger/Halm/Wendt VersR | Staudinger/Halm/Wendt, Versicherungsrecht, 3. Auflage 2023 (zitiert als: Staudinger/Halm/Wendt VersR/Bearbeiter) |
| Ulmer/Brandner/Hensen | Ulmer/Brandner/Hensen, AGB-Recht, Kommentar, 13. Aufl. 2022 |
| Ulmer-Eilfort/Obergfell | Ulmer-Eilfort/Obergfell, Verlagsrecht, Kommentar, 2. Aufl. 2021 (zitiert als Ulmer-Eilfort/Obergfell/Bearbeiter) |

# Literaturverzeichnis

Wendl/Dose
UnterhaltsR ....... Wendl/Dose, Das Unterhaltsrecht in der familienrichterlichen Praxis, Handbuch, 10. Aufl. 2019 (zitiert als Wendl/Dose UnterhaltsR/Bearbeiter)

# Kapitel 1. Einleitung

Gerade aufgrund der zuletzt stark gestiegenen Inflation ist es für Anbieter von Waren und Dienstleistungen von großer wirtschaftlicher Bedeutung, Preise rechtssicher anpassen zu können. **1**

## I. Wirtschaftliche Aspekte

Erfolgreiche Preisstrategien setzen voraus, dass Unternehmen ihre Hausaufgaben in Sachen strategischer Positionierung, Preisfindung, Preisdurchsetzung sowie Preiscontrolling gemacht haben. Sowohl für Preissetzung als auch Preisanpassungen gelten hierbei branchenübergreifende Erfolgsfaktoren, deren Beachtung essenziell für die Erreichung ökonomischer Ziele sind und vielfach gezeigt haben, dass professionelles Preismanagement Gewinntreiber Nummer 1 sein kann. **2**

Gerade Umsetzungsaspekte wie Kommunikationskonzepte, Befähigung der Mitarbeitenden im Kundenkontakt sowie digitale Lösungen sind aufgrund der fehlenden Zustimmungsfiktion noch deutlich erfolgskritischer als noch vor einigen Jahren einzustufen. Erfahrungen/Usecases aus ausgewählten Branchen zeigen hierbei Chancen und Fallstricke und verdeutlichen, dass sich Investitionen in die genannten Felder lohnen und schnell amortisieren können. **3**

## II. Rechtliche Aspekte

Aus rechtlicher Sicht ist dabei an gesetzliche Vorgaben zur Preissetzung bzw. Preisanpassung zu denken sowie an vertraglich vereinbarte Preissetzungs- bzw. -anpassungsrechte. Materiellrechtlich stellt sich dann die Frage, ob etwa § 313 BGB auch bei langlaufenden Verträgen eigentlich nicht vorgesehene Preisänderungen möglich macht, insbesondere etwa, weil der eigene Lieferant – gestützt auf die Norm – die Preise anpasst. **4**

Daneben sind aber formellrechtliche Anforderungen an Preisänderungsklauseln zu beachten. Neben gesetzlichen Vorgaben in eng umgrenzten Bereichen ist hier im Wesentlichen die Rechtsprechung verschiedener Senate des Bundesgerichtshofs bei der Klauselgestaltung für die Vertragspraxis zu berücksichtigen. **5**

Danach ist die bislang in vielen Branchen gebräuchliche Zustimmungsfiktionsklausel so nicht mehr möglich, lediglich in eng umgrenzten Fällen ist dies noch denkbar. Dies hat, wo solche Klauseln verwendet wurden oder gar noch werden, mögliche Rückforderungen von zu Unrecht vereinnahmten Entgelten zur Folge, mit Folgefragen zu Verjährung, Verwirkung etc. **6**

Für die Zukunft bedeutet dies, Anpassungen von AGB mit Einholung der Kundenzustimmung zu neuen AGB durchzuführen, ggf. mit Heilung der bisherigen (AGB-rechtswidrigen) Vertragspraxis. **7**

Insbesondere für Massenanbieter von Waren und Dienstleistungen, die ein Dauerschuldverhältnis mit dem Kunden haben und ihre Preise erhöhen müssen oder wollen, hat dies erhebliche Auswirkungen. Hier ist die Kautelarpraxis gefragt. **8**

Die Praxis zeigt, dass die rechtlichen Anforderungen nicht ins Bewusstsein aller Anbieter von Dauerschuldverhältnissen vorgedrungen sind. Noch Ende 2022, also mehr als ein Jahr nach der letzten bedeutsamen Entscheidung des BGH vom 27.4.2021 zu diesem Thema, wurden in so unterschiedlichen Bereichen wie bei Amazon Prime, PayPal, der Bahncard, **9** dem Beförderungsanbieter FreeNow oder dem Essenslieferdienst Wolt AGB-Änderungen über Zustimmungsfiktionsklauseln herbeigeführt.

10   Exemplarisch werden einige dieser AGB-Änderungen in diesem Werk untersucht.

11   Umgekehrt zeigen sowohl eine Petition zahlreicher Rechtswissenschaftler (unter change.org) als auch ein Antrag der Fraktion der CDU/CSU im Bundestag (Drucksache 20/4888), den Wunsch nach gesetzlichen Änderungen, welche die BGH-Entscheidungen „ungeschehen" machen sollen.

12   Insbesondere die hohe Inflation steigert den wirtschaftlichen Druck, Preise nach oben anzupassen, während die rechtlichen Vorgaben für diesen Wunsch bzw. diese Notwendigkeit herausfordernder werden. In diesem Spanungsfeld bewegt sich das Buch.

# Kapitel 2. Preissetzung aus wirtschaftlicher Sicht

## I. Preissetzung: Bedeutung, Komplexität und Kontext

### 1. Preissetzung ist wichtig!

Für Unternehmen ist die Fähigkeit, Preise für die angebotenen Produkte und Dienstleistungen richtig zu setzen, überlebenswichtig. Je geringer die Gewinn- oder Nettomarge in einer Industrie, desto stärker ist die Hebelwirkung, die der Preis auf den Gewinn hat. Zumindest langfristig sollte eine Situation gegeben sein, in der, vereinfacht ausgedrückt, Umsatz (Preis x Menge) >= Kosten (Fixkosten + variable Kosten x Menge) ist. Auch wenn diese unterschiedlichen Hebel für den Gewinn niemals isoliert betrachtet werden sollten, ist der Hebel „Preis" einzigartig. Abgesehen von regulatorischen Rahmenbedingungen obliegt die Festsetzung von Preisen zu 100 % der diskretionären Entscheidung des Managements eines Unternehmens. 13

Insbesondere im Massengeschäft bedeutet dieser Freiheitsgrad eine direkte Wachstumschance für Umsatz und Gewinn. Unternehmen, die Preissetzung professionell in der Organisation verankert haben und Preisentscheidungen konsequent entlang einer Preisstrategie umsetzen, schaffen es, nachhaltig ihren Gewinn zu steigern. Ein gesteigerter Gewinn erhöht nicht nur kurzfristig den Shareholder Value[1], sondern erlaubt es Unternehmen auch mehr Investitionen für zukünftige Innovationen zu tätigen und somit Marktschwankungen auszugleichen. 14

Gleichzeitig birgt dieser Freiheitsgrad aber auch das Risiko, Preise zu niedrig zu setzen und damit unter den möglichen Gewinnerwartungen zurückzubleiben oder den Bogen zu überspannen und sich aus dem Markt zu preisen. 15

In Zeiten steigender Inflation, insbesondere getrieben durch Energie und Rohstoffkosten, ist eine professionelle Preissetzung nicht nur wichtig, sondern auch zeitlich dringend, um das eigene Geschäftsmodell zu sichern. Unter Zeitdruck wird der Unterschied zwischen zufallsartigen Ad-Hoc Entscheidungen und gut eingespielten Prozessen noch deutlicher im Markt sichtbar. 16

### 2. Preissetzung ist komplex!

Wie setzen Unternehmen denn dann den richtigen Preis? In der Theorie von Angebot und Nachfrage klingt dies simpel.[2] Das Preisoptimum liegt dort, wo die maximale Zahlungsbereitschaft der kaufwilligen Kunden abgeschöpft werden kann. In der Praxis stellt dies selbst gestandene Unternehmen vor große Herausforderungen – aktuell schafft es immer noch nur ein kleiner Anteil von Unternehmen in Deutschland den Exzellenzstatus bei der Preissetzung zu erreichen. 17

In einer Welt, in der Informationsasymmetrie die Norm ist, in der der Regulator aktiv in den Markt eingreift, in der Konsumenten alles andere als rational entscheiden, in der Wettbewerbsbedingungen zunehmend aggressiver werden und in der zur Verfügung stehende Volumina an Daten exponentiell steigen, ist Preissetzung komplex. Nicht umsonst setzen Organisationen zunehmend auf Spezialisten, erfahrene Expertenteams oder ganze Abteilungen und Center of Excellence, die sich ausschließlich mit Preisfragen auseinandersetzen. 18

---

[1] Shareholder Value: Marktwert des Eigenkapitals eines bewerteten Unternehmens.
[2] VARIAN, H. R., Microeconomic Analysis, 3rd Ed., Norton, NY, 1992, Varian, H.R. (1992) Microeconomic Analysis. 3rd Edition, W. W. Norton & Company, New York.

### 3. Preissetzung braucht Kontext!

19 Für professionelle Preissetzung gibt es keine Einheitslösung. Je nach Industrie und Kundensegment existieren gravierende Unterschiede im Reifegrad, der Wettbewerbssituation und damit auch der Anforderungen an die Preissetzung.

20 Im Rahmen unserer Zusammenarbeit mit Unternehmen, öffentliche Organisationen und Start-ups auf 4 Kontinenten, in mehr als 20 unterschiedlichen Industrien in B2B[3] und B2C[4] haben wir als Ntsal Vorgehensmodelle entwickelt, die es erlauben, sich schrittweise der Exzellenz bei der Preissetzung zu nähern. Diese starten, wenig überraschend, immer bei der Strategie und nicht beim eigentlichen Preispunkt selbst.

21 Unser Ziel ist es, in den nächsten Abschnitten insbesondere die strategischen Aspekte der Preissetzung zu beleuchten, um einen sicheren Rahmen zu schaffen, in dem Entscheider und Experten einer jeden Organisation die Festlegung des eigentlichen Preispunktes zielgerichteter treffen können, mit kalkulierbarem Risiko.

22 Dabei legen wir unseren Schwerpunkt mehr auf praktische Tipps für die Umsetzung und weniger auf eine wissenschaftliche Diskussion theoretischer Methoden.

## II. Preisstrategie

### 1. Die zentralen Kerninhalte einer effektiven Preisstrategie

23 Um Preisfragestellungen sicher zu beantworten, sollten Entscheider vorerst einen strategischen Rahmen abstecken. Reine ad-hoc Entscheidungen, die ohne klare Heuristik getroffen werden, sind riskant und nur in wenigen Fällen nachhaltig erfolgreich.

24 Wir empfehlen Unternehmen, eine konkrete Preisstrategie zu formulieren. Diese sollte alle wichtigen Aspekte des Preismanagements beinhalten, kritische Trade-offs beleuchten und eine allgemein gültige Richtlinie für Expertenteams darstellen, um redundante Diskussionen in der Zukunft bei operativen Preisentscheidungen zu vermeiden. Eine präzise Preisstrategie definiert neben der Richtung „was wir wollen" auch „was wir nicht wollen". Ähnlich wie auch die Vertriebsstrategie, gehört eine Preisstrategie in jede Unternehmensstrategie, da sie ein kritischer Erfolgsfaktor für die Umsetzung eines Geschäftsmodells ist.

25 Während es unterschiedliche Arten einer Preisstrategie gibt, lassen sich die wichtigsten Kerninhalte in 5 Kategorien einteilen: Wachstums- und Gewinnplanung, Marktpositionierung, Portfoliomanagement, Preisdifferenzierung und Organisation.

#### a) Wachstums- und Gewinnplanung

26 Abgeleitet aus der Unternehmensstrategie müssen Entscheider sich im Klaren sein, welche Gewinnerwartungen sie kurz-, mittel- und langfristig haben, die über ein aktives Preismanagement realisiert oder zumindest unterstützt werden sollen.

27 Während in einem gesättigten und verteilten Markt bei Preisentscheidungen eines Marktführers häufig die Gewinnoptimierung im Vordergrund steht, kann bei einem Unternehmen, dass neu in einen Markt einsteigt, der Fokus viel stärker auf Wachstum liegen, um einen bestimmten Marktanteil zu sichern und eine Kundenbasis aufzubauen.

28 In einer eindimensionalen Betrachtung für eine isolierte Periode existiert häufig ein Trade-off zwischen Wachstum und Gewinn. Je höher die Preise gesetzt werden, desto geringer die Nachfrage, aber ggf. höher der kurzfristige Gewinn. In vielen Fällen kann bei signifikanten Preissteigerungen ein leichter Nachfragerückgang kurzfristig überkompensiert werden. Bei niedrigeren Preisen und einer elastischen Nachfrage – in anderen Worten:

---

[3] B2B: Business to Business, Geschäftsbeziehungen zu Unternehmen.
[4] B2C: Business to Consumer, Geschäftsbeziehungen zu Endkunden.

einem Markt, in dem Kunden sensibel auf Preisänderungen reagieren und Wechselbarrieren – gering sind, können Unternehmen durch den kurzfristigen Verzicht auf Gewinn stärkeres Wachstum generieren und ihre Marktmacht ausbauen.

Da die meisten Unternehmen jedoch planen, länger als eine Periode am Markt tätig zu sein, sollte auch die Entwicklung der Preisstrategie über die Zeit als Dimension mit betrachtet werden.

So kann sich ein Unternehmen zB, das mit einem neuen Produkt auf den Markt kommt, vorerst mit einem günstigen oder gar kostenfreien Angebot einen höheren Marktanteil erkaufen, um den gewonnenen Kundenstamm dann später zu monetarisieren. Wichtig zu beachten ist, dass das optimale Preismodell für die Unterstützung der Wachstumsstrategie nicht konstant ist, sondern stark von der Entwicklungsphase eines Unternehmens abhängt (siehe Abbildung 1). Es braucht also das richtige Preismodell zur richtigen Zeit am richtigen Ort (Markt und Kanal).

Die Evolution von Angebots- und Preismodellen sollte von Beginn an geplant sein.

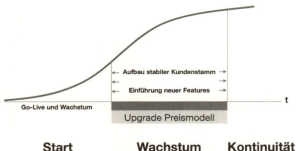

Abbildung 1: Die Evolution von Angebots- und Preismodellen

Ein Problem tritt häufig bei Start-ups auf, die überzogene Wachstumsambitionen haben, um Investoren mit stark skalierbaren Geschäftsmodellen zu überzeugen. Durch die Liquiditätsschwemme im Markt der Jahre 2019–2021 haben viele Investoren ihren Fokus ausschließlich auf Wachstum gelegt, ohne über die langfristige Monetarisierung und Nachhaltigkeit des Geschäftsmodells nachzudenken. Dies führte dazu, dass Geschäftsmodelle ohne klaren Gewinnplan konzipiert wurden. Als dann seit Mitte 2022 weniger Liquidität im Markt verfügbar war, mussten zahlreiche Start-ups in die Insolvenz gehen oder wurden vom Wettbewerb gekauft, neben zahlreichen Massenentlassungen. Prominente Beispiele hier sind neben allerhand Fintech's zB der Schnelllieferdienst Gorillas, der trotz einstiger Milliardenbewertung kein nachhaltiges Geschäftsmodell aufbauen konnte und von Getir übernommen wurde, oder Fraugster, eine Anti-Fraud-Software mit Echtzeit-Big-Data-Lösung, die trotz Investments von mehr als 20 Mio. EUR Ende 2022 Insolvenz anmeldete.

Wichtig ist daher, dass selbst bei einer aggressiven Wachstumsstrategie bereits zu Zeitpunkt 0 eine klare Idee vorliegt, wie der neu gewonnene Kundenstamm in der Zukunft monetarisiert werden soll.[5] Ansonsten wird der eigene Erfolg zur Falle. Zahlreiche Unter-

---

[5] Als positives Beispiel kann hier DAZN (www.dazn.com) erwähnt werden, die 2018 mit 9,95 EUR an den Markt gegangen sind, um einen größeren Kundenstamm zu gewinnen, und bis 2023 ihre Preise mit einem konsistenten Ausbau des Leistungsportfolios um mehr als 300 % gesteigert haben.

nehmen schaffen es nicht, die Anfangsinvestitionen und Akquisekosten über den Lebenszeitraum eines Kunden später wieder hereinzuspielen.

33 Andersherum sollten auch Unternehmen, die über drastische Preissteigerungen nachdenken, um kurzfristige Gewinnerwartungen zu erfüllen, berücksichtigen, dass jeder verlorene Kunde zu einem späteren Zeitpunkt nicht mehr in der Ertragsbasis vorhanden ist.

34 Sobald Entscheider sich ein klares Bild über zukünftige Wachstums- und Gewinnerwartungen gemacht haben, gilt es diese in klare KPIs[6] zu übersetzen. Dazu gehört, wie die Organisation Erfolg definiert und wonach die einzelnen Abteilungen dementsprechend gesteuert und incentiviert werden. Entscheidend ist hier eine absolute Konsistenz der Steuerungsgrößen, angefangen von Management-KPIs über die gesamte Organisation bis hin zum Vertrieb. Nur wenn alle Tätigkeiten auf die gleichen KPIs und Erfolgsdefinition einzahlen, kann eine Preisstrategie den maximalen Hebeleffekt entfalten.

35 **Fazit:** Wir empfehlen Unternehmen sich bereits zum heutigen Zeitpunkt Gedanken zu machen, ob die Gewinn- und Wachstumspositionierung nachhaltig unverändert bleiben soll, mit bestehender Marktposition, oder ob in der Zukunft eine Veränderung zu erwarten ist. Wenn dem so ist, dann sollten Entscheider die Evolution des Preismodells über die Zeit aktiv planen, um böse Überraschungen zu vermeiden.

### b) Marktpositionierung

36 Bei der Marktpositionierung gehören zwei Aspekte in jede solide Preisstrategie. Der wahrscheinlich offensichtliche Aspekt ist die Image- und Qualitätspositionierung eines Unternehmens. Dieser Aspekt bezieht sich damit auf die relative Höhe des Preisniveaus. Dass weder eine Premiummarke mit günstigen Preisen noch eine Discounterstrategie mit Premiumpreisen ein nachhaltiges Geschäftsmodell sein kann, leuchtet ein.

37 Aus zahlreichen Gesprächen mit CEOs und Gründern von Unternehmen stellen wir fest, dass es Entscheidern tendenziell leichter fällt, sich als „Premium" oder „Gehoben" zu positionieren, da grundsätzlich der Anspruch besteht, dass die eigenen Produkte und Dienstleistungen besser sind als die des Wettbewerbs. Leider gibt es jedoch auch zahlreiche Fälle, in denen dann aber der Mut fehlt, Premiumpreise durchzusetzen, die über dem Marktdurchschnitt liegen.

38 In der praktischen Umsetzung ist es hilfreich, die Diskussion zur Preispositionierung immer im Zusammenhang mit konkreten Preisabständen zum Wettbewerb zu diskutieren. ZB „Unser Premiumprodukt sollte mindestens 10 % teurer als vergleichbare Produkte im Wettbewerb sein, da wir Premium-Qualitätsanbieter sind." So lassen sich Missverständnisse und scheinbare Widersprüche vermeiden.

39 Ein weiterer Aspekt bezieht sich auf die Positionierung hinsichtlich der strategischen Spielweise im Markt und Wettbewerbsumfeld und bezieht sich nicht auf die absolute und relative Höhe des eigentlichen Preisniveaus. Die drei wichtigsten Optionen sind First-Mover, Fast-Follower oder Late-Mover.

40 First-Mover setzen Preisniveaus proaktiv fest und definieren damit indirekt die Bandbreite und/oder Unter- und Obergrenze im Markt. Diese Rolle wird häufig von Markt- oder Innovationsführern eingenommen. Ein Beispiel hierfür könnte Apple mit der Einführung des ersten iPhones sein. Für die Preissetzung ist dies die herausforderndste Option, da zukünftige Zahlungsbereitschaften der Kunden ohne signifikate historische Datenbasis abgeschätzt werden müssen. Gleichzeitig erfordert diese Positionierung Mut und Standhaftigkeit beim Top Management, da sich der Markt nach einer Neueinführung von Preisen häufig erst noch einpendeln muss und auch Presse und Verbraucherorganisationen ihren Teil dazu beitragen, Druck auf ein Unternehmen auszuüben, das als First-Mover Preise

---

[6] KPI steht für „Key Performance Indicator" (Schlüsselkennzahl) und wird verwendet, um die Leistung und den Fortschritt eines Unternehmens oder einer Organisation zu messen. Es ist eine quantitative oder qualitative Messgröße, die angibt, ob die definierten Ziele erreicht wurden.

erhöht oder mit neuen Angeboten grundsätzlich höhere Preislevels aufruft. Im Falle von Vertriebsorganisationen mit persönlichem Kundenkontakt muss zusätzlich eine sehr gute Argumentationsvorbereitung und Vertriebsschulung erfolgen, um die neueingeführte Positionierung konsistent im Markt zu leben.

Fast-Follower beobachten einen gewissen Teilmarkt an Wettbewerbern und positionieren sich dann in Relation zu dieser Benchmark. Der Vorteil dieser Option ist, dass erste Kundenreaktionen im Markt abgewartet werden können, nachteilig jedoch, dass ein zu langes Zögern einen größeren Kundenverlust bedeuten kann, wenn der First-Mover eine aggressivere Preisstrategie einschlägt. Für die Preissetzung ist dies dahingehend herausfordernd, dass insbesondere interne Prozesse so optimiert sein müssen, dass neue Preisniveaus oder auch komplett neue Differenzierungsmodelle in einer kurzen Zeit „nachgebaut" werden können, um den Anschluss im Markt nicht zu verlieren. Dafür gibt es dann aber bereits eine bessere Datenbasis und Erfahrungen von Kundenreaktionen im Markt, um die Detailanpassung der Preise vorzunehmen. **41**

Das Operieren als Late-Mover ist in vielen Fällen keine aktive Entscheidung, sondern das Resultat aus langsamen Managemententscheidungen, komplizierten internen Prozessen oder schlicht Nichtvorhandensein einer aktiven Marktsicht. Ein spätes Folgen im Markt kann jedoch auch eine nachhaltige Strategie sein; insbesondere dann, wenn sich ein Unternehmer eher als Kostenführer im mittleren Marktumfeld positioniert hat. Wenn aktiv geplant, dann ist dies für die Preissetzung eine komfortable Positionierung, da die internen Experten ausreichend Zeit für Marktbeobachtungen, die Datensammlung und Umsetzungsvorbereitungen haben. **42**

**Fazit:** Es gibt nicht nur die eine erfolgreiche Positionierung. Wichtig ist, dass die artikulierte Positionierung im Kontext der Gesamtstrategie und im Einklang mit Qualität und Leistungsangebot steht und einen klaren Bezug zum Rhythmus im Wettbewerbsumfeld hat. Unternehmen, die diese Fragestellung mit klarer Sicht auf die Implikationen diskutiert haben, können taktische Preisentscheidungen im Markt deutlich schneller und zielgenauer treffen! **43**

## c) Portfoliomanagement

Die meisten Unternehmen haben mehr als ein Produkt oder einen Service im Leistungsangebot. Dementsprechend gilt es, bei Preisentscheidungen die Portfoliosicht zu berücksichtigen. Dies kann vereinfacht in drei Ebenen der Portfoliosicht eingeteilt werden. **44**

Die erste Ebene betrachtet die Diversifizierung eines Leistungsangebotes in Makrosegmente der Kundengruppen, die keine Überscheidungen haben. Beispiele sind hier zB Finanzdienstleistungsunternehmen, die sowohl Firmen- als auch Privatkunden bedienen. **45**

Bei Unternehmen mit einer Marke können in unterschiedlichen Makrosegmenten zwar kurzfristig unterschiedliche taktische Ziele verfolgt werden, zB aufgrund einer unterschiedlichen Wettbewerbsintensität in den Segmenten. Die strategische Positionierung sollte jedoch harmonieren, um eine Marke glaubhaft zu positionieren. **46**

Mehr Freiheitsgrade schafft sich ein Unternehmen durch eine Mehrmarkenstrategie, bei der Portfolios strikt voneinander getrennt werden, um den Portfolioeffekt aktiv auszublenden. **47**

Besonders wird es jedoch, wenn sich die Produktnutzung und Profitabilität unterschiedlicher Segmente gegenseitig bedingen. Ein klassisches Beispiel hierfür sind Banken, bei denen Einlagen, die günstig auf der Passivseite der Bilanz bei Privatkunden eingekauft werden, zu höheren Margen im Firmenkundengeschäft als Kredite auf der Aktivseite vergeben werden können. **48**

Die zweite Ebene des Portfoliomanagements, die in der Strategie berücksichtigt werden sollte, betrachtet komplementäre Produkte für Kunden innerhalb einer Gruppe oder eines Segmentes. **49**

50  Hier sollten in der Preisstrategie Aspekte wie Bundling[7], Cross-Selling[8] und Upselling[9] berücksichtigt werden. Während einige Unternehmen eine Profitabilität auf Einzelproduktebene erreichen wollen, können im Rahmen von Bundling-Strategien bestimmte Produkte oder Produktgruppen bewusst mit einer negativen Einzelmarge bepreist werden, da ein Unternehmen hier über den Bündelverkauf eine Gesamtprofitabilität sicherstellt. Die eigentliche Klassifizierung der Produkte in ihre zukünftige Bundling-Rolle, wie zB Ankerprodukte, Margentreiber und Killerprodukte, erfolgt jedoch zu einem späteren Zeitpunkt auf der operativen Ebene.

51  Wichtig ist bei einer Strategie, die auf Portfolioprofitabilität abzielt, klare Zielvorgaben in Richtung durchschnittliche Produktnutzung zu formulieren und dies auch in die Vertriebsstrategie zu integrieren.

52  Während Cross- und Upselling in den meisten Unternehmen bekannt ist und die durchschnittliche Produktnutzungsquote auch eine fest verankerte Kerngröße ist, stellen wir häufig fest, dass beide Konzepte zu wenig strategische Beachtung finden und deren Auswirkungen unterschätzt werden.

53  In vielen, insbesondere traditionellen Branchen, existiert der Irrglaube, dass es im ersten Schritt erst einmal ausreicht, den Kunden mit einem Produkt zu gewinnen. Über den Lebenszeitraum kann der Vertrieb dann später mehr verkaufen. Auf Basis unserer Erfahrung stellen wir jedoch fest, dass das absolut größte Potenzial zu Cross- und Upselling beim ersten Kundenkontakt vorliegt. In einem konkreten Beispiel einer Versicherung im digitalen Kanal, bei der der Kunde zwischen 4 Produktlinien auswählen kann, haben wir festgestellt, dass über eine einfache nachgestellte Frage in der Customer Journey, die einzelne Serviceleistungen hervorhebt, bis zu 30 % der Kunden bereit sind, eine höhere Linie zu wählen. Dies bedeutet signifikant mehr Umsatz, ohne zusätzliche Akquise-Kosten. Ähnliche Effekte lassen sich erzielen, wenn datengestützt schon im Erstkontakt, sei es persönlich oder über digitale Kanäle, mehrere Produkte angeboten werden. Nicht umsonst bietet Amazon seinen Kunden nach der Suche eines Produktes weitere Vorschläge an.

54  Wichtig zu verstehen ist hier, dass datengetriebene Ansätze, sogenannte „Next-Best-Product" oder „Next-Best-Action" Empfehlungen, eben schon beim Erstkontakt des Kunden zum Einsatz kommen können.

55  In der Softwareindustrie werden insbesondere Cross- und Upselling-Strategien unter dem Begriff „PLG", („Product Led Growth"), strukturiert umgesetzt. Der Kerngedanke ist hier, dass Kunden nach einem schnellen Einstieg mit geringen Barrieren und niedrigem Preis schnell zusätzliche Services und Leistungen angeboten werden. Sogenannte „Land & Expand"-Strategien kosten zwar im ersten Schritt wegen des geringeren Einstiegspreises Umsatz, haben jedoch ein klar definiertes Ziel, dies über einen sehr kurzfristigen Zeitraum durch Cross- und Upselling zu überkompensieren.

56  Die dritte Ebene betrachtet Substitutionsprodukte für einzelne Kundengruppen. Hier steht die Kannibalisierungsfrage[10] im Mittelpunkt. Während einige Unternehmen bewusst Produkte kompetitiv parallel im Markt anbieten, versuchen andere Organisationen ein sogenanntes „Fencing" zu betreiben. Dabei werden Substitutionsprodukte in der Verfügbarkeit stark voneinander abgegrenzt, zB über eine Kanaldifferenzierung oder unterschiedliche Service-Levels.

57  Eine besondere Herausforderung des Portfoliomanagements findet sich beim Plattformgeschäft, da häufig eine Kombination aus den drei oben genannten Ebenen berücksichtigt

---

[7] Bundling bezieht sich auf das Angebot von Produkten oder Dienstleistungen als Paket oder Bündel. Dabei werden mehrere Artikel oder Leistungen zusammen verkauft, oft zu einem günstigeren Preis als bei Einzelkauf.
[8] Cross-Selling bezieht sich auf den Verkauf zusätzlicher Produkte oder Dienstleistungen an einen Kunden, der bereits ein bestimmtes Produkt oder eine bestimmte Dienstleistung gekauft hat.
[9] Upselling bezieht sich auf den Verkauf eines teureren Produkts oder einer umfangreicheren Dienstleistung anstelle des ursprünglich gewählten Produkts oder der gewählten Dienstleistung.
[10] Kannibalisierung bezieht sich auf den Effekt, bei dem ein neues Produkt Umsätze oder Marktanteile eines bestehenden Produkts desselben Unternehmens reduziert.

werden muss. Eine detaillierte Auseinandersetzung würde für dieses Buch den Rahmen sprengen. Vereinfacht, wenn auch nicht zu 100 % trennscharf, ist eine Preisstrategie im Plattformgeschäft jedoch grundsätzlich davon abhängig, ob das Unternehmen selbst sowohl a.) Angebots- als auch die Nachfrageseite bedient, b.) nur eine der beiden Seiten bespielt und die andere über Drittanbieter anbietet oder c.) lediglich als Marktplatz fungiert.

Ein Beispiel für a.) ist das Unternehmen New Work aus Hamburg, das auf der einen Seite unter der Marke Xing ein Angebot für Privatkunden anbietet und parallel auf der anderen Seite Produkte über die Marke Onlyfy an Firmenkunden ausspielt. Beispiele für b.) können Vergleichsportale wie Check24 sein, die selbst hauptsächlich, nicht ausschließlich, die Nachfrageseite der Endkunden aufbauen und auf der Angebotsseite mit unterschiedlichen Anbietern zusammenarbeiten. Ein Beispiel für c.) sind E-Commerce-Marktplätze, wie Ebay.

Je nach Geschäftsmodell sind die optimalen Preisstrategien vollkommen unterschiedlich. In der Praxis wird die Komplexität einer erfolgreichen Monetarisierungsstrategie, zu der zusätzlich noch die zeitliche Dimension hinzukommt, häufig unterschätzt. Das führt dazu, dass viele digitale Plattformen scheitern. Entweder an Mangel an Nachfrage, Ausbleiben der Angebotsseite oder Nichtvorhandensein eines skalierbaren Profitmodells.

Portfolioüberlegungen im Sinne von Produktclustern bei Unternehmen, die tausende unterschiedlicher Produktvariationen anbieten, wie es häufig in der chemischen Industrie vorkommt, oder über personalisierte Produkte, zB individualisierte Sportschuhe von Nike, berücksichtigen wir hier im Rahmen dieses Buches ebenfalls nicht, da diese nur selten mit einem Dauerschuldverhältnis einhergehen, sondern eher in Einzeltransaktionen oder befristeten Einzelvertragsverhältnissen abgebildet werden.

**Fazit:** Unternehmen, die mehrere Produkte und Dienstleistungen anbieten, sollten Preise für einzelne Produkte nicht isoliert betrachten. Portfolioüberlegungen wie Bundling, Crosselling, Upselling, Kannibalisierung und, insbesondere auch Angebots-Nachfragedynamiken bei Plattformen, sollten in der Preisstrategie strukturiert sein.

### d) Preisdifferenzierung

Dass ein Unternehmen über eine Differenzierung des Angebots und der Preise mehr Zahlungsbereitschaft von Kunden abschöpfen kann, ist bereits hinreichend in der Fachliteratur diskutiert und nachgewiesen.[11] Eine Preisstrategie sollte bezugnehmend auf die Segmentierung des Kundenportfolios artikulieren, wie Preise differenziert werden sollen. Neben einer bereits weit verbreiteten vertikalen good-better-best-Differenzierung – vereinfacht: mehr Leistung führt zu höherem Preis –, kann in anderen Fällen eine horizontale Differenzierung besser sein – vereinfacht: unterschiedliche Zielgruppenangebote haben jeweils den gleichen Preis. Darüber hinaus gibt es modulare Systeme und Plattformansätze. Einige detailliertere Ansätze stellen wir im Bereich Angebotsstruktur vor.

In vielen Fällen ist es empfehlenswert, einen einheitlichen Differenzierungsansatz für das gesamte Leistungsportfolio zu wählen, um Kunden die Kaufentscheidung zu vereinfachen und die gewünschte Preispositionierung mit einem harmonisierten Ansatz zu unterstreichen.

Neben der grundsätzlichen Richtung der Differenzierung kann in einer Preisstrategie auch die Anzahl der Produktlinien inkl. einer einheitlichen Nomenklatur und Zielproduktstruktur auf Basis relevanter Zielpersonas festgelegt werden.

Unterstützt durch zunehmende Daten und digitale Tools haben Unternehmen auch die Möglichkeit, Ihr Angebot zu personalisieren, was im Grunde einer maximal granularen Segmentierungslogik entspricht. Während Personalisierungsstrategien zunehmend relevant und von Kunden eingefordert werden, sei hier zB erwähnt, dass dies immer mit einer

---

[11] Carl Shapiro; Hal Varian (1999). Information Rules: A Strategic Guide to the Network Economy. Harvard Business School Press. S. 27 ff.

Dynamisierung des Produkt- und Leistungsangebotes einhergeht und neben Produkt-, Preis- und Marketinggesichtspunkten auch insbesondere Auswirkungen auf die Vertriebsstrategie hat.

66 Grundsätzliche Aussagen und Richtungsentscheidungen zur Personalisierung und zu weiteren Formen der Preisdifferenzierung, wie zB regionale Differenzierung oder zeitliche Differenzierung und Real-Time-Pricing, gehören ebenfalls in eine ganzheitliche Preisstrategie, werden aber hier nicht weiter beleuchtet.

67 **Fazit:** Unternehmen können klare Richtlinien zur Differenzierung in einer Preisstrategie vorgeben. Dies beinhaltet sowohl grundsätzliche Differenzierungsstrukturen als auch Entscheidungen zur Personalisierung und zeitlichen Dynamisierung der Preise.[12]

**e) Organisation**

68 Das fünfte Kernelement einer Preisstrategie bezieht sich auf die Organisation. Professionelle Preissetzung braucht solide Rahmenbedingungen in einer Organisation. Pricing ist keineswegs nur die Sache eines kleinen Expertenteams. Pricing ist Chefsache. Das heißt, dass Preisentscheidungen, zumindest die Ausrichtung der Preisstrategie, immer von Entscheidern, CEOs und erster Führungsebene mitgetragen werden müssen. Auf der anderen Seite ist es jedoch genauso wichtig, dass die gesamte Organisation, insbesondere alle Bereiche mit Kundenkontakt, hinter den Preisen für Produkte und Dienstleistungen stehen.

69 Um die Professionalisierung in einer Organisation voranzutreiben, empfehlen wir Unternehmen auf Basis unserer langjährigen Erfahrung den Einsatz von Reifegradmodellen.

70 Die wichtigsten und erfolgskritischen Dimensionen einer Disziplin sind in Abbildung 2 definiert (siehe Abbildung 2).

Kritische Faktoren für erfolgreiche Preisstrategien in der Organisation

### Leadership

| 001. **Mindset und Vision:** Eine deklarierte und formulierte Ausrichtung, die die Frage 'Warum?' beantwortet | 002. **Strategie und KPIs:** Klar definierte Maßnahmen und Bewertungskenngrößen, die bestimmen, was wir bis wann tun und was wir nicht tun wollen | 003. **Team und Skills:** Teammitglieder, die genügend Kapazitäten, die richtigen Fähigkeiten und Erfahrungen mitbringen |
|---|---|---|

### Handwerkszeug

| 004. **Systeme und Tools:** Technische Systeme, die unsere Strategie reibungslos und automatisiert in die Tat umsetzen | 005. **Prozesse und Verantwortung:** Klar definierte Prozesse und Rollenverteilungen bei der Konzeption und Ausführung | 006. **Datenbasis und –qualität:** Eine saubere Basis an primären und sekundären Informationen über Kunden und Partner |
|---|---|---|

■ Ntsal_Pricing 101    Quelle: Ntsal

Abbildung 2: Kritische Erfolgsfaktoren für erfolgreiche Preisstrategien in der Organisation

71 Parallel dazu haben wir fünf Reifegrade für eine Organisation definiert (siehe Abbildung 3)

---

[12] Robert Phillips (2005). Pricing and Revenue Optimization. Stanford University Press. S. 74 ff. ISBN 978-0-8047-4698-4.

II. Preisstrategie  **Kapitel 2**

Zur Bewertung des Status Quo und Definition der nächsten Schritte nutzen wir Reifegradmodelle

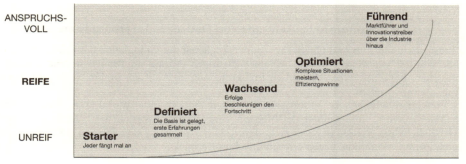

Abbildung 3: Fünf Reifegrade für eine Organisation

Anhand der Abbildung 3 kann ein Unternehmen im ersten Schritt für jede einzelne Dimension ihren Reifegrad feststellen, der Vorteil ist jetzt, dass ein Unternehmen im ersten Schritt für jede einzelne Dimension ihren Reifegrad feststellen kann, der in verschiedenen Business Units, Regionen oder auch Legal Entities unterschiedlich sein kann. Im Nachgang an eine Standortbestimmung können für jeden einzelnen Erfolgsfaktor die nächsten Schritte festgelegt werden, um die nächste Stufe im Reifegrad zu erreichen.

Ein gut implementiertes Reifegradmodell vereinheitlicht zudem die interne Sprache und Definition von Erfolg, der sich dadurch transparenter und präziser messen lässt.

Abbildung 4 zeigt ein in unserer Arbeit häufig eingesetztes Reifegradmodell, das beide Dimensionen kombiniert.

Preisstrategie - Organisation

| | Starter | Definiert | Wachsend | Optimiert | Führend |
|---|---|---|---|---|---|
| Mindset und Vision | Absicht deklariert, aber noch keine klare Vision definiert | Vision ist definiert und mit Führungsebene abgestimmt | Die gesamte Organisation kennt die Vision und stimmt dieser zu | Einzelne Bereiche formen die Vision als Experten proaktiv mit und haben Marktstandard erreicht | Unsere gesamt Organisation ist darauf ausgerichtet und motiviert, Grenzen neu zu definieren |
| Strategie und KPIs | | | | | Dynamische Weiterentwicklung der KPIs und Strategie basierend auf Innovationen |
| Team und Skills | | | | | Center of Excellence treibt über die gesamte Organisation integrative Prozesse und Innovation |
| Systeme und Tools | | | | | Dynamische Tool mit Robotic Process Automation und vorschreibenden Analysefähigkeiten integriert |
| Prozesse und Verantwortung | | | | | Dynamische Prozesse treiben neue innovative Maßnahmen voran |
| Datenbasis und -qualität | Historisch gewachsener Kundenbestand mit Lücken und Fehlern im Bestand | Sauberer statischer Bestand an Kerndaten und Basisinformationen, erste Verhaltensdaten genutzt | Multiple interne Datenquellen genutzt, um Kundenverhalten zu beschreiben | Holistische interne und externe Datenquellen, erste AI und ML Fähigkeiten integriert | Dynamische Datenstreams mit real-time Informationen und Profiling von Kundenverhalten |

**KONTINUIERLICHER FORTSCHRITT**

Abbildung 4: Beispiel eines Reifegradmodells

75 **Fazit:** Um eine Preisstrategie erfolgreich im Markt umzusetzen, braucht es die gesamte Organisation. Reifegradmodelle helfen dabei, die wichtigsten Erfolgsfaktoren im Auge zu behalten, Investitionen, zB in Tools und Pricing Software, zu planen, um so den sukzessiven Fortschritt der Organisation voranzutreiben.

## 2. Ökonomische Relevanz von Dauerschuldverhältnissen

76 ‚Preisentscheidungen sind Chefsache'. In Abhängigkeit der Granularität des Produktportfolios würden wir diese Aussage bei einer niedrigen Anzahl an Preisen durchaus unterstreichen, bei einer hohen Anzahl an Preisen jedoch eher auf die Preisstrategie und deren Einhaltung beziehen.

77 Preisentscheidungen und -anpassungen haben eine enorme Wirkung auf den Unternehmensgewinn, immer unter der Nebenbedingung der Elastizität der Nachfrage. Dieser Hebeleffekt des Preises ist je größer, desto kleiner die Gewinnspanne in der Ausgangssituation ist. Abbildung 5 zeigt ein vereinfachtes Beispiel.

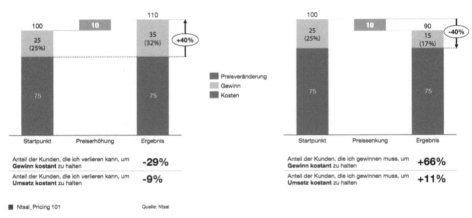

Abbildung 5: Die Hebelwirkung des Preises

78 Angenommen ein Unternehmen hat eine Gewinnspanne von 25 %. Eine Preiserhöhung von 10 % führt, unter Annahme gleichbleibender Kosten und einer Elastizität von 0, zu einer Erhöhung der Gewinnspanne um +27 % auf 32 %. Eine Preissenkung um 10 % hätte eine Reduktion der Gewinnspanne um -33 % auf neu ca. 17 % die Folge.

79 Einschränkend sei hier jedoch gesagt: Wenn Unternehmen den möglichen Kundenverlust einkalkulieren, bis zu dem sie immer noch einen konstanten Gewinn erzielen, sollte der Vollständigkeit halber die gesamte Kundenbeziehung betrachtet werden, wenn Kunden mehrere Produkte nutzen. Zusätzlich kommen in der realen Welt bei einer niedrigeren Kundenbasis auch Skalenverluste hinzu, welche die Kosten je Kunde steigern würden.

80 Zwei Treiber verstärken die Relevanz von Preisentscheidungen – die Anzahl an Kunden, die diese Preisentscheidung betreffen und die Dauer der Nutzung.

81 Insbesondere bei Produkten, die einen großen Anteil des gesamten Portfolios ausmachen, können einzelne Preispunkte über Erfolg und Misserfolg eines Unternehmens entscheiden. Hinzu kommt der Faktor der Dauer der Nutzung. Insbesondere in Dauerschuldverhältnissen spielt der Faktor Zeit eine exponentielle Rolle, vor allem bei wiederholten kleinen Anpassungen. So werden alle Preise, die als Abo regelmäßig zB monatlich anfallen, per-

manent durchgebucht. Hat ein Kunde einmal die höheren Preise akzeptiert, fallen diese höheren Preise regelmäßig an.

Monatliche Abos als Preismodelle sind insbesondere in digitalen Unternehmen, wie zB Netflix oder Spotify, bereits weit verbreitet. In traditionellen Industrien mit physischen Produkten und persönlichen Services & Dienstleistungen nutzen Unternehmen eher transaktionsbasierte Preismodelle. Abos sind jedoch auch hier auf dem Vormarsch, wie beispielsweise in der Automobilindustrie, wo sowohl junge Unternehmen als auch bestehende OEMs[13] mit monatlichen Preismodellen experimentieren. 82

Das Unternehmen FINN bietet Autos als Abos an. Kunden können sich auf der Webseite bei dem gewünschten Modell über unterschiedliche Vertragslaufzeiten und Inklusivkilometer pro Monat eine Monatspauschale ausrechnen lassen. 83

Monatliche Preismodelle brechen Preise nicht nur auf kleinere und bessere verdauliche Beträge runter, sondern nutzen auch die Nicht-Nutzung von Kunden aus. Denn ähnlich wie beim Fitnessstudio fallen die monatlichen Gebühren unabhängig von der tatsächlichen Nutzung an. 84

Der Umstieg auf ein monatliches Preismodell erlaubt es einem Automobilhersteller einerseits zu einem späteren Zeitpunkt nach Ablauf der ersten Vertragslaufzeit die Preise zu erhöhen, was beim Einmalverkauf eines Autos nicht möglich ist. Gleichzeitig steigt jedoch auch die ökonomische Relevanz von Preisentscheidungen, da ein einzelner Preispunkt häufig eine gesamte Flotte betrifft. 85

Produkte, die über einen langen Zeitraum laufen, wie zB Versicherungen, sollten daher bereits bei der Einführung zukünftige Preiserhöhungen mit integriert haben. Dies kann sowohl indexbasiert erfolgen als auch einzelvertraglich vereinbart werden. Werden Preise nicht regelmäßig angepasst, verringert sich einerseits in vielen Fällen die Gewinnspanne allein auf Basis der inflationären Kostensteigerung. Andererseits vergeben Unternehmen damit die Chance, von den Zinseszinseffekten kleiner Preissteigerungen zu profitieren. 86

Insbesondere in hybriden Geschäftsmodellen, wie zuletzt auch bei Verlagen, nehmen Abo-Modelle in Zusammenhang mit sogenannten Freemium-Angeboten zu. Zahlreiche Verlage bieten ihre Angebote auf digitalen Kanälen mit zwei grundsätzlichen Preismodellen an. Einerseits kostenfrei mit dem Hinweis, dass über Werbung monetarisiert wird, und andererseits einen werbungsfreien bezahlten Zugang als Abo. 87

Verstärkt wird die Steuerung der Bezahlvariante durch die Einschränkung einiger Inhalte durch sogenannte Paywalls. 88

**Fazit:** Insbesondere Preisentscheidungen mit Dauerschuldverhältnissen im Massengeschäft sind Chefsache, da sie eine maximale Hebelwirkung auf den Erfolg des gesamten Unternehmens haben. Richtig umgesetzt lassen sich so automatisiert und ohne zusätzlichen Vertriebsaufwand permanente Mehrerträge generieren. 89

## 3. Erfolgsfaktoren der Preispositionierung – der Kontext ist ausschlaggebend

In der Theorie entspricht der optimale Preis dem Punkt, der die Zahlungsbereitschaft zahlungswilliger Kunden maximiert. Sobald ein Unternehmen also einmal verstanden hat, was alle ihre Kunden bereit wären zu zahlen, sind alle Preissetzungsprobleme gelöst. Klingt gut, funktioniert in der Praxis aber nur selten. 90

Erstens sind Kunden durchaus unterschiedlich. Es gibt eben nicht einfach „den Kunden". Zweitens geben Kunden ihre Zahlungsbereitschaft nicht gerne öffentlich preis, da sich ihr Nutzen nämlich gerade entgegengesetzt maximiert – möglichst wenig für ein Produkt oder eine Dienstleistung zu zahlen. Und drittens kennen Kunden ihre Zahlungsbereitschaft selbst nur selten als fixe Zahl in Euro. Das ist darin zu begründen, dass die Welt ziemlich komplex ist, sodass Kunden häufig Referenzpreise heranziehen, um eine eigene Zahlungsbereitschaft 91

---

[13] OEM steht für Original Equipment Manufacturer (Originalteile/-geräte Hersteller). Es bezeichnet ein Unternehmen, das Produkte oder Komponenten herstellt, die von einem anderen Unternehmen in deren Endprodukten verwendet werden.

zu entwickeln, je nach persönlichem und aktuellem Nutzen. Und zum anderen sind Präferenzen von Kunden, insbesondere Privatpersonen, höchst volatil. Daher ist aus unserer Sicht die theoretische Messung der Zahlungsbereitschaft von Kunden auf zwei Nachkommastellen bei der Preissetzung zweitrangig.

92  Viel wichtiger ist der Kontext, in dem ein Preis für eine Leistung aufgerufen wird. Entscheidend ist es, den relevanten Mehrwert eines Produktes oder Services einem Kunden zu einem relevanten Zeitpunkt über einen relevanten Kanal aktiv anzubieten. Mehrwert, Kunde, Zeitpunkt und Kanal sind hierbei als dynamisch zu verstehen!

93  So sind Kunden bereit, einen höheren Preis für eine Woche Sommerurlaub zu zahlen, wenn dies unter dem Titel „Flitterwochen" passiert. Ähnliche Unterschiede in der Zahlungsbereitschaft kennt man aus Restaurants, wo die Mittagskarte nicht selten signifikant günstiger ist als das Menü am Abend. Der gleiche Kunde, am gleichen Ort, kann an dem gleichen Tag für das gleiche Essen unterschiedliche Zahlungsbereitschaften haben. Der Kontext definiert die Zahlungsbereitschaft.

### a) Mehrwert

94  Viele Unternehmen vertauschen inkludierte Leistungen mit Mehrwerten. Während die Anzahl an Leistungen zu 100 % von einem Unternehmen selbst bestimmt werden kann, hängt der wahrgenommene Nutzen, also der Mehrwert, fast ausschließlich vom Kunden ab. Unternehmen verbringen zu viel Zeit damit, neue Leistungen und Features zu entwickeln und zu wenig Zeit damit, wirklich zu verstehen, was der Mehrwert für den Kunden ist.

95  Eine rein leistungsgetriebene Preisdiskussion geht in vielen Fällen am Ziel vorbei. Ein einfaches Beispiel sind Serviceangebote von Dienstleistern mit Filialgeschäft. Zahlreiche Unternehmen sind immer noch der Auffassung, dass der persönliche Service in einer Filiale oder Geschäftsstelle teurer sein sollte als digitale Leistungen. Aus der Mehrwertsicht des Kunden ist dies jedoch keineswegs zwingend der Fall. Viele Kunden wären bereit, einen höheren Preis für digitale Lösungen zu zahlen, da sie sich dadurch den Weg zur Filiale inkl. Fahrzeit, Wartezeit und ggf. Parktickets sparen. Dementsprechend führt die Grundannahme, dass digital immer günstiger sein muss, schlichtweg zu einem Ertrags- und im schlimmsten Fall auch zusätzlichen Kundenverlust.

96  Mehrwerte für den Kunden können funktional, statusgetrieben oder erlebnisorientiert sein. Zeitersparnis ist funktional, eine goldene Kreditkarte spricht unter anderem den Status an und der Zugang zu einer Lounge am Flughafen steigert vor allem das Erlebnis, während man funktional die gleiche Zeit auf den Abflug wartet.

97  **Fazit:** Mehrwert schlägt Leistung. Bei den meisten Produkten sind es nur ein bis zwei Mehrwerte, die den Ausschlag geben!

### b) Kunde

98  Wir haben bereits festgehalten, dass es nicht „den Kunden" gibt. Viele Unternehmen haben bereits Segmente eingeführt und darauf auch ihre gesamte Vertriebsstrategie ausgerichtet. Jedoch stellen wir fest, dass die am meisten angewandten Segmentierungsansätze auf drei Grundannahmen beruhen: 1. Kunden entscheiden rational. 2. Präferenzen von Kunden sind stabil. 3. Die Zahlungsbereitschaft richtet sich nach Einkommen und Vermögen.

99  Dementsprechend werden Kunden nach Einkommen und Vermögen mit ein oder zwei zusätzlichen demographischen Faktoren oder Kanalpräferenzen in Gruppen unterteilt und in die Segmentschublade gelegt. Ab diesem Zeitpunkt werden Marketing und Vertriebsansätze streng nach Schublade getrennt. Meist bleiben Kunden dann für den Rest ihres Daseins als Kundenkartei in der gleichen Schublade, die übrigens in manchen Fällen sogar vererbbar ist.

Das Problem dabei ist, dass Annahme 1. und 2. nachweislich schlichtweg falsch sind und Annahme 3. auch nur eher zufällig zutrifft!

In zahlreichen Unternehmen schleicht sich daher eine neue Art der Kundenklassifizierung ein, sogenannte Personas. Hier werden fiktive Charaktere mit Merkmalen und Präferenzen gebildet. Während die Idee dahinter sinnvoll klingen mag, sind die ausgewählten Merkmale und Präferenzen jedoch häufig irrelevant für eigentliche Kaufentscheidungen.

Beispiel einer solchen Persona: Peter, 32 Jahre, ist technikaffin, auf Social Media aktiv, berufstätig und lebt in der Stadt.

Solch eine Klassifizierung ist keineswegs zielführender als die traditionelle Segmentierung.

Die optimale Art und Weise, Kunden auf Bedürfnisse anzusprechen, ist eine solide Personalisierung. Dies funktioniert einfach und zielführend über Daten und ist dynamisch an Verhaltensmuster und nicht an starre Segmentierungskriterien gebunden. Mit Hilfe digitaler Tools funktioniert Personalisierung auch ohne Daten. Im Buch ‚Leitfaden Personalisierung'[14] beschreiben die Autoren Plettenberg und Janzen, wie Personalisierung sogar ohne vorherige Datenbasis gut funktioniert.

Je personalisierter eine Ansprache erfolgt, desto weniger relevant ist die eigentliche Preishöhe, oder anders ausgedrückt, desto höher ist die Zahlungsbereitschaft.

**Fazit:** Kunden sind individuell und wollen personalisiert angesprochen werden. Klassische Segmentierung führt zu starken Ineffizienzen und Fehlentscheidungen in der Marktbearbeitung.

### c) Zeitpunkt

Der Zeitpunkt, an dem bestimmte Produkte und Leistungen angeboten werden, ist einer der wichtigsten Faktoren für die Preispositionierung und Kaufentscheidung des Kunden. Hierbei zählt der Anlass, zu dem der wahrgenommene Nutzen für den Kunden am höchsten ist. So findet man regelmäßig Kreditkartenanbieter, die Kunden am Flughafen noch vor Abreise eine Kreditkarte verkaufen möchten. Andere Anlässe können der Start ins Berufsleben sein für Versicherungen, Ferienzeiten oder Neujahr für Sportvereinsmitgliedschaften etc.

**Fazit:** Je präziser der Anlass und Zeitpunkt gewählt ist, an dem der wahrgenommene Nutzen maximiert wird, desto höher ist die Zahlungsbereitschaft!

### d) Kanal

Ähnlich wie beim Zeitpunkt kommt es auch bei der Wahl des Kanals auf die Relevanz für den Kunden an. Dementsprechend funktionieren Freemium-Angebote bei digitalen Anbietern besser, da diese über den gleichen Kanal dort ein Upgrade anbieten können, wo der Kunde die Leistung konsumiert.

In-App-Angebote haben sich bereits als Standard etabliert. Traditionelle Branchen wie zB Dienstleister mit Filialstruktur setzen immer noch zu stark auf das persönliche Gespräch.

Dabei können gut platzierte Angebote über digitale Kanäle deutlich effizienter angeboten werden.

Während Kunden bei Zeitungen in Papier niemals eine einzelne Seite kaufen würden, ist ein „Pay-Per-Article" in digitalen Medien durchaus denkbar. So lässt sich auch der Erfolg von digitalen Streaming-Plattformen erklären. Im ersten Schritt wurden ganze Alben in einzelne Songs aufgeteilt, danach sogar also Abo im Stream angeboten.

---

[14] Plettenberg/Janzen (2022): Hyperpersonalisierung ohne Daten, erschienen in ‚Leitfaden Personalisierung' HrsG. Gabriele Braun und Thorsten Schwarz (2022).

113 **Fazit:** Die Kaufwahrscheinlichkeit und Zahlungsbereitschaft des Kunden ist abhängig von der Relevanz des Kanals und der Konsumeinheit.
114 Zusammengefasst ist der Kontext der Preispositionierung absolut ausschlaggebend!

## 4. Weitere Faktoren für Preisdurchsetzung und -controlling

115 Für eine erfolgreiche Preisdurchsetzung gilt es, zusätzlich einige externe und interne Faktoren zu beachten.

### a) Externe Faktoren:

116 Bei den externen Faktoren zählt vor allen Dingen die vorhandene Marktmacht und die Position in der Wertschöpfungskette.
117 Je ausgeprägter die Marktmacht eines Unternehmens ist, desto mutiger und höher können Preisentscheidungen gefällt werden. Die Marktmacht wird einerseits durch das Alleinstellungsmerkmal der Marke und allgemeiner Serviceleistungen im Wettbewerbsvergleich definiert. Zusätzlich beeinflusst das Alleinstellungsmerkmal des Produktes selbst die Bindung des Kunden bei entweder Nichtvorhandensein von Alternativen oder prohibitiv hohen Wechselbarrieren seitens des Kunden die Marktmacht.
118 Darüber hinaus spielt auch die Positionierung in der Wertschöpfungskette eine große Rolle. Je mehr die Wertschöpfung Ende zu Ende im eigenen Unternehmen liegt, desto größer ist der Handlungsspielraum bei der Preispositionierung. Verkauft ein Unternehmen zB hauptsächlich über Plattformen, ist die Preisfindung eingeschränkt, da die eigenen Produkte bei zu hohen Preisen in Abhängigkeit des Algorithmus der Plattform gar nicht erst für den Kunden sichtbar werden.
119 Auf der anderen Seite kann auch die Upstream-Wertschöpfungskette die Preispositionierung dadurch beeinträchtigen, dass durch höhere Kosten auf der Einkaufsseite gewisse Preisuntergrenzen vordefiniert sind und damit insbesondere bei Kostenführerstrategien den Entscheidungsspielraum einschränken.

### b) Interne Faktoren:

120 Neben den bereits erwähnten Faktoren in unserem Reifegradmodell der Organisation sei hier insbesondere die Harmonisierung mit der Vertriebsstrategie als auch die Datenqualität und Möglichkeiten des Controllings genannt.
121 Vor allem in Industrien mit Filialgeschäft und persönlichen Vertriebsmodellen ist eine saubere Vorbereitung der Wertargumentation und zur Bereitstellung von Informationen zu Wettbewerbspreisen für die Vertriebsmannschaft wichtig. Hier kann ein kleines zentrales Team relevante Informationen vorbereiten und regelmäßig aktualisieren. Parallel dazu sollte natürlich auch das Incentivierungsmodell mit den Zielen der Strategie, die durch Preispositionierung unterstützt werden, abgestimmt sein.
122 Digitale Tools wie Peer Pricing Ansätze[15] und verhaltensökonomisch optimierte Sales-Apps inkl. Gamification können den Vertriebserfolg durchaus unterstützen.
123 Für ein nachhaltiges Controlling sind sowohl sogenannte Pipeline-Analysen notwendig, bei denen ex post analysiert wird, wer wieviel zu welchem Preis inkl. Sonderkonditionen verkauft hat und wie sich der Gesamtumsatz entwickelt.
124 Mindestens genauso wichtig sind jedoch auch Funnel-Analysen, die den Vertriebsprozess in Einzelschritte herunterbrechen und noch präzisere Analysen und Rückschlüsse erlauben: liegt der Erfolg oder Misserfolg eher im Vertrieb, am Produkt oder am Preis.

---

[15] Bei Peer-Pricing-Ansätzen vergleichen Unternehmen die Preisdurchsetzung unterschiedlicher Vertriebsmitarbeiter in vergleichbaren Verkaufssituationen.

III. Methoden der Preisfindung

Hier können neben CRM-Systemen[16] auch Pricing-Softwarelösungen und BI-Analyse-Dashboards[17] eingesetzt werden, um Real-Time-Analysen zu fahren und Root-Cause-Analysen dynamisch darzustellen.

## III. Methoden der Preisfindung

Um ein ganzheitliches Preismodell zu entwickeln und im Endeffekt einen präzisen Preispunkt festzulegen, empfehlen wir, mit einem klaren Leistungsversprechen, der „Value Proposition", zu starten.

Abbildung 6 zeigt einen gesamten Überblick über unseren Ntsal-Ansatz:

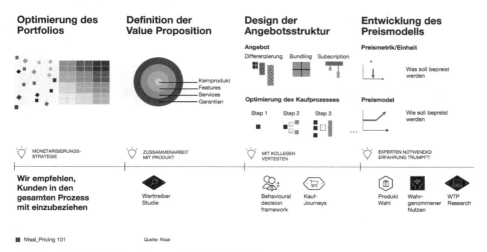

Abbildung 6: Ganzheitlicher Ansatz von Ntsal zur Preisfindung

Hierbei gilt es insbesondere die Leistungselemente/Werttreiber herauszuarbeiten, die den stärksten Einfluss auf die Zahlungsbereitschaft von Kunden haben. Neben dem Kernprodukt und differenzierten Merkmalen („Features") zählen produktnahe und produktfremde Services genauso dazu wie auch explizite und implizite Garantien. Ein interessantes Beispiel für eine Leistungsdifferenzierung über „Features" ist Netflix. Während das eigentliche Produkt, Filme und Serien, in allen Paketen kostenlos enthalten ist, differenzieren sich die Pakete über die Filmqualität und Höhe der Auflösung.

Häufig sind es insbesondere die letzten beiden Kategorien – Services und Garantien –, in denen ein großen Potenzial für eine Wertabgrenzung vom Wettbewerb und Zahlungsbereitschaft seitens der Kunden liegt.

Ein Beispiel für einen produktfremden Service ist der Loungezugang an mehr als 500 Flughäfen weltweit mit der American Express Platinum Credit Card.

Die von einigen Autoherstellern beim Neuwagenkauf angebotene Mobilitätsgarantie ist hingegen ein Beispiel für eine explizite Garantie. Im Falle einer Panne wird das Auto abgeschleppt oder es kann ein Ersatzfahrzeug in Anspruch genommen werden.

---

[16] CRM steht für Customer Relationship Management (Kundenbeziehungsmanagement). CRM-Systeme sind Softwarelösungen, die Unternehmen bei der Verwaltung von Kundenbeziehungen und der Optimierung von Vertriebs- und Marketingprozessen unterstützen.

[17] BI steht für Business Intelligence und umfasst die Nutzung von Daten und Informationen zur Geschäftsanalyse und Entscheidungsfindung.

**Kapitel 2**  Kapitel 2. Preissetzung aus wirtschaftlicher Sicht

132   Die richtigen Leistungsdifferenzierer zu finden ist keine triviale Aufgabe. Dies erfordert Kreativität, Erfahrung und sollte nie ohne Evaluierung des Kunden erfolgen. Neben iterativen Test-and-Learn-Ansätzen können hier auch Leistungsversprechentests, Max.-Diff.-Werttreiberanalysen[18] oder Conjoint-Analysen herangezogen werden, um die relative Stärke einzelner Leistungsmerkmale zu testen.

### 1. Entwicklung der Angebotsstruktur

133   Sind die strategischen Aspekte und die Value Proposition sauber definiert, gilt es, die Angebotsstruktur festzulegen.

134   Abbildung 7 zeigt eine vereinfachte Übersicht einiger möglicher Angebotsstrukturen inklusive einer Indikation für den optimalen Anwendungsbereich. Dies kann jedoch nicht als abschließende Entscheidungsheuristik verwendet werden.

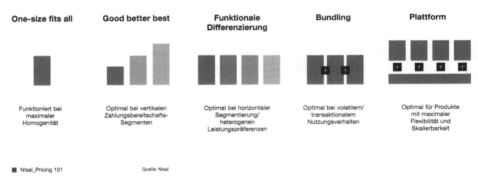

Abbildung 7: Auswahl an möglichen Angebotsstrukturen

135   Neben der Einheitslösung lassen sich ein differenziertes Angebot darstellen, mehrere Produkte bündeln[19] oder ein modulares Plattformangebot erstellen, in dem der Kunde neben einem bezahlten oder kostenfreien Zugang weitere Leistungen individuell hizukaufen kann.[20]

136   Einzelne Eigenschaften der unterschiedlichen Optionen können natürlich auch kombiniert werden.

137   Wichtig ist hier wieder, die genaue Dynamik des Angebotskontextes und des zukünftigen Kundenverhaltens zu verstehen. Fehler in der Wahl der Angebotsstruktur können drastische Folgen auf den Ertrag und auch die Monetarisierbarkeit zukünftiger Leistungen haben.

### 2. Entwicklung eines Preismodells

138   Zwischen der Angebotsstruktur und der Festlegung der finalen Preisniveaus liegt ein Schritt, der zum Teil nur implizit Beachtung findet, zum Teil einfach vergessen und nur in wenigen Fällen sorgfältig bearbeitet wird – die Entwicklung des Preismodells, wie in Abbildung 8 dargestellt.

---

[18]  Marley, A. A. J.; Louviere, J. J. (2005-12-01). „Some probabilistic models of best, worst, and best–worst choices". Journal of Mathematical Psychology.
[19]  YADAV, M. S. and K. B. MONROE, „How Buyers Perceive Savings in a Bundle Price: An Examination of a Bundle's Transaction Value", Journal of Marketing Research 30 (1993), Seiten (350–358).
[20]  Carl Shapiro; Hal Varian (1999). Information Rules: A Strategic Guide to the Network Economy. Harvard Business School Press. S. 27 ff.

# Entwicklung eines Preismodells

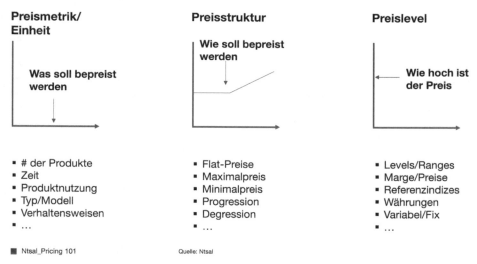

Abbildung 8: Entwicklung eines Preismodells

## a) Preismetrik

Die erste Frage, die es hier zu beantworten gibt, ist die Basis, die bepreist werden soll, die Preismetrik. Dies kann bei physischen Produkten die Stückzahl, im Mobilfunkbereich entweder Datenvolumen oder auch die Zeit, und im Bereich Shared Mobility die Produktnutzung in Form von gefahrenen Kilometern sein.

Eine Änderung der Preismetrik kann eine signifikante Auswirkung auf die Zahlungsbereitschaft der Kunden für die Leistung haben. So ist die Mobilfunkbranche zB von Minutenpreisen hin zu Flat-Preisen p. M. umgestiegen. Obwohl die Stückkosten für die Bereitstellung der Leistung getrieben durch technologischen Fortschritt signifikant mit der Zeit abnehmen, können Anbieter so trotzdem einem Preisverfall entgehen und höhere monatliche Pauschalen verrechnen, da jetzt eine höhere Geschwindigkeit angeboten wird.

Netflix bepreist zwar den Monat, jedoch liegt der Preisunterschied zwischen den Paketvarianten hauptsächlich an der Bildqualität.

Das wahrscheinlich prominenteste Beispiel ist Microsoft, das von Einzellizenzen für jedes Produkt hin zu einer monatlichen Pauschale Microsoft 365 umgestiegen ist.

Insbesondere in Fällen von erhöhter Transparenz und zunehmendem Wettbewerbsdruck lassen sich durch eine Änderung der Preismetrik Preiskriege verhindern. Ein relativ neues Beispiel ist das neue Plattformmodell bei Automobilherstellern. Während früher das gesamte Leistungspaket einmalig beim Kauf des Fahrzeuges entschieden wurde, testen Hersteller neue Modelle Pay-as-you-go.

Beispielhaft werden Sitzheizungen in einer Plattform für alle Modelle verbaut. Dies bringt gute Skaleneffekte mit sich und ist im Zweifel günstiger als die Technologie für einige Modelle auszulassen. Gleichzeitig wird diese Leistung aber nur aktiviert und abrufbar, wenn der Nutzer ein zusätzliches Abo kauft. BMW hat dieses Angebot im Jahr 2022 in England eingeführt[21]. Dementsprechend ist die neue Metrik nicht mehr der Produktkauf, sondern die Zeit, zB monatlich. Weitergedacht kann ein Automobilhersteller dies auch als

---

[21] https://edition.cnn.com/2022/07/14/business/bmw-subscription/index.html.

Einzelleistung anbieten, sodass Kunden nur an frostigen Tagen die Leistung pro Nutzung kaufen.

145 Über ein Variieren der Preismetrik lassen sich Innovationen deutlich besser monetarisieren.

146 Wichtig ist jedoch zu beachten, dass die Preismetrik mit dem dahinterliegenden Geschäftsmodell zusammenpasst. Im Bereich von skalierbaren transaktionsbasierten Geschäftsmodellen, wie zB im Bereich B2B Payments, sind transaktionsbasierte Preismetriken einem Pauschalmodell vorzuziehen. Ähnliches gilt bei einer großen Varianz des Nutzungsverhaltens des eigenen Kundenstammes. Nur wenn Kundencluster gebildet werden können, die homogene Transaktionsverhalten mit einem absehbaren Wachstumspfad haben, sind Pauschalbeträge mit einem Maximalpreis empfehlenswert. Aus diesem Grund sind viele Unternehmen im Softwarebereich, die SaaS-Lösungen[22] anbieten, wieder zu einem nutzungsbasierten Pricing umgestiegen, da mit zunehmender Anzahl an Transaktionen eben auch Anforderungen und Kosten für die IT-Infrastruktur steigen. Nach einer Studie von OpenViewPartners in 2021, ist der Anteil an SaaS Unternehmen, die nutzungsbasiertes Pricing anbieten, von 30 % in 2019 auf >50 % in 2023 gestiegen.[23]

**b) Preisstruktur**

147 Die zweite Frage, die es zu beantworten gilt, ist die Preisstruktur. Neben linearen Preismodellen kann es Pauschalen mit und ohne Minimum und Maximum geben, sowie progressiv oder degressiv wachsend, sowie einige weitere. Abbildung 9 zeigt eine selektive Übersicht möglicher Ausgestaltungsformen.

Abbildung 9: Beispiele unterschiedlich gestalteter Preismodelle

148 Um das geeignete Modell zu finden, bedarf es einer gewissen Erfahrung in der Entscheidungsheuristik, in welche die Produkteigenschaften, das Nutzungsverhalten und die Zahlungsbereitschaft der Kunden einfließen.

---

[22] SaaS steht für Software as a Service. SaaS-Lösungen umfassen cloudbasierte Softwareanwendungen, die über das Internet bereitgestellt werden. Nutzer können die Software über das Internet nutzen, ohne sie lokal installieren zu müssen.

[23] Beispiele im Infrastrukturbereich sind hier GoogleCloud, AWS und Azure. Im Anwendungsbereich sind einige Beispiele Slack, Hubspot und Mailchimp. Quelle: OpenView 2021 Financial & Operating SaaS Benchmarking Survey.

**Fazit:** Zusammengefasst können wir bis hierher festhalten, dass die Preisfindung aus gutem Grund deutlich stärker mit strategischen Überlegungen in einem ganzheitlichen Marktbearbeitungsansatz in Verbindung steht als mit dem endgültigen Preispunkt selbst. Wenn Preismetrik und/oder Preismodellstruktur falsch gewählt sind, kann auch aus der besten Kundenbefragung zur Preishöhe kein brauchbares Ergebnis erwartet werden.

### 3. Methodenüberblick zur Preisfindung

Erst zu diesem Zeitpunkt, wenn alle anderen oben genannten Schritte genügend Beachtung gefunden haben, sollten Unternehmen sich den eigentlichen Preislevels zuwenden. Hier gibt es unterschiedliche Vorgehensmodelle, die im besten Fall ebenfalls in der Preisstrategie festgelegt sein sollten. Die im Folgenden vorgestellten Methoden finden als wesentliche Instrumente auch bei zukünftigen Preisanpassungen Verwendung.[24]

Die einfachste Variante, Preise festzulegen, basiert auf der sogenannten Cost-Plus-Preisfindung oder der wettbewerbsorientierten Preisfindung.

#### a) Cost-Plus-Preisfindung

Bei der Cost-Plus-Preisfindung ermittelt ein Unternehmen die direkten und indirekten Kostentreiber und legt dann eine fixe oder variable Zielmarge fest. Unter der Voraussetzung, dass das Unternehmen seinen Produkten die direkten und indirekten Kosten zuordnen kann, ist dieses Vorgehen relativ einfach. Diesem Vorteil steht jedoch der Nachteil gegenüber, dass das Ergebnis eher zufallsbedingt mit der Zahlungsbereitschaft der Kunden übereinstimmt. „Während dieses Vorgehen in einigen traditionellen Industrien immer noch den Standard der Preisfindung darstellt, funktioniert es im digitalen Geschäft häufig nur aus Mangel an Alternativen für den Kunden.

#### b) Wettbewerbsorientierte Preisfindung

Wettbewerbsorientierte Preisfindung ist ebenfalls simpel. Nach einer geeigneten Zusammenstellung eines Vergleichskorbes können standardisierte Auf- oder Abschläge auf Basis von objektivierbaren Leistungsunterschieden definiert werden. Im einfachsten Fall benötigt man hierfür einen Blick aus dem Fenster zum Nachbarn. In digitalen Geschäftsmodellen helfen Internetcrawler[25], die zB im Versicherungsgeschäft mehrere hunderttausende Preispunkte pro Tag berechnen können und damit Vergleichsportfolios quantifizierbar machen. Ein maßgeblicher Vorteil von wettbewerbsbasierter Preisfindung ist, dass man sich Experten sparen kann, die auf Basis von Zahlungsbereitschaften realistische Preisspannen im Markt entwickeln. Nachteil ist jedoch, dass man dann deutlich mehr Experten braucht, die sicherstellen, dass das Geschäftsmodell auch genauso effizient wie beim Wettbewerb funktioniert. Ansonsten kann dies schnell in einen Preiskampf ausarten, der nur wenige Gewinner kennt.

#### c) Wertbasierte Preisfindung

Eine etwas fortgeschrittene Vorgehensweise der Preisfindung ist die wertbasierte Preisfindung („Value-Based-Pricing"). Die Idee dahinter ist, dass Kosten, wenn überhaupt, nur als Preisuntergrenze herangezogen werden und der Schwerpunkt darauf liegt, Zahlungsbereitschaften der Kunden detailliert zu messen und Leistungen lediglich nach deren individuellem Wert zu bepreisen.

---

[24] Die Methoden 3.3.1–3.3.2 werden im nachfolgenden Buchabschnitt zu Preisanpassungen von Klenk/Martl/Nägele nochmals ausführlicher betrachtet.
[25] Internetcrawler sind automatisierte Programme, die das Internet durchsuchen, um Webseiten zu finden, Inhalte zu indexieren und Suchmaschinen mit Informationen zu versorgen.

155 Methoden, die hier häufig genutzt werden, um Preiselastizitäten und Preisschwellen zu berechnen, sind zB Conjoint[26], Van Westendorp[27], Gabor Granger etc, die alle in Marktforschungsumgebungen Anwendung finden.[28] Die Herausforderung bei allen diesen Methoden ist, dass man Kunden braucht, die a.) tatsächlich bereit sind, genau solch ein Produkt zu kaufen, b.) von einer komplexen Welt präzise in eine extrem vereinfachte Testumgebung abstrahieren können und c.) bei direkten Preisbefragungen wahrheitsgemäß antworten.

156 Während diese Methoden in der Fachliteratur immer noch als Nonplusultra beschrieben und abgeschrieben werden, haben sie sich in der Praxis nur in denjenigen Fällen als wirklich treffend herausgestellt, in denen zahlreiche Rahmenbedingungen und Voraussetzungen für eine statistische Signifikanz gegeben sind. Selbst die erfahrensten Preisexperten greifen noch häufig auf pragmatische Lösungen zurück und befragen beispielsweise den Vertrieb, wie viel (mehr) er beim Kunden durchsetzen kann. Obwohl dieser Ansatz zu simpel erscheinen mag, ist er jedoch aufgrund der oben genannten Beschränkungen der direkten Kundenbefragung in einigen Fällen recht präzise. Nachteil des Pragmatismus ist, dass ein Unternehmen nicht den optimalen Preis herausfindet. Der Vorteil ist jedoch, dass der befragte Vertrieb dann zumindest den geschätzten Betrag durchholen muss.

157 Die zwei elegantesten Methoden der Preisfindung und damit auch noch die neuesten, sind einerseits multi-level-Tests unter verhaltensökonomischen Aspekten und andererseits statistische Modelle auf Basis von Transaktions- und Verhaltensdaten.

### d) Verhaltensökonomische Test-and-Learn-Ansätze

158 Die Grundannahme für verhaltensökonomische Test-and-Learn-Ansätze ist relativ einfach. Viele Kunden wissen einfach nicht, was ein fairer Preis für ein Produkt oder eine Leistung ist, und orientieren sich zum Zeitpunkt der Kaufentscheidung oder auch bei der Recherche an quantitativen und qualitativen Ankern und Nudges.[29] Ein Beispiel sind drei Kaffeegrößen beim Coffeeshop. Kaum ein Kunde wäre in der Lage, zu bestimmen, ob 2,99 EUR ein fairer Preis für 275ml Kaffee ist. Wenn jedoch daneben ein größerer Becher mit 325ml für 3,99 EUR angeboten wird, wird es für den Kunden einfacher. Es reicht vielen aus, zu sagen, dass 2,99 EUR der bessere Deal ist, um sich dafür zu entscheiden und zufrieden den Kaffee zu genießen. Ob ein Preis fair ist oder nicht, hängt hier fast ausschließlich vom Kontext und den Ankerpreisen ab.

159 Ähnliche Ankereffekte können Siegel von Vergleichsplattformen und vertrauenswürdigen Verbraucherorganisationen auslösen. Siegel mit Top-Noten können die wahrgenommene Fairness von Kunden aktiv beeinflussen.

160 Abbildung 10 zeigt eine Auswahl solcher Effekte.

---

[26] Green, P. and Srinivasan, V. (1978) Conjoint analysis in consumer research: Issues and outlook, Journal of Consumer Research und Green, P. E. and Srinivasan V. (1990) Conjoint Analysis in Marketing: New Developments with Implications for Research and Practice, Journal of Marketing.
[27] Van Westendorp, P (1976) „NSS-Price Sensitivity Meter (PSM) – A new approach to study consumer perception of price".
[28] Da dies ein Praxishandbuch ist, verzichten wir hier auf eine detaillierte Auseinandersetzung mit den unterschiedlichen Methoden. Wissenschaftliche Aufsätze mit theoretischen Beispielen sind in der einschlägigen Literatur weit verbreitet.
[29] APA. Ariely, D. (2009). Predictably irrational. HarperCollins.

## Selektive Übersicht verhaltensökonomischer Effekte

| Verhaltensökon. Effekt | Auswirkung | Umsetzungsbeispiel |
|---|---|---|
| Ankersetzung / anchoring | Zahlen, die Individuen zuvor sehen, beeinflussen unbewusst zB Zahlungsbereitschaft | Einführungen von Produkten oder Produktlinien, bei denen der Preis als Anker fungiert, ohne Absatzziele |
| Bahnungseffekt / priming | Individuen werden in ihrem Handeln durch zuvor gezeigte Wörter/Bilder/Situationen unbewusst beeinflusst | Onlineplattform zeigt Produkte im Kontext, der bestimmte Wünsche und Ziele beim Kunden auslöst |
| Besitzumseffekt / endowment effect | Individuen reagieren stärker auf einen drohenden Verlust als auf einen gleichwertigen Gewinn | Angebot von Testprodukten wie „die erste 6 Monate kostenfrei" |
| Bündelung / bundling | Produkte/Services werden zu Paketen zusammengefasst (Stichwort: Teilnutzenwerte) | Kombination von ‚Leader' und ‚Filler' Produkten bei Software |
| Gruppenverhalten / social norm | Individuen lassen sich vom Verhalten der Gruppe/-dynamik mitreißen und positiv (negativ) beeinflussen | Im E-Commerce Bereich: aufzeigen was andere Kunden gekauft haben |
| Mentale Kontoführung / mental accounting | Existenz subjektiver „Konten" und daraus resultierende Zahlungsbereitschaften für Produkte | Produkte, zB ein Kredit, für Konsum (Konto 1) und Erholung (Konto 2) positionieren |
| Soziale Bestätigung / social enforcement | Individuen zeigen ein Verhalten häufiger, wenn dadurch emotional Grundbedürfnisse befriedigt werden | Verhalten führt zu Lob, Anerkennung, Mitbestimmungsrechten, Freiheiten |
| Überstrahlungseffekt / halo effect | Wahrnehmungsbeeinflussung eines Produktes durch zB eine zuvor erlebte Situation/das Auftreten einer Person | Gütesiegel, Sterne für Kundenzufriedenheit und Rankings |
| Vereinfachung / simplification | Je einfacher etwas ist, desto häufiger wird dem nachgegangen (bei Verhalten, Entscheidungen, Produkten etc.) | Reduktion des Informationsumfangs bei Produkten/Konzentration auf das Wesentliche |

■ Ntsal_Pricing 101      Quelle: Erkenntnisse von Kahneman/ Knetsch/ Thaler; Ntsal, insbesondere Philipp Plettenberg

Abbildung 10: Auswahl an verhaltensökonomischen Effekten

Diese und viele andere verhaltensökonomische Effekte sind zwar häufig in der Literatur beschrieben[30], müssen aber in jedem Einzelfall und Entscheidungskontext getestet werden. Anders als häufig proklamiert, ist zB ein hoher Ankerpreis in einem 4-linigen Portfolio nicht immer besser als ein niedrigerer Anker.

Während im ersten Schritt über digitale Markforschungsplattformen isolierte Effekte vorgetestet, priorisiert oder auch ausgeschlossen werden, können anschließend in komplexeren Kundenbefragungen mit simulierten Kaufentscheidungen belastbarere Ergebnisse erzielt werden. Im Optimalfall hat ein Unternehmen dann noch die Möglichkeit über A-/B-Tests unterschiedliche Szenarien in einer Live-Umgebung mit realen Situationen zu testen. Dies funktioniert sowohl über digitale als auch persönliche Vertriebskanäle ausgesprochen gut. Nicht umsonst etablieren zunehmend führende Unternehmen ganze Experteneinheiten, die sich ausschließlich mit verhaltensökonomischen Optimierungen auseinandersetzen. Ntsal hat sowohl für diese Optimierungsprozesse als auch für die Etablierung solcher Einheiten ganzheitliche Prozesse entwickelt.

### e) Statistische Modelle

Bei statistischen Modellen, die auf vergangenen Transaktionen oder Verhaltensdaten basieren, ist die größte Komplexität eine geeignete Datenbasis zu finden. Auch wenn es bereits zahlreiche Anbieter im Markt gibt, die AI Pricing und andere Schlagworte bewerben, liegen dahinter selbst in den anspruchsvolleren Ausprägungen nur einfache Cluster-Analysen oder simple Regressionsmodelle, deren Prognosen auf eine zukünftige Kaufwahrscheinlichkeit eines Produktes mitunter häufig ungenau sind.

Häufig angewandt im Retail-Geschäft oder bei Flugpreisen berechnen Algorithmen automatisiert Preisvariationen in einer bestimmten Bandbreite.

So können selbst Nutzern unterschiedlicher mobiler Endgeräte unterschiedliche Preispunkte angezeigt werden, da man davon ausgeht, dass ein Kunde mit dem neuesten Luxus-Smartphone grundsätzlich eine höhere Zahlungsbereitschaft hat als jemand mit einem günstigeren Endgerät.

---

[30] THALER, R., „Mental accounting and consumer choice", Marketing Science 3 (1985), veröffentlicht von ‚INFORMS'.

**166** Zugegebenermaßen sind datengetriebene Methoden durchaus spannend, wenn auch noch in den Kinderschuhen. Trotzdem eignen sie sich nur selten bei Dauerschuldverhältnissen. Einerseits würden unterschiedliche Preispunkte im Bekanntenkreis des Kunden in vielen Branchen zu signifikantem Gesprächsbedarf mit dem Vertriebler des Vertrauens führen und andererseits braucht dies eine sehr fortschrittliche Systeminfrastruktur und solide statistische Grundkenntnisse. Beide Voraussetzungen sind in vielen Organisationen nicht in ausreichender Qualität vorhanden.

**167** **Fazit:** Für die Preisfindung gibt es strukturierte Ansätze, die einen sicheren Entscheidungsrahmen schaffen. Die pauschal optimale Methodik gibt es jedoch nicht, da sie sehr stark vom Reifegrad einer Industrie, der Organisation selbst und der vorhandenen Datenbasis abhängt. Wichtig: Für jede Situation gibt es eine komplexe/präzise Variante, aber eben auch eine pragmatische Herangehensweise, die es auch bei kleineren Budgets und Kapazitäten einer Organisation erlaubt, sinnvolle Preise zu setzen.

# Kapitel 3. Preisänderungen aus wirtschaftlicher Sicht

**Literaturverzeichnis**

Bauer/Lielacher, Kundennutzen im Fokus, in: BankInformation, Heft 8/2021, S. 64–67; Benning-Rohnke/Martin, Die Perspektive der Kunden erfassen – Methoden und Quellen des Kundenverständnisses, in: Benning-Rohnke/Hasebrook/Pütz (Hrsg.), Kunden begeistern 2023, S. 23–24; Bontis/Chung, The Evolution of Software Pricing: from Box Licenses to Application Service Provider Models, in: Electronic Networking Applications and Policy, Issue 10/2000, S. 246–255; Buxmann/Diefenbach/Hess, Die Softwareindustrie. Ökonomische Prinzipien, Strategien, Perspektiven, 2008; Buxmann/Diefenbach/Hess, Die Softwareindustrie. Ökonomische Prinzipien, Strategien, Perspektiven, 2. Aufl. 2011 (DOI 10.1007/978-3-642-13361-9); Cusumano, The Changing Labyrinth of Software Pricing, in: Communications of the ACM, Issue 50/2007, S. 19–22; Dubiel/Matthies, Design und Einsatz digitaler Applikationen im Pricing, in: Klenk (Hrsg.), Ihr Weg zur Pricing Excellence, 2. Aufl. 2022, S. 89–105; Homburg, Marketingmanagement. Strategie – Instrumente – Umsetzung – Unternehmensführung, 7. Aufl. 2020; Homburg/Koschate, Wie reagieren Kunden auf Preiserhöhungen?, in: MAR ZFP/Heft 4, 2004, S. 316–330; Jordans/Rösler, Zulässige Änderung von Preisen und AGB am Beispiel von PayPal, in: BankPraktiker, Heft 11/2022, S. 396–401; Katz/Shapiro, Network Externalities, Competition, and Compatibility, in: American Economic Review Issue 75/1985, S. 424–440; Klenk/Martl/Nisius, Pricing – Ganzheitlich angehen, in: BankInformation, Heft 11/2022, S. 32–37; Klenk/Stöppel, Pricing Excellence – zentrale Entscheidungsfelder und Erfolgsfaktoren, in: Klenk (Hrsg.), Ihr Weg zur Pricing Excellence, 2. Aufl. 2022, S. 17–24; Koblen/Lies, Auf die Umsetzung kommt es an, in: BankInformation, Heft 11/2022, S. 20–22; Krämer/Kalka, Maßnahmen und Argumente in der Preisveränderungskommunikation gegenüber Endkunden, in: Kalka/Krämer (Hrsg.), Preiskommunikation, 2020, S. 151–170; Lehmann/Buxmann, Pricing Strategies of Software Vendors, in: Business & Information Systems Engineering Issue 1/2009, S. 452–462 (DOI 10.1007/s12599-009-0075-y); Simon, An der Preisschraube drehen; Wie Unternehmen auf Inflation reagieren können, in: FAZ.net, 28. Juli 2022; www.deutschepost.de/de/b/briefe-in-deutschland.html, abgerufen am 7.5.2023.

## I. Impulse für Preisanpassungen

Während in Abschnitt II. dieses Herausgeberbands grundsätzliche preisstrategische Entscheidungsfelder sowie ausgewählte und bewährte Methoden der Preisfindung vorgestellt wurden, geht es in diesem Kapitel darum, wann und in welchen Konstellationen Impulse für Preisanpassungen aufgegriffen und umgesetzt werden sollen – unabhängig davon, ob dies im weiteren Verlauf beispielsweise über die AGB/Zustimmungsfiktion oder explizit über ein angepasstes/neues Vertragsverhältnis geschieht.[1] Im Folgenden werden die drei relevantesten **Treiber für Anpassungen im Preisgefüge** näher vorgestellt und konkrete Impulse für Preisveränderungen abgeleitet.[2] Namentlich sind dies die hier aufgeführten „Trigger" (dargestellt auch in Abbildung 1):

1. Preisanpassungen aufgrund von Beobachtungen (von Veränderungen) im Wettbewerbsumfeld,
2. Preisanpassungen aufgrund von Veränderungen der Kostensituation sowie
3. Preisanpassungen aufgrund veränderter Leistungen, die aus Kundensicht den wahrgenommenen Wert (= Nutzen) beeinflussen.

168

---

[1] Zur Anwendung der BGH-Rechtsprechung auf das Praxisbeispiel PayPal und zu möglichen Implikationen und Risiken für die Umsetzung bei Nichtbeachtung wie bspw. Rückforderungsverlangen der Kunden, Abmahnungen oder Einschreiten der Regulierungs-/Aufsichtsbehörden vgl. zB Jordans/Rösler BankPraktiker Heft 11/2022, 396.
[2] Zu grundlegenden Ansatzpunkten der Preisbestimmung und -anpassung vgl. zB Homburg Marketingmanagement.

Abbidung 1: Dreieck mit den drei relevantesten „Triggern" für Preisanpassungen

## 1. Preisanpassungen aufgrund von Wettbewerbsbeobachtungen

**169** Regelmäßige Beobachtungen von Wettbewerbsaktivitäten gelten zu Recht als Grundlage jeder Art von erfolgreichem wirtschaftlichen Agieren. Wettbewerber können sowohl im Hinblick auf (neue) Leistungen und Kundennutzen als auch im Rahmen ihrer Preisstrategie eine notwendige Reaktion im eigenen Angebot folgen lassen – besonders dann, wenn Auswirkungen auf Kundenverhalten/–abwanderung, Umsätze oder Gewinnmargen zu erwarten sind. **Verhaltensweisen von Wettbewerbern** sind daher wichtige Beobachtungspunkte im Preismanagement, vor allem wenn dieses Verhalten darauf abzielt, Konkurrenten aus dem Markt zu drängen oder zB neue Leistungen/Produktveränderungen mit hohem Marketingaufwand im relevanten Markt zu etablieren.

**170** Eigene Erfolg versprechende Pricing-Strategien und die daraus abgeleiteten Reaktionen für die operative Umsetzung (Produktanpassungen, Bundling von Produkten, Erhöhung der Komplexität des eigenen Preisgefüges, um die Vergleichbarkeit zu reduzieren etc) sind daher in erheblichem Maße davon abhängig, wie gut das eigene Unternehmen den relevanten Markt und die wichtigsten Marktteilnehmer untersucht, um Verhaltensweisen der Konkurrenz zu antizipieren sowie (veränderte) Kundenbedürfnisse zu verstehen und für die eigene Angebots- und Preispolitik nutzbar zu machen. Die Abbildung 2 zeigt beispielhaft mittels Girokontoangeboten von Banken und Sparkassen die Ausgestaltung eines regelmäßigen „Preisradars", welcher Impulse für eigene Preisanpassungen liefern kann. Derartige **Preisradare** fokussieren sich auf die ökonomisch wichtigsten Preispunkte (im vorliegenden Beispiel die Kontoführungsgebühr, Postenpreise mit den höchsten Mengengerüsten sowie bestimmte Kartenpreise). Zudem ist zu beachten, dass ausgewählte Wettbewerber und deren Angebotsalternativen (hier unterschiedliche Girokontomodelle) tatsächlich Auswirkungen auf das Kundenverhalten und zusätzliche oder entgangene Provisionserlöse haben, also aus Anbietersicht „relevante" Wettbewerber sind.

I. Impulse für Preisanpassungen **Kapitel 3**

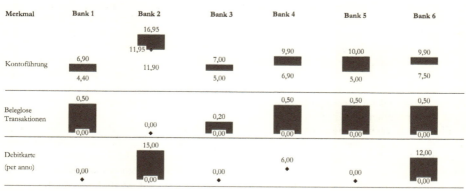

Quelle: zeb.research

Abbildung 2: Beispielhafter Preisradar „Privatgirokonten" im regionalen Wettbewerbsvergleich mit den Vergleichswerten Kontoführung, Beleglose Transaktionen und Debitkarte

## 2. Preisanpassungen aufgrund von Kostenveränderungen

Für die Preisbildung von Produkten und Dienstleistungen spielt die **Kostenperspektive** 171 eine entscheidende Rolle, da die direkt und indirekt zurechenbaren Kostenkomponenten die **Preisuntergrenze,** dh den niedrigsten Preis, zu dem ein Produkt oder eine Dienstleistung angeboten werden kann, determinieren. Mittel- und Langfristig kann es sich kein Anbieter leisten, im Pricing unterhalb dieser Grenze zu agieren, weshalb die Anbieter gefordert sind, die aktuell herrschende Inflation über höhere Preise (zumindest teilweise) zu kompensieren sowie gemäß gesetzlicher und aktueller Vorgaben der Rechtsprechung vorzugehen. Auch wenn man Kunden eine klare Präferenz für stabile Preise unterstellen kann, sind im Rahmen höherer Inflation Preissteigerungen für viele Unternehmen letztlich unvermeidbar, wobei das Preismanagement eine Fülle von Ansatzpunkten bietet, derartige Kostensteigerungen zumindest in großen Teilen zu „überwälzen" und die eigenen Margen abzusichern.[3] Zu nennen sind hier

- eine stärkere Preisdifferenzierung (je nach Veränderungsgrad der Preisbereitschaft in verschiedenen Produkt-/Dienstleistungsfeldern, dh wo Kunden bei Inflation sparen wollen und wo eher weniger),
- die Nutzung von Preisgleitklauseln (für Rohstoffe, Einstandszinsen etc),
- Preisanpassungen in kleinen Schritten,
- die Einführung günstigerer Produktvarianten sowie
- die Umstellung von kompletten Preismodellen mit veränderten Bezugsgrößen (beispielsweise Pay-per-Use-Modelle).

Im Wesentlichen sind dies strategische Stoßrichtungen, die auch bei Preisanpassungen aus 172 Leistungssicht eine große Rolle spielen und im folgenden Abschnitt näher vorgestellt werden.

Üblicherweise unterscheidet man langfristige Preisuntergrenzen, die auf Vollkostenbasis 173 berechnet werden und damit alle variablen und fixen Kosten abdecken. Im Hinblick auf einen kürzeren Betrachtungszeitraum sind davon kurzfristige Preisuntergrenzen zu differenzieren, bei denen auf eine Deckung der Vollkosten aus strategischen Gründen verzichtet wird (schwierige Marktsituationen, hohe Preissensitivität etc), zumindest aber die für eine Entscheidung zentralen mengenabhängigen Kosten (sog. variable Stückkosten) gedeckt

---
[3] Zu konkreten Beispielen, wie Unternehmen auf Inflation reagieren können, s. auch Simon FAZ.net 28.7.2022.

sind. Daher sind **Informationen aus der eigenen Kostenrechnung** die wichtigste Quelle für Impulse, die eine Preisanpassung aufgrund von Veränderungen der Kostensituation notwendig erscheinen lassen. Branchenübergreifend war besonders in den letzten ein bis zwei Jahren die steigende Inflation bei fast allen Produktionsmitteln, Vorprodukten, Lohnkosten, Einstandspreisen etc ein zentraler Impuls, die eigene Preisstellung vollumfänglich oder zumindest in Teilen auf die Weitergabe derartiger Kostenveränderungen auszurichten. Im Rahmen der Kommunikation neuer Preise war und ist von Vorteil, dass viele Kunden eine solche Preisanpassung gut nachvollziehen können und als mehr oder weniger „fair" wahrnehmen.

174 Einzelne Kostenkomponenten stellen sich je nach betrachtetem Produkt oder je nach Dienstleistung als sehr unterschiedlich dar. So sind die wichtigsten Kostenkomponenten eines Kredits, zB einer privaten Baufinanzierung oder eines gewerblichen Investitionsdarlehens (dargestellt in Abbildung 3), die Opportunitätszinsen und Liquiditätskosten, die Kosten für Optionsrechte der Kreditnehmerinnen und –nehmer (implizite Optionen), Risikokosten, Eigenkapitalverzinsungsansprüche (EK-Kosten) sowie die dem Kreditprodukt zurechenbaren Stück- und Gemeinkosten. In Summe unterscheidet sich eine derartige Kalkulation im Detail sehr deutlich von klassischen Produkten des täglichen Bedarfs oder der industriellen Fertigung. Bei Letzterem setzen sich die „Selbstkosten" für gewöhnlich aus variablen und fixen Komponenten zusammen, dh im Sinne einer produktbezogenen „Vorwärtskalkulation" im Einzelnen aus

- Kosten für Fertigungsmaterial (in Abhängigkeit von der Stückzahl),
- Materialgemeinkosten,
- Fertigungslöhnen (in Abhängigkeit von der Stückzahl),
- Fertigungsgemeinkosten,
- Maschinenkosten,
- Sondereinzelkosten der Fertigung,
- Verwaltungsgemeinkosten,
- Vertriebsgemeinkosten sowie
- Sondereinzelkosten des Vertriebs.

175 Auf diese „Selbstkosten" werden dann noch Gewinnansprüche, Vertriebsprovisionen sowie Skonto- und Rabattkostensätze addiert, die schließlich den Nettoverkaufspreis aus Unternehmenssicht determinieren.

176 In beiden Kalkulationsbeispielen sind die resultierenden Fragestellungen bzgl. Preisanpassungen jedoch in der Regel sehr ähnlich. So stellt sich häufig die Frage, ob veränderte Kostenparameter exakt an die Kunden weitergegeben werden können und ob eine gleichmäßige oder besser eine punktuelle, dafür aber stärkere Preissteigerung umgesetzt werden kann.[4]

---

[4] Vgl. zB Homburg/Koschate MAR ZFP Heft 4/2004, 316.

## Preiskomponenten Kreditgeschäft (Klientenbeispiel)

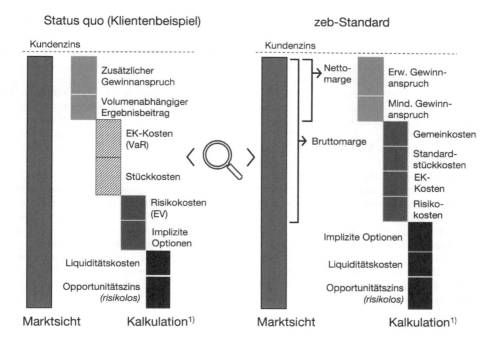

1) Schematische Darstellung – Höhe der Blöcke ohne Aussagekraft;
zusätzlich vereinnahmte Provisionen nicht berücksichtigt;
Quelle: zeb-Projekterfahrung

Abbildung 3: Schematische Darstellung von Kostenkomponenten und Preisuntergrenzen am Beispiel eines Kredits; Gegenüberstellung Status quo und zeb-Standard

## 3. Preisanpassungen aufgrund veränderter Leistungen/ Nutzenaspekte aus Kundensicht

Neben Impulsen, die sich durch ein verändertes Wettbewerbsverhalten oder aus Kostengesichtspunkten ergeben, kann eine notwendige Preisanpassung auch aufgrund eines **veränderten oder neuen Leistungsumfangs** auf der Agenda stehen. Dies gilt besonders dann, wenn neue/ergänzte Angebote aus Kundensicht einen echten Mehrwert und damit **Kundennutzen** schaffen, welcher wiederum Zahlungsbereitschaft oder zumindest eine höhere Preistoleranz nach sich ziehen kann. Bei der Erfassung und Analyse entsprechender Kundendaten besteht im digitalen Zeitalter die Herausforderung vor allem darin,[5] diese Daten entscheidungsorientiert, rechtlich sauber und möglichst „in Echtzeit" aufzubereiten, um Pricing-Entscheidungen zu planen. Betroffen sind dann sowohl die absoluten Preishöhen als auch ggf. Änderungen im Preissystem.

Idealerweise schaffen angepasste oder komplett neue Features zum einen zusätzlichen Kundennutzen (höhere Convenience/Bequemlichkeit, eingesparte Kosten, eingesparte Zeit, weniger Risiko, neue Funktionalitäten, Beratungssupport etc), der „monetarisiert" und in der Kommunikation angepasster Preise aufgegriffen werden kann. Zum anderen

---

[5] Für einen guten Überblick vgl. Benning-Rohnke/Martin Kunden begeistern und die dort angegebene Literatur.

bieten veränderte Leistungen immer auch neue **Chancen zur Preisdifferenzierung,** dh für eine unterschiedliche Preisstellung je nach Kundensegment oder weitere Differenzierungsmerkmale.

179    Eine segmentbezogene Preisdifferenzierung (zB Alter, Stellung im Berufsleben, Einkommenssituation, Kundentyp etc) ist dann sinnvoll, wenn sich die Wahrnehmung des zusätzlichen Kundennutzens in den Segmenten signifikant unterscheidet. So sind zB Abos für Zeitungen/Zeitschriften, Versicherungstarife oder ausgewählte Sparangebote segment- bzw. personenspezifisch differenziert.

180    Weitere bekannte Formen der Preisdifferenzierung stellen beispielsweise auf räumliche/länderübergreifende, zeitliche (Saisonverläufe bei Urlaubsreisen) oder mengenbezogene Merkmale („Mengenrabatte" zur Kundenbindung) ab oder – quasi als Sonderform der Preisdifferenzierung – auf eine Paketbildung („Bundling") mehrerer Produkte eines Anbieters. Bei der letzten Variante ist das Ziel, Preisbereitschaften für einzelne Produkte auf das Paket/Bundle zu übertragen und damit den Gewinn zu erhöhen.

181    Alle Varianten haben gemeinsam, dass eine anbieterseitig initiierte Preisdifferenzierung für viele Kunden mit einer Preisanpassung einhergeht, diese jedoch mit bestimmten (neuen) Serviceelementen, differenzierten Packungsgrößen/Lieferoptionen, höheren Referenz-/Listenpreisen oÄ verbunden ist, was eine Preisbeurteilung der Kunden zumindest erschwert. Prominente Beispiele der Vergangenheit sind etwa die Preisanpassungen rund um Amazon Prime oder im öffentlichen Personennahverkehr (ÖPNV). Unternehmen haben hierbei mehrere grundsätzliche strategische Optionen, ihre **Preiskommunikation** zu gestalten und je nach „Trigger" für eine notwendige Preisanpassung in den relevanten Märkten umzusetzen. So kann eine Kommunikation der Preisveränderung proaktiv, passiv oder gar nicht erfolgen,[6] wobei Zustimmungen im Rahmen von Dauerschuldverhältnissen implizit eine aktive Kommunikation voraussetzen.

## II. Erfolgsfaktoren in der Umsetzung

182    Im nachfolgenden Kapitel soll alles Wissenswerte zu den vier Erfolgsfaktoren zur **Einholung der Kundenzustimmung** aufgezeigt werden. Seit dem BGH-Urteil zur AGB-Zustimmungsfiktion hat das Beratungsunternehmen zeb zahlreiche Banken bei der Einholung der Kundenzustimmung für bestehende oder neue Preispunkte begleitet. Die gute Nachricht vorab: Es ist auch unter den neuen Rahmenbedingungen möglich, im Massengeschäft die Zustimmungen der Kunden einzuholen. Die anfänglichen Befürchtungen haben sich nicht bestätigt. „Kunden sind bereit, den neuen AGB und Preisen zeitnah zuzustimmen, wenn diese transparent dargelegt sowie begründet werden und der Zustimmungsprozess kundenfreundlich gestaltet ist."[7] Der Aufwand für die Umsetzung hat sich aber deutlich erhöht. Bei Beachtung der nachfolgenden Erfolgsfaktoren ist man für den Prozess gut gerüstet.

---

6    Vgl. Krämer/Kalka Preiskommunikation, 151.
7    Vgl. Klenk/Martl/Nisius BankInformation Heft 11/2022, 32 (37).

## Ausgewählte Erfolgsfaktoren

**Kommunikationskonzept**

Nach Zielgruppen differenziertes Ansprachekonzept

Unterschiedliche Kundensegmente werden differenziert angesprochen; je potenzialstärker ein Kundensegment ist, desto eher sollte die Ansprache persönlich erfolgen

**Befähigung der Mitarbeitenden**

Essenziell für die Vorbereitung der Mitarbeitenden sind Schulungen und Trainings

Nach Möglichkeit Einbindung von Führungskräften

Positives Mindset der Beraterinnen und Berater als Schlüssel zum Erfolg; Kundenansprache und -umstellung als klare Priorität im Vertrieb positionieren

**Digitale Applikationen/ Zustimmungslösungen**

Der Zustimmungsprozess sollte so einfach und klar wie möglich gestaltet sein

Durch die Nutzung digitaler Zustimmungswege können Mitarbeitende entlastet und Kosten gesenkt werden

**Erfolgskontrolle**

Konsequentes Vertriebscontrolling implementieren

Das Reporting sollte zu Beginn der Maßnahme täglich erfolgen und alle Kanäle und Produkte umfassen

Quelle: zeb-Projekterfahrung

Abbildung 4: Grafische Darstellung der vier Erfolgsfaktoren zur Einholung der Kundenzustimmung

## 1. Erfolgsfaktor 1: Kommunikationskonzepte

Die Einholung der Kundenzustimmung gleicht einem Marathon. Hier gilt – wie bei vielen anderen Themen –, Vorbereitung ist die halbe Miete. Bevor man mit der Planung startet, ist es empfehlenswert, sich einen Überblick über die verschiedenen Themen zu verschaffen. Die folgende Liste führt mögliche Fragestellungen auf:

- Für welche Themen brauche ich eine Zustimmung?
- Gibt es weitere Themen, die in diesem Zuge abgehandelt werden sollten?
- Wie kann ich die Unterlagen für die Zustimmung bereitstellen?
- Wie erreiche ich meine Kunden?
- Liegen mir von allen Kunden gültige Adressdaten vor?
- Welche Möglichkeiten zur digitalen Kontaktaufnahme stehen zur Verfügung?
- Über welche Kanäle kann ich die Zustimmung einholen?
- Kann ich auf bestehende Schnittstellen zum Kunden zugreifen?

Nachdem sich mit den Themen auseinandergesetzt wurde, geht es im nächsten Schritt um die **Erarbeitung eines Kommunikationskonzepts** über alle Kanäle.[8] Aus diesem Konzept lässt sich ein Umsetzungszeitplan ableiten, in dem man, unterteilt nach Zielgruppen, die einzelnen Maßnahmen auf einem Zeitstrahl darstellen kann. Nach unseren Erfahrungen sind vier Maßnahmen sinnvoll (dargestellt in Abbildung 5).

Das erste Anschreiben bildet die Grundinformation mit dem neuen Produktangebot und bittet den Kunden sehr höflich um seine Zustimmung. Alle Kunden, die auf das erste Schreiben nicht reagieren, erhalten vier Wochen später ein freundlich formuliertes Erinnerungsschreiben. Parallel dazu werden Aktivitäten durch die Beraterinnen und Berater gestartet. Nochmals vier Wochen später sollte man den Versand eines weiteren Mailings einplanen. Hier wird eindringlicher um die Kundenzustimmung geworben, zudem kann es von Vorteil sein, schon jetzt die Konsequenzen bei einer ausbleibenden Zustimmung aufzuzeigen. Das kann je nach Leistung auch die Kündigung einer Dienstleistung bedeuten. Im letzten Schritt folgt die Eskalation. Für die Umsetzung gibt es mehrere Möglichkeiten. Empfehlenswert ist, zu Beginn eine Einzelbewertung der Kunden oder Kundengruppen,

---

[8] Vgl. Koblen/Lies BankInformation Heft 11/2022, 20 (21).

die noch nicht zugestimmt haben, vorzunehmen. Je nach Ergebnis kommt es dann zu einer weiteren Kontaktaufnahme durch die Beraterinnen und Berater, zum Aussprechen einer Änderungskündigung oder zu einer ordentlichen Kündigung. Wichtig ist, dass diese Konsequenz von Beginn an intern kommuniziert und auch wirklich bis zum Ende durchgehalten wird. Es soll nicht der Eindruck aufkommen, dass am Schluss die Kunden am besten fahren, die keine Zustimmung erteilt haben.

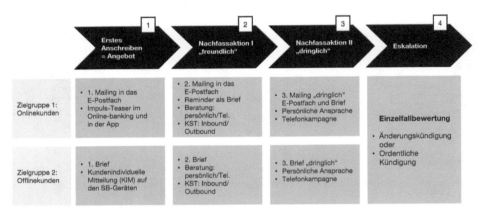

Quelle: BankInformation Heft 11/2022

Abbildung 5: Überblick zum Zustimmungsprozess

186   Die **interne Kommunikation** sollte alle betroffenen Mitarbeitenden rechtzeitig mit den wesentlichen Informationen versorgen – insbesondere zum Kommunikationskonzept, zum Zeitplan, aber auch zum Zustimmungsprozess. In der Praxis hat es sich bewährt, die Mitarbeitenden für die Zustimmungsstrecke freizuschalten, sodass sie den Prozess einmal selbst durchlaufen können. Damit sind sie dann bestens für mögliche Kundenrückfragen gerüstet. Für den Fall, dass Ihre Mitarbeitenden auch Kunden sind, können Sie über den Weg auch gleich die Zustimmung einholen.

187   Die Zustimmung bedeutet für Kunden doppelten Aufwand: Zum einen müssen sie aktiv werden, zum anderen ergeben sich in vielen Fällen angepasste Preise oder Leistungen, die dann zu höheren Belastungen führen. Es braucht also eine gute **Nutzenargumentation,** warum der Kunde möglichst schnell seine Zustimmung erteilen sollte. Eine Preisgarantie ist zwar in der Umsetzung anspruchsvoll, beflügelt aber den Zustimmungsprozess. Eine weitere Möglichkeit ist die Incentivierung durch ein Gewinnspiel.[9]

188   Nach dem Start der Kampagne sollte sich das Kernprojektteam zunächst täglich im Rahmen eines Daily[10] zu den aktuellen Entwicklungen austauschen. Im weiteren Verlauf können die Abstimmungen auch wöchentlich stattfinden. Für einen Überblick über die Rückmeldungen hat sich ein Dashboard bewährt (vertiefende Ausführungen in → Rn. 205 ff.).

189   **Fazit:** Ein Kommunikationskonzept ist elementar für eine erfolgreiche und schnelle Umsetzung der Maßnahme. Die Kunden müssen durch eine transparente und kundenzentrierte Information zur Zustimmung motiviert werden. Die Mitarbeitenden mit aktivem Kundenkontakt sollten gut in den Prozess eingebunden werden, um die Kunden bei der Zustimmung bestmöglich unterstützen zu können.

---

[9]   Vgl. Bauer/Lielacher BankInformation Heft 8/2021, 64 (66 f.).
[10]  Ein Daily (oder auch Stand-up-Meeting) ist ein täglicher Termin entsprechend der Scrum-Methode, in dem das Projektteam in einem knappen und kompakten Format (nicht mehr als 15 Minuten) seine Arbeit koordiniert. Am besten findet das Daily immer zur gleichen Uhrzeit und am gleichen Ort statt.

## 2. Erfolgsfaktor 2: Befähigung der Mitarbeitenden (mit Kundenkontakt)

Neben einer transparenten und nutzenbasierten Argumentation ist auch die Aktivität der Mitarbeitenden ein großer Einflussfaktor. Ziel der **Befähigung** muss sein, dass die Argumentationskraft verbessert und der Umgang mit Einwänden trainiert wird.

Der Umfang der notwendigen Qualifikation hängt von mehreren Faktoren ab. Was sind die konkreten Änderungen für den Kunden und mit welchen Reaktionen ist zu rechnen? Eine Zustimmung zu bereits bekannten Preisen und Leistungen löst gegenüber Veränderungen am Produktportfolio in der Regel weniger kritische Reaktionen und Rückfragen aus. Eine weitere Einflussgröße ist die Kompetenz Ihres Teams, Änderungen und Preise in Ihrem Sinne durchzusetzen. Anhand dieser beiden Faktoren kann man die erforderlichen Befähigungsschritte sehr gut ableiten.

Wenn Sie hier zu einem differenzierten Ergebnis kommen, könnte ein nach vorhandener Kompetenz ausgerichteter **Schulungsplan** eine gute Lösung sein. Für Mitarbeitende mit hoher Kenntnis reicht eine kurze Auffrischung mit den wesentlichen Informationen zum Zustimmungsprozess aus. Für andere Bereiche braucht es ggf. ein spezielles Format. Hier stehen die Personen im Fokus, die Kundenanfragen telefonisch oder auf digitalen Wegen entgegennehmen. Nach unseren Erfahrungen sind die Reaktionen hier deutlich stärker.

Neben der Befähigung könnte auch eine **Incentivierung der Mitarbeitenden** hilfreich für eine effizientere Einholung der Kundenzustimmung sein. Hier gibt es im Wesentlichen zwei Möglichkeiten: Aufnahme in eine bestehende, erfolgsorientierte Vergütung als weitere Zieldimension oder einen Sonderbonus für die besten Teams oder Mitarbeitenden. Beide Varianten verleihen der Einholung der Zustimmungen einen weiteren Auftrieb und führen zu einem schnelleren Abschluss der Aktion.

## 3. Erfolgsfaktor 3: Digitale Applikationen/Zustimmungslösungen

Für die Einholung von Kundenzustimmungen im Massengeschäft haben sich **digitale Applikationen** bewährt. Auf diese Weise ist die Zustimmung für den Kunden sehr einfach und intuitiv. Nach dem Aufruf der Anwendung (→ Rn. 199 ff.) und dem Log-in wird der Kunde durch den digitalen Prozess geführt und erhält alle relevanten Informationen (dargestellt in Abbildung 7). Durch die Bereitstellung von ergänzenden Unterlagen kann auf den vorherigen Versand der Informationen verzichtet werden. Für den Anbieter ergeben sich dadurch mehrere Vorteile: Es entfallen manuelle Nacharbeiten, die durch eine fehlerhafte – zB händische – Erfassung entstehen, und die gesammelten Daten können digital weiterverarbeitet werden. Je nach Anwendungsfall kann die Datenverarbeitung auch sofort nach der Erfassung erfolgen. Der Zustimmungsprozess ist lückenlos dokumentiert und wird für einen späteren Nachweis dauerhaft gespeichert. Durch die digitale Bereitstellung der Dokumente können zudem in erheblichem Umfang Druck- und Portokosten eingespart werden. Bei 100.000 Kunden, von denen eine Zustimmung eingeholt werden muss, ergeben sich alleine bei den Portokosten Einsparungen von rund 75.000 EUR.[11]

Durch die hinterlegten Details wird jedem Kunden seine individuelle Zustimmung angezeigt. Das hat den Vorteil, dass bereits erteilte Zustimmungen nicht wiederholt auftauchen. Neben einer Zustimmung zu geänderten allgemeinen Geschäftsbedingungen lässt sich auch eine Reihe weiterer Zustimmungen einholen:

- Preis- und Leistungsverzeichnis
- Sonderbedingungen

---

[11] Im Vergleich zum Versand aller Dokumente per Post (Anschreiben, AGB, Sonderbedingungen, Preis- und Leistungsverzeichnis) mit über 100 Seiten reicht bei einer digitalen Zustimmungsstrecke in der Regel ein doppelseitiger Brief. Die Einsparung beim Porto der Deutschen Post im Jahr 2023 beträgt 0,75 EUR je Brief (Standardbrief 0,85 EUR/Großbrief 1,60 EUR). Berechnung: 100.000 Kunden x 0,75 EUR, Einsparung Briefporto = 75.000 Euro. (Quelle: https://www.deutschepost.de/de/b/briefe-in-deutschland.html, abgerufen am 7.5.2023).

**Kapitel 3**              Kapitel 3. Preisänderungen aus wirtschaftlicher Sicht

- Zustimmung zu neuen Preisen (ggf. ergänzt um die Möglichkeit eines Modellwechsels)
- Produktwechsel (von Produkt A nach Produkt B)
- Abgleich Kontaktdaten (dem Kunden werden die aktuell gespeicherten Kontaktdaten angezeigt, und er kann diese bearbeiten, löschen oder ergänzen)
- Zustimmung zu weiteren Vereinbarungen (Einwilligung Kontaktaufnahme nach UWG, Datenschutzbestimmungen nach DSGVO, Nutzungsvereinbarungen usw)

**196**    Nach unseren Erfahrungen gelingt es ausgesprochen gut, neben der Hauptzustimmung, zB zu neuen Preisen, weitere Zustimmungen einzuholen. Sehr gute Ergebnisse haben wir mit dem **Kontaktdatenabgleich** erzielt. Hier ist es uns gelungen, rund 11.600 neue Kontaktdaten einzusammeln – und das bei einer Kundenbasis von nur 28.500 (dargestellt in Abbildung 6). Für unseren Mandanten hat sich dadurch mit sehr wenig Aufwand die Datenqualität deutlich erhöht.

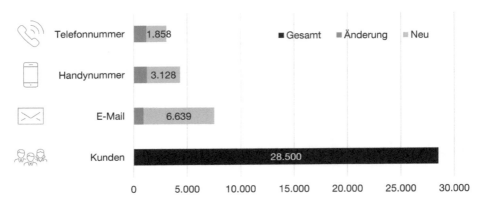

Quelle: zeb-Projekterfahrung

Abbildung 6: Diagramm mit zeb-Erfahrungswerten zum Abgleich von Kontaktdaten, gegliedert nach verschiedenen Kommunikationsformaten

**197**    In den Prozess können verschiedene **Eskalationsstufen** eingebaut werden. So ist es möglich, dem Kunden die Konsequenzen einer Ablehnung direkt aufzuzeigen und bei Fragen den Kontakt zu Kundenbetreuerinnen und -betreuern oder einer Servicehotline zu vermitteln. Weiter kann der Prozess durch einen Chatbot[12] unterstützt werden. Damit können mögliche Rückfragen des Kunden direkt beantwortet werden, und der Prozess wird schneller abgeschlossen.

**198**    Ein weiterer Vorteil von digitalen Applikationen ist die **aktive Einbindung des Kunden.** So kann ihm eine Auswahlmöglichkeit direkt im Prozess angeboten werden. Am Beispiel von neuen Girokontomodellen wird dem Kunden angezeigt, welches Produkt ihm die Bank auf Basis des bisherigen Nutzungsverhaltens empfiehlt. Der Kunde hat aber auch die Möglichkeit, aus einer vorgegebenen Auswahl ein anderes Modell zu wählen. Der Modellwechsel wird dokumentiert und im Anschluss durch eine Schnittstelle zum Kernbanksystem automatisiert durchgeführt. Daraus ergibt sich für den Kunden die Chance, aktiv mitzuwirken, und auf der anderen Seite die Möglichkeit, durch Upselling höherwertige Produkte zu verkaufen.[13]

---

[12] Ein Chatbot ist eine Anwendung, die künstliche Intelligenz verwendet, um sich mit Menschen in natürlicher Sprache zu unterhalten. Benutzerinnen und Benutzer können Fragen stellen, auf welche das System in natürlicher Sprache antwortet.

[13] Vgl. Dubiel/Matthies Pricing Excellence, 89 (102).

Quelle: zeb.applied

Abbildung 7: Bild mit Ausschnitt zur Onlinezustimmungsstrecke (Laptop- und Handyformat)

### a) Zugangswege für den Kunden

Für den Kunden gibt es verschiedene Wege, die Webanwendung zu erreichen: 199

Bei einer Kundeninformation per Brief hat sich der **QR-Code**[14] bewährt. Der Kunde kann diesen mit seinem Smartphone oder einem Tablet über die Kamera scannen und wird direkt zu der hinterlegten Seite geführt. Durch einen sogenannten Deeplink können Zugangsdaten über den QR-Code mitgegeben werden, und eine eindeutige Identifizierung des Kunden ist gewährleistet. Der Kunde muss somit seine Zugangsdaten nicht manuell auf der Seite erfassen. 200

Für die Information zur Zustimmung über **digitale Kanäle** kann der beschriebene Deeplink ebenfalls verwendet werden. Hier bietet sich der Versand per **E-Mail** an. Es ist aber genauso gut möglich, diese Information über ein bestehendes persönliches Kundenportal, das Onlinebanking oder einen beliebigen anderen digitalen persönlichen Kommunikationskanal zu verschicken. 201

Ergänzend zum QR-Code bzw. Deeplink sollte man die Anmeldeinformationen zusätzlich noch im Klartext an den Kunden übermitteln. Nach unseren Erfahrungen ist die Nutzungsquote des QR-Codes mit bis zu 70 % zwar sehr hoch, es gibt aber zahlreiche Kunden, die für die Zustimmung die Anwendung an einem stationären Computer oder Laptop aufrufen und dann die Zugangsdaten manuell erfassen müssen. 202

### b) Technische Umsetzung

Bei digitalen Applikationen handelt es sich in den meisten Fällen um eine **Webanwendung,** die in der Cloud gehostet wird. Diese besteht aus einem Frontend – das ist die Anzeige, die der Kunde bedient – und einem Backend. Im Backend werden die Daten aus dem Zustimmungsprozess gespeichert und verarbeitet. Es ist empfehlenswert, die Anwen- 203

---

[14] Ein QR-Code ist eine zweidimensionale Version des Barcodes, die typischerweise aus einer schwarzweißen Pixelstruktur besteht. In der Codierung können beliebige Informationen gespeichert werden, zB die URL von einer Website.

dung zur Einholung der Kundenzustimmung in einem responsiven Design zu programmieren, damit sie auf allen Endgeräten reibungslos funktioniert. Hier ist ein Test mit verschiedenen Endgeräten und Betriebssystemen unerlässlich. Bei der Entwicklung der Anwendung haben wir sehr viele wertvolle Erfahrungen gesammelt. Der Kunden-Log-in ist mit zwei Faktoren abgesichert: einer Zustimmungs-ID (erster Faktor) und einem definierten Passwort (zweiter Faktor). Damit ist eine Zustimmung ohne Kenntnis der Zugangsdaten nach dem Stand der Technik nahezu ausgeschlossen.

204 **Fazit:** Digitale Applikationen haben sich im Prozess bewährt. Der Kunde kann seine Zustimmung schnell und einfach erteilen. Für den Anbieter ergeben sich aus dem Prozess erhebliche Kosten- und Effizienzvorteile. Zudem können sehr einfach weitere Zustimmungen eingeholt oder vorhandene Daten abgeglichen werden.

### 4. Erfolgsfaktor 4: Erfolgskontrolle

205 Aus zeb-Erfahrung lässt sich ableiten, dass eine **laufende Erfolgskontrolle** unerlässlich ist. Mithilfe aktueller Informationen lassen sich weitere Maßnahmen aufsetzen, und bei Entwicklungen, die unterhalb der Zielambition liegen, kann frühzeitig gegengesteuert werden.

206 Die wesentliche Information ist die **Zustimmungsquote** insgesamt, ggf. differenziert nach Produktkategorien, Zeitverlauf und Kanalnutzung. Weitere Informationen hängen vom Umfang und von der Zielsetzung ab. Die gewünschte Informationsbasis sollte man frühzeitig festlegen und bei der Umsetzung einer digitalen Applikation (→ Rn. 194 ff.) berücksichtigen.

207 Das Dashboard eignet sich zudem sehr gut für die Information an das Management und ggf. weitere Stakeholder.

II. Erfolgsfaktoren in der Umsetzung

# Kapitel 3

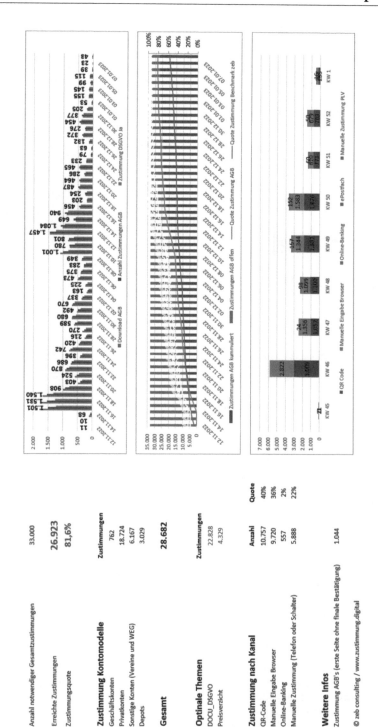

Abbildung 8: Darstellung eines Dashboards mit Informationen zum Zustimmungsreporting

**208 Erfahrungswerte zum Zustimmungsprozess**

Mit einem stringenten Prozess können in sehr kurzer Zeit beachtliche Zustimmungsquoten erzielt werden. Die VR-Bank eG in der Region Aachen erzielte zwei Monate nach dem Versand der Ankündigung eine Zustimmungsquote von 85,8 %. Neben der Zustimmung zu den allgemeinen Geschäftsbedingungen wurde auch eine Preisanpassung durchgeführt. Die negativen Kundenreaktionen waren sehr überschaubar, und die kalkulierte Abwanderungsquote wurde bislang unterschritten.[15]

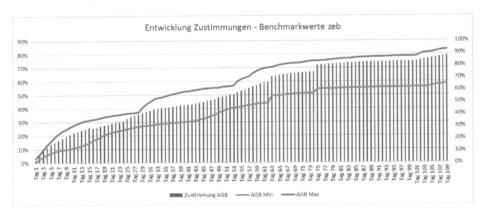

Quelle: zeb.research

Abbildung 9: Diagramm zur Entwicklung von Kundenzustimmungen – Benchmarkwerte zeb

## III. Erfahrungen aus ausgewählten Branchen

### 1. Banken

**209** Der Preis gilt als größter Stellhebel für die Profitabilität. Aber einfach immer mehr berechnen – ist das ein zeitgemäßer Weg für Regionalbanken? Genau diese Frage kam bei einer Regionalbank nach einer erfolgreichen Fusion auf. Beantwortet wurde die Fragestellung mit einem ganzheitlichen Ansatz, dem **Pricing-Excellence-Programm.**

#### a) Pricing-Excellence-Programm – Dimensionen und Erfolgsfaktoren

**210** Die Herausforderungen und Chancen im Preismanagement von Regionalbanken haben sich in den letzten Jahren stark verändert und werden sich auch in Zukunft sehr dynamisch weiterentwickeln – gerade in Zeiten hoher Inflation kommt es darauf an, Margenerosion zu vermeiden und als Finanzdienstleister in allen Produkten und **Pricing-Dimensionen (Preisstrategie, Preisfindung, Preisdurchsetzung und Preiscontrolling)** gut aufgestellt zu sein.

**211** Umso wichtiger ist es, Pricing-Maßnahmen durchdacht und ganzheitlich anzugehen, um alle Abhängigkeiten und Nebenbedingungen wie interne und externe Ressourcen, den zeitlichen Planungshorizont/die Gesamtbankplanung, notwendige Kundenkommunikation sowie Datenbeschaffung und -analyse optimal aufeinander abzustimmen. (Daten-)Technische Innovationen, gesellschaftliche und makroökonomische Trends sowie stark regulierende Aufsichtsbehörden – um nur ausgewählte Treiber zu nennen – führen in der Bankpraxis zu dynamischen Veränderungen der Rahmenbedingungen und zu neuen Heraus-

---

[15] Vgl. Koblen/Lies BankInformation Heft 11/2022, 20 (22).

forderungen, die richtigen Preise mit der richtigen Methodik zu finden. Diese Herausforderungen haben sich durch die erforderliche Einholung einer Kundenzustimmung weiter verschärft. Um den Prozessaufwand hier weitestgehend gering zu halten, sollten, wenn möglich, viele Themen auf einmal zum Kunden transportiert werden, damit eine sequenzielle Einholung der Zustimmung vermieden werden kann.

Preisentscheidungen bereiten vielen Führungskräften im Banksektor immer noch erhebliches Kopfzerbrechen. Das kann viele Ursachen haben:[16]
- Eine fehlende oder nicht präzise formulierte Preisstrategie
- Wenig „Gefühl" dafür, was eine erfolgreich durchgeführte Preisanpassung für die Gewinn-und-Verlust-Rechnung bedeutet
- Keine zeitnahe Transparenz über Wettbewerbsinitiativen sowie über die eigene aktuelle Preisdurchsetzung bei Hauptprodukten
- Moderne Analysemethoden (Data Analytics, KI), die noch zu wenig auf Pricing-Use-Cases ausgerichtet sind
- Ungenaue Kenntnis der Preis-Absatz-Funktionen für Kernleistungen/Produktfelder und damit Unklarheit darüber, was Preisanpassungen für Volumina, Stückzahlen etc bedeuten
- Höhere Priorisierung von Kostensenkungs- oder Wachstumszielen, obwohl deren Gewinnwirkung oft deutlich schwächer als eine vergleichbare Preisanpassungsmaßnahme ausfällt
- Mangelnde Bereitschaft seitens der Kundenbetreuerinnen und -betreuer, das Thema „Preis" offensiv und idealerweise mit Unterstützung der Führungskräfte gegenüber ihren Kunden zu thematisieren

Vor dem Hintergrund, dass der Preis im Vergleich zu einer Vielzahl alternativer Maßnahmen als größter Stellhebel für Profitabilität gilt und in bestimmten Szenarien zB die Wirkung von Fixkosteneinsparungen um mehr als das Fünffache übersteigt, lohnt sich ein genauerer Blick auf die Erfolgsfaktoren von Pricing-Excellence-Programmen.

Ein Pricing-Excellence-Programm als „Querschnittsthema" tangiert Prozesse und Aufbauorganisation einer Regionalbank in vielerlei Hinsicht. Für die **Systematisierung des Preismanagements** hat sich seit vielen Jahren die unten abgebildete Pricing-Landkarte bewährt, die Entscheidungen im Hinblick auf die Preisstrategie, Preisfindung, Preisdurchsetzung, das Preiscontrolling sowie deren Rahmenbedingungen mit besonderem Fokus auf Menschen in der Kundenbetreuung umfassend abbildet (dargestellt in Abbildung 10).

---

[16] Vgl. Klenk/Stöppel Pricing Excellence, 17.

# Kapitel 3

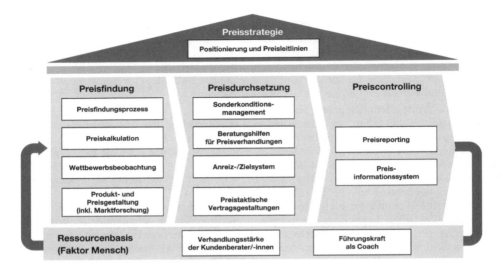

Quelle: Klenk Pricing Excellence

Abbildung. 10: Pricing-Landkarte als Handlungsrahmen im Preismanagement mit den Segmenten Preisstrategie, Preisfindung, Preisdurchsetzung und Preiscontrolling

215  Diese Strukturierung hilft auf der einen Seite bei der Aufnahme der Ist-Situation des Preismanagements sowie darauf aufbauend bei einer Bewertung im Hinblick auf Stärken, Schwächen, Preisanpassungspotenzial etc. Auf der anderen Seite wird sichergestellt, dass alle wesentlichen Felder bei einer Pricing-Optimierung nicht außer Acht gelassen werden – besonders die Aspekte der Preisstrategie/Governance, einer systematischen Gestaltung der Preisdifferenzierung in ausgewählten Produktfeldern, der Pricing-Prozesse innerhalb einer Regionalbank sowie der erfolgreichen Durchsetzung von Preisen im Vertrieb („Befähigung").

216  All dies sind Module, die sich idealerweise in einem ganzheitlichen Pricing-Excellence-Programm bearbeiten lassen und so nachhaltig und bankweit die Professionalität im Pricing und die GuV verbessern. Am Beispiel der Regionalbank wird im Nachfolgenden gezeigt, wie dies im Zusammenspiel mehrerer Umsetzungsmodule (Girokonten, Loyalitätsprogramm, KK-Linien/Monetarisierung von Liquiditätsbedarf, Depotmodelle und Erlösnavigator) eindrucksvoll gelingt.

Abbildung 11: Darstellung mehrerer Webfenster als Ausschnitt zur Onlinezustimmungsstrecke

In den vergangenen Monaten haben sich einige Kernerkenntnisse bei der Einholung der Kundenzustimmung herauskristallisiert. zeb hat basierend auf diesen Erfahrungen und den kundenindividuellen Bedürfnissen eine eigene innovative und **flexibel einsetzbare Zustimmungslösung** entwickelt. Diese deckt die Anforderungen der Banken umfassend ab und ist auch für die Kunden aufgrund der einfachen Nutzung mehrwertstiftend. Durch zahlreiche Individualisierungsmöglichkeiten wird sichergestellt, dass sich die Anwendung nahtlos in das „Look-and-feel" der jeweiligen Bank einfügt. Ergänzend zu erwähnen ist die Adaption an unterschiedliche Preisanpassungen oder weitere Verträge wie die Einwilligung zur Datennutzung oder zur Telefonwerbung. Zudem können Produktwechsel vorgeschlagen werden, und es kann ein Kontaktdatenabgleich erfolgen. Die Anwendung funktioniert auch bei Kunden ohne Onlinebankingzugang. Diese werden mittels Briefs mit einem QR-Code um ihre Zustimmung gebeten. Alle erforderlichen Unterlagen sind in den Onlineprozess eingebunden und so für die Kunden abrufbar. Damit liefert die Anwendung neben der Einsparung von Druck- und Portokosten auch einen kleinen Beitrag zur Nachhaltigkeit. Selbstverständlich ist die Integration in das Kernbanksystem über automatisierte Prozesse sichergestellt.

In vielen Fällen wird deutlich, dass die Einholung der Kundenzustimmung entgegen vorheriger Befürchtungen gut funktioniert. Kunden sind bereit, den neuen AGB und Preisen zeitnah zuzustimmen, wenn diese transparent dargelegt sowie begründet werden und der Zustimmungsprozess kundenfreundlich gestaltet ist.

#### b) Fazit und Perspektiven

Die Umsetzung des Pricing-Excellence-Programms war ein voller Erfolg. Die Produktdurchdringung konnte durch die Einführung eines Loyalitätsprogramms bei den Zielprodukten deutlich gesteigert werden. Im Bereich der Fondssparpläne wurde der Absatz um 37 % gesteigert, und der Bestand an goldenen Kreditkarten stieg um 11 %. Die Regionalbank hat nach dem Projekt das Thema Preismanagement fest in ihrem Planungsprozess verankert. Die Ergebnisveränderungen werden monatlich gemessen. Zudem ist die Steigerung der Produktnutzung fixer Bestandteil der Kundengespräche, und das Reporting findet sich auch in den Zielkarten wieder.

### 2. Pricing und Preisänderungsprozesse bei IT-Dienstleistern

Das Pricing-Excellence-Programm kann nicht nur bei Finanzdienstleistern etabliert werden, auch bei **IT-Dienstleistern (IT-DL)** im B2B-Bereich kann eine erfolgreiche Umsetzung stattfinden. Da die Softwarebranche jedoch grundlegend anderen wirtschaftlichen Regeln unterliegt als andere Industrien,[17] lassen sich die klassischen Preiskonzepte und -strategien nicht ohne Weiteres auf Softwareprodukte übertragen.[18] Deshalb gibt es einige Besonderheiten zu berücksichtigen. So ist die Softwarebranche häufig durch **Netzwerkeffekte** gekennzeichnet.[19] Netzwerkeffekte liegen vor, wenn sich der Nutzen einer Software für Konsumierende dadurch erhöht, dass andere Anwenderinnen und Anwender die Software ebenfalls verwenden. Je größer das Netzwerk der Anwendung ist, umso besser ist dies normalerweise für alle Kunden. Diese Netzwerkeffekte sind ein starkes Argument für Anwenderinnen und Anwender, auf Softwareprodukte mit hoher Verbreitung zu setzen bzw. sich für IT-DL zu entscheiden, die ihnen starke Netzwerkeffekte anbieten können.[20] Somit wird der Wert einer Software für den Kunden über die jeweiligen Verbreitungsraten beeinflusst.[21] Preisanpassungen von Softwareprodukten

---

[17] Vgl. Buxmann/Diefenbach/Hess Softwareindustrie 2008, 1.
[18] Vgl. Bontis/Chung Electronic Networking Applications and Policy Issue 10/2000, 246.
[19] Vgl. Buxmann/Diefenbach, Softwareindustrie, 2. Aufl. 2011, 24.
[20] Vgl. Buxmann/Diefenbach, Softwareindustrie, 2. Aufl. 2011, 25 ff.
[21] Vgl. Katz/Shapiro American Economic Review Issue 75/1985, 424.

mit hohen Netzwerkeffekten und somit höherem Wert für den Kunden sind leichter durchzusetzen.[22]

221 Große Netzwerkeffekte können zu **Lock-in-Effekten** auf Kundenseite führen, die für IT-DL Wettbewerbsvorteile bieten und sich somit positiv auf die Preisgestaltung und Preisänderung auswirken können. Für Anwenderinnen und Anwender ist der Wechsel von Softwarelösungen in der Regel mit sehr hohen Wechselkosten verbunden, da Aufwendungen für die Organisationsänderungen anfallen können.[23] Sie sind dadurch weniger gewillt, die Software zu wechseln und sich in eine neue Geschäftsbeziehung mit einem anderen IT-DL zu begeben. Preisanpassungen werden demzufolge mit größerer Wahrscheinlichkeit akzeptiert als bei Produkten ohne Lock-in-Effekte.[24]

222 Viele Standardsoftwareanbieter im B2B-Bereich bepreisen ihre Produkte trotz Wettbewerbsvorteilen durch Netzwerk- und Lock-in-Effekte dennoch über eine **individuelle Preisdifferenzierung**. Somit sind Preise in diesem Segment oftmals sehr komplex und intransparent,[25] wodurch Preisanpassungsprozesse erschwert werden. Die Preislisten sind häufig sehr umfangreich, und es gibt große Variationen bei der Vertragsgestaltung zwischen IT-Dienstleister und Anwendenden.[26] Da die gängigen Preismodelle der Softwarehersteller oftmals aus einer Kombination verschiedener Parameter[27] bestehen, wird die Komplexität und Individualität in der Preisgestaltung und Preisanpassung zusätzlich erhöht.

223 Generell lässt sich jedoch feststellen, dass es für IT-DL kein universelles Preismodell gibt, welches für alle Softwareprodukte passt. Im folgenden Abschnitt sollen verschiedene IT-DL und ihre Preismodelle betrachtet werden, um Vor- und Nachteile im Hinblick auf Preisänderungsprozesse zu evaluieren.

### a) Use Cases: Verwendete Preismodelle in der Softwarebranche

224 Es werden fünf ausgewählte Use Cases von B2B-IT-DL betrachtet, die einen Querschnitt der Softwarebranche darstellen. Abbildung 12 zeigt die jeweiligen Preismodelle – geordnet nach unterschiedlichem Grad an Komplexität und Steuerungsmöglichkeit.

---

[22] zeb-Projekterfahrung.
[23] Vgl. Buxmann/Diefenbach, Softwareindustrie, 2. Aufl. 2011, 33 ff.
[24] zeb-Projekterfahrung.
[25] Vgl. Buxmann/Diefenbach, Softwareindustrie, 2. Aufl. 2011, 111.
[26] Vgl. Buxmann/Diefenbach, Softwareindustrie, 2. Aufl. 2011, 111.
[27] Vgl. Lehmann/Buxmann Pricing Strategies Business & Information Systems Engineering Issues 1/2009, 452 (453).

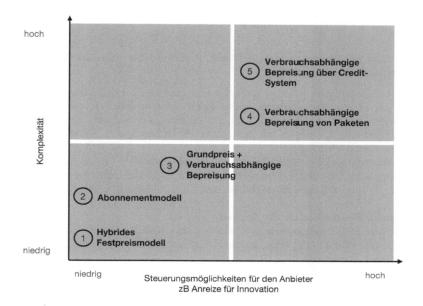

Quelle: zeb.research und zeb-Projekterfahrung

Abbildung 12: Gängige Preismodelle in der Softwarebranche

### aa) Use Case 1: Hybrides Festpreismodell/Lizenzierung

Das Preismodell, welches der ausgewählte IT-DL 1 für die Bepreisung seiner Software und 225
Produkte anwendet, ist in der Basis ein **Festpreismodell**. Für eine Standardlizenz der angebotenen Software wird ein Festpreis erhoben, der einmalig von den Kunden meist zu Beginn der Geschäftsbeziehung gezahlt wird. Durch die daraus folgende Lizenzierung erwirbt der Kunde ein in der Regel **zeitlich unbegrenztes Nutzungsrecht der Software.** Gegebenenfalls sind inhaltliche Updates für diese Software zusätzlich zu erwerben. Über die Standardlizenz hinaus können weitere Dienstleistungen bepreist werden, beispielsweise jährliche Wartungsgebühren. Teil dieser Wartung können u. a. neue Releasewechsel sein.[28] IT-DL 1 erhebt zusätzlich ca. 1/5 des Festpreises als jährliche Wartungsgebühr für die Implementierung neuer Releases. Preisliche Anpassungen der Wartungsgebühren werden bei IT-DL 1 auf Grundlage eines jeweiligen lokalen Verbraucherpreisindex durchgeführt. Jedoch muss der Kunde zum Teil eine externe Beratung für die Implementierung engagieren. Dafür werden deutliche Rabatte beim Kauf mehrerer Artikel durch IT-DL 1 gewährt (Staffel-/Paketpreise).[29]

Vorteile des hybriden Festpreismodells sowohl für die Kunden als auch für IT-DL 1 selbst 226
sind **Budgetsicherheit** sowie Kenntnis über den exakten Preis, wodurch Planungssicherheit geschaffen und Risiken minimiert werden. Gegebenenfalls sind auch Chancen auf einen höheren Gewinn durch den Festpreis im Vergleich zu einem variablen Preismodell möglich. Im Fall einer Preisänderung ist die Anpassung sowohl objektiv für den Kunden nachvollziehbar als auch transparent.

Allerdings erfordern Preisänderungen einen **manuellen Anpassungsprozess** mit Preis- 227
verhandlungen. Durch diese Verhandlungen können individuelle Preise entstehen, welche die Gesamtkomplexität des Preismodells erhöhen. Die Vergleichbarkeit zwischen den

---

[28] Vgl. Buxmann/Diefenbach, Softwareindustrie, 2. Aufl. 2011, 90.
[29] Homepage des IT-DL (anonymisiert).

Kunden bezüglich bezahlter Preise bei der jährlichen Wartung ist somit nicht mehr gegeben, und die Transparenz vermindert sich.[30]

### bb) Use Case 2: Abonnementmodell inkl. Preismodelle differenziert nach Art der Bereitstellung

228 Ein weiteres Preismodell, welches häufig für Software-as-a-Service-Lösungen (SaaS) angewandt wird, ist das **Abonnement- oder auch Mietmodell**.[31] Kunden zahlen hierbei beispielsweise monatlich oder jährlich für die Nutzung der Software des Anbieters.[32] Der ausgewählte IT-DL 2 bietet mittels monatlicher Abrechnung und bedarfsgerechter Bereitstellung ein Cloud-Hosting an.

229 Aus Kundenperspektive hat diese Art des Preismodells den Vorteil, dass die gemietete Anwendung auch für kurze Nutzungsintervalle wirtschaftlich lohnenswert eingesetzt werden kann, da in der Regel die Höhe monatlicher Zahlungen deutlich unter einer Einmalzahlung für Lizenzen liegt.[33]

230 Diese **hohe Flexibilität** für die Kunden bietet für den IT-DL jedoch Nachteile, da die wirtschaftliche Planungssicherheit u. a. durch kurze Kündigungsfristen eingeschränkt ist. Dadurch kann es für IT-DL teilweise zur Herausforderung werden, das eigene Unternehmen profitabel zu gestalten.[34]

231 Um diese Hürde zu umgehen, hat IT-DL 2 weitere Preismodelle – differenziert nach Art der Bereitstellung. Für **On-Premises**[35]-Angebote werden wie im Use Case 1 Lizenzkosten und zusätzliche jährliche Wartungsgebühren vom Kunden gezahlt. Ein weiteres verwendetes Preismodell für SaaS ist ein **Basispreis** in Kombination mit einer nutzungsabhängigen **Pay-as-you-go-Abrechnung** nach Betriebsstunden. Zusätzlich können die Wartungen in drei Paketen gebucht werden (Basis, Standard und Premium). Je nach Paket sind unterschiedliche Rabatte und Leistungsumfänge in der Lizenz p. a. enthalten.

232 Aufgrund der Verschiedenheit der Preismodelle entsteht eine erschwerte Vergleichbarkeit der Modelle untereinander. Bei Preisanpassungen müssen die Veränderungen dadurch individuell vorgenommen werden. Darüber hinaus können die unterschiedlichen Arten der Bepreisung zu **Komplexität in der Faktura** führen.[36]

### cc) Use Case 3: Grundpreis + verbrauchsabhängige Bepreisung

233 IT-DL 3 verwendet zur Bepreisung eine Abwandlung des klassischen Abomodells. Die Software wird durch eine **verbrauchsindividuelle Pay-as-you-go-Bepreisung** mit **Mindestabnahme** für eine definierte Stückzahl (Grundmenge) angeboten. In Anspruch genommene Leistungen, die über die Grundmenge hinausgehen, werden zusätzlich und höher bepreist.

234 In der Produktpalette des IT-DL 3 befinden sich u. a. Cloud-Lösungen, die beispielsweise für das Reisekostenmanagement verwendet werden. Individuell wird ein günstiger Grundpreis für eine definierte Anzahl an Abrechnungen veranschlagt. Dies stellt eine „Mindestabnahme" durch den Kunden dar. Alle Abrechnungen, die über diese definierte Anzahl hinausgehen, werden deutlich höher bepreist. IT-DL 3 hat zusätzlich eine automatische Preiserhöhung für Cloud-Services integriert. Jedes Jahr erfolgt dadurch eine **Inflationsbereinigung** von aktuell 3,3 % p.a., die sich auf bestehende Verträge nach der Anfangs- und der ersten Verlängerungslaufzeit beziehen.[37]

---

[30] zeb-Projekterfahrung.
[31] Vgl. Cusumano Communications of the ACM Issue 50/2007, 19 (20).
[32] Vgl. Buxmann/Diefenbach, Softwareindustrie, 2. Aufl. 2011, 108.
[33] Vgl. Cusumano Communications of the ACM Issue 50/2007, 19 (20).
[34] Vgl. Buxmann/Diefenbach, Softwareindustrie, 2. Aufl. 2011, 108.
[35] Nutzungs- und Lizenzmodell für serverbasierte Software.
[36] zeb-Projekterfahrung.
[37] Homepage des IT-DL (anonymisiert).

Vorteil dieses Preismodells für den Kunden ist die **große Transparenz** durch verbrauchsindividuelle Pay-as-you-go-Bepreisung. Gleichzeitig hat der IT-DL 3 Planungssicherheit durch die Mindestabnahmemenge. Die Höhe dieser Menge kann durch Schaffung von Anreizen – beispielsweise durch hohe Einzelstückkosten – positiv für den IT-DL beeinflusst werden.

Das gewählte Preismodell bietet jedoch keine Transparenz für den Kunden über das Zustandekommen der automatischen Preiserhöhung von 3,3 % p.a., wodurch das Vertrauen in den IT-DL beeinträchtigt werden könnte. Zusätzlich besteht in diesem Modell für Kunden eine mangelnde Flexibilität bei geringerem Verbrauch aufgrund der Mindestabnahmemenge.[38]

### dd) Use Case 4: Verbrauchsabhängige Bepreisung

IT-DL 4 bietet im Gegensatz zu den Use Cases 2 und 3 eine **rein verbrauchsabhängige Bepreisung** ohne Mindestabnahmemenge einheitlich über alle Kundensegmente hinweg an. Unterschiede im Preis ergeben sich rein über die Produktzusammensetzung. Ein verfügbares Basispaket enthält alle für den Geschäftsbetrieb des Kunden zwingend notwendigen Produkte und Dienstleistungen. Die Produktzuordnung für das Basispaket wird regelmäßig in einem zeitintensiven internen Prozess geprüft. Bei weiterem Interesse der Kunden in Bezug auf Sonderbedarfe kann ein Zusatzangebot auf Einzelproduktebene erworben werden. Die Abrechnung der Produktbetriebskosten erfolgt bei den Kunden **verursachungsgerecht,** also pro Nutzungseinheit/Verbrauchseinheit und Stückkosten.

Dieses Preismodell ermöglicht eine standortunabhängige und einheitliche Bepreisung der Kunden. Darüber hinaus ist eine betriebswirtschaftliche Steuerung durch die verursachungsgerechte Zuordnung und das transparente Basisangebot möglich. Auch Preisanpassungen können so **nachvollziehbar und einheitlich** erfolgen. IT-DL 4 bietet zusätzlich ein Kundentool zum Einblick in die eigenen Nutzungszahlen, wodurch das Kundenvertrauen gestärkt werden kann. Einheitliche Vertragsstrukturen über alle Kundensegmente hinweg erhöhen ebenfalls die Transparenz sowohl aufseiten der Kunden als auch für den IT-DL selbst.

Dieses Vorgehen bietet jedoch **keine Flexibilität oder Differenzierung** der Kundensegmente im Basisangebot. Großkunden sind so beispielsweise von Rabatten ausgeschlossen. Außerdem kann sich die Komplexität für den Kunden durch die Wahl der Zusatzangebote auf Einzelproduktebene erhöhen. Auch bei der Ablösung von alten Anwendungen in diesem Preismodell tritt eine Besonderheit auf. Dies geschieht über eine Fixkostenverrechnung bei den verbleibenden Nutzerinnen und Nutzern. Durch die sinkende Nutzeranzahl erfolgt ein Preisanstieg für das Altprodukt.[39]

### ee) Use Case 5: Verbrauchsabhängige Bepreisung über Credit-System

IT-DL 5 nutzt ebenfalls eine verbrauchs- und nutzungsindividuelle **Pay-as-you-go-Bepreisung je Einheit/User,** jedoch werden die Preise in **Lizenzeinheiten (VPCs)** angegeben, die nur bei dem IT-DL gültig sind. Diese VPCs können gegen Geld erworben werden und sind flexibel mit anderen Komponenten innerhalb eines Pakets austauschbar. Weitere Module der Software können gegen zusätzliche Lizenzeinheiten flexibel zugebucht werden.[40]

Generell bietet auch dieses Preismodell Transparenz durch die verbrauchsindividuelle Pay-as-you-go-Bepreisung, und Preisanpassungen können relativ einfach an den Kunden weitergegeben werden. Die Kundenbindung wird durch das eigene Credit-System zusätzlich erhöht, was sich positiv auf die Bildung eines möglichen Netzwerkeffekts auswirkt.

---

[38] zeb-Projekterfahrung.
[39] zeb-Projekterfahrung.
[40] Homepage IT-DL (anonymisiert).

242 Rabattierungen für den Kunden auf VPCs können jedoch nur zB durch Bundling erfolgen. Durch die Lizenzeinheiten ist auch **keine direkte Vergleichbarkeit** mit Leistungen außerhalb des „Ökosystems" des IT-DL 5 möglich. Gegebenenfalls kann das auf Kundenseite zu einer hohen Komplexität und mangelnden Transparenz über Preise führen.[41]

### b) Fazit und Ausblick

243 Generell sind Preisanpassungen für IT-DL eine Herausforderung, da Preismodelle oftmals individuell und intransparent sind. Sie können aber grundsätzlich durch die Bildung von Netzwerk- und Lock-in-Effekten erleichtert werden. Zusätzlich lässt sich aus dem Vergleich der Use Cases und aus zeb-Projekterfahrung herausstellen, dass einheitliche und transparente Preismodelle sich besonders positiv auf den Preisanpassungsprozess auswirken. Vor allem bei Angeboten mit mehreren Preismodellen kann es zu hoher Komplexität in der Faktura und zu hohen manuellen Anpassungsbedarfen kommen. Deshalb sind in diesen Fällen **Erfolgskontrollen und regelmäßige Preisreportings** besonders wichtig. Steuerungsrelevante KPIs für den IT-DL sollten transparent und adressatengerecht in einem Report oder Tool auswertbar gemacht werden, wie beispielhaft in Abbildung 13 dargestellt. Darüber hinaus sollten Möglichkeiten zur Kontrolle von Rabattvergaben (inkl. Gründe für Rabatte), Konditionsüberwachung und Maßnahmenableitung etabliert werden.

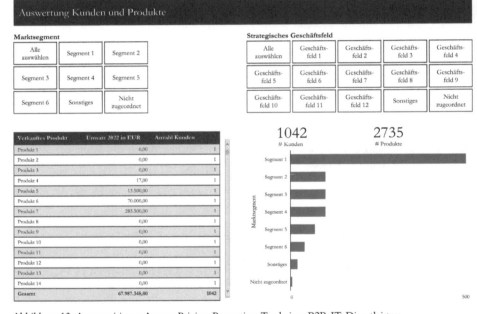

Abbildung 13: Anonymisierter Auszug Pricing-Reporting-Tool eines B2B-IT-Dienstleisters

---

[41] zeb-Projekterfahrung.

# Kapitel 4. Preissetzung aus rechtlicher Sicht

## I. Rechtliche Rahmenbedingungen

### 1. Vertragsfreiheit

„Der Preis ist heiß", so hieß einmal eine TV-Show, aber ist er auch frei? Können mithin **244** die Parteien oder auch nur eine von mehreren an einem Rechtsgeschäft beteiligten Parteien den Preis frei bestimmen?

Im Grundsatz ja! In Deutschland gilt der Grundsatz der Vertragsfreiheit. Sie ist Ausdruck **245** und Bestandteil der individuellen Selbstbestimmung, zu der auch die Privatautonomie gehört. Dabei ist heute unbestritten, dass die Vertragsfreiheit ebenso verfassungsrechtlich[1] verankert ist wie auch europarechtlich.[2]

Zur Vertragsfreiheit gehört die Abschlussfreiheit ebenso wie die Gestaltungsfreiheit, also **246** der Grundsatz, den Inhalt einer vertraglichen Abrede dem autonomen Willen der Parteien zu überlassen. Zur vertraglichen Gestaltung gehört als wesentliches Merkmal die Einigung auf einen Preis. Also: Ja, der Preis ist auch frei, nämlich frei verhandelbar.

Wie in jeder rechtsstaatlich verfassten Rechtsordnung ist die Vertragsfreiheit und damit **247** die Freiheit zur Preissetzung nicht grenzenlos. Schranken bestehen sowohl für die Abschlussfreiheit wie die Gestaltungsfreiheit. Dabei ist die negative Vertragsabschlussfreiheit in Form eines Kontrahierungszwangs die Ausnahme. Sie findet im Regelfall zum Schutz der Allgemeinheit und deren Versorgung mit besonders wichtigen Gütern oder bei einer besonders herausragenden Marktstellung Anwendung.[3]

Zahlreicher und bedeutender sind die Schranken im Bereich der Gestaltungsfreiheit. **248** Dabei wird einer etwa bestehenden Ungleichgewichtslage zwischen den Parteien im Regelfall durch gesetzliche Informationspflichten einerseits und Widerrufsrechte andererseits Rechnung getragen. Wo dies nach Auffassung des Gesetzgebers nicht genügt, gibt es zwingende gesetzliche Regelungen, etwa in § 476 BGB für den Verbrauchsgüterkauf oder das Schutzinstrument der Inhaltskontrolle, namentlich bei der Verwendung von Allgemeinen Geschäftsbedingungen (AGB) im Verhältnis zwischen Unternehmer und Verbraucher. Beiden Fällen ist gemein, dass es regelmäßig um den Schutz des schwächeren Marktteilnehmers geht, der eben bei der Verwendung von AGB im Regelfall die „vereinbarten" Konditionen nicht verhandelt, sondern sich diesen unterworfen hat.[4]

Aber: Insbesondere im wichtigsten Fall der AGB bezieht sich die Inhaltskontrolle nicht **249** auf die Preissetzung → Rn. 272). Inhaltlich kontrolliert werden soll die Abweichung oder die Ergänzung von gesetzlichen Regelungen. Wo nicht im Einzelfall eine gesetzliche Preisregelung für die Leistung existiert, kann es aber auch keine Abweichung oder Ergänzung geben, weshalb Preisregelungen im Regelfall nicht der AGB-Inhaltskontrolle unterliegen.[5]

Anders ist dies bei gesetzlichen Verboten, namentlich bei einem Verstoß gegen das **250** Preisklauselgesetz → Rn. 251), gegen die guten Sitten nach § 138 BGB → Rn. 295) oder der kartellrechtlichen Schranken → Rn. 372. Hier geht es um die Begrenzung der Dispositionsfreiheit der Vertragsparteien aufgrund gesetzlicher Verbote, die – selbstverständlich – auch die Preissetzung erfassen.

---

[1] BeckOGK/Herresthal, 15.1.2023, BGB § 311 Rn. 17 ff.
[2] BeckOGK/Herresthal, 15.1.2023, BGB § 311 Rn. 13 f.
[3] Vgl. hierzu: NK-BGB/Maximilian Becker, 4. Aufl. 2021, BGB § 311 Rn. 16.
[4] Vgl. BeckOGK/Möslein, 1.5.2019, BGB § 145 Rn. 47 ff., der allerdings ein partielles Marktversagen für die bessere Begründung der Inhaltskontrolle hält.
[5] BeckOK BGB/H. Schmidt, 65. Ed. 1.2.2023, BGB § 307 Rn. 89.

## 2. Das Preisklauselgesetz

**251** Das Preisklauselgesetz (PrKlG)[6] dient der Sicherung der Geldwertstabilität im Allgemeinen und dem Schutz des Geldleistungsgläubigers mit Blick auf die ihm geschuldete Leistung.[7] Es enthält in seinem § 1 Abs. 1 ein Verbot, Preise (bzw. *„den Betrag von Geldschulden")* unmittelbar und selbsttätig durch Bezugnahmen auf den Preis oder Wert von anderen Gütern oder Leistungen bestimmen zu lassen, sofern diese anderen Güter oder Leistungen mit den im Vertrag vereinbarten Gütern und Leistungen nicht vergleichbar sind. Angesprochen sind daher in erster Linie Wertsicherungsklauseln bzw. automatisch wirkende Preisanpassungsregelungen, die auf bestimmte Indizes Bezug nehmen. Sofern die entsprechende Preisregelung des Vertrags jedoch auch bereits den „ersten" bzw. den Ausgangspreis durch derartige Verweise bzw. Bezugnahmen „automatisch" bestimmt, ist das PrKlG auf die entsprechende Klausel ebenfalls anwendbar.[8]

### a) Grundregel

**252** Das als Grundregel in § 1 Abs. 1 PrKlG enthaltene Verbot erfasst dabei nur sogenannte echte Gleitklauseln, die den Preis automatisch, dh insbesondere ohne die Notwendigkeit weiterer Maßnahmen oder Handlungen der Vertragsparteien bestimmen.[9]

**253** Ferner ist das Verbot des § 1 Abs. 1 PrKlG nur tangiert, wenn der in Bezug genommene Maßstab, an dem sich der Vertragspreis automatisch orientieren soll, kein „vergleichbarer" Maßstab ist – der vertraglich geschuldete Preis soll nicht anhand eines „schuldfremden Maßstabs" bestimmt bzw. angepasst werden.[10]

**254** Sofern also nach der vertraglichen Regelung entweder kein Automatismus gegeben ist (etwa, weil einer Partei ein Anpassungsrecht eingeräumt wird, dass sie aber erst ausüben muss) oder aber die in Bezug genommenen Vergleichsgrößen nicht „schuldfremd", sondern vergleichbar sind, ist die Klausel nicht gemäß § 1 Abs. 1 PrKlG unzulässig.

### b) Ausnahmen

**255** Das Gesetz selbst enthält zahlreiche Ausnahmeregelungen zum Verbot des § 1 Abs. 1 PrKlG. So nimmt § 1 Abs. 2 PrKlG bestimmte Klauseltypen ausdrücklich vom Verbot aus. Ferner finden sich in den §§ 3 ff. PrKlG Ausnahmebestimmungen für bestimmte Bereiche.

#### aa) Gemäß § 1 Abs. 2 PrKlG erlaubte Klauseln

**256** Gemäß § 1 Abs. 2 PrKlG gilt das Verbot des Abs. 1 zunächst nicht für bestimmte, näher definierte Klauseln:

**257** **(1) Leistungsvorbehaltsklauseln.** Nach § 1 Abs. 2 Nr. 1 PrKlG sind zunächst Leistungsvorbehaltsklauseln ausgenommen. Darunter versteht das PrKlG Klauseln, *„die hinsichtlich des Ausmaßes der Änderung des geschuldeten Betrages einen Ermessensspielraum lassen, der*

---

[6] Preisklauselgesetz vom 7.9.2007 (BGBl. I 2246 (2247)), das zuletzt durch Artikel 8 Absatz 8 des Gesetzes vom 29.7.2009 (BGBl. I 2355) geändert worden ist.
[7] BeckOGK/Leidner, 1.1.2023, PrKlG § 1 Rn. 1.
[8] Vgl. OLG München 18.7.2019 – 29 U 2041/18 Kart, EnWZ 2020, 21 Rn. 234, zur Preisklausel in einem Stromliefervertrag. Die Autoren Ristelhuber und Naendrup waren als Prozessbevollmächtigte an dem Verfahren beteiligt.
[9] BeckOGK/Leidner, 1.1.2023, PrKlG § 1 Rn. 49; jurisPK-BGB/Toussaint, 10. Aufl., PrKG § 1 (1.2.2023) Rn. 28.
[10] BeckOGK/Leidner, 1.1.2023, PrKlG § 1 Rn. 74; vgl. aus der Rechtsprechung OLG München 18.7.2019 – 29 U 2041/18 Kart, EnWZ 2020, 21 Rn. 235: Keine automatische Kopplung des für die Lieferung von Strom geschuldeten Entgelts „nach dem Index für tarifliche Stundenlöhne, dem durchschnittlichen Importkohlepreis des maßgeblichen Kalenderquartals und dem durchschnittlichen Preis für $CO_2$-Zertifikate, [...]", sofern das den Strom liefernde Unternehmen bei der Beschaffung seinerseits frei ist.

es ermöglicht, die neue Höhe der Geldschuld nach Billigkeitsgrundsätzen zu bestimmen (Leistungsvorbehaltsklauseln)". Solche Klauseln sind – ohne dass es der insoweit nur klarstellenden Regelung des § 1 Abs. 2 Nr. 1 PrKlG bedurft hätte – vom Verbot des § 1 Abs. 1 PrKlG nicht erfasst, weil es gerade an der erforderlichen „Automatik" der Preisbestimmung/-anpassung fehlt.[11]

**(2) Spannungsklauseln.** Ferner sind auch Spannungsklauseln im Sinn des § 1 Abs. 2 Nr. 2 PrKlG nicht vom Verbot des Abs. 1 erfasst. Hierunter versteht das PrKlG Klauseln, *„bei denen die in ein Verhältnis zueinander gesetzten Güter oder Leistungen im Wesentlichen gleichartig oder zumindest vergleichbar sind (Spannungsklauseln)."* Abermals zeigt sich, dass die Ausnahmeregelung nur klarstellenden Charakter hat, denn bei einer zu bejahenden Vergleichbarkeit liegt schon der Tatbestand des Abs. 1 nicht vor.[12]  **258**

In der Praxis ist hier der Verbraucherpreisindex[13] von großer Bedeutung: Häufig werden in Verträgen Preise in der ein oder anderen Form an diesen Index „gekoppelt". Preisklauselrechtlich ist das zunächst nur dann relevant, wenn die Preisänderung automatisch und ohne einen weiteren Zwischenschritt erfolgt. Wird beispielsweise einer Vertragspartei die Befugnis eingeräumt, bei einer Veränderung des Verbaucherpreisindex im Vergleich zum Zeitpunkt des Abschlusses des Vertrags um die Schwelle „X" die Preise „angemessen" anzupassen, ist das Preisklauselgesetz nicht berührt. Es fehlt an der „Automatik".  **259**

Liegt aber ein Automatik vor, ist der Verbraucherpreisindex preisklauselrechtlich nicht gegenüber anderen möglichen Maßstäben privilegiert. Es gibt daher keine „Vermutung", dass der Verbraucherpreisindex immer „vergleichbar" im Sinn des § 1 Abs. 2 Nr. 2 PrKlG wäre oÄ. Die Vergleichbarkeit ist auch nicht etwa stets dann zu bejahen, wenn eine der Vertragsparteien ein Verbraucher/eine Verbraucherin ist. Vielmehr kommt es auch insoweit stets darauf an, welche Güter und Leistungen der Vertrag umfasst und ob gerade der spezifische „Warenkorb", den der Verbraucherpreisindex abbildet[14], damit „vergleichbar" ist. So ist etwa die Vergleichbarkeit des Verbraucherpreisindex für die „Wertsicherung" eines Immobilienkaufpreises wohl zu verneinen.[15] Hingegen kann die Höhe eines zu leistenden Unterhalts an die Entwicklung des Verbraucherpreisindex gekoppelt werden, denn Unterhalt ist nach dem jeweiligen Bedürfnis des Berechtigten zu leisten und hängt damit vom künftigen Preis und Wert der zur Bestreitung des Bedarfs erforderlichen Güter und Leistungen ab.[16]  **260**

Die „Vergleichbarkeit" kann sich zudem aufgrund einer entsprechenden gesetzlichen Regelung ergeben. So lässt etwa § 557b Abs. 1 BGB (Indexmiete) die Koppelung der Miethöhe an den Verbraucherpreisindex ausdrücklich zu. Auch die Ausnahmeregelungen in den §§ 3 ff. PrKlG (siehe dazu sogleich) sehen häufig vor, dass eine Koppelung an einen Verbraucherpreisindex erfolgen muss, damit die Klausel zulässig ist.  **261**

Einige Beispiele zur Vergleichbarkeit/Nichtvergleichbarkeit:[17]  **262**

---

[11] Vgl. etwa beispielhaft BGH 9.5.2012 – XII ZR 79/10, NJW 2012, 2187 zu einem Mietanpassungsvorbehalt.
[12] Für Beispiele aus der Rechtsprechung siehe BeckOGK/Leidner, 1.1.2023, PrKlG § 1 Rn. 102, der seinerseits auf Staudinger/Omlor (2021) PrKG § 1 Rn. 26 verweist.
[13] Der Verbraucherpreisindex misst monatlich die durchschnittliche Preisentwicklung aller Waren und Dienstleistungen, die private Haushalte in Deutschland für Konsumzwecke kaufen. Die Veränderung des Verbraucherpreisindex zum Vorjahresmonat bzw. zum Vorjahr wird als Teuerungsrate oder als Inflationsrate bezeichnet; siehe: https://www.destatis.de/DE/Themen/Wirtschaft/Preise/Verbraucherpreisindex/_inhalt.html (Abruf am 9.6.2023).
[14] Beim Berechnen des Verbraucherpreisindex bzw. der Inflationsrate verwendet das Statistische Bundesamt einen „Warenkorb", der rund 700 Güterarten umfasst und sämtliche von privaten Haushalten in Deutschland gekauften Waren und Dienstleistungen repräsentiert: siehe, auch zum „Inhalt" dieses Warenkorbs, https://www.destatis.de/DE/Themen/Wirtschaft/Preise/Verbraucherpreisindex/_inhalt.html (Abruf am 9.6.2023).
[15] BeckOGK/Leidner, 1.1.2023, PreisklG § 1 Rn. 97.
[16] Wendl/Dose/Wönne, 10. Auflage 2019, § 6 Rn. 663 (beckonline).
[17] Beispiele entnommen bei BeckOGK/Leidner, 1.1.2023, PreisklG § 1 Rn. 102 ff., dort auch mit Nachweisen aus der Rechtsprechung.

Die Vergleichbarkeit oder Gleichartigkeit wurde bejaht bei:
- Versorgungsrente und bestimmtes Tarifgehalt;
- Darlehensrückzahlung und Kurswert bestimmter Aktien, sofern Darlehensvaluta vereinbarungsgemäß aus Verkaufserlös solcher Aktien erlangt wurde;
- Erbbauzins und erzielter Mietzins für Garagen auf demselben Grundstück;
- Erbbauzins und vom Erbbauberechtigten erzielte Miete;
- WEG-Verwaltervergütung und bestimmte Beamtenbesoldung;
- Unterhaltszahlungen und bestimmte Beamtenbesoldung.

Hingegen wurde bezüglich der folgenden Beispiele eine fehlende Vergleichbarkeit oder Gleichartigkeit angenommen:
- Erbbauzins und bestimmte Beamtenbesoldung,
- Miete und bestimmte Beamtenbesoldung,
- Lohn für Werkleistungen und Lohn für Arbeitsleistungen einer bestimmten Lohngruppe,
- Bauträgervergütung und allgemeiner Häuserpreisindex,
- Bezugspreis für Strom und Index für tarifliche Stundenlöhne, durchschnittlicher Importkohlepreis des maßgeblichen Kalenderquartals und durchschnittlicher Preis für CO2-Zertifikate im maßgeblichen Kalenderquartal.

263 **(3) Kostenelementeklauseln.** Weiter nimmt § 1 Abs. 2 Nr. 3 PrKlG auch Kostenelementeklauseln von Verbot des Abs. 1 aus. Nach der gesetzlichen Definition sind dies Klauseln, *„nach denen der geschuldete Betrag insoweit von der Entwicklung der Preise oder Werte für Güter oder Leistungen abhängig gemacht wird, als diese die Selbstkosten des Gläubigers bei der Erbringung der Gegenleistung unmittelbar beeinflussen (Kostenelementeklauseln)."* Bei Klauseln dieser Art fehlt es letztlich am Verbotsmerkmal des schuldfremden Vergleichsmaßstabs, da der Wertsicherungsmaßstab hier die Preise oder Werte für Güter oder Leistungen sind, die der Gläubiger der wertgesicherten Geldforderung für die Erbringung seiner Gegenleistung selbst aufwenden muss.[18]

264 **(4) Lediglich zu einer Ermäßigung führende Klauseln.** Schließlich sind gemäß § 1 Abs. 2 Nr. 4 PrKlG auch solche Klauseln preisklauselrechtlich ohne weiteres zulässig, *„die lediglich zu einer Ermäßigung der Geldschuld führen können."* Das lässt sich nicht ohne weiteres bereits dem Verbot des § 1 Abs. 1 PrKlG entnehmen, erklärt sich aber damit, dass mit solchen Klauseln der Zweck des Gesetzes (die Sicherung der Geldwertstabilität) nicht tangiert wird. Wirkt die Klausel also nur zugunsten des zur Zahlung des Preises verpflichteten Schuldners im Sinn einer potentiellen „Verbilligung", ist das Preisklauselgesetz nicht berührt.

### bb) Sonstige Ausnahmen, insbesondere: Wohnraummietverträge, langfristige Verträge

265 Neben den Ausnahmen des § 1 Abs. 2 PrKlG sieht das Gesetz auch „Bereichsausnahmen" vor.

266 So stellt die Regelung des § 1 Abs. 3 PrKlG sicher, dass die in § 557b BGB enthaltene Regelung zur Indexmiete bei Wohnraummietverhältnissen ebenso „lex specialis" gegenüber den Regelungen des PrKlG ist[19] wie die sich aus der Fernwärme-Versorgungsbedingungen-Verordnung (AVBFernwärmeV) ergebenden Spezialregelungen zur Preisänderung in Fernwärmelieferungsverträgen.[20]

267 Generell ausgenommen vom Preisklauselverbot des § 1 Abs. 1 PrKlG sind gemäß § 2 Abs. 1 S. 1 PrKlG unter den jeweils gesetzlich näher ausgestalteten Voraussetzungen ferner

---

[18] jurisPK-BGB/Toussaint, 10. Aufl., PrKG § 1 (Stand: 1.2.2023) Rn. 43.
[19] Aber Vorsicht: § 557b BGB gilt nur für Mietverhältnisse über Wohnraum. Preisklauseln bei allen anderen Mietverträgen unterliegen daher dem PrKlG.
[20] Siehe § 24 Abs. 4 AVBFernwärmeV.

der Geld- und Kapitalverkehr (§ 5 PrKlG, eingeschränkt für Verbraucherkreditverträge, § 2 S. 2 Nr. 2 PrKlG), bestimmte langfristige Verträge (§ 3 PrKlG), Erbbaurechtsbestellungsverträge und Erbbauzinsreallasten mit einer Laufzeit von mindestens 30 Jahren (§ 4 PrKlG) sowie – weitergehend – Verträge gebietsansässiger Unternehmer mit Gebietsfremden (§ 6 PrKlG) und unter bestimmten Voraussetzungen Verträge zur Deckung des Bedarfs der Streitkräfte (§ 7 PrKlG).[21]

Dabei folgt aus § 2 Abs. 1 S. 2 PrKlG, dass eine Klausel nur dann von der Ausnahmeregelung des § 3 PrKlG bzw. – bei Verbraucherkreditverträgen – des § 5 PrKlG profitieren kann, wenn sie im Einzelfall hinreichend bestimmt ist (hierzu näher § 2 Abs. 2 PrKlG) und keine Vertragspartei unangemessen benachteiligt (hierzu näher § 2 Abs. 3 PrKlG).

**c) Verhältnis zur AGB-Kontrolle und Rechtsfolge eines Verstoßes**

Sofern eine Preisklausel im Sinn des PrKlG zugleich eine Allgemeine Geschäftsbedingung im Sinn der §§ 305 ff. BGB ist, unterfällt sie als sog. „Preisnebenabrede" auch der AGB-Kontrolle.[22] Genügt die Klausel also den Anforderungen des PrKlG, aber nicht denjenigen der §§ 307 ff. BGB, dann führt dies zur Unwirksamkeit der Klausel. Dabei ist die AGB-rechtliche Zulässigkeit unabhängig von der preisrechtlichen Zulässigkeit zu beurteilen – die Wirksamkeit der Klausel nach PrKlG hindert eine mögliche Unwirksamkeit nach AGB-rechtlichen Maßstäben mithin nicht.[23]

Es gibt umgekehrt auch keine Wechselwirkung eines Verstoßes gegen § 1 Abs. 1 PrKlG dergestalt, dass eine Klausel, die gegen § 1 Abs. 1 PrKlG verstößt, allein deshalb (auch) AGB-rechtlich gemäß § 307 Abs. 1 BGB unwirksam wäre.[24]

Das ist auch nur folgerichtig, denn während ein Verstoß gegen AGB-rechtliche Bestimmungen in der Regel zur Unwirksamkeit bzw. Nichtigkeit der Klausel ex tunc, von Anfang an, führt[25], ordnet § 8 PrKlG ausdrücklich an, dass eine Unwirksamkeit der Preisklausel aufgrund eines Verstoßes gegen § 1 Abs. 1 PrKlG (erst) zum Zeitpunkt des rechtskräftig festgestellten Verstoßes eintritt, soweit nicht eine frühere Unwirksamkeit vereinbart ist. Gemäß § 8 S. 2 PrKlG bleiben die Rechtswirkungen der Klausel bis zum Zeitpunkt der Unwirksamkeit ausdrücklich unberührt. Dh ein Schuldner des auf der Grundlage einer wegen eines Verstoßes gegen § 1 Abs. 1 PrKlG unwirksamen Klausel ermittelten Preises muss aktiv die Feststellung der Unwirksamkeit – durch Feststellungsklage[26] – betreiben und bleibt bis zur Rechtskraft der Entscheidung zur Bezahlung des auf der Grundlage der unwirksamen Klausel berechneten Preises verpflichtet (sofern die Klausel nicht noch an anderen Mängeln leidet, die ggf. zu einer früheren Unwirksamkeit führen). Insbesondere führt die bis zur Rechtskraft einer die Unwirksamkeit feststellenden Entscheidung gegebene „schwebende" Wirksamkeit mit Eintritt der Rechtskraft daher nicht zu bereicherungsrechtlichen Rückforderungsansprüchen.[27]

### 3. AGB-Recht

Wie in → Rn. 249) bereits dargelegt, unterliegen Preisvereinbarungen nicht der Inhaltskontrolle nach § 307 BGB. Sie unterliegen hingegen sehr wohl der Transparenzkontrolle nach § 307 Abs. 2 S. 3 BGB.

---

[21] jurisPK-BGB/Toussaint, 10. Aufl., PrKG § 1 (Stand: 1.2.2023) Rn. 48.
[22] BGH 24.3.2010 – VIII ZR 178/08, NJW 2010, 2789 (2791); 9.5.2012 – XII ZR 79/10, NJW 2012, 2187 (2188).
[23] Vgl. jurisPK-BGB/Toussaint, 10. Aufl., PrKG § 1 (Stand: 1.2.2023) Rn. 53.
[24] BGH 14.5.2014 – VIII ZR 114/13, NJW 2014, 2708 Rn. 55.
[25] Grüneberg/Grüneberg, BGB, 82. Aufl. 2023, § 306 Rn. 5.
[26] Vgl. Grüneberg/Grüneberg, BGB, 82. Aufl. 2023, Anh. zu § 245 (PrKlG), § 8 Rn. 1; eine Feststellung der Unwirksamkeit im Sinn des § 8 PrKlG durch einen Vergleich ist nach hM nicht möglich, vgl. BeckOGK/Leidner, 1.1.2023, PrKlG § 8 Rn. 15.
[27] BGH 14.5.2014 – VIII ZR 114/13, NJW 2014, 2708 Rn. 54.

**Kapitel 4**

273 Dabei findet die Einigung über den Preis ohnehin zumeist in einer Individualvereinbarung statt. Im kaufmännischen Verkehr sind Streitigkeiten über den (individuell) vereinbarten Preis durchaus seltener, als darüber, ob und wessen AGB als vereinbart gelten, in denen dann eine originäre Preisbestimmung ohnehin nicht enthalten ist.

274 Die Generalklausel zur Inhaltskontrolle in § 307 BGB gilt auch im Verhältnis zu Unternehmen (B2B) und juristischen Personen des öffentlichen Rechts. Dies ergibt sich aus § 310 Abs. 1 BGB.

### a) Inhaltskontrolle

275 Eine Preiskontrolle im Sinne einer Inhaltskontrolle findet demnach grundsätzlich nicht statt. Dahinter steht der Gedanke, dass sich Preise im Wettbewerb bilden und deshalb keiner gerichtlichen Kontrolle unterliegen sollen.[28]

276 Dies gilt jedoch nur für (transparente) Preisabreden im engeren Sinn, die den Preis unmittelbar festlegen, nicht hingegen für Nebenabreden. Preisklauseln, die Nebenabreden enthalten, unterliegen hingegen der richterlichen AGB-Kontrolle. Die Unterscheidung, ob eine Klausel eine kontrollfreie Preisabrede oder eine kontrollfähige Preisnebenabrede enthält, ist durch Auslegung zu ermitteln. *„Diese hat sich nach dem objektiven Inhalt und typischen Sinn der in Rede stehenden Klausel einheitlich danach zu richten, wie ihr Wortlaut von verständigen und redlichen Vertragspartnern unter Abwägung der Interessen der regelmäßig beteiligten Verkehrskreise verstanden wird."*[29]

277 Als Preisklauseln sind danach Bestimmungen über den Preis der vertraglichen Hauptleistung oder Klauseln über das Entgelt für eine rechtlich nicht geregelte zusätzlich angebotene Sonderleistung zu qualifizieren. Kontrollfähige Preisnebenabreden sind hingegen Klauseln, die keine echte (Gegen-)Leistung zum Gegenstand haben, sondern mit denen der AGB-Verwender allgemeine Betriebskosten, Aufwand für die Erfüllung gesetzlich oder nebenvertraglich begründeter eigener Pflichten oder für sonstige Tätigkeiten auf den Kunden abwälzt, die der Verwender im eigenen Interesse erbringt.[30]

278 Ebenso unterliegen nach höchstrichterlicher Rechtsprechung der Inhaltskontrolle solche AGB-Klauseln, die das Entgelt unter Abweichung von gesetzlich vorgeschriebenen Preisen festlegen oder ein einseitiges Leistungsbestimmungsrecht einräumen, etwa beim Verweis auf Tages- oder Listenpreise, und zwar auch dann, wenn es an einer individuellen Preisvereinbarung fehlt. Hier könnte man mangels einer Individualvereinbarung durchaus die Auffassung vertreten, dass dann eine kontrollfreie Preisabrede vorliegt, weil die eigentliche Gegenleistung bestimmt wird.[31]

### b) Transparenzkontrolle

279 Nach § 307 Abs. 1 S. 2 BGB kann eine Preisklausel auch deshalb unwirksam sein, weil sie nicht klar und verständlich ist (Transparenzgebot). Die mangelnde Transparenz kann sich dabei aus der äußeren Gestaltung oder aus dem Inhalt ergeben, entweder, weil das Bestimmtheits- und Verständlichkeitsgebot verletzt ist oder, weil die Klausel irreführende Darstellungen enthält bzw. die Rechtslage verzerrt (Täuschungsverbot„).

280 „Musterfall" des Verstoßes durch die äußere Gestaltung ist die „versteckte" Klausel, bei der man Beispiel einen nicht zur Überschrift passenden Regelungsgehalt aufnimmt oder die Aufteilung einer Regelung in mehrere Klauseln, so dass die Übersichtlichkeit verloren geht. Aus dem Bestimmtheits- und Verständlichkeitsgebot folgt, dass die Regelung hinreichend konkret und so verständlich sein muss, dass der Vertragspartner auch ohne fremde Hilfe

---

[28] MüKoBGB/Wurmnest BGB § 307 Rn. 17.
[29] BGH 19.2.2019 – XI ZR 562/17, NJW-RR 2019, 625 (626).
[30] BGH 4.7.2017 – XI ZR 562/15, NJW 2017, 2986 (2987); BGH 19.2.2019 – XI ZR 562/17, NJW-RR 2019, 625 (626).
[31] Näher: MüKoBGB/Wurmnest BGB § 307 Rn. 18.

verstehen kann, mit welchen Belastungen er zu rechnen hat. Schließlich darf der Verwender den Vertragspartner nicht über die wahre Rechtslage täuschen oder ihn an der Durchsetzung seiner Rechte hindern.[32]

Im Ergebnis wird das Transparenzgebot aber bei einer reinen Preisbestimmung nicht betroffen sein. Relevanter sind hier Regelungen zur Preisveränderung → Rn. 455. **281**

### 4. Bei Verbraucherbeteiligung: Strengeres AGB-Recht und die Richtlinie 93/13/EWG des Rates vom 5.4.1993 über missbräuchliche Klauseln in Verbraucherverträgen

Liegt ein Verbrauchervertrag (B2C) vor, so folgt aus § 310 Abs. 1 S. 1 BGB im Umkehrschluss, dass anders als bei einem Vertrag zwischen Unternehmen die §§ 305 Abs. 2 und 3, 308 und 309 BGB unmittelbare Anwendung finden. § 305 Abs. 2 und 3 BGB stellen für die Einbeziehung von AGB in den Vertrag besondere Anforderungen auf. Die §§ 308, 309 BGB enthalten konkrete Klauselverbote, nach denen die dort genannten Klauseln im Regelfall (§ 308 BGB) bzw. stets (§ 309 BGB) unwirksam sind. **282**

Nur im Verhältnis Unternehmen/Verbraucher anwendbar sind schließlich die Regelungen der Richtlinie 93/13/EWG des Rates vom 5.4.1993 über mißbräuchliche Klauseln in Verbraucherverträgen (Klauselrichtlinie). Die Richtlinie ordnet eine Klauselkontrolle am Maßstab der Missbräuchlichkeit an: Art. 3 der Klauselrichtlinie bestimmt, dass eine Klausel dann missbräuchlich ist, wenn *„sie entgegen dem Gebot von Treu und Glauben zum Nachteil des Verbrauchers ein erhebliches und ungerechtfertigtes Missverhältnis der vertraglichen Rechte und Pflichten der Vertragspartner verursacht."*[33] **283**

Die Klauselrichtlinie enthält zudem einen Anhang zu Art. 3 Abs. 3 der Richtlinie mit Klauseln, die für missbräuchlich erklärt werden können.[34] **284**

Die Klauselrichtlinie wurde in Deutschland erstmals durch die AGB-Novelle in das nationale Recht umgesetzt.[35] Auch die Neufassung der §§ 305 ff. BGB im Jahr 2002 durch das Gesetz zur Modernisierung des Schuldrechts diente der Umsetzung der Richtlinienvorgaben.[36] Sie ist bei Verbraucherverträgen daher nach wie vor von Bedeutung und die Vorschriften der §§ 305 ff. BGB sind bei Verbraucherverträgen richtlinienkonform auszulegen.[37] **285**

Für die Preissetzung aber enthalten weder die §§ 305 Abs. 2, Abs. 3, 308, 309 BGB noch die Vorschriften der Klauselrichtlinie einschränkende Vorgaben – so wie im deutschen Recht Preisabreden im eigentlichen Sinn der Inhaltskontrolle entzogen sind, sind Preisabreden auch vom Anwendungsbereich der Richtlinie ausdrücklich ausgenommen. Art. 4 Abs. 2 der Richtlinie bestimmt insoweit: *„Die Beurteilung der Missbräuchlichkeit der Klauseln betrifft weder den Hauptgegenstand des Vertrages noch die Angemessenheit zwischen dem Preis bzw. dem Entgelt und den Dienstleistungen bzw. den Gütern, die die Gegenleistung darstellen, sofern diese Klauseln klar und verständlich abgefasst sind."* **286**

Von dieser Privilegierung werden jedwede essentialia negotii des Vertrags erfasst, insbesondere Preisklauseln.[38] Von Preisklauseln abzugrenzen sind – erneut – die sogenannten **287**

---

[32] Näher zu den Fallgruppen: MüKoBGB/Wurmnest BGB § 307 Rn. 61 ff. auch mwN zur Rechtsprechung.
[33] Ausführlich zur Klauselrichtlinie v. Westphalen/Thüsing VertrR/AGB-Klauselwerke, Europäische Grundlagen des AGB-Rechts Rn. 6 ff.
[34] Zur Bedeutung des Anhangs näher v. Westphalen/Thüsing VertrR/AGB-Klauselwerke, Europäische Grundlagen des AGB-Rechts Rn. 67.
[35] BeckOGK/Lehmann-Richter, 1.4.2023, BGB § 305 Rn. 46.
[36] Grüneberg/Grüneberg, 82. Aufl. 2023, BGB § 310 Rn. 7/8.
[37] Dem Anhang zu Art. 3 Abs. 3 der Klauselrichtlinie kommt im Rahmen der richtlinienkonformen Auslegung nach hM Indizwirkung für die Missbräuchlichkeit einer Klausel zu, BeckOGK/Lehmann-Richter, 1.4.2023, BGB § 305 Rn. 57.
[38] v. Westphalen/Thüsing VertrR/AGB-Klauselwerke, Europäische Grundlagen des AGB-Rechts Rn. 46.

Preisnebenabreden (wie beispielsweise Preisänderungsklauseln[39]), die von der Ausnahme des Art. 4 Abs. 2 der Richtlinie nicht erfasst werden und mithin der Missbrauchskontrolle unterfallen.

## 5. Sonstiger Verbraucherschutz: die Preisangabenverordnung

**288** Im Verhältnis Unternehmen – Verbraucher von überragender Bedeutung ist die Preisangabenverordnung (PAngV).[40] Die PAngV enthält zwar keine Regelungen zur Preisfindung/Preissetzung. Sie gibt aber für den weitaus größten Teil aller B2C-Vertragsverhältnisse vor, wie der Preis anzugeben ist. Sie ist daher Teil des formellen Preisrechts, das die Art und Weise der Information über Preise regelt, nicht aber hoheitliche Regeln über die Festsetzung von Preisen enthält.[41]

**289** Die PAngV verfolgt laut der ständigen Rechtsprechung des zuständigen I. Zivilsenats des BGH den Zweck, (i) durch eine sachlich zutreffende und vollständige Verbraucherinformation Preiswahrheit und Preisklarheit zu gewährleisten, (ii) durch optimale Preisvergleichsmöglichkeiten die Stellung der Verbraucher gegenüber Handel und Gewerbe zu stärken und (iii) den Wettbewerb zu fördern.[42]

**290** Gemäß § 1 Abs. 1 PAngV erfasst die Verordnung die Angabe von Preisen für Waren oder Leistungen von Unternehmern gegenüber Verbrauchern. Nach der Generalklausel des § 1 Abs. 3 S. 2 PAngV müssen Angaben zu Preisen insbesondere der allgemeinen Verkehrsauffassung und den Grundsätzen von Preisklarheit und Preiswahrheit entsprechen.[43]

**291** Nach § 3 PangV ist insbesondere stets der Gesamtpreis anzugeben, dh der Preis, der einschließlich der Umsatzsteuer und sonstiger Preisbestandteile für eine Ware oder Leistung zu zahlen ist und die Gegenleistung in Geld für den Erwerb eines Produkts darstellt, also das tatsächlich zu zahlende Gesamtentgelt.[44]

**292** Weitere Vorschriften der PAngV betreffen die Pflicht zur Angabe des Grundpreises (§ 4 PAngV), die Regelung zur Mengeneinheit für die Angabe des Grundpreises (§ 5 PAngV), die Preisangaben bei Fernabsatzverträgen (§ 6 PAngV), die rückerstattbaren Sicherheiten (§ 7 PAngV), die Preisangaben mit Änderungsvorbehalt und Reisepreisänderungen (§ 8 PAngV) sowie die Preisermäßigungen (§ 9 PAngV). Ferner betreffen weitere Vorschriften einzelne Bereiche bzw. Branchen. Dies betrifft die Preisangaben im Handel (§ 10 PAngV), die zusätzliche Preisangabepflicht bei Preisermäßigungen für Waren (§ 11 PAngV), Preisangaben für Leistungen (§ 12 PAngV), Gaststätten und Beherbergungsbetriebe (§ 13 PAngV), Elektrizität, Gas, Fernwärme und Wasser (§ 14 PAngV) sowie Tankstellen und Parkplätze (§ 15 PAngV).[45] Die vielfältigen und detaillierten Anforderungen an Preisangaben bei Finanzdienstleistungen wurden der Übersicht halber in einen eigenen Abschn. 4 aufgenommen (§§ 16–19 PAngV).[46]

**293** Verstöße gegen die Vorgaben der PAngV sind gemäß § 20 PAngV bußgeldbewehrt.[47] Wesentlich bedeutsamer ist indes die Durchsetzung der Vorgaben der PAngV durch Mitbewerber auf der Grundlage des § 3a UWG (Rechtsbruch). Nach § 3a UWG handelt

---

[39] Siehe dazu beispielsweise auch § 309 Nr. 1 BGB zur Unzulässigkeit von Klauseln, die dem Verwender eine kurzfristige Preiserhöhung nach Vertragsschluss ermöglichen sollen.
[40] Preisangabenverordnung vom 12.11.2021 (BGBl. I 4921); vgl. den Überblick von Sosnitza GRUR 2022, 794 ff.
[41] BeckOK UWG/Barth, 20. Ed. 1.4.2023, PAngV Einführung Rn. 4.
[42] BeckOK UWG/Barth, 20. Ed. 1.4.2023, PAngV Einführung Rn. 5, unter Hinweis auf BGH 31.10.2013 – I ZR 139/12, GRUR 2014, 576 Rn. 19 – 2 Flaschen GRATIS; 7.3.2013 – I ZR 30/12, GRUR 2013, 850 Rn. 13 – Grundpreisangabe im Supermarkt.
[43] Vgl. MüKoUWG/Heermann/Schlingloff, 3. Aufl. 2022, PAngV Einleitung Rn. 2.
[44] Köhler/Bornkamm/Feddersen/Köhler, UWG, PAngV § 3 Rn. 21.
[45] Sosnitza GRUR 2022, 794 (795).
[46] Sosnitza GRUR 2022, 794 (795), vgl. zu Preisangaben von Kreditinstituten auch Ellenberger/Bunte BankR-HdB/Fischer/Boegl § 116 Rn. 15, noch zur Vorversion der PAngV.
[47] § 20 PAngV verweist hinsichtlich der Bußgeldhöhe auf § 3 des Wirtschaftsstrafgesetzes. Danach beträgt die Bußgeldhöhe bis zu fünfundzwanzigtausend Euro.

I. Rechtliche Rahmenbedingungen  **Kapitel 4**

unlauter, wer einer gesetzlichen Vorschrift zuwiderhandelt, die auch dazu bestimmt ist, im Interesse der Marktteilnehmer das Marktverhalten zu regeln. Die PAngV weist diesen Wettbewerbsbezug auf, denn ihr Zweck ist es, durch eine sachlich zutreffende und vollständige Verbraucherinformation Preiswahrheit und Preisklarheit zu gewährleisten und durch optimale Preisvergleichsmöglichkeiten die Stellung der Verbraucher gegenüber Handel und Gewerbe zu stärken und den Wettbewerb zu fördern.[48] Verstöße gegen die PAngV sind mithin durch jeden Wettbewerber und die qualifizierten Einrichtungen/Verbände gem. § 8 Abs. 3 UWG abmahnbar.

Die Wirksamkeit geschlossener Verträge hingegen berührt ein etwaiger Verstoß gegen die PAngV nicht. Da die PAngV keinen individuellen Verbraucherschutz bezweckt, ist sie kein Schutzgesetz iSv § 823 Abs. 2 BGB, sie ist auch kein Verbotsgesetz iSv § 134 BGB.[49] Ob ein Vertrag wirksam geschlossen ist, hängt freilich davon ab, ob sich die Parteien auch über den Preis tatsächlich geeinigt haben. Bei dieser Frage kann die PAngV wiederum Bedeutung erlangen, wenn es darum geht, die Willenserklärungen der Parteien auszulegen: Der Erklärungsgegner, sofern er zu dem von der PAngV geschützten Personenkreis gehört, darf bei der Angabe von Preisen regelmäßig davon ausgehen, dass sie den Vorschriften der PAngV entsprechend angegeben werden, also insbes. als Gesamtpreise einschließlich etwaiger Steuern ausgewiesen werden.[50] Darauf wird dann in der Regel auch seine Vertragserklärung gerichtet sein.

294

### 6. Sittenwidrigkeit/Wucher

Ein Rechtsgeschäft, das gegen die guten Sitten verstößt, ist nichtig, § 138 BGB. Steht der vereinbarte Preis in einem auffälligen Missverhältnis zur Leistung gilt dies erst Recht (Wucher). Die Sittenwidrigkeit begrenzt mithin die Privatautonomie und damit die Freiheit der Preisbestimmung.

295

#### a) Allgemeines

Das Verbot sittenwidriger Rechtsgeschäfte ist sicher die zentrale Norm zur Eingrenzung der Privatautonomie, so schwierig es im Einzelfall auch sein mag, die guten Sitten und deren Einhaltung zu bestimmen. Klar ist: Alle Rechtsgeschäfte werden von dem Verbot sittenwidriger Rechtsgeschäfte erfasst. Ebenso klar ist: Es gibt kein „Zurück in die Zukunft": Entscheidend für die Frage, ob ein sittenwidriges Rechtsgeschäft vorliegt, ist der Zeitpunkt von dessen Vornahme. Ein Wandel der Sittlichkeitsvorstellungen in der Zukunft berührt die Sittenwidrigkeit eines bei dessen Vornahme sittenwidrigen Rechtsgeschäfts nicht.[51]

296

#### b) Die Sittenwidrigkeit

Ein Rechtsgeschäft ist nach § 138 Abs. 1 BGB sittenwidrig, wenn es nach seinem Inhalt oder Gesamtcharakter, der durch umfassende Würdigung von Inhalt, Beweggrund und Zweck zu ermitteln ist, gegen das Anstandsgefühl aller billig und gerecht Denkenden verstößt. Folgt der Verstoß gegen die grundlegenden Wertungen der Rechts- oder Sittenordnung bereits aus dem Inhalt des Rechtsgeschäfts, muss ein persönliches Verhalten des Handelnden hinzukommen, das diesem zum Vorwurf gemacht werden kann. Hierfür genügt es im Allgemeinen nicht, dass vertragliche Pflichten verletzt werden. Vielmehr muss

297

---

[48] MüKoUWG/Heermann/Schlingloff, 3. Aufl. 2022, PAngV Einleitung Rn. 5.
[49] Köhler/Bornkamm/Feddersen/Köhler, UWG, PAngV vor § 1 Rn. 8; MüKoUWG/Heermann/Schlingloff, 3. Aufl. 2022, PAngV Einleitung Rn. 7.
[50] Beispiel entnommen bei Köhler/Bornkamm/Feddersen/Köhler, UWG, PAngV vor § 1 Rn. 8.
[51] BGH 15.4.1987 – VIII ZR 97/86, NJW 1987, 1878; BGH 29.6.2007 – V ZR 1/06, NJW 2007, 2841.

eine besondere Verwerflichkeit des Verhaltens hinzutreten, die sich aus dem verfolgten Ziel, den eingesetzten Mitteln oder der zutage tretenden Gesinnung ergeben kann.[52]

298 Geht es um das Verhalten gegenüber der Allgemeinheit oder Dritten muss das Rechtsgeschäft außerdem objektiv nachteilig für den Dritten und die Beteiligten müssen subjektiv sittenwidrig handeln Die Sittenwidrigkeit kann dabei auch dadurch begründet werden, dass die Beteiligten mit einem Rechtsgeschäft den Zweck verfolgen, in bewusstem und gewolltem Zusammenwirken schuldrechtliche Ansprüche Dritter zu vereiteln.[53]

299 Daraus ergibt sich zugleich der Begriff der guten Sitten: Sie entsprechen dem Anstandsgefühl aller billig und gerecht Denkenden wobei der Begriff nicht die Sittlichkeit im gesinnungsethischen Sinne, sondern ein Minimum von sittlicher Handlungsweise im geschäftlichen Verkehr meint. Dieses ethische Minimum wiederum ergibt sich aus den Werten unserer Rechtsordnung, namentlich auch aus dem Grundgesetz.[54] Immerhin ist in Art. 2 Abs. 1 GG das „Sittengesetz" ausdrücklich genannt. Das Grundgesetz wirkt damit (auch) in das Zivilrecht und die Begrenzung der Privatautonomie ein.

### c) Wucher

#### aa) Allgemeines

300 Der in § 138 Abs. 2 BGB geregelte Wucher ist ein besonderer Fall. Zum einen konkretisiert er die allgemeine Regelung der Sittenwidrigkeit in § 138 Abs. 1 BGB[55], zum anderen ist er zugleich nach § 291 StGB ein strafrechtlicher Tatbestand, was bei dessen Vorliegen zugleich den Tatbestand des § 134 BGB erfüllt, also zur Nichtigkeit wegen eines Gesetzesverstoßes führt. Den Rückgriff auf § 134 BGB bedarf es aber nicht. Sind die Voraussetzungen des § 138 Abs. 2 erfüllt, ist das Rechtsgeschäft schon nach dieser Vorschrift nichtig.[56]

301 Ist der Tatbestand des § 138 Abs. 2 BGB nicht erfüllt kann wegen des konkretisierenden Charakters des Wuchertatbestandes gleichwohl ein Verstoß gegen die guten Sitten nach § 138 Abs. 1 BGB vorliegen, wenn weitere, nur eben in § 138 Abs. 2 BGB nicht genannte anstößiger Umstände hinzutreten.[57]

302 Bereits aus der Formulierung des Gesetzestextes wird deutlich, dass der Tatbestand des § 138 Abs. 2 BGB nur auf Austauschgeschäfte Anwendung finden kann. Ein auffälliges Missverhältnis zwischen Leistung und Gegenleistung scheidet etwa beim Bürgschaftsversprechen aus.[58]

#### bb) Auffälliges Missverhältnis

303 Für die Preissetzung ist § 138 Abs. 2 BGB deshalb von Bedeutung, weil er tatbestandlich auf das auffällige Missverhältnis von Leistung und Gegenleistung, mithin auf eine Äquivalenzstörung abstellt. Wie eine solche festzustellen ist bestimmt sich nach den Umständen des Einzelfalls. Wichtig ist jedoch, dass es ausschließlich um den objektiven Wert der Leistung abzustellen ist. Ein Affektionsinteresse bleibt außer Betracht, es sei denn es hat sich ein Teilmarkt gebildet, bei dem genau dieses Affektionsinteresse preisbestimmend durchschlägt; ist ein Marktpreis festzustellen, so ist dieser für den objektiven Wert der Leistung regelmäßig entscheidend.[59]

---

[52] BGH 16.7.2019 – II ZR 426/17, NJW 2019, 3635 (3637) mwN.
[53] BGH 16.7.2019 – II ZR 426/17, NJW 2019, 3635 (3637) mwN.
[54] Jauernig/Mansel BGB § 138 Rn. 6.
[55] Arg. ex „insbesondere" in § 138 Abs. 2 BGB.
[56] MüKoBGB/Armbrüster BGB § 138 Rn. 264.
[57] BeckOK BGB/Wendtland BGB § 138 Rn. 41.
[58] BGH 26.4.2001 – IX ZR 337/58, NJW 2001, 2466 (2467).
[59] BGH 22.12.1999 – VIII ZR 111/99, NJW 2000, 1254 (1255); MüKoBGB/Armbrüster BGB § 138 Rn. 206 ff.

Wann liegt also ein auffälliges Missverhältnis zwischen Leistung und Gegenleistung vor? **304** Tatsächlich gibt es Rechtsordnungen, die das auffällige Missverhältnis quotal bestimmen. Der deutsche Gesetzgeber hat hierauf verzichtet. In Rechtsprechung und Literatur hat sich aber durchgesetzt, dass eine indiziell zur Sittenwidrigkeit führende Äquivalenzstörung dann vorliegt, wenn das Doppelte bzw. die Hälfte des Wertes der Gegenleistung vereinbart worden ist. Maßgeblich ist ebenso wie bei der Ermittlung des auffälligen Missverhältnisses objektiven Wert maßgeblich ist.[60] Kurz: Liegt der objektive Wert der Leistung bei 100 Euro, der vereinbarte Preis aber bei 200 Euro, so indiziert das auffällige Missverhältnis die Sittenwidrigkeit des Rechtsgeschäfts.

#### cc) Weitere Tatbestandsmerkmale des Wuchers

Neben dem auffälligen Missverhältnis zwischen Leistung und Gegenleistung ist erforder- **305** lich, dass der Wucherer eine Zwangslage, die Unerfahrenheit, den Mangels an Urteilsvermögen oder eine erhebliche Willensschwäche des anderen ausbeutet.

Von einer Zwangslage (auch eines Dritten) kann dann gesprochen werden, wenn eine **306** besondere Bedrängnis vorliegt, und zwar gleich, ob diese wirtschaftlicher, politischer oder sonstiger Art ist.[61]

Unerfahrenheit ist ein Mangel an Geschäfts- und/oder Lebenserfahrung, der insbeson- **307** dere bei Heranwachsenden, alten Menschen oder in ihrer Geistestätigkeit einfach strukturierten Personen vorliegen kann.[62] Wichtig ist, dass es ein allgemeiner Mangel an Geschäfts- und oder Lebenserfahrung sein muss. Eine fehlende Erfahrung in einzelnen Bereichen genügt hingegen nicht.[63] Ein Mangel an Urteilsvermögen oder eine erhebliche Willensschwäche liegt dann vor, wenn es an der Verstandeskraft fehlt, die Umstände des Wuchers, mithin die Vor- und Nachteile des Rechtsgeschäfts zu erkennen und das Handeln aus der Erkenntnis heraus umzusetzen.[64] Bereits aus den vorstehenden Definitionen wird deutlich, dass die Unerfahrenheit, die Willensschwäche und das mangelnde Urteilsvermögen im Regelfall nahe bei einander liegen und ach zugleich vorliegen können.

Im bewussten Ausnutzen der zuvor beschriebenen Tatbestandsmerkmale bei gleichzeiti- **308** ger Kenntnis des auffälligen Missverhältnisses zwischen Leistung und Gegenleistung liegt die Betätigung der verwerflichen Gesinnung und damit die subjektive Komponente des Tatbestandes.[65] Bei einem besonders groben, nicht nur auffälligem Missverhältnis von Leistung und Gegenleistung, spricht eine tatsächliche Vermutung für die Ausbeutung.[66]

### d) Rechtsfolge

Das nach § 138 Abs. 1 sittenwidrige Rechtsgeschäft ist grundsätzlich von Anfang an **309** nichtig. Ausnahmen von dieser Rechtsfolge werden für bestimmte Dauerrechtsbeziehungen gemacht, namentlich für Arbeits- und Gesellschaftsverträge.[67] Von der Nichtigkeit des Verpflichtungsgeschäfts, etwa des Kaufvertrages, wird nicht das Verfügungsgeschäft erfasst. Ein Durchschlagen auf das Erfüllungsgeschäft kann sich aber aus dem Motiv oder dem Zweck des Rechtsgeschäfts ergeben.[68]

Beim Wucher nach § 138 Abs. 2 BGB ist nicht nur das Verpflichtungsgeschäft nichtig, **310** sondern auch das Verfügungsgeschäft des Bewucherten. Gleiches gilt für etwa vom Be-

---

[60] Näher: MüKoBGB/Armbrüster BGB § 138 Rn. 206 ff. mwN.
[61] Jauernig/Mansel BGB § 138 Rn. 22; vgl. auch BGH 21.2.1980 – III ZR 185/77, NJW 1980, 1574 zur (fehlenden) Sittenwidrigkeit eines Fluchthelfervertrages.
[62] Grüneberg/Ellenberger, BGB, 82. Aufl. 2023, § 138 Rn. 71.
[63] BGH 26.5.1982 – VIII ZR 123/81, BeckRS 1982, 31075839.
[64] BGH 23.6.2006 – V ZR 147/05, NJW 2006, 3054.
[65] Jauernig/Mansel BGB § 138 Rn. 23; vgl. auch BGH 19.6.1990 – XI ZR 280/89, NJW-RR 1990, 1199 (zu einem Darlehen, bei dem es aber an dem Missverhältnis fehlte.
[66] BGH 20.6.2000 – XI ZR 237/99, NJW-RR 2000, 1431 (1432).
[67] BeckOK BGB/Wendtland BGB § 138 Rn. 32 ff.
[68] BGH 22.11.1996 – V ZR 234/95, NJW 1997, 860; Jauernig/Mansel BGB § 138 Rn. 25.

wucherten bestellte Sicherheiten im Falle eines wucherischen Darlehens oder „Ersatzleistungen" erfüllungshalber wie die Hingabe eines Schecks oder Wechsels.[69] Von der Nichtigkeit nicht erfasst wird hingegen das Verfügungsgeschäft des Wucherers.[70]

311 Von der Nichtigkeit wird grundsätzlich das gesamte Rechtsgeschäft erfasst. Eine geltungserhaltende Reduktion kommt ebenso wie eine Umdeutung nur ausnahmsweise in Betracht. Nach den Umständen des Einzelfalls können hingegen auch mehrere Verträge erfasst sein.[71] Hinsichtlich einer etwa in Frage kommenden Teilnichtigkeit gilt § 139 BGB.

## II. Besonderheiten bei der Daseinsvorsorge

312 Die Sicherstellung der Versorgung mit Energie (Gas/Strom); Wasser und Telekommunikationsinfrastruktur wird herkömmlicherweise als Aufgabe verstanden, für die (hauptsächlich) der Staat die Verantwortung trägt. Jedenfalls die Schaffung und Bereitstellung der infrastrukturellen Voraussetzungen wird allgemein als Aufgabe der Daseinsfürsorge verstanden, ohne die die anschließende privatwirtschaftliche Betätigung nicht möglich bzw. denkbar ist.[72] Hat der Staat diese Leistungen früher häufig tatsächlich selbst erbracht (etwa über die „alte" Deutsche Post), so trägt bzw. hat er heute doch zumindest eine Gewährleistungsverantwortung.[73]

313 Für die Frage der Preissetzung bedeutsam ist indes die Feststellung, dass aufgrund des staatlichen Rückzugs aus der eigentlichen Versorgungsleistung die früheren (Gebiets-) Monopole der Versorger einem aufgrund der Abhängigkeit von der bestehenden Netzinfrastruktur notwendigerweise regulierten (Stichwort „unbundling") Wettbewerb zahlreicher Anbieter gewichen sind.[74]

### 1. Gas/Strom

314 Sowohl in der Preissetzung für Gas als auch für Strom sind die Anbieter daher heute keinen speziellen rechtlichen Vorgaben mehr unterworfen.[75] Das gilt sowohl für den wichtigen Bereich der Grundversorgung, als auch für den Bereich der Sonderkundentarife.

315 So bestimmt § 36 Energiewirtschaftsgesetz (EnWG) zwar, dass die Versorgungsunternehmen für den Grundversorgungsbereich sogenannte „Allgemeine Preise" angeben und diskriminierungsfrei anbieten müssen. Von der in § 39 EnWG enthaltenen Verordnungsermächtigung zur Gestaltung der Allgemeinen Preise hat der Verordnungsgeber indes bisher keinen Gebrauch gemacht. Bei der Festsetzung der Allgemeinen Preise ist der jeweilige Grundversorger daher frei. Flankierend unterliegen die Allgemeinen Preise des Grundversorgers der besonderen kartellrechtlichen Missbrauchsaufsicht gemäß § 29 GWB[76], sofern eine marktbeherrschende Stellung[77] zu bejahen ist.

316 Im Bereich der Verbraucherverträge (B2C) bzw. im Grundversorgungsbereich sind schließlich die Gasgrundversorgungsverordnung (GasGVV) und Stromgrundversorgungsverordnung (StromGVV) von wesentlicher Bedeutung. Sie regeln den Inhalt des Grund-

---

[69] BeckOK BGB/Wendtland BGB § 138 Rn. 57; BGH 8.7.1982 – III ZR 1/81, NJW 1982, 2767; BGH 3.10.1989 – XI ZR 154/88, NJW 1990, 384.
[70] Grüneberg/Ellenberger, BGB, 82. Aufl. 2023, § 138 Rn. 75.
[71] Näher hierzu: BeckOK BGB/Wendtland BGB § 138 Rn. 32 ff.
[72] Dazu ausführlich Tamm/Tonner VerbraucherR-HdB/Brönneke § 15a Elektrische Energie und Gas Rn. 12, beck-online.
[73] Tamm/Tonner VerbraucherR-HdB/Brönneke § 15a Elektrische Energie und Gas Rn. 12, beck-online.
[74] Tamm/Tonner VerbraucherR-HdB/Brönneke § 15a Elektrische Energie und Gas Rn. 10, beck-online.
[75] Vgl. etwa BGH 19.11.2008 – VIII ZR 138/07, NJW 2009, 502 Rn. 15 ff. zur Gaspreiskontrolle, sowie BGH 28.3.2007 – VIII ZR 144/06, NJW 2007, 1672 zur Strompreiskontrolle.
[76] Kment/Rasbach, EnWG, 2. Aufl. 2019, § 36 Rn. 14, beck-online.
[77] Vgl. zur marktbeherrschenden Stellung BeckOK KartellR/Haellmigk, 8. Ed. 1.4.2023, GWB § 29 Rn. 14.

versorgungsvertrags nahezu abschließend und enthalten namentlich für Preisanpassungen spezielle Vorgaben.[78] Außerhalb der Grundversorgung kommen AGB zur Anwendung, für deren Kontrolle die §§ 307 ff. BGB heranzuziehen sind. Schließlich erfolgt bei einer Preiserhöhung sowohl im Grundversorgungs- als auch im Sonderkundenbereich eine (gerichtliche) Billigkeitskontrolle nach § 315 BGB, sofern ein Leistungsbestimmungsrecht des Versorgers besteht.[79]

### 2. Wasser

**317** Auch die Wasserversorgung ist Teil der Daseinsvorsorge. Das stellt § 50 Abs. 1 Wasserhaushaltsgesetz (WHG) ausdrücklich klar. Die Versorgung der Allgemeinheit mit Trink- und Brauchwasser fällt nach der grundsätzlichen Zuständigkeitsverteilung im deutschen Recht dabei in die Verantwortlichkeit der Kommunen, die auch das Recht zur Wahl der Organisationsform innehaben.[80] Auch über die rechtliche Ausgestaltung des Benutzungsverhältnisses entscheidet die Gemeinde. Grundsätzlich gilt dabei, dass die Gemeinde auch bei der Erbringung der Leistungen in öffentlich-rechtlicher Organisationsform wählen kann, ob sie das Nutzungsverhältnis ebenfalls öffentlich-rechtlich oder aber privatrechtlich ausgestalten will.[81]

**318** Diese Entscheidung hat Konsequenzen für die rechtlichen Rahmenbedingungen der Preissetzung. Ist auch das Nutzungsverhältnis öffentlich-rechtlich ausgestaltet, entstehen für die Wasserversorgung öffentlich-rechtliche Gebühren, die sich nach dem Kommunalabgabenrecht richten, die Überprüfung erfolgt durch die Kommunalaufsicht; im Streitfall entscheidet die Verwaltungsgerichtsbarkeit.[82] Hingegen führt eine Ausgestaltung des Nutzungsverhältnisses in privatrechtlicher Form zur Maßgeblichkeit der jeweiligen vertraglichen Vereinbarungen, ergänzt durch die Inhaltskontrolle der AVBWasserV.[83]

**319** Dabei ist zu berücksichtigen, dass der Wasserpreis aufgrund des Monopolcharakters der Wasserversorgung in der jetzigen Organisationsstruktur kein Preis ist, der marktwirtschaftlichen Bedingungen ausgesetzt ist.[84] Für die Preisfindung gelten zudem die Grundsätze der Kommunalabgabengesetze. Vorherrschende Prinzipien sind danach die Kostendeckung, die Äquivalenz, die angemessene Verzinsung von Eigen- und Fremdkapital und die Substanzerhaltung. Diese Grundsätze gelten sowohl für öffentlich-rechtliche Gebühren als auch für privatrechtlich vereinbarte Entgelte.[85] Die Missbrauchskontrolle obliegt den Kartellbehörden, § 31 Abs. 3 und Abs. 4 GWB.[86]

### 3. Telekommunikation

**320** Die Erbringung von Telekommunikationsdiensten (namentlich Internet und Telefonie) unterliegt den Regelungen des Telekommunikationsgesetzes (TKG). Das TKG enthält zahlreiche Regelungen zur Regulierung des Markts (§§ 10 ff. TKG) und des Zugangs von Diensteanbietern zur Netzinfrastruktur (§§ 20 ff. TKG). Für das Verhältnis der Diensteanbieter zum Endnutzer sind schließlich die §§ 51 ff. TKG (Kundenschutz) bedeutsam, die insbesondere Vorgaben zur Nichtdiskriminierung und transparenten Kommunikation enthalten. § 52 Abs. 1 Nr. 1 TKG verpflichtet Anbieter von Internetzugangsdiensten und

---

[78] Siehe § 5 GasGVV und § 5 StromGVV.
[79] Tamm/Tonner VerbraucherR-HdB/Brönneke § 15a Elektrische Energie und Gas Rn. 16, beck-online.
[80] Czychowski/Reinhardt, 12. Aufl. 2019, WHG § 50 Rn. 11, 14.
[81] Czychowski/Reinhardt, 12. Aufl. 2019, WHG § 50 Rn. 16.
[82] Landmann/Rohmer UmweltR/Hünnekens, 99. EL September 2022, WHG § 50 Rn. 19.
[83] Landmann/Rohmer UmweltR/Hünnekens, 99. EL September 2022, WHG § 50 Rn. 20; siehe § 24 AVBWasserV zu Preisänderungsklauseln.
[84] Tamm/Tonner VerbraucherR-HdB/Brönneke § 15b Wasser Rn. 29, beck-online.
[85] Tamm/Tonner VerbraucherR-HdB/Brönneke § 15b Wasser Rn. 29, beck-online.
[86] Dazu näher BeckOK KartellR/Haellmigk, 8. Ed. 1.4.2023, GWB § 31 Rn. 9 ff.

öffentlich zugänglichen interpersonellen Telekommunikationsdiensten beispielsweise, aktuelle Informationen über geltende Preise und Tarife zu veröffentlichen.

321   Mit Blick auf die Preissetzung ist allerdings festzustellen, dass das TKG den Anbietern insoweit keine Vorgaben macht. Die Preissetzung obliegt daher den Anbietern in freier Entscheidung.[87] Die Grenze zieht das TKG erst bei missbräuchlichem Verhalten von Unternehmen mit beträchtlicher Marktmacht, §§ 37 ff. TKG. Der Missbrauch einer Stellung mit beträchtlicher Marktmacht durch das Fordern entweder missbräuchlich überhöhter oder die Wettbewerbsmöglichkeiten von Mitbewerbern erheblich beeinträchtigender zu niedriger Entgelte ist untersagt.[88]

322   Unterhalb dieser Missbrauchsschwelle aber sind die Diensteanbieter in der Vereinbarung ihrer Preise frei – die unmittelbare Festsetzung des Preises ist auch im Telekommunikationsbereich der Inhaltskontrolle nach §§ 307 ff. BGB entzogen.[89] Auch hier gilt indes, dass kontrollfreie Preisabreden von der Inhaltskontrolle unterliegenden Preisnebenabreden in der Praxis nicht immer eindeutig abzugrenzen sind. Insbesondere Preisänderungsklauseln aber unterliegen der Inhaltskontrolle,[90] ebenso Abreden, die nicht den Preis für die Hauptleistungspflicht betreffen.[91]

## III. Buchpreisbindung

323   Als Ausnahme von den allgemeinen kartellrechtlichen Vorschriften wird für Bücher, einschließlich E-Books, die Einhaltung eines vom Verleger festgesetzten Preises gesetzlich vorgeschrieben. Dies wird mit der Sonderstellung des Buches als Kulturgut begründet. Die Buchpreisbindung gilt zB nicht für gebrauchte Bücher, Mängelexemplare und Sammelbestellungen für den Schulunterricht.

324   Das Gesetz über die Preisbindung für Bücher, das Buchpreisbindungsgesetz (BuchPrG), verpflichtet all jene, die Bücher verlegen oder importieren, einen Preis einschließlich Umsatzsteuer für den Verkauf an Letztabnehmer festzusetzen und zu veröffentlichen (§ 5 BuchPrG). Alle, die neue Bücher gewerbs- oder geschäftsmäßig an Letztabnehmer verkaufen, sind verpflichtet, den von Verlagen oder Importeuren gebundenen Ladenpreis einzuhalten (§ 3 BuchPrG). Über diese wichtigsten Grundregeln hinaus enthält das BuchPrG zahlreiche Regelungen zur Buchpreisbindung, die auch für Verlagsverträge relevant sein können.

### 1. Anwendungsbereich des BuchPrG

325   Das Buchpreisbindungsgesetz enthält keine Legaldefinition für Bücher. Bücher iSd Gesetzes sind solche Produkte, die als überwiegend *verlags- oder buchhandelstypisch* anzusehen sind.[92] Bücher fallen also nicht unter in den Anwendungsbereich des BuchPrG, wenn sie keinen verlags- oder buchhandelstypischen Schwerpunkt haben, also nicht von Verlagen stammen und sich nicht über den Buchhandel vertreiben lassen wie zB Privatdrucke, Firmen-, Vereins- oder Akademieschriften. Grundsätzlich werden Bücher in allen Ausstattungsformen erfasst: gebunden, broschiert, als Loseblatt-Werk oder Nachlieferungen. Dazu zählen

---

[87]   Zur theoretisch bestehenden Möglichkeit der Entgeltregulierung für Endnutzer gemäß § 49 TKG siehe Leupold/Wiebe/Glossner IT-R/Korte Teil 8.1 Marktregulierung Rn. 130 zur Vorgängerfassung der Norm.
[88]   Zum Verhältnis der Missbrauchsvorschriften des TKG zur allgemeinen kartellrechtlichen Missbrauchskontrolle nach §§ 18 ff. GWB siehe Bunte/Stancke, KartellR, 4. Aufl. 2022, § 14 Rn. 15.
[89]   v. Westphalen/Thüsing/Munz, VertrR/AGB-Klauselwerke, 48. EL März 2022, Telekommunikationsverträge Rn. 27.
[90]   Siehe BGH 11.10.2007 – III ZR 63/07, NJW-RR 2008, 134 Rn. 18.
[91]   Siehe BGH 9.10.2014 – III ZR 32/14, NJW 2015, 328, zur Klausel „Papier-Rechnung, monatlicher Postversand 1,50", Rn. 36 ff.
[92]   Ulmer-Eilfort/Obergfell/Kübler § 2 Rn. 1, 7 mwN.

nach einer klaren Entscheidung des Gesetzgebers nun auch E-Books. E-Books sind *in ihrer Gesamtheit zum Download bestimmte oder auf Datenträgern jeglicher Art handelbare Werke*.

Auszüge eines Gesamtwerkes, etwa einzelne Kapitel, stellen dagegen keine E-Books dar. **326** Damit ist auch die die Nutzung von *Datenbanken* wie zB „beck-online" oder *Inhalt aus dem Internet* nicht vom BuchPrG umfasst.[93] Nicht vom BuchPrG erfasst sind außerdem Kalender, Kunstblätter, Ansichtskarten und Glückwunschkarten.[94] Nach § 2 BuchPrG fallen auch Musiknoten und kartographische Produkte unter das Gesetz.

Zeitschriften und Zeitungen sind ebenfalls nicht vom BuchPrG erfasst, für diese kann **327** aber auf vertragsrechtlichem Wege eine Preisbindung hergestellt werden, dies erlaubt § 30 GWB ausdrücklich. Davon wird in der Praxis auch überwiegend mit dem Sammelrevers Gebrauch gemacht. Dieses Revers ist ein Vertrag zwischen Verlagen, Grossisten/Barsortimenten und dem Einzelhandel, in welchem die Einhaltung der Preisbindung von Zeitschriften und Zeitungen ausdrücklich vereinbart wird.

### 2. Preisfestsetzung

Der Letztabnehmerpreis muss vom *Verleger* oder Importeur festgesetzt werden. Der fest- **328** gesetzte Preis ist der Endpreis für den Verbraucher/Endkunden einschließlich Mehrwertsteuer. Bezugspunkt für den Endpreis ist die jeweilige Ausgabe des Titels und nicht das Werk im urheberrechtlichen Sinne.[95] Gebunden ist nur der Endpreis. Diesen kann der Einzelhändler also nicht ändern. Vertriebsprovisionen bzw. Einkaufspreise zwischen Verlag, Zwischenhändler und Einzelhändler sind dagegen frei vereinbar.[96]

Die Preise müssen für ein Produkt grundsätzlich einheitlich festgelegt werden. Es darf **329** aber bei verschiedenen Medien ein anderer Preis zum selben Inhalt festgelegt werden, typischer Fall sind Papierbuch- und E-Book-Ausgaben eines Werkes.[97] Wenn beide Ausgaben im Paket verkauft werden, sind Sonderpreise zulässig. Nicht zulässig sind jedoch Flatrates für einen unbegrenzten E-Book-Download, das würde gerade die Buchpreisbindung unterlaufen.[98] Zulässig ist dagegen die (E-)Book-Leihe, auch als Flatrate, wenn also nur ein zeitlich begrenztes Leserecht eingeräumt wird, da das BuchPrG nur den Preis beim Kauf des Werkes regelt.[99]

Generell sind bei sachlicher Rechtfertigung andere Preis zum selben Werk zulässig, **330** sogenannte Parallelausgaben, § 5 Abs. 5 BuchPrG. Ein klassisches Beispiel ist die Taschenbuchausgabe, die regelmäßig erst nach der Hardcoverausgabe veröffentlicht, dann aber zu einem günstigeren Preis vertrieben wird. Eine sachliche Rechtfertigung wird sich regelmäßig aus einer abweichenden Ausstattung des Buches, einem späteren Erscheinungsdatum oder bei Kaufverpflichtung durch Mitgliedschaft in einem Buchclub begründen lassen. Der ermäßigte Preis muss dabei stets mit der Abweichung von der Originalausgabe korrespondieren. Ein fehlender Schutzumschlag rechtfertigt zB keinen Preisabschlag von 50 %.[100]

Der Verleger oder Importeur kann neben dem Ladenpreis auch Sonderpreise festsetzen, **331** die abschließend in § 5 Abs. 4 BuchPrG geregelt sind:
- Serienpreise für den Verkauf einer Reihe zusammengehöriger Werke.
- Mengen- und Staffelpreise. Auch diese müssen entsprechend, also in der Regel über das VLB, veröffentlicht werden. Schulbücherstaffelpreise sind in § 7 Abs. 3 BuchPrG abschließend geregelt.
- Subskriptionspreise für Bestellungen vor Erscheinen des Werkes.

---

[93] Ulmer-Eilfort/Obergfell/Kübler § 2 Rn. 17.
[94] Ulmer-Eilfort/Obergfell/Kübler § 2 Rn. 1 mwN.
[95] BeckOK InfoMedienR/Hennemann, 39. Ed. 1.11.2022, BuchPrG § 5 Rn. 1.
[96] Ulmer-Eilfort/Obergfell/Kübler § 5 Rn. 1.
[97] BeckOK InfoMedienR/Hennemann, 39. Ed. 1.11.2022, BuchPrG § 5 Rn. 4.
[98] Ulmer-Eilfort/Obergfell/Kübler § 5 Rn. 2.
[99] BeckOK InfoMedienR/Hennemann, 39. Ed. 1.11.2022, BuchPrG § 3 Rn. 7.
[100] Ulmer-Eilfort/Obergfell/Kübler § 5 Rn. 13 mwN.

- Sonderpreise für Unternehmen, Vereine, Behörden und sonstige Organisationen, sofern ein Mitglied dieser Organisation am Buch wesentlich beteiligt war.
- Sonderpreise für Abonnenten von Zeitschriften, sofern die Bücher zeitschriftenbegleitend sind, also thematisch zur Zeitschrift passen. Bsp.: Die NJW-Schriftenreihe des Verlages C.H.Beck fiele unter diese Ausnahme.
- Für Ratenzahlungen müssen Teilzahlungszuschläge verlangt werden.

332 Verleger oder Importeur sind darüber hinaus verpflichtet, den Endpreis in geeigneter Weise zu veröffentlichen. Ausschlaggebend ist, dass der Verleger eine lückenlose Information aller seiner Händler sicherstellt.[101] Dazu nutzen die Verlage in der Praxis das VLB, das Verzeichnis Lieferbarer Bücher. Für jeden Titel wird eine ISBN vergeben und an die *Referenzdatenbank VLB* gemeldet. Seit 2010 ist das VLB die allgemein gültige Referenzdatenbank für die gebundenen Ladenpreise aller lieferbaren deutschen Bücher.[102]

333 Die Bekanntgabepflicht umfasst Preisänderungen und Preisaufhebungen in gleicher Weise.

### 3. Preiseinhaltung

334 Das BuchPrG sieht in § 3 eine gesetzliche Ausnahme zum grundsätzlichen Verbot wettbewerbsbeschränkender Vereinbarungen (§ 1 GWB, Art. 1 AEUV) in Form der vertikalen Preisbindung vor. Mit dieser Preisbindungspflicht will der Gesetzgeber sicherstellen, dass dem Buchhändler beim Verkauf an Endabnehmer in Deutschland der gebundene Endpreis nach § 5 BuchPrG zufließt.[103] Jeder, der gewerbs- oder geschäftsmäßig Bücher vertreibt, muss also den Letztabnehmerpreis vom Käufer verlangen.

335 Die Vorschrift verhindert damit Kundenbindungsprogramme zB durch Gutscheine und anderweitige, auch verschleierte, Rabatte.[104] Die Einzelheiten sind gerade bei Rabatten schwierig abzugrenzen und auch unter Juristen umstritten. Das *Rabattverbot* ist jedenfalls in den Fällen des § 7 BuchPrG durchbrochen, der zB für Autoren, andere Verlage oder Mängelexemplare Ausnahmen gestattet und konkrete Rabattstaffeln für Bestellungen von Schulen gesetzlich vorschreibt. Außerdem gestattet § 7 Abs. 4 BuchPrG die Zugabe von geringwertigen Waren oder Leistungen wie kleine Werbeartikel. Als Richtlinie für die Geringwertigkeit gilt hier 2 % vom Buchpreis aus Sicht des Käufers.[105]

336 *Sonderpreise wie* Serienpreise, Mengenpreise, Subskriptionspreise oder abnehmerbezogene Sonderpreise, sind in den engen Grenzen des § 5 Abs. 4 BuchPrG möglich, müssen dann aber auch festgesetzt und (über das VLB) veröffentlicht werden.

### IV. Basiskonto

337 Eine der wenigen Regelungsmaterien, bei denen der Gesetzgeber in die Gestaltung des Entgelts eingreift, findet sich beim Basiskonto. Hintergrund der Regelung sind zum einen die schon älteren Bestrebungen, ein „Girokonto für jedermann" einzuführen, gefolgt von der europarechtlichen Vorgabe in der Zahlungskontenrichtlinie[106] aus 2014, ein „Basiskonto" für jedermann einzurichten.

338 Zu den europarechtlichen Vorgaben gehört es, Verbrauchern mit einem rechtmäßigen Aufenthalt in der Europäischen Union die Möglichkeit zu eröffnen, in jedem Mitgliedstaat diskriminierungsfrei ein Zahlungskonto mit grundlegenden Funktionen zu eröffnen und zu

---

[101] HmbKommMedienR/Paschke § 5 Rn. 25.
[102] Ulmer-Eilfort/Obergfell/Kübler § 5 Rn. 1 mwN.
[103] Ulmer-Eilfort/Obergfell/Kübler § 3 Rn. 1.
[104] Ulmer-Eilfort/Obergfell/Kübler § 3 Rn. 1.
[105] Ulmer-Eilfort/Obergfell/Kübler § 7 Rn. 19 ff.
[106] Richtlinie 2014/92/EU des Europäischen Parlaments und des Rates vom 23.7.2014 über die Vergleichbarkeit von Zahlungskonten und zu Zahlungskonten mit grundsätzlichen Funktionen (Zahlungskontenrichtlinie).

nutzen. Der deutsche Gesetzgeber hat dies im Zahlungskontengesetz[107] umgesetzt und hier das „Konto für jedermann" unter dem neuen Begriff **„Basiskonto"** etabliert.[108]

## 1. Begriff des Basiskontos

Das Basiskonto wird vom Gesetzgeber in § 38 Abs. 2 ZKG als „Zahlungskonto mit grundlegenden Funktionen", das bei einem „Institut" als Zahlungskonto geführt wird, definiert. Der Begriff des „Instituts" ist in § 2 Abs. 5 ZKG legaldefiniert. Nicht unter den Begriff des „Instituts" fallen Bürgschaftsbanken, Kreditgarantiegemeinschaften, Depotbanken oder Teilzahlungsinstitute, die keine Zahlungsdienste für Verbraucher anbieten.[109]  339

Aus den Regelungen in §§ 30, 38 ZKG ergibt sich, dass ein Basiskonto Dienste ermöglichen muss, mit denen Bareinzahlungen auf das Zahlungskonto oder Barauszahlungen von dem Zahlungskonto sowie alle „für die Führung eines Zahlungskontos erforderlichen Vorgänge" ermöglicht werden, also im Wesentlichen Überweisungen, Daueraufträge und Lastschriften.  340

Im Umkehrschluss fallen Konten mit „geringeren" Funktionen wie Sparkonten oder Tagesgeldkonten nicht unter den Begriff des Basiskontos.[110]  341

## 2. „Kontrahierungszwang"

Damit die Intention des (europäischen) Gesetzgebers, einen diskriminierungsfreien Zugang zu Zahlungsdiensten zu ermöglichen, nicht konterkariert wird, besteht ein weitgehender Kontrahierungszwang hinsichtlich des Abschlusses von Basiskonten. Ein Institut kann einen auf Abschluss eines Basiskontovertrags gerichteten Antrag nur unter bestimmten, in § 34 ZKG näher aufgeführten Gründen ablehnen.  342

## 3. Vorgaben des Gesetzgebers zur Entgeltgestaltung beim Basiskonto

Die Pflichten des Kontoinhabers sind zunächst die allgemein aus dem Zahlungsdiensterahmenvertrag resultierenden Pflichten,[111] nach § 41 Abs. 1 ZKG dann auch die Pflicht, das vereinbarte Entgelt zu entrichten. Der deutsche Gesetzgeber hat von der Option des Art. 18 Abs. 1 Alt. 1 Zahlungskontenrichtlinie, ein kostenloses Basiskonto vorzuschreiben, keinen Gebrauch gemacht.[112]  343

Hier kommt es dann aber zur Besonderheit, dass das Entgelt nach § 41 Abs. 2 S. 1 ZKG „angemessen" sein muss. Weil das Gesetz mit dieser Vorgabe eine Preisregelung enthält, sind in Preisverzeichnissen der kontoführenden Institute enthaltene Regelungen über das Entgelt für das Basiskonto kontrollfähig.[113] Der Gesetzgeber sieht ein Entgelt als angemessen an, das im Durchschnitt kostendeckend ist und einen angemessenen Gewinn sichert.[114]  344

## 4. Entscheidung des BGH zu Entgelten bei Basiskonten

Mit Urteil vom 30.6.2020[115] hat der BGH entschieden, dass Entgeltklauseln für ein Basiskonto im Verkehr mit Verbrauchern unwirksam sind, wenn bei der Bemessung des Entgelts  345

---

[107] Gesetz zur Umsetzung der Richtlinie über die Vergleichbarkeit von Zahlungskontoentgelten, den Wechsel von Zahlungskonten sowie den Zugang zu Zahlungskonten mit grundlegenden Funktionen (Zahlungskontengesetz), vom 11.4.2016, BGBl. I 720 vom 18.4.2016. Im Folgenden ZKG.
[108] Dazu Ellenberger/Bunte BankR-HdB/Menges § 23 Rn. 1.
[109] Siehe hierzu Artz ZBB 2016, 191.
[110] Ellenberger/Bunte BankR-HdB/Menges § 23 Rn. 7 mwN.
[111] Dazu Ellenberger/Bunte BankR-HdB/Menges § 23 Rn. 66.
[112] BeckOGK/Linardatos ZKG § 41 Rn. 5, 6.
[113] BGH 30.6.2020 – XI ZR 119/19, BGHZ 226, 197.
[114] BT-Drs. 18/7204, 86.
[115] BGH 30.6.2020 – XI ZR 119/19, BGHZ 226, 197.

das kontoführende Institut den mit der Führung von Basiskonten verbundenen Mehraufwand allein auf die Inhaber von Basiskonten umgelegt hat.

346 Da das ZKG mit der Vorgabe einer angemessenen Entgeltgestaltung eine Preisregelung enthält, sind in Preisverzeichnissen der kontoführenden Institute enthaltene Regelungen über das Entgelt für das Basiskonto kontrollfähig.[116]

347 Die Einhaltung dieser gesetzgeberischen Vorgabe hat im Fall von Entgeltvereinbarungen durch Allgemeine Geschäftsbedingungen und in Bezug genommene Preis- und Leistungsverzeichnisse durch eine Inhaltskontrolle nach § 307 Abs. 3 S. 1 BGB zu erfolgen.

348 Prüfungsmaßstab für die Inhaltskontrolle ist § 41 Abs. 2 ZKG, wonach das Entgelt für ein Basiskonto angemessen sein muss, wobei insbesondere, aber nach Auffassung des BGH nicht ausschließlich die marktüblichen Entgelte und das Nutzerverhalten zu berücksichtigen sind.

349 Der BGH nimmt bei der Angemessenheitsprüfung auch in den Blick, dass die Vorschriften über das Basiskonto allen, dh insbesondere auch einkommensarmen Verbrauchern den Zugang zu einem Zahlungskonto mit grundlegenden Funktionen und damit die Teilhabe am Zahlungsverkehr ermöglichen sollen und der zur Verwirklichung dieses Ziels in § 31 Abs. 1 ZKG geregelte Kontrahierungszwang nicht durch zu hohe, prohibitiv wirkende Entgelte unterlaufen werden dürfe.

350 Demnach sei ein Entgelt für ein Basiskonto jedenfalls dann nicht angemessen iSd § 41 Abs. 2 ZKG, wenn in dem verlangten Entgelt Kostenbestandteile enthalten sind, die entweder gar nicht oder jedenfalls nicht nur auf die Nutzer der Basiskonten umgelegt werden dürfen. Diese Vorschrift schließe es nach ihrem Sinn und Zweck insbesondere allgemein aus, den mit der Führung von Basiskonten verbundenen Zusatzaufwand oder die mit der Ablehnung eines Antrags auf Abschluss eines Basiskontos verbundenen Kosten allein auf die Inhaber von Basiskonten umzulegen. Vielmehr müssen diese Kosten von den Instituten durch die im freien Wettbewerb erzielbaren Leistungspreise erwirtschaftet werden.

351 Hier lässt sich eine Parallele zur Rechtsprechung des BGH zur Entgeltgestaltung bei Pfändungsschutzkonten erkennen,[117] wenn auch beim Pfändungsschutzkonto keine gesetzlichen Vorgaben zur Entgeltgestaltung bestehen.[118]

## 5. Vorgaben der Rechtsprechung an die Entgeltgestaltung bei Basiskonten

352 Für die Praxis stellt sich damit die Frage, welche Anforderungen an die zulässige Entgeltgestaltung von Basiskonten zu stellen sind. Instanzgerichte haben vor der zitierten Entscheidung des BGH eine gesonderte Entgeltgestaltung für Basiskonten für zulässig gehalten und keine Verpflichtung gesehen, dass das kontoführende Institut das günstigste Modell als Basiskonto anzubieten habe.[119] Neben dem LG Köln[120] gingen auch das LG Frankfurt a. M.[121] und das OLG Schleswig[122] davon aus, dass für die Beurteilung der Angemessenheit gemäß § 41 Abs. 2 S. 2 ZKG als Bewertungsparameter insbesondere die marktüblichen Entgelte sowie das Nutzerverhalten der Kunden heranzuziehen und zu berücksichtigen seien.

353 Nach der zitierten Rechtsprechung des BGH[123] wird man aber berücksichtigen müssen, dass ein Entgelt für ein Basiskonto jedenfalls dann nicht angemessen iSd § 41 Abs. 2 ZKG

---

[116] BGH 30.6.2020 – XI ZR 119/19, BGHZ 226, 197.
[117] Siehe hierzu Jordans DZWiR 2021, 479.
[118] Schelling/von Berg BKR 2021, 94.
[119] LG Köln 23.10.2018 – 21 O 53/17, WM 2018, 2245.
[120] LG Köln 23.10.2018 – 21 O 53/17, WM 2018, 2245.
[121] LG Frankfurt a. M. 8.5.2018 – 2-28 O 98/17, WM 2018, 1696 als Vorinstanz zur oben genannten Entscheidung des BGH.
[122] OLG Schleswig 8.5.2018 – 2 U 6/17, WM 2019, 68.
[123] BGH 30.6.2020 – XI ZR 119/19, BGHZ 226, 197.

ist, wenn in dem verlangten Entgelt Kostenbestandteile enthalten sind, die entweder gar nicht oder jedenfalls nicht nur auf die Nutzer der Basiskonten umgelegt werden dürfen.

Die bei der Führung von Basiskonten zusätzlich anfallenden Kosten dürfen daher nicht auf die Nutzer der Basiskonten umgelegt werden, sondern sind von den Instituten auf die Preise aller Produkte umzulegen. 354

Den Anbietern ist daher – wie den Anbietern von Pfändungsschutzkonten – zu empfehlen, jedes angebotene Kontomodell auch als Basiskonto und als Pfändungsschutzkonto anzubieten und zwar zu den gleichen Konditionen wie das „normale" Konto. 355

### 6. Möglichkeit der Kündigung des Basiskontovertrags

Um den Kontrahierungszwang des ZKG abzusichern, sind in § 42 ZKG abschließend auch die Kündigungsmöglichkeit eines Basiskontos eingeschränkt.[124] 356

Ein Basiskonto kann daher nur bei Vorliegen der dort genannten Gründe gekündigt werden, etwa wenn (unter anderem) das Konto nicht genutzt wird, die Voraussetzungen für ein Basiskonto nicht mehr vorliegen, etwa ein weiteres Konto besteht oder – wichtig für die Praxis – der Kontoinhaber eine angekündigte Änderung des Basiskontovertrags abgelehnt hat (sofern es sich um eine Änderung im Rahmen des § 675g BGB handelt, die die Bank allen Inhabern der bei ihr geführten entsprechenden Basiskonten wirksam angeboten hat). 357

Die Bank kann außerdem kündigen, wenn der Kontoinhaber eine vorsätzliche Straftat gegen seine Bank oder deren Mitarbeiter oder Kunden begangen hat und der Bank deshalb die Fortsetzung des Vertragsverhältnisses nicht zugemutet werden kann. 358

## V. Versicherungsverträge

### 1. Die Prämie als Preis der Versicherung

Der Preis, den der Versicherungsnehmer für den Versicherungsschutz bezahlt, wird nach der Legaldefinition in § 1 S. 2 VVG als „Prämie" bezeichnet.[125] Das Versicherungsrecht verwendet damit traditionell eine andere Bedeutung des Begriffs, da unter Prämie im umgangssprachlichen Sinne wie auch im sonstigem Zivilrecht regelmäßig mehr als nur die vereinbarte Gegenleistung verstanden wird.[126] Im versicherungsrechtlichen Sinne beschränkt sich die Bedeutung allerdings auf das vom Versicherungsnehmer vertraglich vorgesehen zu zahlende Entgelt.[127] Der im Versicherungsvertragsgesetz (VVG) häufig anzutreffende Begriff der Prämie umfasst dabei alle Bestandteile des Entgelts, einschl. der Versicherungssteuer und etwaiger Nebenkosten, zB in Form von Abschlusskosten, die auf die Prämie umgelegt werden.[128] In manchen Bedingungswerken wird für die Prämie auch das Synonym „Beitrag" verwendet. Die Höhe der Prämie wird auch in Versicherungsverträgen nach den Grundsätzen der Privatautonomie von den Parteien festgelegt. Im Massengeschäft bedarf es dafür diskriminierungsfreier Geschäftsgrundsätze, nach denen der Versicherer die vom individuellen Versicherungsnehmer aufgrund der individuellen Risikosituation zu erhebende Prämie berechnet. 359

Im Detail stößt der Grundsatz der Privatautonomie bei Versicherungsverträgen stellenweise an regulatorische Vorgaben, die die Freiheit des Versicherers zur Preisgestaltung 360

---

[124] https://www.bafin.de/DE/Verbraucher/Bank/Produkte/Basiskonto/basiskonto_node.html.
[125] Bruck/Möller/Beckmann VVG § 33 Rn. 9; Langheid/Wandt/Staudinger VVG § 33 Rn. 5.
[126] Beckmann/Matusche-Beckmann VersR-HdB/Hahn § 12 Rn. 1.
[127] Beckmann/Matusche-Beckmann VersR-HdB/Hahn § 12 Rn. 1; Bruck/Möller/Beckmann VVG § 33 Rn. 10.
[128] Beckmann/Matusche-Beckmann VersR-HdB/Hahn § 12 Rn. 2; ausführlich zur Aufschlüsselung der einzelnen Prämienbestandteile Bruck/Möller/Beckmann VVG § 33 Rn. 12ff.

einschränken. Der Hintergrund des hohen Regulierungsgrades liegt dabei in dem Umstand begründet, dass die Versicherung in vielen Fällen für den Versicherungsnehmer existenzielle Risiken abdecken soll, der Versicherer aber bei Vertragsschluss zunächst nur ein unbesichertes Versprechen abgibt, im Versicherungsfall zu leisten. Dem begegnet der Gesetzgeber mit einem ausgefeilten aufsichtsrechtlichen System, welches die Geschäftsorganisation von Versicherungsunternehmen im Detail regelt und insbesondere sicherstellen soll, dass die Zahlungsfähigkeit der Versicherungsunternehmen erhalten bleibt. Zugleich finden sich zahlreiche Normen, die den Schutz der Versicherungsnehmer gewährleisten sollen.

### 2. Darlegung von Preisen nach der VVG-InfoV

361 Besonderheiten bestehen bei Versicherungsverträgen auch bei der Darlegung von Preisen. Die Verordnung über Informationspflichten bei Versicherungsverträgen (VVG-InfoV) sieht neben einer Reihe von Informationspflichten, die die Identität des Versicherers und Details zum Produkt betreffen, auch vor, dass der Versicherer dem Versicherungsnehmer vor Vertragsschluss Details zur Preisgestaltung des Versicherungsproduktes offenlegen muss.

362 Neben dem Gesamtpreis einschl. aller Steuern muss, insbesondere wenn das Versicherungsprodukt mehrere selbständige Verträge enthält, auch die auf jeden Einzelvertrag entfallende Prämie aufgeschlüsselt werden (§ 1 Abs. 1 Nr. 7 VVG-InfoV). Der Versicherungsnehmer soll damit in die Lage versetzt werden, verschiedene Versicherungsprodukte zu vergleichen.[129] In der Folge muss der Versicherer auch solche Steuern, Gebühren und Kosten mitteilen, die nicht über den Versicherer abgeführt oder von diesen in Rechnung gestellt werden oder die aus sonstigen Gründen nicht in der Prämie enthalten sind (§ 1 Abs. 1 Nr. 8 VVG-InfoV). Der praktische Anwendungsbereich der über die eigentliche Prämie hinausgehenden Zahlungspflichten des Versicherungsnehmers ist im Massengeschäft allerdings äußerst überschaubar. In Betracht kommt zB eine vom Versicherer eingerichtete Telefonhotline, dessen Anruf für den Versicherungsnehmer mit erhöhten Kosten verbunden ist.[130] Ferner muss dem Versicherungsnehmer dargelegt werden, wann und auf welchem Weg die Prämie zu zahlen ist (§ 1 Abs. 1 Nr. 9 VVG-InfoV).

363 Anders als die zuvor skizzierten allgemeinen Regelungen für Versicherungsverträge, gehen die Informationspflichten bei den langlaufenden Personenversicherungen, also der Lebens-, Berufsunfähigkeits- und substitutiven Krankenversicherung, deutlich mehr ins Detail. Offenlegen muss der Versicherer zB nach § 2 Nr. 1, § 3 Nr. 1 VVG-InfoV auch die Vertragsabschlusskosten. Diese sind für den Versicherungsnehmer von großer Bedeutung, da sie der eigentlichen Leistungserbringung des Versicherers nicht zur Verfügung stehen und zB bei einer kapitalbildenden Lebensversicherung gerade bei einer frühzeitigen Beendigung des Vertrages zu einer erheblichen Reduzierung des Rückkaufswerts führen können. Ebenso hat der Versicherungsnehmer ein großes Interesse daran, welcher Anteil seiner Prämien für Verwaltungskosten aufgebraucht wird und damit der Kapitalbildung bzw. für die eigentliche Leistungserbringung des Versicherers von vorneherein nicht zur Verfügung steht,[131] weshalb auch dies vorvertraglich offenzulegen ist.

364 Die Informationen sind dem Versicherungsnehmer vorvertraglich in Textform zu übermitteln (§ 7 Abs. 1 VVG). Solange dies nicht erfolgt ist, beginnt die Widerrufsfrist nach § 8 Abs. 2 Nr. 1 VVG nicht zu laufen. Anders als andere Vertragstypen differenziert das Versicherungsrecht nicht zwischen Verbrauchern und Unternehmen,[132] sodass das Widerrufsrecht auch in der gewerblichen Versicherung grundsätzlich besteht.

---

[129] Langheid/Wandt/Armbrüster VVG-InfoV § 1 Rn. 21; Prölss/Martin/Rudy VVG-InfoV § 1 Rn. 8.
[130] HK-VVG/Baroch Castellvi VVG-InfoV § 1 Rn. 28.
[131] BeckOK VVG/Gansel/Horacek VVG-InfoV § 2 Rn. 3.
[132] Langheid/Rixecker/Rixecker VVG §§ 8nF, 8 Rn. 1.

## 3. Sondervergütungs- und Provisionsabgabeverbot

Eine sehr praxisrelevante Einschränkung in der Preissetzung findet sich im sogenannten Sondervergütungs- und Provisionsabgabeverbot. Hinter dem sperrigen Namen verbirgt sich der Gedanke, dass der Gesetzgeber die Entscheidungsfindung des Versicherungsnehmers für ein bestimmtes Versicherungsprodukt von sachfremden Erwägungen freihalten[133] und den Versicherungsnehmer insbesondere von finanziellen Fehlanreizen schützen will.[134] Daher ist es Versicherern und Versicherungsvermittlern untersagt, am Vertrag beteiligten Personen sogenannte Sondervergütungen zu gewähren. Eine Sondervergütung ist nach der Legaldefinition in § 48b Abs. 2 VAG demnach 365

*„jede unmittelbare oder mittelbare Zuwendung neben der im Versicherungsvertrag vereinbarten Leistung, insbesondere jede* 366
1. *vollständige oder teilweise Provisionsabgabe,*
2. *sonstige Sach- oder Dienstleistung, die nicht die Versicherungsleistung betrifft,*
3. *Rabattierung auf Waren oder Dienstleistungen,*

*sofern sie nicht geringwertig ist."* 367

Geringwertigkeit wird sodann mit einem maximalen Wert von 15 EUR pro Versicherungsverhältnis und Kalenderjahr definiert. Eine Ausnahme findet sich sodann noch in § 48b Abs. 4 VAG, wonach eine Sondervergütung dann nicht vorliegt, wenn die Leistung dazu verwendet wird, die zu zahlende Prämie dauerhaft zu reduzieren oder die Versicherungsleistung dauerhaft zu erhöhen. 368

Praktisch schränkt die Norm die Möglichkeiten zur Incentivierung von Kunden zum Vertragsabschluss deutlich ein. Der Anwendungsbereich reicht dabei über Werbegeschenke im klassischen Sinne hinaus. Auch Gewinnspiele, Gutscheine oder nicht dauerhaft wirkende Preisnachlässe sind nur möglich, soweit sie sich in den Geringwertigkeitsgrenzen bewegen. Das Gewinnspiel ist dabei für den Versicherungsvertrieb besonders interessant, da die bloße Gewinnchance nicht den Wert des möglichen Gewinns hat und damit auch die Verlosung von Preisen möglich ist, deren Wert die Grenze von 15 EUR übersteigt. Ebenso möglich ist die abstrakte Zusage einer Spende an wohltätige Organisationen pro Vertragsschluss, da in diesem Fall nicht von einer Leistung an den Versicherungsnehmer, die versicherte Person oder sonstige aus dem Versicherungsvertrag Bezugsberechtigte auszugehen ist. 369

## 4. Besonderheiten in der Lebens- und Krankenversicherung

Auch wenn die Parteien des Versicherungsvertrags die Prämie in den meisten Fällen grundsätzlich privatautonom vereinbaren können, bestehen für einzelne Vertragstypen gesetzliche Regelungen. In der Lebensversicherung, der Unfallversicherung mit Prämienrückgewähr und der substitutiven Krankenversicherung macht der Gesetzgeber den Versicherern dabei detaillierte Vorgaben, wie die Prämie zu berechnen ist. Dies zielt darauf ab, dass der Versicherungsnehmer in besonderem Maße darauf angewiesen ist, den Versicherungsvertrag zu möglichst konstanten Konditionen für lange Zeit fortsetzen zu können. Daher sind die Versicherer in den genannten Vertragstypen gehalten, ihre Prämien so zu kalkulieren, dass die dauerhafte Erfüllbarkeit der Verpflichtungen gewährleistet wird (zB § 138 Abs. 1 VAG).[135] Vor allem für die substitutive Krankenversicherung bestehen noch deutlich ausdifferenzierte Vorgaben in den §§ 146 ff. VAG, die schließlich in die durch Verordnungsermächtigung nach § 160 VAG erlassene „Verordnung betreffend die Aufsicht über die Geschäftstätigkeit in der privaten Krankenversicherung" (KVAV) mit detaillierten 370

---

[133] HK-VAG/Boslak § 48b Rn. 2.
[134] HK-VAG/Boslak § 48b Rn. 2.
[135] § 161 VAG erklärt die Regelungen zur Lebensversicherung auf die Unfallversicherung mit Prämienrückgewähr für anwendbar.

Vorgaben zB zu Sicherheitszuschlägen[136] und einer Ausdifferenzierung nach Alter der versicherten Personen gipfeln.

371 Aus der oftmals existenziellen Bedeutung folgt auch ein gesetzlich besonders geregeltes Gleichbehandlungsgebot, so darf der Versicherer zB nach § 138 Abs. 2 VAG Prämien bei gleichen Voraussetzungen nur nach gleichen Grundsätzen bemessen. In besonderem Maße gilt dies auch versicherungsartübergreifend für als Versicherungsverein auf Gegenseitigkeit (VVaG) organisierte Versicherer. Hier wird aus dem Gegenseitigkeitsaspekt[137] ein besonderes Gleichbehandlungsgebot der Mitglieder auch die Prämie betreffend von § 177 Abs. 1 VAG gefordert.

## VI. (Vertriebs-)Kartellrechtliche Besonderheiten (Rohrßen)

**Literatur:**
Bechtold/Bosch/Brinker, 4. Aufl. 2023, EU-Kartellrecht; Bucher/Rohrßen, Vertriebskartellrecht EU/Schweiz – Der „Reboot" der Vertikal-GVO mit Swiss Finish, ZVertriebsR 2023, 145; Bunte/Stancke, Kartellrecht, 4. Auflage 2022; Ecker, Kartellrechtliche Anforderungen an B2B-Onlineshops und Plattformen, CCZ 2021, 200; Flohr/Wauschkuhn, Vertriebsrecht, 3. Aufl. 2023; Hauschka/Moosmayer/Lösler, Corporate Compliance, 3. Aufl. 2016 (zitiert als: Corporate Compliance/*Bearbeiter*); Heinen/dos Santos Goncalves, Preisbindung und Preisempfehlungen in der Praxis, CB 2013, 359; Hübschle, Die Kartellrechtliche Mißbrauchsaufsicht über Strompreisdifferenzierungen nach der Energiewirtschaftsnovelle, WuW 1998, 146; Immenga/Mestmäcker, Wettbewerbsrecht Bd. 1. Europäisches Kartellrecht, 6. Aufl. 2019; Immenga/Mestmäcker, Wettbewerbsrecht, Bd. 2. GWB. Kommentar zum Deutschen Kartellrecht, 6. Aufl. 2020; Loewenheim/Meessen/Riesenkampff/Kersting/Meyer-Lindemann, Kartellrecht, 4. Aufl. 2020 (zitiert als: Loewenheim/Meessen/Riesenkampff/Kersting/Meyer-Lindemann/Bearbeiter); Lommler, Das Verhältnis des kartellrechtlichen Verbots der Kosten-Preis-Schere zum Verbot der Kampfpreisunterbietung, WuW 2011, 244; Münchner Kommentar zum Wettbewerbsrecht, Bd. 1 Europäisches Wettbewerbsrecht, hrsg. v. Säcker, Franz Jürgen et al., 3. Aufl. München 2020 (zitiert als: MüKoWettbR/*Bearbeiter*); Nomos-Kommentar, Europäisches Unionsrecht, 7. Aufl. 2015 (zitiert als: NK-AEUV/*Bearbeiter*); Rohrßen, VBER 2022: EU Competition Law for Vertical Agreements: Digital, Dual, Exclusive and Selective Distribution plus Franchising, 1. Aufl. 2023; Rohrßen, Online-Preisbrecher – Wie Markenhersteller damit umgehen, ZVertriebsR 2020, 406; Rohrßen, Online-Vertrieb in der EU – Vertriebskartellrecht: Die neue Vertikal-GVO 2022, ZVertriebsR 2021, 293; Rothermel/Rohrßen, Die neue Vertikal-GVO: Strukturelle Synopse und praktische Konsequenzen, IHR 2022, 221; Thiede/Zaworski: Neue Regeln im Vertriebskartellrecht, NZG 2022, 1617; Wernicke, Das Intel-Urteil des EuG – ein Lehrstück dogmatischer Kontinuität – EuZW 2015, 19.

### 1. Grundlagen: Preissetzungsfreiheit

372 **Grundsätzlich** können Unternehmen ihre Verkaufspreise **frei festsetzen – und ändern.** Die Preissetzungsfreiheit gehört gerade zum Kern der Marktwirtschaft. Die Marktwirtschaft ist zwar in **Deutschland** nicht ausdrücklich verfassungsrechtlich[138], jedoch durch zentrale verfassungsrechtliche Elemente wie die Vertragsfreiheit oder die Berufsfreiheit grundgesetzlich verankert und zudem einfachgesetzlich geschützt, insbesondere durch das GWB. Auf **EU-Ebene** schützen vor allem das Kartellverbot in Art. 101 und das Missbrauchsverbot in 102 AEUV den unverfälschten Wettbewerb im Binnenmarkt. Das **deutsche Kartellrecht** ist hinsichtlich des **Kartellverbots weitgehend an das EU-Recht angeglichen,** da § 2 Abs. 2 GWB dynamisch auf die europäischen Regelungen verweist. Im Übrigen genießt das **EU-Kartellrecht insofern Anwendungsvorrang**[139], als es nicht durch etwaig milderes nationales Kartellrecht beeinträchtigt werden darf.[140] Schließlich ist der Handel mitt-

---

[136] Darauf verweisend auch Bruck/Möller/Beckmann, VVG, VVG § 33 Rn. 15.
[137] Kaulbach/Bähr/Pohlmann/Kaulbach VAG § 177 Rn. 1.
[138] BVerfG 20.7.1954 – 1 BvR 459/52 Rn. 37, NJW 1954, 1235, (1236).
[139] Immenga/Mestmäcker/Rehbinder, Wettbewerbsrecht, Bd. 2, 6. Aufl. 2020, GWB § 22 Rn. 18; Bunte/Stancke, Kartellrecht, 4. Auflage 2022, § 2 Rn. 38.
[140] Art. 3 Abs. 1 S. 1 Verordnung (EG) Nr. 1/2003 vom 16.12.2002 zur Durchführung der in den Artikeln 81 und 82 des Vertrags niedergelegten Wettbewerbsregeln 1/2003; § 22 GWB. Vgl. Rohrßen, VBER 2022: EU Competition Law for Vertical Agreements, Kap. 1.2.3.

lerweile stark international geprägt und wirtschaftliches Verhalten ist damit regelmäßig geeignet, den Handel zwischen den Mitgliedstaaten zu beeinträchtigen – womit wiederum das EU-Kartellrecht anwendbar wird. Entsprechend konzentrieren sich die Abschnitte zum (Vertriebs-)Kartellrecht auf das europäische Kartellrecht.

Bei einem **Verstoß** gegen Art. 101 und Art. 102 AEUV drohen **drastische Konsequenzen,** insbesondere **Geldbußen** bis zu 10 % des weltweiten Jahresumsatzes[141]. Darüber hinaus können Unternehmen auch zivilrechtlich auf **Schadensersatz** haftbar gemacht werden, wenn ihre wettbewerbswidrigen Praktiken Schäden für andere Unternehmer oder Verbraucher verursacht haben[142]. Neben finanziellen Folgen können kartellrechtliche Verstöße auch zu einem erheblichen **Reputationsverlust** für beteiligte Unternehmen führen und ihre Geschäftsbeziehungen beeinträchtigen. Darüber hinaus sind gemäß Art. 101 Abs. 2 AEUV **Vereinbarungen,** die gegen Art. 101 Abs. 2 AEUV verstoßen, automatisch **nichtig.** Zudem kann die Kommission gem. Art. 8 Abs. 2 UAbs. 2 S. 1 FKVO ihre Entscheidungen mit Auflagen und Bedingungen verbinden. 373

Sowohl nach deutschem als auch nach EU-Kartellrecht sind **Unternehmen bei der Preissetzung und Preisänderung grundsätzlich frei.** Das Kartellrecht beschränkt diese Freiheit grundsätzlich nicht, im Gegenteil: es schützt die Preissetzungs- und Preisänderungsfreiheit. **Ausnahmen,** in denen Unternehmen in ihrer Preissetzungs- und Preisänderungsfreiheit kartellrechtlich beschränkt sind, bestehen **insbesondere** dann, wenn 374

- der Anbieter marktbeherrschend ist und seine Marktmacht bei der Preissetzung missbraucht (**„Preisbezogener Behinderungsmissbrauch",** dazu b),
- mehrere im Wettbewerb stehende Anbieter ihre Preise absprechen (**„Preisabsprachen",** dazu c),
- der Anbieter den Abnehmer in der Festsetzung der Verkaufspreise beschränkt (**„Preisbindung zweiter Hand",** dazu d),
- der Anbieter gegenüber seinen Abnehmern eine Preisstrategie fährt, die die wirksame Nutzung des Internets als Verkaufskanal verhindert bzw. dies bezweckt (internetvertriebshindernde **„Doppelpreissysteme",** dazu e).

Dazu nun im Detail: 375

## 2. Preisbezogener Behinderungsmissbrauch

Preisbezogener Behinderungsmissbrauch ist kartellrechtlich nach Art. 102 AEUV verboten, wenn der Preis missbräuchlich zur Mitbewerberverdrängung eingesetzt wird. Voraussetzung ist, dass das preissetzende Unternehmen marktbeherrschend ist. Die kartellrechtliche Prüfung, ob ein Preishöhenmissbrauch vorliegt, erfolgt jedoch zurückhaltend und nur subsidiär, wenn eine Preiskontrolle durch die Marktkräfte nicht zu erwarten ist. Dies hat neben der grundsätzlichen Entscheidung gegen eine Preis- und für eine Marktregulation auch pragmatische Gründe, weil es praktisch schwierig feststellbar ist, wann ein Preis gerade noch angemessen ist. Eine Kontrolle erfolgt regelmäßig nur, wenn eine Preiskontrolle durch Marktkräfte nicht zu erwarten ist oder die Preisgestaltung eine zusätzliche Fehlentwicklung verursacht[143] oder die exzessiven Preise die Liberalisierungsbemühungen gefährdeten. 376

### a) Preishöhenmissbrauch

**Preishöhenmissbrauch** liegt im – unmittelbaren oder mittelbaren – Erzwingen unangemessener Einkaufs- oder Verkaufspreise durch Ausnutzen der marktbeherrschenden Stel- 377

---

[141] Art. 23 VO 1/2003; §§ 81–81b GWB.
[142] Vgl. die Kartellschadensersatzrichtlinie 2014/104/EU sowie §§ 33a ff. GWB.
[143] ABl. 1975 L 29, 14 Rn. 18 – General Motors.

lung.¹⁴⁴ Allgemein liegt ein solcher unangemessener Preis vor, wenn der Marktbeherrscher „die sich daraus ergebenden Möglichkeiten benutzt hat, um geschäftliche Vorteile zu erhalten, die er bei einem normalen und hinreichend wirksamen Wettbewerb nicht erhalten hätte"¹⁴⁵ – mit anderen Worten: wenn der Preis in keinem angemessenen Verhältnis zum wirtschaftlichen Wert der Leistung mehr steht.

### b) Maßstab für Preisangemessenheit

378  Die Grundsätze zur Feststellung, ob ein Preis angemessen ist, hat der EuGH bereits 1978 im Urteil „United Brands"¹⁴⁶ entwickelt und wendet sie bis heute an. Die Feststellung erfolgt entweder anhand einer Kosten-Preis-Analyse oder einer Angemessenheitsprüfung.

379  Die **Kosten-Preis-Analyse** erfordert eine Gegenüberstellung von Preis und Gestehungskosten. Aufgrund des großen Aufwandes und der erheblichen Schwierigkeiten bei der Feststellung dieser Werte wird sie nur noch bei der Preiskontrolle von Sonderrechtsinhabern und zur Beanstandung der Verrechnung nicht aufgelaufener Kosten angewandt und im Übrigen auf die **Angemessenheitsprüfung** abgestellt.¹⁴⁷ Verglichen wird der missbrauchsverdächtige Preis mit einem Vergleichspreis in Form des früheren Preises für das Produkt oder dem Preis für das Produkt auf einem anderen Markt. Als Vergleichspreis kann entweder auf den vom Unternehmen selbst angebotenen Preis (Vergleichsmarktkonzept) oder jenen anderer Unternehmen (Konkurrenzpreiskonzept) abgestellt werden.¹⁴⁸ Maßgeblich ist nicht der angebotene Durchschnittspreis, sondern der jeweils angebotene niedrigste Preis, sofern er noch profitabel war und um unabwendbare Kostensteigerungen bzw. Marktkostenunterschiede bereinigt ist.¹⁴⁹

### aa) Vergleichsmarktkonzept

380  Beim Vergleichsmarktkonzept kommt es insbesondere auf den Vergleich mit dem Preis auf einem anderen räumlichen Markt an. Ein maßgeblicher Anhaltspunkt für einen Preismissbrauch liegt vor, wenn zwischen den verglichenen Preisen ein **erheblicher Unterschied** besteht, der durch **keinen sachlichen Grund** zu rechtfertigen ist. Dies wurde beispielsweise im Fall „Chiquita" angenommen, in dem Bananen auf dem deutschen und dänischen Markt zum – gegenüber dem irischen Markt – doppelten Preis angeboten wurden.¹⁵⁰ Ein Preishöhenmissbrauch liegt indes nur vor, wenn der niedrige Preis noch profitabel ist.¹⁵¹

381  Ab welchem konkreten Preisunterschied man die **Grenze zum rechtswidrigen Preishöhenmissbrauch** überschreitet, ist in der Anwendungspraxis **nicht einmal ansatzweise geklärt**. Vielmehr wird in der Rechtsprechung nur abstrakt auf einen „stark erhöhten Vergleichspreis" abgestellt.¹⁵² Konkret ist er wohl bei einer Preisdifferenz von 100 % anzunehmen, bei einer Preisdifferenz von nur 30 % aus Unsicherheitsgründen abzulehnen.¹⁵³

---

[144] Vgl. den Wortlaut des Art. 102 Abs. 2 lit. a AEUV.
[145] EuGH 14.2.1978 – Rs 27/76, BeckRS 2004, 72814, NJW 1978, 2439 – United Brands.
[146] EuGH 14.2.1978 – Rs 27/76, BeckRS 2004, 72814, NJW 1978, 2439 – United Brands.
[147] Details bei MüKoWettbR/Eilmansberger/Bien AEUV Art. 102 Rn. 342–362.
[148] MüKoWettbR/Eilmansberger/Bien AEUV Art. 102 Rn. 362.
[149] MüKoWettbR/Eilmansberger/Bien AEUV Art. 102 Rn. 362.
[150] Komm. 17.12.1975 – E 76/353/EWG, ABl. 1976 L 95, 1, II. A.3.c – Chiquita.
[151] Vgl. EuGH 14.2.1978 – Rs 27/76, BeckRS 2004, 72814, NJW 1978, 2439, der die Klage mangels Nachweises der Profitabilität abwies.
[152] Bechtold/Bosch/Brinker, 4. Aufl. 2023, AEUV Art. 102 Rn. 45; EuGH 13.11.1975 – 26/75 Rn. 15, BeckRS 2004, 72716.
[153] Hübschle, Die Kartellrechtliche Mißbrauchsaufsicht über Strompreisdifferenzierungen nach der Energiewirtschaftsnovelle, WuW 1998, 146. Konkrete Angaben aus der Praxis fehlen, soweit ersichtlich, bislang.

### bb) Konkurrenzpreiskonzept

Beim Konkurrenzpreiskonzept wird der Preis mit von anderen Unternehmen auf demselben oder einem anderen Markt **praktizierten Preisen verglichen.** Bei der Anwendung ist jedoch Zurückhaltung geboten. Denn selbst wenn ein erheblicher Preisunterschied bestehen sollte, mag er etwa auf unterschiedlichen Qualitäts- oder Volumenunterschieden beruhen. Gegenteilig kann auch nicht ohne weiteres aus einer nur geringen Preisdifferenz auf eine Angemessenheit des Preises geschlossen werden, da sich Konkurrenten eines beherrschenden Unternehmens teilweise der (unangemessenen) Preisgestaltung des beherrschenden Unternehmens anschließen („Umbrella-Effekt"). [154]

382

Die **praktische Relevanz** des Preishöhenmissbrauchs zeigt sich an dem aktuellen Fall EDEKA/Coca-Cola des LG Hamburg, in dem die Klägerin aufgrund einer Preiserhöhung einen kartellrechtswidrigen Preishöhenmissbrauch geltend machte.[155] Zur Feststellung eines unangemessenen Preises ist zunächst der passende Vergleichsmarkt zu ermitteln. Ein Vergleichsmarkt erfordert gemäß Bedarfsmarktkonzept die funktionelle Austauschbarkeit der angebotenen Produkte aus Abnehmersicht.[156] Im o. g. Fall entspricht der Vergleichsmarkt daher nicht etwa dem Markt „nicht-alkoholischer Getränke" allgemein, sondern ist präziser auf den Markt „nicht-alkoholischer kohlensäurehaltiger Süßgetränke" zu spezifizieren.[157] Hinsichtlich eines unangemessenen Preises ist sodann nicht rein auf eine prozentuale Preissteigerung abzustellen, vielmehr liegt ein **Preishöhenmissbrauch erst** vor, **wenn** das **Ergebnis der Preisfindung missbräuchlich** ist. Das hat der Abnehmer nachzuweisen. Hieran wird es in der Praxis häufig – wie auch im vorliegenden Fall – scheitern.

383

**Kartellrechtlich zulässig und daher nicht missbräuchlich** ist eine Preiserhöhung jedenfalls bei einer **bloßen Weitergabe gestiegener Energie-, Transport- und Rohstoffkosten.** Darüber hinaus ist auch eine **gewisse Margenerhöhung** zulässig und zudem stets vor der Annahme eines missbräuchlichen Preises ein gewisser Sicherheitszuschlag vorzunehmen. Hieran scheiterte sodann auch im vorstehenden Beispielsfall das Klagebegehren, sodass kein kartellrechtswidriger Preishöhenmissbrauch nachweisbar war.

384

### c) Kampfpreisstrategien – Predatory Pricing (Kampfpreisunterbietung)

Durch den vorübergehenden Einsatz von Kampfpreisen können potenzielle Wettbewerber **vom Markteintritt abgeschreckt oder** bestehende Wettbewerber **verdrängt** werden, was sodann den horizontalen Wettbewerb insgesamt schwächt. Hierdurch kann das beherrschende Unternehmen dann die infolge der Mittbewerberverdrängung gewonnenen Preisspielräume für insgesamt höhere Preise nutzen und die vorübergehenden Gewinneinbußen ausgleichen.[158]

385

Gleichwohl ist auch **aggressiver Preiswettbewerb** zur Verdrängung von Mittbewerbern **per se zulässig.** Missbräuchlich wird er erst bei Überschreiten der durch Art. 102 AEUV gezogenen Grenzen, also insbesondere, wenn es hierdurch zur Diskriminierung von Abnehmern (Art. 102 Abs. 2 lit. c AEUV) oder einer geplanten Veränderung der Marktstruktur kommt.

386

Als **Ermittlungsmaßstab,** wann eine Kampfpreisunterbietung und somit ein Behinderungsmissbrauch vorliegt, dienen die sog. **AKZO-Kriterien**[159], deren Voraussetzungen sich wie folgt kategorisieren lassen:

387

---

[154] NK-AEUV/Schröter/Bartl, 7. Aufl. 2015, Rn. 202.
[155] LG Hamburg 29.9.2022 – 415 HKO 72/22, NZKart 2022, 704.
[156] BGH 5.5.2020 – KZR 36/17 Rn. 57.
[157] LG Hamburg 29.9.2022 – 415 HKO 72/22 Rn. 92 (96).
[158] MüKoWettbR/Eilmansberger/Bien AEUV Art. 102 Rn. 636.
[159] EuGH 3.7.1991 – Rs C-62/86, NJW 1992, 677, Slg 1991, I-3359 Rn. 71 f. – AKZO.

- Liegt der Preis unter den durchschnittlichen variablen Kosten (also unter den je nach produzierenden Mengen variierenden Kosten), so ist eine missbräuchliche Ausnutzung anzunehmen.
- Liegt der Preis unter den durchschnittlichen Gesamtkosten, also Fixkosten plus variablen Kosten, jedoch über den durchschnittlichen variablen Kosten, so ist ein Missbrauch nur gegeben, wenn die Verdrängungsabsicht eigens nachgewiesen werden kann.

#### d) Kosten-Preis-Schere (margin squeeze)

388 Die Kosten-Preis-Schere (margin squeeze) betrifft die Situation, dass ein vertikal integriertes Unternehmen ein Vorprodukt sowohl für die eigene Endproduktion und deren Endabsatz im Einzelhandel, als auch für Großhandelsverkäufe an nicht integrierte Einzelhandelswettbewerber ohne eigene Vorproduktion herstellt.[160]

##### aa) Wettbewerbswidrige Kosten-Preis-Schere

389 Das marktbeherrschende Unternehmen kann bei einer Kosten-Preis-Schere sowohl durch hohe Vorleistungs- als auch niedrige Endproduktpreise auf die Gewinnmarge von Wettbewerbern nachgelagerter Märkte einwirken, denn Eigenproduktion und Selbstbelieferung sind billiger als die Beschaffung des Vorprodukts durch eine Markttransaktion zum Großhandelspreis[161]. Rechtlich handelt es sich um eine **Sonderform des preisbezogenen Behinderungsmissbrauchs**[162]. Die Kosten-Preis-Schere wird durch die „**Imputation Rule**", die anhand des Großhandelspreises der Vorleistung das Mindestpreisniveau der Endprodukte im Einzelhandel vorgibt, bestimmt[163]. Praktisch vorliegen kann eine **wettbewerbswidrige Kosten-Preis-Schere nur, wenn** das marktbeherrschende Unternehmen vertikal integriert und sowohl auf dem vorgelagerten Markt als Input-Anbieter als auch auf dem nachgelagerten Markt für Endkunden tätig ist[164].

390 Eine **missbräuchliche Preisschere** ist dann anzunehmen, „wenn die **Differenz** zwischen den Endkundenentgelten eines marktbeherrschenden Unternehmens und dem Vorleistungsentgelt für vergleichbare Leistungen an seine Wettbewerber **entweder negativ ist oder nicht ausreicht,** um die produktspezifischen Kosten des marktbeherrschenden Betreibers für die Erbringung seiner eigenen Endkundendienste im nachgeordneten Markt zu decken."[165] Dann wird die Gewinnmarge ebenso effizienter Wettbewerber auf der nachgelagerten Marktstufe aufgehoben und der dortige Wettbewerb eingeschränkt. Diese wettbewerbsschädliche Auswirkung der Kosten-Preis-Schere zwischen den Vorleistungs- und den Endkundenentgelten ergibt sich vor allem dann, wenn die Vorleistungen des marktbeherrschenden Unternehmens unabdingbar[166] dafür sind, dass seine Wettbewerber auf dem nachgelagerten Markt überhaupt erst in Wettbewerb treten können. Sind die Endkundenpreise des marktbeherrschenden Unternehmens niedriger als seine verlangten Vorleistungsentgelte oder reicht die Spanne zwischen den Vorleistungs- und Endkundenentgelten nicht aus, um einem ebenso effizienten Betreiber wie dem Unternehmen zu ermöglichen, seine mit der Erbringung der Endkundenprodukte verbundenen spezifischen Kosten zu decken, könnte ein potenzieller Wettbewerber, der ebenso effizient ist wie der Anbieter, in den nachgelagerten Markt nicht eintreten, ohne dabei Verluste zu erleiden[167].

---

[160] Lommler WuW 2011, 244 (244–254); LSK 2011, 10063; EuG 10.4.2008 – T-271/03 Rn. 237, MMR 2008, 385 (388).
[161] Lommler WuW 2011, 244 (244–254), LSK 2011, 100639.
[162] MüKoWettbR/Eilmansberger/Bien AEUV Art. 102 Rn. 690.
[163] Lommler WuW 2011, 244 (244–254), LSK 2011, 100639.
[164] Bechtold/Bosch/Brinker, 4. Aufl. 2023, AEUV Art. 102 Rn. 50.
[165] MüKoWettbR/Eilmansberger/Bien AEUV Art. 102 Rn. 692.
[166] Lommler WuW 2011, 244 (244–254), LSK 2011, 100639.
[167] EuG 10.4.2008 – T-271/03 Rn. 237, MMR 2008, 385 (388).

Freilich kann ein Kosten-Preis-Scheren-Sachverhalt auch aus anderen Gesichtspunkten marktmissbräuchlich sein. So kann ein überhöhter Vorleistungspreis bereits selbst marktmissbräuchlich sein. Wenn das Vorleistungsprodukt zudem noch auf den Märkten unentbehrlich ist, kommt bei Vorenthalten der Produkte ein Verstoß gegen das Verbot der konstruktiven Lieferverweigerung in Betracht.[168] Zudem kann ein Fall der kartellrechtlichen Diskriminierung vorliegen, wenn das marktbeherrschende Unternehmen von seinen Wettbewerbern auf dem nachgelagerten Markt einen höheren Preis für das Vorprodukt verlangt als es seinem Tochterunternehmen berechnet[169]. 391

**bb) Rechtfertigung der Kosten-Preis-Schere**

Eine bestehende Kosten-Preis-Schere ist dem marktbeherrschenden Unternehmen jedenfalls dann immer als eigenständiges Verhalten zuzurechnen und als missbräuchlich iSd Art. 102 AEUV vorzuwerfen, wenn ihm ein eigenständiger Preissetzungsspielraum auf einem der beiden Märkte verbleibt[170]. Die potenzielle Verdrängungswirkung der Kosten-Preis-Schere kann allerdings wirtschaftlich gerechtfertigt sein, nämlich dann, wenn das marktbeherrschende Unternehmen **Effizienzvorteile** geltend machen kann, die die Verdrängungswirkung ausgleichen und sich zugleich vorteilhaft für den Endverbraucher erweisen[171]. Die Beweispflicht hierfür liegt bei dem marktbeherrschenden Unternehmen. 392

**e) Rabattsysteme**

**aa) Allgemeine Bedeutung und Rabattarten**

**Rabatte** sind unter bestimmten Voraussetzungen gewährte Nachlässe auf die Listenpreise. Synonym werden teilweise auch die Begriffe „Bonus", „Prämie" oder „Rückvergütung" verwendet[172]. 393

Rabatte sind insofern zunächst eine **Erscheinungsform normalen und grundsätzlich erwünschten Preiswettbewerbs**. Art. 102 AEUV verhindert keineswegs, dass ein Unternehmen auf einem Markt aus eigener Kraft eine beherrschende Stellung einnimmt[173]. Auch wird der Wettbewerb nicht unbedingt durch jede Verdrängungswirkung verzerrt, denn Leistungswettbewerb kann definitionsgemäß dazu führen, dass Wettbewerber, die weniger leistungsfähig und daher für die Verbraucher im Hinblick insbesondere auf Preise, Auswahl, Qualität oder Innovation weniger interessant sind, vom Markt verschwinden oder bedeutungslos werden[174]. Gleichwohl trägt jedes marktbeherrschende Unternehmen eine besondere Verantwortung dafür, den wirksamen und unverfälschten Wettbewerb auf dem Binnenmarkt durch sein Verhalten nicht zu beeinträchtigen.[175] 394

Bestimmte Rabattsysteme können einer Ausschließlichkeitsbindung im Ergebnis sehr nahekommen. **Durch Marktbeherrscher gewährte Rabatte** sind dann grundsätzlich **missbräuchlich, wenn** sie darauf abzielen, dem Abnehmer durch die Gewährung eines Vorteils, der nicht auf einer ihn rechtfertigenden wirtschaftlichen Leistung beruht, die Wahl zwischen mehreren Bezugsquellen unmöglich zu machen oder zu erschweren, den Konkurrenten den Zugang zum Markt zu verwehren, Handelspartnern für gleichwertige Leistungen ungleiche Bedingungen aufzuerlegen oder die beherrschende Stellung durch einen verfälschten Wettbewerb zu stärken[176]. Aufgrund der mit Rabatten bewirkten und zumeist 395

---

[168] MüKoWettbR/Eilmansberger/Bien AEUV Art. 102 Rn. 442, 704.
[169] MüKoWettbR/Eilmansberger/Bien AEUV Art. 102 Rn. 704.
[170] MüKoWettbR/Eilmansberger/Bien AEUV Art. 102 Rn. 703.
[171] MüKoWettbR/Eilmansberger/Bien AEUV Art. 102 Rn. 702.
[172] MüKoWettbR/Eilmansberger/Bien AEUV Art. 102 Rn. 705.
[173] EuGH 6.9.2017 – C-413/14 P, NZKart 2017, 525 Rn. 133 – Intel.
[174] EuGH 6.9.2017 – C-413/14 P, NZKart 2017, 525 Rn. 134 – Intel.
[175] EuGH 19.1.2023 – C-680/20, EuZW 2023, 372.
[176] EuGH 9.11.1983 – 322/81 Rn. 14, BeckRS 2004, 70794; Bechtold/Bosch/Brinker, 4. Aufl. 2023, AEUV Art. 102 Rn. 58.

auch bezweckten Verhaltenssteuerung der Abnehmer kommt es kartellrechtlich in erster Linie auf die an die Rabattgewährung geknüpften Bedingungen an. Rabatte und Rabattsysteme werden insofern anhand der Regelbeispiele des Art. 102 AEUV (unangemessene Geschäftsbedingung, Diskriminierung, Kopplungsverbot sowie missbräuchliche Behinderung von Mitbewerbern) bewertet[177]. **Unterschieden** wird zwischen **generell unbedenklichen** (vor allem Mengen- und Markteinführungsrabatte[178]) **und bedenklichen Rabatten** (Ausschließlichkeitsrabatte und sogenannte Rabatte der dritten Kategorie) sowie Bündel- oder Paketrabatten:

396 **(1) Mengenrabatt.** Bloße volumenabhängige, sogenannte Mengenrabatte bei Abnahme größerer Volumina sind **grundsätzlich kartellrechtlich unbedenklich**[179].

397 **(2) Treuerabatt.** Treuerabatte und Ausschließlichkeitsrabatte („Treuerabatte im engeren Sinne") sind solche, die der Anbieter nur unter der Bedingung gewährt, dass der Abnehmer entweder seinen **gesamten** oder aber einen **wesentlichen Teil** seines Bedarfs beim Marktbeherrscher deckt[180]. Rabatte dieser Art gelten im Grundsatz als **per se missbräuchlich,** denn sie sind geeignet, den Abnehmer, der den Rabatt nicht verlieren möchte, davon abzuhalten, auch nur einzelne Waren oder Dienstleistungen bei einem Konkurrenten des Marktbeherrschers nachzufragen[181]. Dem Marktbeherrscher steht allerdings die Möglichkeit offen, sein Verhalten unter bestimmten Umständen beispielsweise durch den Nachweis von Effizienzvorteilen objektiv zu rechtfertigen[182].

398 **(3) Bündel- und Paketrabatt.** Sogenannte Bündel- und Paketrabatte beziehen bei der Kalkulation des Preisnachlasses den Bezug von auf anderen Märkten angebotenen Produkten mit ein. Die beiden von dem Unternehmen angebotenen Leistungen müssen dabei unterschiedlichen Märkten angehören, das heißt, sie dürfen keine einheitliche Leistung darstellen[183]. Eine Kopplung ist dann missbräuchlich, wenn (i) der Anbieter auf dem Markt, auf dem das Produkt nachgefragt wird, eine marktbeherrschende Stellung hat, (ii) die gekoppelten Leistungen unterschiedlichen Märkten angehören, (iii) der Kunde kein Wahlrecht hat, ob er die Produkte einzeln oder gemeinsam beziehen möchte, (iv) dies zu einem Ausschluss des Wettbewerbs führt und keine Rechtfertigung für die Kopplung vorliegt[184].

399 Diese Rabattsysteme kommen **vor allem in zwei Varianten** vor: Entweder das marktbeherrschende Unternehmen bietet einen günstigeren Preis des dominanten Produktes unter der Bedingung der Abnahme weiterer Produkte an, oder der Rabatt wird bei Abnahme des Nebenprodukts für die Zusage einer ausschließlichen Abnahme des dominanten Produkts gewährt. Mit der erstgenannten Variante des Kopplungsrabattes wird Marktmacht auf einen anderen Markt transferiert, mit der zweitgenannten Variante die bestehende Marktmacht weiter abgesichert[185].

400 **Beide Varianten** werden als **missbräuchliche Kundenstärkung**[186] und damit wettbewerbswidrig angesehen, denn gewährte Rabatte unter der Bedingung der Abnahme weiterer Nebenprodukte haben eine ausschließliche Sogwirkung auf das abnehmende Unternehmen.

401 **(4) Intel-Entscheidung oder Rabatte der „dritten Kategorie".** Rabatte der dritten Kategorie sind solche Rabatte, deren Gewährung nicht an die Bedingung geknüpft ist, dass der Nachfrager seinen ganzen oder jedenfalls beinahe seinen gesamten Bedarf beim markt-

---

[177] MüKoWettbR/Eilmansberger/Bien AEUV Art. 102 Rn. 706.
[178] Immenga/Mestmäcker/Fuchs, 6. Aufl. 2019, AEUV Art. 102 Rn. 252.
[179] Flohr/Wauschkuhn VertriebsR/Spenner, 3. Aufl. 2023, AEUV Art. 102 Rn. 94.
[180] MüKoWettbR/Eilmansberger/Bien AEUV Art. 102 Rn. 710.
[181] Flohr/Wauschkuhn VertriebsR/Spenner, 3. Aufl. 2023, AEUV Art. 102 Rn. 97.
[182] MüKoWettbR/Eilmansberger/Bien AEUV Art. 102 Rn. 709.
[183] Flohr/Wauschkuhn VertriebsR/Spenner, 3. Aufl. 2023, AEUV Art. 102 Rn. 71.
[184] Vgl. EuG 17.9.2007 – T-201/04 Rn. 15, BeckRS 2007, 70806.
[185] MüKoWettbR/Eilmansberger/Bien AEUV Art. 102 Rn. 750.
[186] MüKoWettbR/Eilmansberger/Bien AEUV Art. 102 Rn. 750.

beherrschenden Unternehmen deckt[187]. Diese Rabatte setzen zwar keine weitgehende oder gar umfassende Abnahme beim Marktbeherrscher[188], gleichwohl entfalten sie eine **stark treuefördernde Wirkung.** Sie sind darauf gerichtet, die Nachfrage, die der Abnehmer evtl. bei Wettbewerbern des Marktbeherrschers bezogen hätte, auf sich zu ziehen[189].

Dieser Effekt wird dadurch erreicht, dass das marktbeherrschende Unternehmen den (effektiven) Preis für den bestreitbaren Teil der Nachfrage durch entsprechende Rabattgestaltung auf ein so niedriges Niveau senkt, dass es Wettbewerbern mit geringerem Marktanteil unmöglich ist, ohne Verluste mit den Preisen des Marktbeherrschers zu konkurrieren. Solche Rabatte sind **weder eindeutig den unbedenklichen Mengenrabatten noch den bedenklichen Ausschließlichkeitsrabatten** zuzuordnen. Missbräuchlich und damit unzulässig sind sie allenfalls nach Berücksichtigung sämtlicher Umstände des Einzelfalls. Eine von den Rabatten ausgehende etwaige faktische Treue- und Sogwirkung ist sowohl anhand qualitativer Kriterien als auch aufgrund quantitativer Erwägungen zu bestimmen[190]. **402**

### bb) Quantitative Bestimmung einer Wettbewerbsbeschränkung

Grundsätzlich erfolgt die Bestimmung einer kartellrechtlich relevanten Rabattmaßnahme vor allem anhand einer **qualitativen Bewertung.** Zunehmend stärker wird aber auch auf **quantitative Beweise,** den *„as efficient competitor"* – Test („AEC-Test"[191]) gesetzt, **demzufolge die etwaige marktverschließende Wirkung eines Rabattsystems möglichst mithilfe eines Kosten-Preis-Vergleichs nachzuweisen ist**[192]. **403**

Hiernach ist der Preis zu bestimmen, den ein hypothetisch genauso effizienter Wettbewerber anbieten müsste (der **„effektive Preis"**), um die Rabatte des marktbeherrschenden Unternehmens zu kompensieren[193]. Der effektive Preis ist dabei nicht mit dem für die gesamte Warenabnahme berechneten und gezahlten Preis gleichzusetzen. Für die Bestimmung ist in einem **ersten Schritt** die **Gesamtabnahmemenge in einen unbestreitbaren und einen bestreitbaren Teil zu unterteilen.** Der unbestreitbare Teil ist dabei die Menge, die der Abnehmer auch ohne Rabatt bei dem marktbeherrschenden Unternehmen gekauft hätte. Er findet bei der Bestimmung des effektiven Preises keine Beachtung. Lediglich der bestreitbare Teil, also der Teil der Nachfrage, den der Abnehmer unter Umständen bei einem Wettbewerber beziehen würde, wird für die Berechnung des effektiven Preises herangezogen. Der effektive Preis wird in einem **zweiten Schritt** nun dadurch bestimmt, dass von dem für den bestreitbaren Teil herangezogenen Listenpreis der durch das marktbeherrschende Unternehmen **gewährte Rabatt abgezogen** wird[194]. Ist dieser effektive Preis für den Wettbewerber nicht kostendeckend, liegt eine Verdrängungswirkung durch den gewährten Rabatt des Marktbeherrschers nahe[195]. **404**

Allerdings ist gerade dieser bestreitbare Teil entweder der abgenommenen Ware oder der tatsächlich entgangenen Kunden in der Praxis nur **äußerst schwer nachzuweisen.** Zudem verbleibt neben dem allgemeinen Rechenrisiko dieses Kosten-Preis-Vergleichs der Umstand, dass Unternehmen lediglich mit aufpolierten Zahlen nach außen auftreten und daher der bestreitbare Teil geringer ausfällt, als er tatsächlich ist. Diese Risiken trägt allerdings der Wettbewerber und nicht das marktbeherrschende Unternehmen, zumal dieses erstmal an verlässliche Zahlen seiner Abnehmer gelangen muss, um eine effiziente Berechnungsgrundlage des bestreitbaren Teils gewährleisten zu können. Aus diesen Gründen ist **405**

---
[187] Immenga/Mestmäcker/Fuchs, 6. Aufl. 2019, AEUV Art. 102 Rn. 253.
[188] EuGH 6.9.2017 – C-413/14 P, EuZW 2017, 850 Rn. 137.
[189] MüKoWettbR/Eilmansberger/Bien AEUV Art. 102 Rn. 713.
[190] MüKoWettbR/Eilmansberger/Bien AEUV Art. 102 Rn. 710.
[191] Wernicke, Das Intel-Urteil des EuG – ein Lehrstück dogmatischer Kontinuität, EuZW 2015, 19.
[192] MüKoWettbR/Eilmansberger/Bien AEUV Art. 102 Rn. 715.
[193] Wernicke, Das Intel-Urteil des EuG – ein Lehrstück dogmatischer Kontinuität, EuZW 2015, 19.
[194] Immenga/Mestmäcker/Fuchs, 6. Aufl. 2019, AEUV Art. 102 Rn. 267.
[195] MüKoWettbR/Eilmansberger/Bien AEUV Art. 102 Rn. 715.

die **bisherige praktische Bedeutung des AEC-Tests gering**[196] und lediglich „Teil einer Gesamtbewertung …, bei der auch andere relevante quantitative und qualitative Beweise berücksichtigt werden"[197]. Das EuG hat den AEC-Test zudem in einem obiter dictum („Intel"-Urteil) abgelehnt, denn aus der Feststellung, ein ebenso effizienter Wettbewerb könne seine Kosten decken, lasse sich nicht auf die fehlende Verdrängungswirkung schließen[198].

### cc) Qualitative Bestimmung einer Wettbewerbsbeschränkung

406  Aussagekräftiger und daher bisher bevorzugt bei der Bewertung von Rabatten und Rabattsystemen ist die qualitative Bestimmung der Wettbewerbsbeschränkung. Hierbei stehen die Bedingungen und Modalitäten der in Rede stehenden Rabattgewährung, die Dauer und die Höhe dieser Rabatte[199] im Zentrum der Bewertung.

407  Unter anderem folgende **Kriterien** deuten danach auf eine **marktverschließende Wirkung** des Rabattsystems hin:
(1) individuell an die vermuteten Umsätze des Handelspartners angepasste Rabattschwellen,
(2) Rabattgewährung nur unter der Voraussetzung einer Steigerung des Umsatzes gegenüber der vorangegangenen Referenzperiode,
(3) große Sprünge in der Rabattstaffel,
(4) rückwirkende Rabattgewährung,
(5) lange Referenzzeiträume für die Berechnung des Rabatts,
(6) Gruppenverpflichtungsrabatte,
(7) Intransparenz des Rabattsystems,
(8) Selektivität des Rabattsystems und
(9) englische Klauseln[200], also Vertragsbestimmungen, die bei Angebot günstigerer Preise den Bezug bei alternativen Anbietern unter Beibehaltung der bereits erworbenen bzw. durch zukünftige Käufe noch zu erwerbenden Rabattansprüche nur erlaubt, wenn das marktbeherrschende Unternehmen davon in Kenntnis gesetzt und zur Senkung der Preise aufgefordert wurde[201].

### dd) Rechtfertigungsmöglichkeiten von Rabattsystemen

408  Trotz der Rabatten und Rabattsystemen anhaftenden Sog- und Verdrängungswirkung können sie **objektiv gerechtfertigt** sein, **wenn** sie auf einer wirtschaftlich gerechtfertigten Gegenleistung beruhen oder der Verbesserung der Planungsgrundlage für die Warenproduktion dienen[202]. Eine **wirtschaftlich gerechtfertigte Gegenleistung** liegt dann vor, wenn es aufgrund des erhöhten Bestellvolumens zu gesenkten Produktions- und Herstellungskosten kommt, die der Anbieter deswegen an den Abnehmer weitergibt. Solche Effizienzvorteile[203] rechtfertigen die für den Wettbewerb nachteilige Verdrängungswirkung eines Rabattsystems dann, wenn die Verdrängungswirkung ausgeglichen oder übertroffen wird und dem Verbraucher zugutekommt[204].

409  Entscheidend ist, ob die Kunden vom Bezug bei konkurrierenden Herstellern abgehalten werden sollen[205]. Den Nachweis hierzu hat das betroffene Unternehmen zu erbringen[206].

---

[196] MüKoWettbR/Eilmansberger/Bien AEUV Art. 102 Rn. 723.
[197] Immenga/Mestmäcker/Fuchs, 6. Aufl. 2019, AEUV Art. 102 Rn. 269.
[198] EuG 12.6.2014 – T-286/09 Rn. 151, NZKart 2014, 267 (272).
[199] EuGH 6.9.2017 – C-413/14 P, NZKart 2017, 525 Rn. 139 – Intel.
[200] MüKoWettbR/Eilmansberger/Bien AEUV Art. 102 Rn. 729.
[201] MüKoWettbR/Eilmansberger/Bien AEUV Art. 102 Rn. 745, Corporate Compliance/Reiling, 3. Aufl. 2016, § 18 Marketing und Sales Rn. 112.
[202] MüKoWettbR/Eilmansberger/Bien AEUV Art. 102 Rn. 748, 749.
[203] Immenga/Mestmäcker/Fuchs, 6. Aufl. 2019, AEUV Art. 102 Rn. 270.
[204] EuGH 19.1.2023 – C-680/20 Rn. 49, EuZW 2023, 372 (375).
[205] EuG 17.12.2003 – T-219/99 Rn. 247, BeckRS 2004, 70012.
[206] EuGH 6.9.2017 – C-413/14 P, NZKart 2017, 525 Rn. 138 – Intel.

Sollte das marktbeherrschende Unternehmen die fehlende Eignung des Rabattsystems zur Beschränkung des Wettbewerbs und insbesondere zur Herbeiführung von Verdrängungswirkungen aufzeigen können (im Prozess: substantiiert und auf Beweismittel gestützt), muss unter umfassender Berücksichtigung der Umstände des Einzelfalls eine eingehende Analyse der Eignung der Rabatte zur Verdrängung erfolgen[207].

#### ee) Unbedenkliche Rabattsysteme

Nach Art. 102 AEUV unbedenklich sind Rabattsysteme, die **weder** im Sinne von Art. 102 Abs. 2 lit. c AEUV **diskriminieren, noch** geeignet sind, das zukünftige Nachfrageverhalten der Abnehmer zu beeinflussen und auf diese Weise den **Markt abzuschotten, noch** geeignet sind, Mitbewerber vom Markt zu verdrängen oder **vom Markteintritt abzuhalten**[208]. 410

Das gilt vor **allem für Rabattsysteme,** die den Rabatt **einheitlich für alle Abnehmer** bei Abnahme bestimmter Mengen gewähren, da hierdurch keine kartellrechtlich zu beanstandende Sogwirkung mit Ausschließlichkeitswirkung entsteht und die Preisnachlässe also nicht geeignet sind, Mitbewerber vom Markt zu verdrängen oder vom Marktzutritt abzuhalten[209]. 411

#### ff) Rechtsfolgen bei Verstoß gegen Art. 102 AEUV

Liegt eine Zuwiderhandlung vor, erlässt die **Europäische Kommission** eine förmliche Verbots- und Untersagungsverfügung, die den Verstoß feststellt und dem Unternehmen die Verpflichtung auferlegt, das missbräuchliche Verhalten abzustellen. An diese Verfügung kann die Europäische Kommission ein Zwangsgeld koppeln, um das betreffende Unternehmen zur Beachtung der in der Kommissionsentscheidung auferlegten Handlungs- oder Unterlassungspflichten anzuhalten. Bei schuldhafter Ausnutzung der marktbeherrschenden Stellung kann die Kommission ein Bußgeld festsetzen, dessen Höhe sich nach der Schwere und der Dauer des Verstoßes richtet[210]. Das marktbeherrschende Unternehmen, das vorsätzlich oder fahrlässig gegen die Vorgaben in Art. 101, 102 AEUV verstößt, ist zudem – jedenfalls unter Geltung deutschen Rechts – zum Ersatz des aus dem Verstoß entstandenen Schadens verpflichtet[211]. Im **nationalen deutschen Kontext** ist das **Bundeskartellamt** für die Kartellrechtsdurchsetzung zuständig. Bei rein nationalen Verstößen gegen das Kartellrecht kann das Bundeskartellamt Untersuchungen einleiten, um Verstöße aufzudecken. Es kann sowohl Geldbußen verhängen, die bis zu 10 % des weltweiten Jahresumsatzes des Unternehmens betragen können (§§ 81–81b GWB), als auch zivilrechtliche Schadensersatzansprüche ermöglichen (§§ 33a ff. GWB), wenn wettbewerbswidriges Verhalten Schäden für andere Unternehmen oder Verbraucher verursacht hat. 412

### 3. Verbot der Preisbindung zweiter Hand

Zu den „attraktivsten" wettbewerbsbeschränkenden Praktiken gehört die Preisbindung zweiter Hand. Die **Grenze zwischen Meinungsaustausch**[212]**, Preisempfehlung und Preisbindung ist fließend** und wird, wie die Kartellrechtspraxis zeigt, immer wieder, selbst von erfahrenen, großen Marktteilnehmern, überschritten, zB von Asus, Denon & 413

---

[207] Immenga/Mestmäcker/Fuchs, 6. Aufl. 2019, AEUV Art. 102 Rn. 253a.
[208] MüKoWettbR/Eilmansberger/Bien AEUV Art. 102 Rn. 755.
[209] MüKoWettbR/Eilmansberger/Bien AEUV Art. 102 Rn. 756.
[210] Loewenheim/Meessen/Riesenkampff/Kersting/Meyer-Lindemann/Huttenlauch AEUV Art. 102 Rn. 305.
[211] LG Nürnberg-Fürth 15.12.2022 – 19 O 8569/17 Rn. 22, BeckRS 2022, 40283, BGH 23.9.2022 – KZR 35/19 Rn. 16, NJW 2021, 848 (849).
[212] Vgl. OLG Düsseldorf 8.7.2020 – U (Kart) 3/20; mAnm Rohrßen ZVertriebsR 2020: 400 (406–408) zum schmalen Grat zwischen zulässigem Meinungsaustausch und verbotener Preisabsprache.

Marantz, Philips und Pioneer, Casio (Vereinigtes Königreich), Apple, Bose, Pfizer. Die Preisbindung ist einer der häufigsten Gründe für Geldbußen[213].

### a) Keine Preisbindung, keine Mindestpreise, keine Mindestwerbepreise

**414** Art. 101 Abs. 1 AEUV verbietet Wettbewerbsbeschränkungen grundsätzlich. So verbietet er beispielsweise die „unmittelbare oder mittelbare Festsetzung der An- oder Verkaufspreise". Im deutschen Recht verweist § 1 GWB hierauf. Tatsächlich verbirgt sich hinter diesem klaren Verbot eine **verschachtelte Grundsatz-Ausnahme-Regelung**[214]. Denn Art. 2 Vertikal-GVO stellt wiederum wettbewerbsbeschränkende vertikale Vereinbarungen bei Marktanteilen der Vertragspartner bis 30 % frei, sofern die Vereinbarung keine Kernbeschränkung nach Art. 4 enthält.[215]

**415** Der Wortlaut von Art. 4 lit. a der Vertikal-GVO 2022 ist identisch mit deren Vorgänger[216]: Danach müssen Abnehmer ihre **Verkaufspreise frei bestimmen** können; **Preisbindung bleibt ein „No-Go": Preisempfehlungen ja, Mindestpreise und Festpreise nein, allenfalls Höchstpreise,** das sind kurz gesagt, die Grundsätze, die Art. 101 Abs. 1 AEUV und Art. 4 lit. a Vertikal-GVO festlegen. Die Anbieter können Höchstverkaufspreise oder Preisempfehlungen festlegen, ohne dass sie aufgrund von Druck oder Anreizen zu Fest- oder Mindestverkaufspreisen verkommen. Auch Mindestwerbepreise bleiben unzulässige Kernbeschränkungen[217].

**416** In ihren Vertikal-Leitlinien listet die Kommission beispielhaft **vier Fälle,** in denen Anbieter **ausnahmsweise Verkaufspreise festsetzen** dürfen, allerdings nur im Wege der **Einzelfreistellung nach Art. 101 Abs. 3 AEUV:**

(1) Markteinführung neuer Produkte,
(2) Koordination kurzfristiger Sonderangebotskampagnen in einheitlichen Vertriebssystemen wie im Franchise,
(3) Unterbinden von Lockvogelangeboten bestimmter Händler, die das Produkt regelmäßig unter Großhandelspreis verkaufen und
(4) Ermöglichen zusätzlicher Kundenberatung, insbesondere bei komplexen Produkten, um Trittbrettfahrer zu verhindern[218].

**417** In jedem Fall ist bei derartigen Aktionen vorab zu prüfen, ob die wettbewerbsfördernden die wettbewerbsbeschränkenden Auswirkungen im konkreten Einzelfall überwiegen.

### b) Preisempfehlungen und Maximalpreise

**418** Preisempfehlungen und Maximalpreise sind hingegen **grundsätzlich zulässig.** Das gilt jedenfalls bei Marktanteilen der an der vertikalen Vereinbarung beteiligten Unternehmen bis 30 %[219]. Allerdings dürfen Preisempfehlungen und Maximalpreise auch nicht mittelbar (zB durch Boni) bzw. in Kombination mit anderen Beschränkungen im Ergebnis zu einer Preisbindung führen.

---

[213] Heinen/dos Santos Goncalves, Preisbindung und Preisempfehlungen in der Praxis, CB 2013, 359.
[214] Rohrßen, VBER 2022: EU Competition Law for Vertical Agreements, 2023, Kap. 1, insbes. Kap. 1.3.
[215] Zur neuen, nun bis 2034 geltenden Vertikal-GVO im Überblick Rothermel/Rohrßen IHR 2022, 221 (221–230), ferner Details mit Übersichten, Checklisten und Musterklauseln Rohrßen, VBER 2022: EU Competition Law for Vertical Agreements, 2023.
[216] Rohrßen, VBER 2022: EU Competition Law for Vertical Agreements, 2023, Kap. 4.1; vgl. zum Entwurf der Vertikal-GVO 2021 Rohrßen ZVertriebsR 2021, 293 (295).
[217] Leitlinien für vertikale Beschränkungen (2022/C 248/01) [„Vertikal-Leitlinien"], Rn. 187d. Näher Rohrßen, VBER 2022: EU Competition Law for Vertical Agreements, 2023, Kap. 4.1.2 und Kap. 4.1.3.
[218] Leitlinien für vertikale Beschränkungen (2022/C 248/01) [„Vertikal-Leitlinien"], Rn. 197. Details bei Rohrßen, VBER 2022: EU Competition Law for Vertical Agreements, 2023, Kap. 4.1.3.
[219] Art. 4(a) iVm Art. 2(1) Vertikal-GVO.

## 4. Besonderheiten beim europäischen Vertrieb: The „Swiss Finish"

In der **Schweiz** gibt es einige **Besonderheiten im Umgang mit Preisempfehlungen.** Ursprünglich widmete die Vertikalbekanntmachung von 2010 den Preisempfehlungen eine eigene Ziffer 15. Danach galten Preisempfehlungen als erhebliche Wettbewerbsbeschränkungen, wenn sie aufgrund von Druck oder Anreizen wie Fest- oder Mindestverkaufspreise wirkten (soweit im Gleichlauf mit dem EU-Kartellrecht, s. oben). Zudem enthielt Ziffer 15 (3) einen Kriterienkatalog für die Aufnahme von Preisempfehlungen[220].

419

Das **Schweizer Pfizer-Urteil**[221] zu Preisempfehlungen bewirkte indes eine erhebliche **Rechtsunsicherheit** im Umgang mit Preisempfehlungen in der Schweiz.[222] Denn danach kann schon eine Preisempfehlung ohne zusätzliche Druckausübung unter die Vermutungstatbestände gemäß Art. 5 Abs. 4 Kartellgesetz fallen.[223] Es fehlt damit Klarheit, ab wann einseitige Preisempfehlungen noch zulässig und ab wann sie als Wettbewerbsabrede bzw. abgestimmte Verhaltensweise zu qualifizieren sind. Die bloße Abwesenheit von Druck oder Anreizen schafft keinen „safe harbour".

420

Die Schweizer Wettbewerbsbehörde, die Wettbewerbskommission (WEKO), hat diese vom Bundesgericht geschaffene Rechtsunsicherheit im Zuge der neuen Vertikalbekanntmachung 2022 nicht beseitigt. Vielmehr hat sie die Ziffer 15 in der Vertikalbekanntmachung gestrichen. Stattdessen gibt sie in Rn. 8 f. der Erläuterungen zur Vertikalbekanntmachung die sehr offene Position des Pfizer-Urteils wieder und führt aus, dass bei einer besonders intensiven Kommunikation Preisempfehlungen nicht mehr bloß als einseitiges Handeln, sondern als (sanktionierbare) abgestimmte Verhaltensweise qualifiziert werden können. Dies kann etwa der Fall sein, wenn Preisempfehlungen wiederholt in Kassensysteme von Wiederverkäufern oder Händlern elektronisch übermittelt werden.[224]

421

Daher empfiehlt sich bei **Preisempfehlungen in der Schweiz weiterhin große Vorsicht,** insbesondere wenn die Abnehmer in hohem Maße den Empfehlungen folgen. Es ist nicht auszuschließen, dass dann auch einseitige Preisempfehlungen als unzulässige abgestimmte Verhaltensweise qualifiziert werden, verbunden insbesondere mit dem Bußgeldrisiko.

422

### 5. Informationsaustausch über Preise

#### a) Im Wettbewerbsverhältnis

Der Informationsaustausch bezeichnet die Kommunikation von wettbewerbsrelevanten Daten und Informationen zwischen Unternehmen, insbesondere zwischen Wettbewerbern. Er ist **einerseits unerlässlich** geworden, um die Märkte effizienter zu gestalten und kann den Unternehmen ferner helfen, Kosten zu sparen.[225] **Andererseits** ist der Informationsaustausch zwischen Konkurrenten im Hinblick auf Preise **bedenklich,** da er den **Wettbewerb auf dem Markt beschränken** und kartellrechtswidrig sein kann. So vertreten die EU-Kommission und die nationalen Kartellbehörden in ständiger Praxis die Auffassung,

423

---

[220] Bucher/Rohrßen ZVertriebsR 2023, 145 (148).
[221] BGE 147 II 72 E. 6.4.6 – Pfizer.
[222] Bucher/Rohrßen ZVertriebsR 2023, 145 (148 f.). Vgl. zur neuen Praxis zur Preisempfehlung den Schlussbericht des Sekretariats der WEKO vom 20.5.2022 in der Vorabklärung 22–0502 Vertriebssystem von Yamaha-Produkten, abrufbar unter <https://www.weko.admin.ch/weko/de/home/praxis/publizierte-entscheide.html>.
[223] BGE 147 II 72 E. 6.4.6 – Pfizer.
[224] Details samt Vergleich des Vertriebskartellrechts EU/Schweiz bei Bucher/Rohrßen ZVertriebsR 2023: 145 (145–153).
[225] Europäische Kommission (2022). Mitteilung der Kommission – Genehmigung des Inhalts des Entwurfs einer Mitteilung der Kommission – Leitlinien zur Anwendbarkeit des Artikels 101 des Vertrags über die Arbeitsweise der Europäischen Union auf Vereinbarungen über horizontale Zusammenarbeit. ABl. 19.4.2022 – C 164, 1 Rn. 412. Abrufbar unter https://eur-lex.europa.eu/legal-content/DE/TXT/?uri=CELEX: 52022XC0419(03).

dass der Austausch von Informationen zwischen Konkurrenten den Wettbewerb zwischen ihnen beschränken und somit gegen das Kartellrecht verstoßen kann.[226]

### aa) Rechtslage

424 Ein Informationsaustausch zwischen (potenziellen) Wettbewerbern ist **grundsätzlich kritisch,** wenn die ausgetauschten Informationen geeignet sind, die Ungewissheit über das künftige oder jüngste Verhalten eines Wettbewerbs auf dem Markt zu verringern. Dies ist gerade bei Daten über aktuelle oder zukünftige Preise, wettbewerblich sensiblen Informationen, der Fall. Die rechtliche Bewertung hängt von verschiedenen Faktoren ab, u. a. der Häufigkeit des Austauschs, der Marktstruktur und dem Alter der Daten. Ob ein Austausch kartellrechtlich zulässig ist, bedarf daher immer einer detaillierten Einzelfallprüfung. Die wichtigsten kartellrechtlichen Bedenken stellen dabei die Kollusion und die wettbewerbswidrige Marktabschottung dar.[227]

425 Die **wesentlichen kartellrechtlichen Grundlagen** für den Informationsaustausch stellen Art. 102 Abs. 1, Abs. 2 lit. a AEUV bzw. § 1 GWB und Art. 101 Abs. 1, Abs. 3 lit. a AEUV dar, ferner Art. 2 Abs. 5 Vertikal-GVO. Die Vertikal-Leitlinien und die Horizontal-Leitlinien bieten ebenso wie die zum 1.7.2023 in Kraft getretenen Leitlinien zum Behinderungsmissbrauch durch marktbeherrschende Unternehmen eine Orientierungshilfe.

426 Art. 101 AEUV verbietet den Austausch bestimmter sensibler Informationen, wenn darin eine **Koordinierung zwischen tatsächlichen oder potenziellen Wettbewerbern** liegt. Darunter fällt insbesondere der Austausch mit Wettbewerbern über die Preisgestaltung und Preisabsichten.[228]

### bb) Informationsaustausch beim B2B-Online-Vertrieb

427 Gerade beim Betrieb von B2B-Onlineshops sollten Unternehmen keine wettbewerbssensiblen Informationen austauschen, um den Geheimwettbewerb bei der Preissetzung nicht zu beeinträchtigen. Das Verbot kartellrechtswidrigen Informationsaustauschs kann sogar **bereits das einseitige öffentliche Ausweisen von Preisen** umfassen. Um einen Verstoß zu umgehen, ist daher zunächst ein **geschützter Login-Bereich** essentiell und es empfiehlt sich ein sog. **„Blacklisting" der Kernwettbewerber.** Wie beim Design des Webshops, so empfiehlt sich auch andersherum bei der Nutzung von Webshops Dritter eine vorherige Prüfung auf kartellrechtliche Compliance.[229]

### cc) Zusammenfassung

428 Der Informationsaustausch zwischen Konkurrenten ist gerade im Hinblick auf Preise kartellrechtlich kritisch. Jenseits der Kenntnis der rechtlichen Rahmenbedingungen und möglichen Konsequenzen bei Verstößen sind **proaktive Maßnahmen** hilfreich, um kartellrechtliche Risiken zu minimieren. Dazu gehört die Implementierung von Best Practices

---

[226] EuGH 2.10.2003 – C-194/99 P, Slg 2003, I-10821 – Thyssen Stahl/Kommission; EuGH 8.7.1999 – C-49/92, Slg 1999, I-4125 – Anic Partecipazioni; EuGH 4.6.2009 – C-8/08, Slg 2009, I-04529 – T-Mobile-Netherlands; EuGH 26.9.2018 – C-98/17 P, Slg 2018, T-762/14 – Smartcard-Chips (Philips).

[227] Europäische Kommission. Leitlinien zur Anwendbarkeit des Artikels 101 des Vertrags über die Arbeitsweise der Europäischen Union auf Vereinbarungen über horizontale Zusammenarbeit. ABl. 19.4.2022 C 164, 1 Rn. 415 ff. Abrufbar unter https://eur-lex.europa.eu/legal-content/DE/TXT/?uri=CELEX:52022XC0419(03).

[228] Europäische Kommission. Leitlinien zur Anwendbarkeit des Artikels 101 des Vertrags über die Arbeitsweise der Europäischen Union auf Vereinbarungen über horizontale Zusammenarbeit. ABl. 19.4.2022 C 164, 1 Rn. 415 ff. Abrufbar unter https://eur-lex.europa.eu/legal-content/DE/TXT/?uri=CELEX:52022XC0419(03). Siehe auch BGH 29.11.2022 – KZR 42/20, NZKart 2023, 24 (29), – Schlecker; darin setzt der BGH seine Rechtsprechung zum LKW-Kartell fort (13.4.2021 – KZR 19/20, WRP 2021, 1588 Rn. 26 – LKW-Kartell II mwN).

[229] Ecker, Kartellrechtliche Anforderungen an B2B-Onlineshops und Plattformen, CCZ 2021, 200 (201).

(etwa beim Onlinevertrieb, s. oben), die Schulung des Vertriebs, Identifizierung von Konkurrenten und die Vermeidung eines Informationsaustauschs, der den Wettbewerb beschränken könnte. Ein derart umsichtiges Handeln lässt Geschäftsaktivitäten erfolgreich und rechtlich risikofern gestalten.

**b) Im Dualvertrieb**

Die neue Vertikal-GVO hat im Jahr 2022 auch den Informationsaustausch im dualen Vertrieb neu bzw. klarer geregelt. **Vertriebskartellrechtlich konform** ist der Informationsaustausch gemäß Art. 2 Abs. 5 Vertikal-GVO dann, wenn er **(i)** die Umsetzung der vertikalen Vereinbarung betrifft und **(ii)** zur Verbesserung der Produktion oder des Vertriebs der Vertragswaren/-dienstleistungen erforderlich ist.[230] 429

Als **Handreichung für die Praxis** enthalten die Vertikal-Leitlinien eine „**Black List**" und eine „**White List**" beispielhafter Informationen, die „erforderlich sein können"[231] bzw. deren Zulässigkeit „in der Regel unwahrscheinlich"[232] ist. **Nicht erforderlich und daher unzulässig** ist insbesondere ein Austausch über künftige Verkaufspreise oder spezifische Kundeninformationen, sofern diese nicht ausnahmsweise zur Erfüllung besonderer Kundenbedürfnisse doch notwendig sind.[233] 430

Im Dualvertrieb **regelmäßig erforderlich und daher zulässig** ist etwa der Austausch über technische Wareninformationen, logistische Produktionsinformationen, Verkaufspreise des Anbieters, Höchstweiterverkaufspreise, Weiterverkaufspreise des Abnehmers[234] oder Informationen über den empfohlenen Preis, sofern dies nicht zur Preisüberwachung genutzt wird[235]. 431

## 6. Doppelpreissysteme: (Un-)zulässige Beschränkungen des Onlineverkaufs

Im **Doppelpreissystem** unterscheidet sich der Preis, den die Anbieter von ihren Großhändlern, sonstigen Vertragshändler oder Wiederverkäufern verlangen, je nachdem, ob sie die Waren offline oder online weiterverkaufen. Damit beschränken die Anbieter ihre Abnehmer im jeweils teureren Verkaufskanal. 432

**Bis Mai 2022** waren solche Doppelpreissysteme **nur per Einzelfreistellung** gemäß Art. 101 Abs. 3 AEUV zulässig, weil sowohl das Bundeskartellamt als auch die Europäische Kommission sie als bezweckte Beschränkung passiver Verkäufe iSv Art. 4 lit. b Vertikal-GVO (330/2010 = aF) qualifizierten[236]. Dies hat die neue Vertikal-GVO nun geändert. 433

Die **neue Vertikal-GVO 720/2022** stellt **Doppelpreissysteme bei Marktanteilen der beteiligten Unternehmen bis 30 % nun frei** – unter bestimmten Voraussetzungen: Doppelpreissysteme dürfen (weiterhin) nicht den Zweck haben, den Verkauf auf bestimmte Gebiete oder Kunden zu beschränken. Darüber hinaus dürfen sie den Online-Verkauf nicht unrentabel oder unmöglich machen, da dies ansonsten den gleichen Zweck wie ein totales Internet-Verkaufsverbot hätte[237]. 434

---

[230] Vgl. auch Thiede/Zaworski, Neue Regeln im Vertriebskartellrecht, NZG 2022, 1617 (1620).
[231] Vertikal-Leitlinien, Rn. 99.
[232] Vertikal-Leitlinien, Rn. 100.
[233] Vertikal-Leitlinien, Rn. 100 lit. a; vgl. Bechtold/Bosch/Brinker, 4. Aufl. 2023, AEUV Art. 102 Rn. 19.
[234] Vertikal-Leitlinien, Rn. 99.
[235] Detaillierte Darstellung mit tabellarischen Übersichten bei Rohrßen, VBER 2022: EU Competition Law for Vertical Agreements, 2023, Kap. 2.5 und 8.2.
[236] Rohrßen, Vertriebsvorgaben im E-Commerce 2018: Praxisüberblick und Folgen des „Coty"-Urteils des EuGH, GRUR-Prax 2018, 39 (40); Rohrßen ZVertriebsR 2021, 293 (295).
[237] Vertikal-Leitlinien, Rn. 209. Näher Rohrßen, VBER 2022: EU Competition Law for Vertical Agreements, Kapitel 4.5.3 und Kapitel 8.1.

# Kapitel 5. Preisänderung aus rechtlicher Sicht

In diesem Kapitel werden die rechtlichen Rahmenbedingungen untersucht, welche für Preisänderungen relevant sind. Ausgangspunkt ist dabei der Grundsatz der Vertragsfreiheit und die Prämisse, dass alles erlaubt ist, was nicht gegen geltendes Recht in Form von Richterrecht oder geschriebenem Recht wie Gesetze, (EU-)Verordnungen etc verstößt. Darum wird zunächst die Vertragsfreiheit beleuchtet, danach preisänderungsrelevante rechtliche Vorgaben von allgemeinen bis zu besonderen Regeln dargestellt. 435

## I. Vertragsfreiheit

Ausgangspunkt aller Überlegungen zur rechtlichen Einordnung von Preisänderungen (das gilt natürlich ebenso für die Preissetzung) ist der Grundsatz der Privatautonomie und der darin verankerten Vertragsfreiheit.[1] Sie wird zwar weder im Grundgesetz noch im BGB explizit erwähnt, dennoch ist sie allgemein anerkannte Grundlage des Zivilrechts und gilt auch als in der deutschen und EU-Verfassung verankert.[2] 436

Vertragsfreiheit ist die Freiheit der Gestaltung des Rechts nach dem Willen der Vertragsparteien, also die vertragliche Selbstbestimmung. Dazu gehört auch das Recht der Vertragsabänderungsfreiheit.[3] Eine Preisänderung fällt demnach vom Grundsatz her unter das Recht der Vertragsfreiheit. Dieser Grundsatz bedeutet aber, dass beide Parteien sich über die Änderung des Preises einig sind. Inwieweit die eine Partei durch rechtliche Konstruktionen wie zB einer Zustimmungsfiktionsklausel diese Einigkeit unterstellen oder vorwegnehmen kann, ist vor dem Hintergrund der Vertragsfreiheit zu diskutieren und darüber handeln am Ende große Teile dieses Buches. 437

Ist es einer Vertragspartei nicht möglich, auf die Gestaltung des Vertrages Einfluss zu nehmen, wird die Vertragsfreiheit, die für beide Seiten besteht, unbedeutend. 438

Dem setzt das Recht zB die Kontrolle von Allgemeinen Geschäftsbedingungen (AGB) entgegen, um das Kräftegleichgewicht im Vertrag auszutarieren. Der Verwender der AGB muss sich eine gerichtliche Kontrolle seiner Regelungen gefallen lassen, da der andere Vertragspartner insbesondere bei Massengeschäften dazu meist faktisch nicht in der Lage ist. Diese gestörte Verhandlungsparität kann sich aus wirtschaftlichen, intellektuellen oder situativen Umständen ergeben.[4] 439

Eine weitere Einschränkung der Vertragsfreiheit wird durch das Verbraucherschutzrecht bewirkt. Die Systematik des Verbraucherschutzes stützt sich zum großen Teil auf Information gerade vor dem Vertragsschluss und schützt damit die Vertragsentschließungsfreiheit. So wird dem AGBs verwendenden Unternehmen zB vorgegeben, über welche Parameter der Verbraucher zu informieren ist, so dass sich dieser ein möglichst objektives Bild von den Auswirkungen des Vertrags auf ihn machen kann. Aber auch Formvorschriften wie Schriftform oder notarielle Form und Widerrufsrechte dienen dem Schutz des schwächeren Vertragsteils. 440

Zudem kennt das Europarecht in der Richtlinie über missbräuchliche Klauseln in Verbraucherverträgen EG/93/13 weitere verbraucherschützende Vorgaben.[5] 441

Noch klarere Grenzen setzt das Recht der Vertragsfreiheit mit zwingend zu beachtenden Normen, gegen die ein Verstoß die Unwirksamkeit der Regelung bedeutet. Dies ist zB bei 442

---

[1] MüKoBGB/Busche Vor § 145 Rn. 2.
[2] Dazu ausführlich MüKoBGB/Busche Vor § 145 Rn. 3 f. und Musielak JuS 2017, 949 ff.
[3] MüKoBGB/Busche Vor § 145 Rn. 28 und Musielak JuS 2017, 949 ff.
[4] MüKoBGB/Busche Vor § 145 Rn. 7.
[5] Dazu unter Rn. 282 ff.

Regelungen gegen die guten Sitten (§ 138 BGB) und bei einem Verstoß gegen ausdrückliche gesetzliche Verbote (§ 134 BGB) der Fall.

443 Am Ende garantiert der Gesetzgeber mit diesen Einschränkungen der Vertragsfreiheit die Vertragsfreiheit selbst. Denn ein Diktat des Vertrages aus der Feder einer Partei führt die Vertragsfreiheit ad absurdum.

## II. Überblick über das AGB-Recht

444 Der unter 1. skizzierte Grundsatz der Vertragsfreiheit gilt bei allen Verträgen. Seit langem etabliert ist aber die Verwendung von Allgemeinen Geschäftsbedingungen (AGB), die zur Vereinfachung dienen, aber vom Verwender auch dazu genutzt werden könnten, die andere Vertragspartei zu übervorteilen. Daher hat der Gesetzgeber mit dem AGB-Recht Vorgaben geschaffen, die bei der Verwendung von AGB einzuhalten sind und über die §§ 134, 138 und 242 BGB hinausgehen.

### 1. Anwendbarkeit des AGB-Rechts

445 Dazu ist zunächst zu prüfen, ob das AGB-Recht überhaupt zur Anwendung kommt. Für den Bereich des Verbrauchsgüterkaufs gibt es etwa in den §§ 444 und 476 BGB vorrangige Regelungen. Zudem sieht etwa § 310 Abs. 2 BGB vor, dass die §§ 308 und 309 keine Anwendung auf Verträge der Elektrizitäts-, Gas-, Fernwärme- und Wasserversorgungsunternehmen über die Versorgung von Sonderabnehmern mit elektrischer Energie, Gas, Fernwärme und Wasser aus dem Versorgungsnetz (…) finden.

### 2. Liegen überhaupt AGB vor?

446 Naturgemäß setzt die Anwendbarkeit des AGB-Rechts voraus, dass es sich bei dem betreffenden Vertragswerk um AGB im Sinne des Gesetzes handelt. § 305 Abs. 1 BGB definiert AGB als
„*alle für eine Vielzahl von Verträgen vorformulierten Vertragsbedingungen, die eine Vertragspartei (Verwender) der anderen Vertragspartei bei Abschluss eines Vertrags stellt*".

447 Wesentlich ist hierbei, dass von einer Vielzahl von Verträgen in ständiger Rechtsprechung bereits bei einer beabsichtigten dreimaligen Verwendung ausgegangen wird.[6]

448 Da nach § 305 Abs. 1 S. 2 BGB AGB nicht vorliegen,
„*soweit die Vertragsbedingungen zwischen den Vertragsparteien im Einzelnen ausgehandelt sind*",

449 hat es in der Praxis naturgemäß häufig Diskussionen darüber gegeben, wann dieses Kriterium erfüllt ist. Der BGH hat etwa entschieden, dass der Verwender vorformulierter Klauseln sich zur Darlegung eines Aushandelns nach § 305 Abs. 1 S. 3 BGB nicht auf eine individualrechtliche Vereinbarung berufen kann, nach der über die Klauseln „ernsthaft und ausgiebig" verhandelt wurde, da dies mit dem Schutzzweck des § 305 BGB nicht vereinbar ist.[7]

450 Ein Aushandeln in diesem Sinne setzt vielmehr voraus, dass der Vertragspartner des Verwenders in der Auswahl der in Betracht kommenden Vertragstexte frei ist und insbesondere Gelegenheit erhält, alternativ eigene Textvorschläge mit der effektiven Möglichkeit für Durchsetzung und Verhandlung einzubringen.[8]

451 Das Ermöglichen verschiedener Ankreuzoptionen ändert aus Sicht des BGH ebenfalls nichts am Stellen von Vertragsbedingungen, da keine eigenen Vorschläge eingebracht

---

[6] Ständige Rechtsprechung des BGH, siehe etwa BGH 27.9.2001 – VII ZR 388/00, NJW 2002, 138.
[7] BGH 20.3.2014 – VII ZR 248/13, ZIP 2014, 924.
[8] BGH 20.1.2016 – VIII ZR 26/15, WM 2016, 668.

werden können.⁹ Im Ergebnis werden also praktisch alle von einer Vertragspartei eingebrachten vorformulierten Vertragsbestandteile der AGB-Kontrolle unterliegen.

### 3. Einbeziehungskontrolle

Wenn feststeht, dass es sich um AGB handelt, ist im Rahmen der Einbeziehungskontrolle zu prüfen, ob diese auch Vertragsbestandteil geworden sind. Dies setzt das Vorliegen einer Einbeziehungsvereinbarung nach § 305 Abs. 2 BGB voraus, nämlich einen ausdrücklichen Hinweis des Verwenders oder einen deutlich sichtbaren Aushang. Das Gegenüber muss sodann die zumutbare Möglichkeit der Kenntnisnahme mit den AGB haben und mit ihnen einverstanden sein. 452

In diesem Zusammenhang ist dann zu prüfen, ob es vorrangige Individualabreden gibt und ob die AGB keine überraschende Klausel enthalten, § 305c Abs. 1 BGB. Hiernach sind Klauseln unwirksam, die objektiv 453

„… nach dem äußeren Erscheinungsbild des Vertrages so ungewöhnlich …"
als auch subjektiv
„… Vertragspartner des Verwenders mit ihnen nicht zu rechnen braucht, …"
überraschend sind.

In diesem Rahmen ist weiterhin zu prüfen, ob nicht durch Umgehungstatbestände versucht wird, die AGB-rechtliche Prüfung zu vermeiden, § 306a BGB: Nach einer Entscheidung des BGH finden die §§ 305 ff. BGB über § 306a BGB auch auf interne Anweisungen eines Unternehmens Anwendung, wenn damit die Absicht verfolgt wird, AGB zu vermeiden. Hierdurch werden Fälle erfasst, in denen die individualvertragliche Aufnahme bestimmter Entgelte in den Vertrag vorgegeben wird.¹⁰ 454

### 4. Inhaltskontrolle

Als nächster Schritt folgt die Inhaltskontrolle nach den §§ 307–309 BGB, also die Prüfung, ob die Klauseln inhaltlich angemessen und transparent sind und letztlich das Gegenüber des Verwenders nicht übervorteilen. Diese kann hier nur sehr kursorisch dargestellt werden, da es sich inzwischen um eine ausufernde Spezialmaterie handelt. 455

Hierzu wird – BGB-technisch – rückwärts geprüft: Zunächst sind die Klauseln unzulässig, die gegen die sogenannten Klauselverbote ohne Wertungsmöglichkeit nach § 309 BGB verstoßen. Das sind im Wesentlichen Regelungen zu Haftungsausschlüssen etc, die per se verboten sind. 456

Sodann folgt gemäß § 308 BGB die Prüfung der sogenannten Klauselverbote mit Wertungsmöglichkeit, dies sind Klauseln, die nur dann zulässig sind, wenn sie auch für das Gegenüber angemessen sind. 457

Relevant für die vorliegende Untersuchung sind insbesondere § 308 Nr. 5 BGB sowie § 308 Nr. 4 BGB. 458

§ 308 Nr. 4 BGB verbietet 459

„die Vereinbarung eines Rechts des Verwenders, die versprochene Leistung zu ändern oder von ihr abzuweichen, wenn nicht die Vereinbarung der Änderung oder Abweichung unter Berücksichtigung der Interessen des Verwenders für den anderen Vertragsteil zumutbar ist;"

Damit dürfte eine Klausel, die einen für den Kunden zumutbaren Änderungsvorbehalt zugrunde legt, zunächst materiellrechtlich wirksam sein. Zustimmungsfiktionsklauseln unterfallen dem weitergehend aber nicht, sondern unterliegen der Inhaltskontrolle nach § 307 BGB und § 308 Nr. 5 BGB.¹¹ Zudem müssen Zustimmungsfiktionsklauseln den noch aufzuzeigenden Anforderungen der BGH-Rechtsprechung genügen.¹² 460

---

⁹ BGH 13.3.2018 – XI ZR 291/16, WM 2018, 1046.
¹⁰ BGH 8.3.2005 – XI ZR 154/04, NJW 2005, 1645.
¹¹ Ulmer/Brandner/Hensen/Schmidt AGB-Recht, Kommentar, 13. Aufl. 2022 § 308 Nr. 4 Rn. 1a.
¹² Dazu unter Rn. 481 ff.

**461** § 308 Nr. 5 BGB verbietet

„eine Bestimmung, wonach eine Erklärung des Vertragspartners des Verwenders bei Vornahme oder Unterlassung einer bestimmten Handlung als von ihm abgegeben oder nicht abgegeben gilt, es sei denn, dass

a) dem Vertragspartner eine angemessene Frist zur Abgabe einer ausdrücklichen Erklärung eingeräumt ist und

b) der Verwender sich verpflichtet, den Vertragspartner bei Beginn der Frist auf die vorgesehene Bedeutung seines Verhaltens besonders hinzuweisen;"

**462** Damit eine Zustimmungsfiktionsklausel die Anforderungen des § 308 Nr. 5 BGB erfüllt, muss dem Kunden daher die Möglichkeit eingeräumt werden, frei zu entscheiden, ob er bei einer auf Vertragsänderung gerichteten Fiktionsklausel der Vertragsänderung zustimmt oder ihr widerspricht mit der Folge der Fortführung des Vertrags zu den vereinbarten Bedingungen.[13] Schon aufgrund des Fehlens dieser Erklärungsmöglichkeit wäre eine Klausel unwirksam.[14]

**463** Sodann erfolgt die Prüfung nach den Maßstäben der sogenannten Generalklausel des § 307 BGB, insbesondere auf Transparenz und Angemessenheit. Nach § 307 Abs. 1 S. 2 sind Klauseln transparent und verständlich zu gestalten. Dabei dürfen AGB-Regelwerke durchaus umfangreich sein, wie das OLG Köln etwa im Falle der 80-seitigen AGB von PayPal entscheiden hat.[15]

**464** Nach § 307 Abs. 2 Nr. 1 BGB liegt eine unangemessene Benachteiligung vor, sofern die AGB-Klausel mit wesentlichen Grundgedanken der gesetzlichen Regelung nicht vereinbar ist. Eine unangemessene Benachteiligung des Vertragspartners des Verwenders im Sinne von § 307 Abs. 1 BGB ist nach ständiger Rechtsprechung des BGH gegeben, wenn der Verwender durch eine einseitige Vertragsgestaltung missbräuchlich eigene Interessen auf Kosten seines Vertragspartners durchzusetzen versucht, ohne von vornherein auch dessen Belange hinreichend zu berücksichtigen und ihm einen angemessenen Ausgleich zuzugestehen.[16]

## 5. Unterschiedlicher Prüfungsmaßstab bei Verbrauchern und Unternehmern

**465** Gemäß § 310 Abs. 1 S. 1 BGB gilt ein unterschiedlicher Prüfungsmaßstab für Verbraucher und Unternehmer. Demnach finden § 305 Abs. 2 und Abs. 3 zur Einbeziehung der AGB und die Klauselkontrollen mit und ohne Wertungsmöglichkeit nach den §§ 308, 309 BGB keine Anwendung, sofern die AGB gegenüber einem Unternehmer gemäß § 14 BGB, einer juristischen Person des öffentlichen Rechts oder einem öffentlich-rechtlichen Sondervermögen verwendet werden.

**466** Die geringere Schutzbedürftigkeit dieses Kreises wird damit begründet, dass sie sich permanent in rechtsgeschäftlichen Beziehungen befinden und ihr Erfahrungspotenzial daher einen hinreichenden Schutz bietet. Die Kontrolle durch die Generalklausel nach § 307 BGB findet aber auch gegenüber diesen Vertragspartnern statt. Über die Generalklausel schützt der BGH die Unternehmer aber weitgehend ebenso wie Verbraucher, da sich die Wertungen der §§ 308, 309 BGB weitgehend in der Generalklausel widerspiegeln. Eine Differenzierung der AGB zwischen diesen Zielgruppen muss also sehr sorgfältig abgewogen werden und begründbar sein.

**467** § 310 Abs. 3 BGB wiederum erhöht den Schutz des Verbrauchers bei Verträgen zwischen einem Unternehmer und einem Verbraucher (Verbraucherverträge) durch folgende Maßgaben:

---

[13] Ulmer/Brandner/Hensen/Schmidt AGB-Recht, Kommentar, 13. Aufl. 2022 § 308 Nr. 5 Rn. 11.
[14] Ulmer/Brandner/Hensen/Schmidt AGB-Recht, Kommentar, 13. Aufl. 2022 § 308 Nr. 5 Rn. 14.
[15] OLG Köln 19.2.2020 – 6 U 184/19, WM 2020, 106.
[16] Ständige Rechtsprechung, siehe etwa BGH 17.1.2008 – III ZR 74/07, BGHZ 175, 102.

*„1. Allgemeine Geschäftsbedingungen gelten als vom Unternehmer gestellt, es sei denn, dass sie durch den Verbraucher in den Vertrag eingeführt wurden;*
*2. § 305c Abs. 2 und die §§ 306 und 307 bis 309 dieses Gesetzes sowie Artikel 46b des Einführungsgesetzes zum Bürgerlichen Gesetzbuche finden auf vorformulierte Vertragsbedingungen auch dann Anwendung, wenn diese nur zur einmaligen Verwendung bestimmt sind und soweit der Verbraucher auf Grund der Vorformulierung auf ihren Inhalt keinen Einfluss nehmen konnte;*
*3. bei der Beurteilung der unangemessenen Benachteiligung nach § 307 Abs. 1 und 2 sind auch die den Vertragsschluss begleitenden Umstände zu berücksichtigen."*

Wie dargestellt, schafft insbesondere § 310 BGB ein höheres Schutzniveau bei der AGB-Kontrolle von Verbraucherverträgen, also Verträgen zwischen einem Unternehmer iSd § 14 BGB und einem Verbraucher iSd § 13 BGB. Hinzukommen europarechtliche Vorgaben, insbesondere die „Klauselrichtlinie" EG/93/13 über missbräuchliche Klauseln in Verbraucherverträgen.[17] **468**

Diese Richtlinie enthält einen Anhang, der Beispiele missbräuchlicher und damit verbotener Klauseln in Verbraucherverträgen nennt. Die Mechanik ist hier also ähnlich der Klauselverbote in §§ 309, 308 BGB. **469**

Allerdings hat der deutsche Gesetzgeber die Richtlinie seinerzeit nicht 1:1 umgesetzt, da man davon ausging, mit dem deutschen AGB-Recht schon einen ausreichenden Schutz zu bieten.[18] Daher gibt es regelmäßig keine deutschen Gerichtsentscheidungen, die explizit auf die Richtlinie Bezug nehmen, sondern zahlreiche Entscheidungen des EuGH.[19] **470**

Eine Ausnahme ist dann wiederum die Entscheidung des BGH vom 27.4.2021, die auf die Entscheidung des EuGH vom 11.11.2020 Bezug nimmt und insofern auch explizit die Klauselrichtlinie in Bezug nimmt. **471**

Beispielhaft zu nennen sind hier etwa die Entscheidungen des EuGH zu Az. C-186/16[20] über die Anforderungen an eine klare und verständliche Abfassung von Vertragsklauseln oder zu Az. C-421/14[21] über die Anwendung dispositiven nationalen Rechts als „Auffanglösung" nur wenn die Gesamtnichtigkeit des Vertrags ansonsten den Verbraucher „bestrafen" würde.[22] **472**

Es entspricht ständiger Rechtsprechung des EuGH, dass nationale Gerichte von Amts wegen die Missbräuchlichkeit einer Vertragsklausel, die in den Anwendungsbereich der Richtlinie 93/13 fällt, zu prüfen haben.[23] Daher ist diese Richtlinie in ihrer Bedeutung nicht zu unterschätzen und bei der AGB-Kontrolle von Verbraucherverträgen stets mit einzubeziehen. **473**

## III. Zustimmung und Zustimmungsfiktion

### 1. Ausdrückliche Zustimmung zur Preisänderung

Trotz der Möglichkeit, in bestimmten Fällen nach wie vor mit der Zustimmungsfiktion zu arbeiten, wird die Einholung der Zustimmung bei Änderungen von AGB, insbesondere im Rahmen einer Preisanpassung, die Regel bilden. **474**

Im internetbasierten Geschäft ist dies im Grunde relativ einfach zu bewerkstelligen, da die Zustimmung dort im Rahmen einer Klick-Strecke eingeholt werden kann. Dabei ist **475**

---

[17] Richtlinie 93/13/EWG des Rates vom 5.4.1993 über mißbräuchliche Klauseln in Verbraucherverträgen, (ABl. vom 21.4.1993 L 95, 29).
[18] http://dipbt.bundestag.de/doc/btd/13/027/1302713.asc.
[19] Hier ist der Text der Richtlinie und des Anhangs abrufbar samt der dazu ergangenen Vorlagefragen europäischer Gerichte: https://eur-lex.europa.eu/legal-content/DE/ALL/?uri=celex%3A31993L0013.
[20] EuGH 20.9.2017 – C-186/16, WM 2017, 1974 – Banca Românească.
[21] EuGH 26.1.2017 – C-421/14, EuZW 2017, 488 – Banco Primus.
[22] Siehe hierzu von Westphalen NJW 2019, 275.
[23] EuGH 29.4.2021 – C-19/20, WM 2021, 1035 – Bank BPH.

aber darauf zu achten, dass die Zustimmung insofern freiwillig geschieht, als dass dem Vertragspartner nicht der Zugang zu einem vertraglich fixierten Angebot vor Beendigung des Vertrages verwehrt wird, um die Zustimmung zu einer Preis- oder Entgeltänderung zu erreichen. Dem Kunden muss die Möglichkeit eingeräumt werden, frei zu entscheiden, ob er bei einer auf Vertragsänderung gerichteten Fiktionsklausel der Vertragsänderung zustimmt oder ihr widerspricht. Der Widerspruch kann nur die Folge der Fortführung des Vertrags zu den vereinbarten Bedingungen bewirken.[24] Eine Klausel, der diese Wahlmöglichkeit fehlt, ist schon deswegen unwirksam.[25] Widerspricht der Kunde, steht dem Verwender der Klausel natürlich grundsätzlich frei, den Vertrag ordentlich mit den vereinbarten Kündigungsrechten zu beenden.

**476** Die postalische Einholung der Zustimmung ist rechtlich zwar unproblematisch, in der Praxis aber nur mühsam durchführbar. Zum Teil werden Kunden die Zustimmung deswegen nicht erteilen, weil sie das entsprechende Anschreiben schlicht als Werbung betrachtet und ungelesen entsorgt haben. Zum Teil sind Kunden auch unbekannt verzogen oder aus anderen Gründen nicht erreichbar. Hier wird das Unternehmen nachfassen müssen, was einen deutlichen Mehraufwand, gerade im Massengeschäft, erfordert.

**477** Die persönliche Einholung der Zustimmung ist natürlich ebenso möglich. Wenn der Kunde regelmäßig ein Geschäft besucht, kann dies durchaus Sinn machen und ist einer postalischen Lösung vorzuziehen, da dann individuell auf den Kunden eingegangen werden kann. Regelmäßig wird dies jedoch an der Menge der Kunden scheitern, ein solches Vorgehen ist nur bei exklusiven Kundenkreisen denkbar.

### 2. Gesetzliche Vorgaben zur Zustimmungsfiktion

**478** Der Gesetzgeber hat an einigen Stellen Aussagen zur Zulässigkeit und möglichen Reichweite von Zustimmungsfiktionsklauseln getroffen.

**479** Zunächst ist hier an die formalen Vorgaben der AGB-rechtlichen Vorschriften zu denken, etwa § 308 Nr. 4 und Nr. 5 BGB.[26] Sodann kommen materiellrechtlich § 675g BGB und die Regelungen im Versicherungsrecht[27] sowie die Besonderheiten im Recht der Energielieferverträge[28] in den Sinn.

**480** Aus § 675g BGB ergibt sich für das Recht der Zahlungsdienste, dass Zahlungsdienstleister und Zahlungsdienstnutzer vereinbaren können, dass die Zustimmung des Zahlungsdienstnutzers zu einer Änderung (...) als erteilt gilt, wenn dieser dem Zahlungsdienstleister seine Ablehnung nicht vor dem vorgeschlagenen Zeitpunkt des Wirksamwerdens der Änderung angezeigt hat. Im Fall einer solchen Vereinbarung ist der Zahlungsdienstnutzer auch berechtigt, den Zahlungsdiensterahmenvertrag vor dem vorgeschlagenen Zeitpunkt des Wirksamwerdens der Änderung fristlos zu kündigen. Der Zahlungsdienstleister ist verpflichtet, den Zahlungsdienstnutzer mit dem Angebot zur Vertragsänderung auf die Folgen seines Schweigens sowie auf das Recht zur kostenfreien und fristlosen Kündigung hinzuweisen. Wie schon mehrfach ausgeführt, hat der BGH den bis 2021 hierauf gestützten AGB-Änderungsmechanismus der Kreditwirtschaft für unwirksam erklärt, da neben der grundsätzlichen zahlungsverkehrsrechtlichen Zulässigkeit auch zu prüfen sei, ob die konkrete Klausel AGB-rechtlich ordnungsgemäß sei, was für die in den AGB der Kreditwirtschaft verwendete Klausel verneint wurde.[29]

---

[24] Ulmer/Brandner/Hensen/Schmidt AGB-Recht, Kommentar, 13. Aufl. 2022 § 308 Nr. 5 Rn. 11.
[25] Ulmer/Brandner/Hensen/Schmidt AGB-Recht, Kommentar, 13. Aufl. 2022 § 308 Nr. 5 Rn. 14.
[26] Hierzu bei → Rn. 480.
[27] Hierzu bei → Rn. 546.
[28] Hierzu bei → Rn. 312.
[29] BGH 27.4.2021 – XI ZR 26/20, BGHZ 229, 344.

## 3. Höchstrichterliche Vorgaben zur Zustimmungsfiktion

Der XI. Zivilsenat des BGH[30] hat zwar die von Kreditwirtschaft verwendete Klausel als AGB-rechtlich unzulässig angesehen, aber für die Zustimmungsfiktion ein Türchen offengelassen. Sollten die Klauseln künftig enger gefasst sein als die bisherigen Versionen, könnte der Zustimmungsverzicht wirksam sein. Denkbar wären „einschränkend-konkretisierende Formulierungen" der Klausel, so der BGH. Hier werden verschiedene Fallgruppen gebildet werden müssen. *Faber*[31] hat nach Analyse des englischen Rechts für das österreichische Recht vorgeschlagen, die Änderungsbegehren der Banken in drei Kategorien zu unterteilen: Änderungen von Entgelten, von Leistungen der Bank und sonstige Änderungen von Vertragsbestimmungen wie insbesondere AGB-Klauseln. **481**

In der Vertragspraxis werden sich hier Lösungen entwickeln, die dann am Ende vom BGH in verschiedenen Fallgruppen auf ihre AGB-rechtliche Wirksamkeit hin beurteilt werden müssen. Die darin liegende Unsicherheit für die Unternehmen nimmt der BGH bewusst in Kauf, da diese im „Verantwortungsbereich des Verwenders", also der Bank bzw. des sonstigen Unternehmers, liegen. **482**

Klar dürfte sein, dass alle Änderungen der Klausel, die wiederum als Klausel in die Vertragswerke Eingang finden sollen, per Änderungsvertrag bewerkstelligt werden müssen, denn die Zustimmungsfiktion kann hierfür nun nicht mehr genutzt werden. **483**

In Weiterentwicklung dieser Überlegungen anhand der Aussagen des BGH und den Bedürfnissen der Wirtschaft könnte folgende Fallgruppenbildung nützlich sein. **484**

### a) Zwingende Änderung aufgrund geänderter Rechtslage

Anwendbar und zulässig sein wird eine Zustimmungsfiktionsklausel für Änderungen der Vertragsbedingungen, die unmittelbar durch den Gesetzgeber oder die Rechtsprechung veranlasst werden. **485**

In dem Fall kann nicht von einer unangemessenen Benachteiligung des Kunden ausgegangen werden. Das Unternehmen ist ja gezwungen, die geänderte Rechtslage in seinen Vertragsbedingungen nachzuziehen. Dies gilt auf jeden Fall für Änderungen, welche direkt das Zivilrecht betreffen. Werden von Seiten der Behörden wie nationaler oder EU-Aufsichtsbehörden Vorgaben gemacht, ist Verpflichteter daraus zunächst ausschließlich das Unternehmen. Wie diese ihre öffentlich-rechtlichen Verpflichtungen gegenüber dem Kunden umsetzen, ist ihnen überlassen und im Grundsatz nicht das Problem des Kunden. Grundsätzlich wird man jedoch davon ausgehen können, dass auch geänderte und zwingende behördliche Anforderungen das Unternehmen berechtigen, diese gegenüber dem Kunden im Wege einer Zustimmungsfiktion umzusetzen. Denn die Änderung liegt außerhalb des Einflussbereichs des Unternehmens. Sofern die Umsetzung zwingend ist, kann diese auch an den Kunden weitergegeben werden. Die Zustimmung verweigern könnte der Kunde immer noch, AGB-rechtlich dürfte diese Änderung nicht zu einer unangemessenen Benachteiligung des Kunden und damit zur Unwirksamkeit der Klausel führen. **486**

Verweigert der Kunde die Zustimmung bei einer Änderung der Vertragsbedingungen, welche unmittelbar durch den Gesetzgeber, die Rechtsprechung oder die Aufsicht veranlasst wurde, wird dem Unternehmen nichts anderes übrigbleiben, als den Vertrag mit ihm ordentlich zu kündigen. Eine solche Zustimmungsverweigerung wird dagegen nur in seltenen Fällen eine außerordentliche Kündigung rechtfertigen. Von daher sollte Unternehmen nicht nur ihre AGB-Änderungsmechanismen und den möglicherweise vorhandenen Zustimmungsfiktionsklauseln überarbeiten, sondern auch die Kündigungsrechte so **487**

---

[30] Wie zuvor 2007 schon der III. Zivilsenat für ähnlich aufgebaute Klauseln von Internetprovidern (BGH 11.10.2007 – III ZR 63/07, NJW 2008, 365) und Pay-TV-Anbietern (BGH 15.11.2007 – III ZR 247/06, NJW 2008, 360).
[31] Faber ÖBA 2021, 305 (317 f.).

488   Relevante Beispiele für diese Fallgruppe werden regelmäßig Entscheidungen der Obergerichte zu AGB-Klauseln sein, welche für unwirksam erklärt werden. Diese nun aus den AGB zu streichen ist zwar ebenso eine Vertragsänderung. Nur sind Unternehmen verpflichtet, diese auch umzusetzen.

489   Dies Fallgruppe kann durchaus auch Änderungen zum Nachteil des Kunden erfassen, man denke an das neue Zahlungsverkehrsrecht nach Umsetzung der PSD, wonach ausschließlich die im Auftrag geschriebene IBAN für die Überweisung herangezogen werden darf. Der damit weggefallene und in Deutschland für die Haftung davor relevante Kontonummern-Namensvergleich belastet den Kunden, da er für Schreibfehler nun selbst haftet und nicht mehr die eine Überweisung ausführende Bank.

### b) Änderungen ohne Nachteil für den Kunden

490   Änderungen ohne Nachteil für den Kunden, die sich nicht direkt aus Gesetzesänderungen, Gerichtsentscheidungen und Behördenvorgaben ableiten, werden zwar nicht die Masse der Fälle sein, aber auch solche dürften im Blick des AGB-Rechts unproblematisch sein. Dabei muss aber eindeutig sein, dass dem Verbraucher in keiner Weise ein Nachteil durch die Änderung entstehen kann, die Vorteilhaftigkeit zu Gunsten des Kunden oder die Neutralität der Änderung muss objektiv nachvollziehbar sein. Treten Sachverhalte auf, welche negative Auswirkungen der neuen Klausel auf den Kunden haben, kann diese Ausnahmefallgruppe nicht eingreifen. Dies ist bei der Klauselgestaltung zu berücksichtigen. Die Klausel muss möglichst konkret gefasst sein, so dass nur Änderungen erfasst werden, die nicht zum Nachteil des Kunden sind. Ist die Klausel auch anderweitig auslegbar, wäre sie wiederum AGB-rechtlich unwirksam.

491   Beispiele können erweiterte Leistungen sein, zB ein Entgelt wird gesenkt oder abgeschafft, der Preis wird reduziert oder Kündigungsrechte zu Gunsten des Kunden (!) werden verbessert.

492   Ein Beispiel hierzu scheinen die Änderungen bei ebay von 2023 zu sein. Hier wurde Anfang 2023 die Verkaufsgebühr für Privatkunden abgeschafft. Dabei handelt es sich offensichtlich um eine Verbesserung für den Kunden, so dass eine solche Änderung über eine Zustimmungsfiktionsklausel eingeführt werden könnte. Rein vertragsrechtlich können solche Verbesserung nicht einfach so eingeführt werden, eine vertragliche Grundlage ist auch bei Änderungen die Verbesserungen für den Kunden herbeiführen, erforderlich.[32] Damit könnte hier eine AGB-rechtlich nicht zu beanstandende Zustimmungsfiktionsklausel Grundlage für die für den Kunden positive Veränderung sein. Denn vertragsrechtlich bedarf jede Änderung des Vertrages zwei erneuter übereinstimmender Willenserklärungen der Vertragspartner, wie dies bei Vertragsschluss auch notwendig war. Rein faktisch wird sich kaum ein Kunde beschweren, wenn Preise wegfallen, so dass das rechtliche Risiko bei so einer Vorgehensweise überschaubar bleiben dürfte.

493   Zu dieser Fallgruppe gehören auch die Fälle des technischen Fortschritts. Von *Faber*[33] wird kritisch diskutiert, welche technischen und systembezogenen Neuerungen notwendig sind, so dass sie der Kunde akzeptieren muss. Problematisch ist hier der unbestimmte Rechtsbegriff der Notwendigkeit, welcher in der AGB-Klausel im Zweifel einer zu wenig konkreten Formulierung führen könnte. Lösung könnte sein, diese Fälle des technischen Fortschritts auch unter die Fallgruppe „Änderungen zu Gunsten des Kunden" zu subsumieren. Denn bei zB höherer Sicherheit für das Online-Geschäfte und einem Erfordernis der Änderungen der AGB zu deren Einführung, erfolgt dies zu Gunsten des Kunden. Aus haftungsrechtlicher Sicht erfolgen solche Änderungen auch zu Gunsten der Bank. Dies

---

[32] Siehe hierzu → Rn. 849.
[33] Faber ÖBA 2021, 305 (319 f.).

schadet aber nicht, bei dieser Betrachtung geht es nur um die Prüfung, ob dem Kunden durch die Änderung kein Nachteil entsteht wie höheres Entgelt, schlechtere Leistungen oder schwächere Rechtsposition. Diese Prüfung hat objektiv zu erfolgen, die subjektive Sicht des Kunden, der zB eine alte und damit unsichere Methode als vorteilhaft ansieht, spielt dabei keine Rolle. So lange dem Kunden kein Nachteil entsteht und auch theoretisch durch die Klausel nicht entstehen kann, ist der Verwender auf der sicheren Seite.

Allerdings ergibt sich aus der Rechtsprechung, dass auch eine Klausel, die einen „Vorteil für den Kunden" vorsieht, unwirksam sein kann, wenn die Formulierung nicht bestimmt genug ist.[34]    **494**

### c) Transparente Preisänderungen von Anfang an

Möglicherweise kann die Klausel für Preisänderungen mit Zustimmungsfiktion überflüssig werden, wenn eine Klausel verwendet wird, welche dem Kunden von Anfang an klarmacht, wie Preisänderungen anhand welcher Kriterien verlaufen. So könnten zB Preise künftig auch in Deutschland – wie in Österreich schon lange üblich – mit dem Verbraucherpreisindex (VPI) angepasst werden. Diese jährliche Anpassung müsste dann in den Verträgen auch so geregelt werden. In Deutschland hat dieses Instrument bisher praktisch keine Rolle gespielt, könnte aber jetzt mehr in den Fokus rücken. Preisanpassungsmechanismen ohne Restermessen des Verwenders bei der konkreten Umsetzung wären also eine wirksame Möglichkeit, Entgelterhöhungen vorzunehmen, ohne jedes Mal eine Änderungsvereinbarung abschließen zu müssen.    **495**

Zum Teil wird auch überlegt, ob eine Erhöhung von Kosten, auf welche das Unternehmen keinen Einfluss hat, im Wege der Zustimmungsfiktion auf den Kunden überwälzt werden können.[35] Diese Überlegung wird schwierig umzusetzen sein. Auch der Kunde dürfte keinen Einfluss auf die höheren Kosten des Unternehmens haben, außerdem sind solche Kostenerhöhungen dem Risikobereich und Geschäftsmodell des AGB-Verwenders zuzurechnen. Wieso sollen sich Preise für ein Produkt automatisch erhöhen, wenn zB die Personalkosten aufgrund eines neuen Tarifabschlusses der Gewerkschaften steigen? Solche Kostenerhöhungen sind das Geschäftsrisiko des Unternehmens und werden nicht mit einem Automatismus auf den Kunden umgelegt werden können. Wenn also Kostensteigerungen nicht transparent von Anfang an durch eine Anknüpfung an einen neutralen und objektiven Referenzmaßstab, den das Unternehmen als Verwender der Klausel nicht beeinflussen kann, dargestellt werden können, dürfte die AGB-rechtliche Wirksamkeit sehr zweifelhaft sein.    **496**

### 4. Unterschiede zwischen B2B und B2C?

Das BGH-Urteil vom 27.4.2021 bezieht sich auf verbraucherschützende Erwägungen, namentlich die verbraucherschützende AGB-Kontrolle auf Basis der Vorgaben der Klauselrichtlinie 93/13.[36]    **497**

Daher erscheint es vertretbar, die Verwendung einer Zustimmungsfiktionsklausel nur gegenüber Verbrauchern einzuschränken.    **498**

So findet sich etwa in den AGB der Deutschen Bank[37] ein entsprechender Passus:    **499**

> „Änderungen dieser Geschäftsbedingungen und der Sonderbedingungen werden dem Kunden, der kein Verbraucher ist, spätestens zwei Monate vor dem vorgeschlagenen Zeitpunkt ihres Wirksamwerdens in Textform angeboten.
> (...)

---

[34] Siehe hierzu BGH 15.11.2007 – III ZR 247/06, NJW 2008, 360.
[35] Faber ÖBA 2021, 305 (320 f.).
[36] BGH 27.4.2021 – XI ZR 26/20, BGHZ 229, 344.
[37] https://www.deutsche-bank.de/dam/deutschebank/de/shared/pdf/ser-agb-bedingungen-agb_ag.pdf.

*Der Kunde, der kein Verbraucher ist, kann den Änderungen vor dem vorgeschlagenen Zeitpunkt ihres Wirksamwerdens entweder zustimmen oder sie ablehnen. Die Zustimmung des Kunden, der kein Verbraucher ist, gilt als erteilt, wenn er seine Ablehnung nicht vor dem vorgeschlagenen Zeitpunkt des Wirksamwerdens der Änderungen angezeigt hat. Auf diese Genehmigungswirkung wird ihn die Bank in ihrem Angebot besonders hinweisen".*

500  Hier wird der Unterschied zwischen dem Rechtsverkehr mit Kaufleuten und dem mit Nicht-Kaufleuten bzw. Verbrauchern iSd § 13 BGB deutlich. Nach § 362 HGB kann das Schweigen des Kaufmanns eine Bedeutung haben; so kommt ein Zustandekommen eines Vertrags und dementsprechend auch einer Zustimmung nach den Grundsätzen des kaufmännischen Bestätigungsschreibens in Betracht.

501  Dementsprechend lässt sich wie skizziert auch die weitere Verwendung einer Zustimmungsfiktionsklausel gegenüber Nicht-Verbrauchern auf das unterschiedliche Schutzniveau das AGB-Rechts stützen.

502  Diese Sichtweise ist aber nicht zwingend:
Über § 310 Abs. 1 S. 1 BGB finden § 305 Abs. 2 und Abs. 3 sowie die §§ 308, 309 BGB keine Anwendung, sofern die AGB gegenüber einem Unternehmer gemäß § 14 BGB, einer juristischen Person des öffentlichen Rechts oder einem öffentlich-rechtlichen Sondervermögen verwendet werden.

503  Die Kontrolle durch die Generalklausel nach § 307 BGB findet aber auch gegenüber diesen Vertragspartnern statt. Da der BGH seine Entscheidung wesentlich hierauf gestützt hat, lässt sich auch die Sichtweise vertreten, dass auch gegenüber Unternehmern Zustimmungsfiktionsklauseln nicht mehr wirksam vereinbart werden können.

## IV. Sittenwidrigkeit und Wucher

504  Die Vorschrift des § 138 BGB regelt eine der Grenzen der Vertragsfreiheit. Danach sind sittenwidrige Rechtsgeschäfte nichtig, also auch sittenwidrige Verträge oder Teilregelungen von Verträgen.[38] Verstößt demnach der neu vereinbarte und geänderte Preis gegen die guten Sitten, weil er gegen das Anstandsgefühl aller billig und gerecht Denkenden verstößt und damit in der Regel ca. 100 % über einem vergleichbaren Marktpreis liegt, ist die Vereinbarung nichtig. Ausgangspunkt der Überlegung ist also bei Preisen und Preisänderungen immer eine Äquivalenzstörung, die ein auffälliges Leistungsmissverhältnis darstellt.[39] Preisänderungen werden dabei genauso beurteilt wie die erste Festsetzung des Preises, hier ergeben sich keine Besonderheiten.[40]

## V. Wegfall der Geschäftsgrundlage

505  Bei der Suche nach möglichen Grundlagen für Vertragsanpassungen wird häufig das Instrument des Wegfalls der Geschäftsgrundlage diskutiert. Während dieses Rechtsinstitut lange ausschließlich als Richterrecht anerkannt war, hat der Gesetzgeber der Schuldrechtsreform 2002 dies in § 313 BGB in Gesetzesform gegossen:

*„(1) Haben sich Umstände, die zur Grundlage des Vertrags geworden sind, nach Vertragsschluss schwerwiegend verändert und hätten die Parteien den Vertrag nicht oder mit anderem Inhalt geschlossen, wenn sie diese Veränderung vorausgesehen hätten, so kann Anpassung des Vertrags verlangt werden, soweit einem Teil unter Berücksichtigung aller Umstände des Einzelfalls, insbesondere der*

---

[38] Zu den Einzelheiten → Rn. 295 und MüKoBGB/Armbrüster § 138 Rn. 1 ff.
[39] MüKoBGB/Armbrüster § 138 Rn. 206.
[40] Darum → Rn. 295.

vertraglichen oder gesetzlichen Risikoverteilung, das Festhalten am unveränderten Vertrag nicht zugemutet werden kann.

(2) Einer Veränderung der Umstände steht es gleich, wenn wesentliche Vorstellungen, die zur Grundlage des Vertrags geworden sind, sich als falsch herausstellen.

(3) Ist eine Anpassung des Vertrags nicht möglich oder einem Teil nicht zumutbar, so kann der benachteiligte Teil vom Vertrag zurücktreten. An die Stelle des Rücktrittsrechts tritt für Dauerschuldverhältnisse das Recht zur Kündigung."

**506** Voraussetzung, um eine Anpassung auf dieser Basis vornehmen zu können, ist also, dass sich die Umstände, die zur Grundlage des Vertrags geworden sind, nach Vertragsschluss schwerwiegend geändert haben, so dass (mindestens) einer Partei das Festhalten am (unveränderten) Vertrag nicht mehr zugemutet werden kann.

**507** Rechtsfolge ist dann aber keine automatische Anpassung des Vertrags, sondern es entsteht ein Anspruch auf Anpassung des Vertrags an die geänderten Bedingungen. Gerade die Corona-Pandemie der letzten Jahre hat hier einige Entscheidungen hervorgebracht. In einer der ersten corona-bezogenen Entscheidungen führt der BGH[41] aus, dass die pandemiebedingte Schließung eines Handelsgeschäfts, die auf einer Maßnahme zur Bekämpfung der Covid-Pandemie beruht, als Geschäftsgrundlage gemäß § 313 Abs. 1 BGB anzusehen ist und das Verwendungsrisiko einer Mietsache auf Grund einer pandemiebedingten Schließung eines Handelsgeschäfts nicht allein vom Mieter zu tragen ist.

**508** Daher hätten die Vertragsparteien, wenn sie die Möglichkeit einer Pandemie vorhergesehen hätten, bei Abschluss des Mietvertrages die Möglichkeit einer Mietanpassung vorgesehen.

**509** Für das zum Eingreifen von § 313 BGB notwendige Element der Unzumutbarkeit führt der BGH dann aus, dass dies einer umfassenden Abwägung bedarf, bei der sämtliche Umstände des Einzelfalls zu berücksichtigen sind, wobei bei der Abklärung, ob dem Mieter ein Festhalten an dem unveränderten Vertrag zumutbar ist, Art und Dauer der Nachteile sowie etwaig erlangte (auch staatliche) finanzielle Vorteile zu berücksichtigen sind.

**510** Das in § 313 Abs. 3 BGB erwähnte Rücktrittsrecht greift hingegen nur ein, wenn eine Anpassung nicht zumutbar ist. Dafür genügt es nach einer weiteren Entscheidung des BGH[42] nicht, dass ein weiteres Festhalten am Vereinbarten nur für eine Partei unzumutbar erscheint; vielmehr muss das Abgehen vom Vereinbarten der anderen Partei auch zumutbar sein.

**511** Für den konkreten Fall einer auf § 313 BGB gestützten Preisanpassung haben das LG Düsseldorf[43] und ihm folgend das OLG Düsseldorf[44] entschieden, dass Energieversorger an ihre Preisgarantien gebunden bleiben: Ein Energieversorger hatte bei Strom- bzw. Gastarifen Preiserhöhungen vorgenommen, obwohl es sich um Verträge mit langfristiger (eingeschränkter) Preisgarantie handelte, so dass grundsätzlich nur Preisänderungen wegen gestiegener Steuern, Abgaben oder Umlagen zulässig gewesen wären.

**512** Der Anbieter hatte die Erhöhung mit dem Anstieg der eigenen Beschaffungskosten durch die hohen Preise auf den Großhandelsmärkten für Strom und Gas begründet und sich auf § 313 BGB berufen, da die Verträge keine speziellen Regelungen enthielten.

**513** Eine Preisanpassung über § 313 BGB bei bestehenden Preisgarantien kommt nach Auffassung beider Instanzen nicht in Betracht, da sich aus der übernommenen Preisgarantie gerade ergebe, dass der Lieferant hier das Beschaffungs- und damit auch Preisrisiko übernommen habe.

**514** Auch wenn keine Preisgarantie übernommen wurde, der Preis aber fest im Vertrag (ohne Änderungsklausel) vereinbart wurde, kommt für eine allgemeine Preisanpassung das Institut des Wegfalls der Geschäftsgrundlage also nur in Ausnahmefällen (wie eben eine unvorher-

---

[41] BGH 12.1.2022 – XII ZR 8/21, NJW 2022, 1370.
[42] BGH 11.1.2023 – XII ZR 101/21, NZM 2023, 243.
[43] LG Düsseldorf 23.11.2022 – 12 O 247/22, openjur 2022, 21589.
[44] OLG Düsseldorf 23.3.2023 – I-20 U 318/22, MDR 2023, 760.

sehbare und noch nie dagewesene Pandemie) in Frage. Für eine Preisanpassung im normalen geschäftlichen Verkehr ist sie gerade nicht geeignet, sie kann nur extreme Härten abfedern.

515 Auf den Fall einer unwirksamen Zustimmungsfiktionsklausel gemünzt bedeutet die Anwendung der Grundsätze des Wegfalls der Geschäftsgrundlage, dass der Verwender eine AGB-Änderung oder Entgeltänderung nicht durch ein bloßes Berufen auf § 313 BGB eine Preisanpassung herbeiführen kann. Es kann sich daraus allerdings in Härtefällen ein Anspruch auf Vertragsanpassung ergeben.

## VI. Kündigung des Vertrages

516 Letztlich kann die Kündigung des Vertragsverhältnisses eine Möglichkeit darstellen, durch Beendigung des Vertrages neue Preise durchzusetzen. Aber auch hier sind einige Regeln zu beachten.

### 1. Zulässigkeit der ordentlichen Kündigung

517 Eine ordentliche Kündigung bedarf vom Grundsatz her keiner Begründung.[45] Von daher ist die ordentliche Kündigung immer eine Möglichkeit, sich von einem Vertrag zu befreien, der aufgrund der Klauselwerke oder des vereinbarten Entgelts nicht mehr zur Geschäftspolitik oder der Kalkulation eines Unternehmens passt, sofern nicht im Einzelfall – etwa bei befristeten Verträgen – das ordentliche Kündigungsrecht ausgeschlossen ist.

518 Meist sind in den Verträgen Kündigungsrechte vereinbart oder sie ergeben sich wie zB beim Wohnraummietrecht aus dem Gesetz. Liegen solche Vorgaben nicht vor, können Dauerschuldverhältnisse immer mit einer angemessenen Frist, die auf die berechtigten Interessen des Vertragspartners Rücksicht nimmt, beendet werden.

519 Allerdings muss die ordentliche Kündigung durch ein (häufig öffentlich-rechtliches) Unternehmen, das Aufgaben der Daseinsvorsorge mit Mitteln des Privatrechts erfüllt, dem **Willkürverbot** genügen und es können Grenzen einer Kündigung bestehen. Öffentlich-rechtliche Unternehmen können gegen § 134 BGB verstoßen, da die öffentliche Hand auch dann unmittelbar an die Grundrechte gebunden ist, wenn sie öffentliche Aufgaben in privatrechtlichen Rechtsformen wahrnimmt.[46] Es muss darum in diese Fällen ein sachgerechter Grund vorliegen, wenn die Umstände, die das Unternehmen zu der Beendigung veranlassen, derart beschaffen und zu bewerten sind, dass ein **unvoreingenommener, vernünftiger Beobachter** das Verhalten des als **Reaktion** für **nachvollziehbar** und der Sachlage **angemessen** halten muss.[47] Eine Kündigung der Geschäftsverbindung in Fällen, in denen der Kunde sich trotz eines wirtschaftlich „vernünftigen" Angebotes weigert, die Änderungen der AGB zu akzeptieren, dürfte daher gerechtfertigt sein. Zum Teil wird empfohlen, die (ordentliche) Kündigung einer Geschäftsverbindung durch ein solches Unternehmen in jedem Fall mit einer Begründung zu versehen.[48] Allerdings dürfte „diese Verpflichtung [...] aber abgesehen von dem zweifellos entstehenden Mehraufwand üblicherweise ohne weiteres darstellbar sein".[49]

520 Die Rechtsprechung zu den Anforderungen an Begründungen von (ordentlichen) Kündigungen, wo erforderlich, ist schwer überschaubar, da solche Vorgaben an vielen Stellen vorkommen. Hier sollen daher einige Entscheidungen von Relevanz dargestellt werden.

---

[45] Siehe hierzu Hau/Poseck, BeckOGK/Foerster, Stand: 1.10.2022, § 675h Rn. 13.
[46] BGH 11.3.2003 – XI ZR 403/01, BKR 2003, 346; Bachmann ZBB 2006, 257 (264); Hau/Poseck, BeckOGK/Foerster, Stand: 1.10.2022, § 675h Rn. 25.
[47] Hadding FS Hopt II, 2020, 1893 (1904 f.); Linnebrink BKR 2014, 10 (12).
[48] Linnebrink BKR 2014, 10 (11 f.).
[49] Linnebrink BKR 2014, 10 (12).

Das OLG Naumburg[50] hat 2012 entschieden, dass wegen des aus § 5 Sparkassenver- 521
ordnung Sachsen-Anhalt[51] folgenden Kontrahierungszwangs Sparkassen Girokonten auf
Guthabenbasis nur aus wichtigem Grund kündigen können. Das gelte selbst dann, wenn
eine ordentliche (Änderungs-) Kündigung lediglich der Anpassung der Kontoentgelte
dienen soll.

Der Senat setzt sich damit auseinander, dass auch Sparkassen eine Kündigung bei 522
Änderung der Umstände möglich sein müsse: Es treffe nicht zu, dass der Ausschluss des
ordentlichen Kündigungsrechts jeglicher Anpassung der Entgelte in Altverträgen entgegenstünde, solange die Kunden sich vertragstreu verhielten. Denn eine wesentliche Änderung
der Verhältnisse kann eine außerordentliche Kündigung rechtfertigen. Die im Zusammenhang mit § 314 BGB entwickelten Grundsätze können auf § 5 SpkVO LSA übertragen
werden. Danach ist die Fortsetzung eines Dauerschuldverhältnisses nicht mehr zumutbar,
wenn es zu Äquivalenzstörungen etwa infolge von Geldentwertung oder Kostensteigerungen kommt. In einer Änderung des Äquivalenzverhältnisses wird also ein sachgerechter
Grund als auch ein für eine außerordentliche Kündigung erforderlicher wichtiger Grund
gesehen.

Das LG Köln[52] hat entschieden, dass eine Kündigung eines Girokontos wegen der 523
Belastung der Bank mit Negativzinsen wirksam ist, wenn auf diesem Konto Einlagen in
achtstelliger Höhe vorgehalten werden und der Kunde zur Vereinbarung eines Verwahrentgelts als milderes Mittel nicht bereit ist.

Die ausgesprochene Kündigung wurde wegen der Störung des Äquivalenzprinzips als 524
begründet angesehen. Zwar sei die Bank mit der Vereinbarung der befristeten Gebührenfreiheit ein Risiko eingegangen, so dass die bloße Tatsache, dass sich die erhofften
Geschäftschancen nicht verwirklicht hätten, noch nicht ohne Weiteres für eine Kündigung
ausreiche.

Allerdings sei durch die Einzahlung eines zweistelligen Millionenbetrags auf das Konto 525
das Äquivalenzverhältnis gestört, was die klagende Bank zur Kündigung berechtigte, da der
Kunde das denkbare mildere Mittel, nämlich die Vereinbarung eines Verwahrentgelts,
abgelehnt habe. Es sei gerichtsbekannt, dass Banken bei der EZB „Negativzinsen" zahlen
müssten, denen hier keine Gegenleistung gegenüberstehe. Ein Kündigungsgrund liege
daher vor, auch unter Beachtung des hier einschlägigen § 5 SpkG NRW,[53] der für eine
Kündigung einen wichtigen Grund vorsehe.

## 2. Zulässigkeit der außerordentlichen Kündigung

Außerordentliche Kündigungen bedürfen zur Zulässigkeit eines wichtigen Grunds. Ein 526
wichtiger Grund liegt vor, wenn dem kündigenden Teil unter Berücksichtigung aller
Umstände des Einzelfalls und unter Abwägung der beiderseitigen Interessen die Fortsetzung
des Vertragsverhältnisses bis zur vereinbarten Beendigung oder bis zum Ablauf einer
Kündigungsfrist nicht zugemutet werden kann. Im Regelfall wird das Unternehmen einen
solchen wichtigen Grund im Rechtssinne bei einer Preiserhöhung nicht begründen können.

Nur eine wesentliche Änderung der Verhältnisse kann eine außerordentliche Kündigung 527
rechtfertigen. Danach ist die Fortsetzung eines Dauerschuldverhältnisses nicht mehr zumutbar, wenn es zu erheblichen Äquivalenzstörungen etwa infolge von Geldentwertung oder
Kostensteigerungen kommt. In einer Änderung des Äquivalenzverhältnisses kann also ein
für eine außerordentliche Kündigung erforderlicher wichtiger Grund gesehen werden.

---

[50] OLG Naumburg 31.1.2012 – 9 U 128/11, ZIP 2012, 1119.
[51] Die Sparkassenverordnungen bzw. Sparkassengesetze anderer Bundesländer enthalten regelmäßig entsprechende Vorschriften, so dass die Begründung übertragbar sein dürfte.
[52] LG Köln 3.12.2020 – 22 O 23/20, ZIP 2021, 402.
[53] Die Sparkassenverordnungen bzw. Sparkassengesetze anderer Bundesländer enthalten regelmäßig entsprechende Vorschriften, so dass die Begründung übertragbar sein dürfte.

528  Auf dieses Instrument sollte sich die Praxis aber in der Tat nur in Ausnahmefällen berufen und die Fälle der Hyperinflation oder sonstiger nicht vorhersehbarer erheblicher Störungen des Äquivalenzverhältnisses sind zunächst mit dem Instrument des Wegfalls der Geschäftsgrundlage[54] und § 242 BGB zu lösen.

### 3. Wettbewerbsrechtliche Bedenken gegen die Kündigungsandrohung

529  Zum Teil wird eingewandt, die Androhung einer Kündigung für den Fall, dass ein Kunde der Änderung der AGB, insbesondere im Rahmen der Entgeltanpassung nicht zustimmt, sei als aggressive geschäftliche Handlung im Sinne von § 4a Abs. 1 Nr. 2 und Nr. 3 UWG zu qualifizieren. Da nahezu jede Form der Kommunikation des Unternehmens mit seinem Kunden als „geschäftliche Handlung" iSd §§ 2 Abs. 1 Ziffer 2, 4a, 5 UWG, die den Kunden zu einer geschäftlichen Entscheidung veranlassen sollen, qualifiziert werden kann,[55] sind wettbewerbsrechtliche Angriffspunkte faktisch immer vorhanden.

530  Paradigmatisch ist die Sachverhaltskonstellation, die der Entscheidung des LG Stuttgart vom 15.2.2022[56] zugrunde lag. Dort hatte eine beklagte Genossenschaftsbank, die in der Vergangenheit für ihre Mitglieder Girokonten kostenfrei geführt hatte, ab dem 1.1.2020 auf Grundlage eines in ihren AGB geregelten Preiserhöhungsvorbehalts Kontoführungsgebühren in Höhe von 5,00 Euro pro Monat erhoben. Im Rahmen eines Schreibens vom 9.7.2021 hat die beklagte Genossenschaftsbank ihren Kunden mitgeteilt, dass sie die Entscheidung des Bundesgerichtshofs vom 27.4.2021 akzeptiere und die Kunden das Recht hätten, die gezahlten Kontopreise zurückzuverlangen. In besagtem Schreiben heißt es ausdrücklich: „tun Sie das, werden wir erstatten! Wir bitten Sie, diesen Schritt aber erst einmal zu überdenken". Im Anschluss daran machte die Bank ihren Kunden das folgende Angebot:

531  „Wir belassen es bei dem [Konto] bei einem monatlichen, pauschalen Kontoführungspreis von 5 Euro und den darin beinhalteten Dienstleistungen [gemäß beiliegender Anlage]. Dies beinhaltet, dass Sie auf die Rückerstattung der monatlichen Kontoführungspreise seit deren Einführung am 1.1.2020 uns gegenüber verzichten und wir den monatlich zahlbaren Kontoführungspreis in Höhe von 5 Euro weiterhin erhalten. Dafür geben wir Ihnen eine Preisgarantie für die Kontoführung des [Kontos] bis zum 31.12.2022 in Höhe von weiterhin monatlich 5 Euro! Dieses Angebot bedarf Ihrer Zustimmung! Wir bitten Sie daher, sich die Annahme dieses Angebotes bis zum 15.10.2021 zu überlegen. Für diesen Zeitraum, d. h. für die Monate Juli bis Oktober 2021 werden wir den monatlichen Pauschalpreises in Höhe von 5 Euro nicht berechnen. Dies gilt auch für eine evtl. anschließende Kündigungsfrist."

532  Die Zustimmung konnte entweder durch eine ausdrückliche schriftliche Erklärung oder dadurch erteilt werden, dass der Kunde aktiv eine das Konto betreffende Dienstleistung – Einzahlung, Auszahlung, Überweisung usw – in Anspruch nahm.

533  Abschließend hieß es: „Was passiert, wenn Sie das Angebot nicht annehmen? Haben Sie dann bis zum 15.10.2021 uns gegenüber weder ausdrücklich noch durch die aktive Inanspruchnahme einer der soeben aufgelisteten Dienstleistungen die Zustimmung erklärt, kommen wir nicht umhin, den Kontovertrag Ihnen gegenüber mit einer Kündigungsfrist von weiteren 2 Monaten zu kündigen. Unsere Vertragsbeziehung im Hinblick auf das [Konto] wäre dann beendet. Selbstverständlich können Sie Ihr [Konto] jederzeit fristlos und kostenfrei kündigen."

---

[54] Dazu oben unter 7→ Rn. 505.
[55] Vgl. BGH 25.4.2019 – I ZR 93/17, GRUR 2019, 754 Rn. 19 – Kündigungsschreiben; LG Stuttgart 15.2.2022 – 34 O 98/21 KfH, GRUR-RS 2022, 5619 Rn. 16; zur Auslegung des Begriffs der „geschäftlichen Entscheidung" siehe EuGH 19.12.2013 – C-281/12, GRUR 2014, 196 – Trento Sviluppo srl u. a./Autorità Garante della Concorrenza e del Marcat.
[56] LG Stuttgart 15.2.2022 – 34 O 98/21 KfH, GRUR-RS 2022, 5619, dazu Lang BKR 2022, 834.

Das LG Stuttgart hat die Klage abgewiesen und in dem Verhalten der Genossenschafts- 534
bank keine aggressive geschäftliche Handlung im Sinne von § 4a Abs. 1 Nr. 2 und Nr. 3
UWG gesehen. Zum einen sei das Schreiben vom 9.7.2021 „klar und eindeutig sowie in
sachlichem Ton verfasst, so dass eine Wettbewerbswidrigkeit wegen der »Verwendung
drohender Formulierungen« schon nicht behauptet wird und auch nicht in Betracht
kommt".[57] Die angegriffenen Äußerungen seien in der Gesamtbetrachtung dem Inhalt und
der Form nach nicht als aggressive geschäftliche Handlung zu qualifizieren. Es handele sich
„um ein im Ton sachlichen, die möglichen Konsequenzen nach geltender Rechtslage
transparent und zutreffend wiedergebenden Hinweis auf ein Recht der Beklagten."[58]

Der Entscheidung des LG Stuttgart ist zuzustimmen. Zum einen ist die betroffene 535
Genossenschaftsbank angemessen vorgegangen; das beanstandete Schreiben vom 9.7.2021
war höflich, moderat und sachlich.[59] Darüber hinaus hat die Bank schlussendlich die ihr zur
Verfügung stehenden rechtlichen Möglichkeiten dargestellt.

Tatsächlich hat kein rational und wirtschaftlich vernünftig handelndes Unternehmen ein 536
Interesse an der Beendigung einer ansonsten funktionierenden Geschäftsbeziehung. Hinzu
kommt ein weiteres: Wäre ein Unternehmen, das im Massengeschäft (wie zB ein Strea-
mingdienst) tätig ist, gezwungen, die Geschäftsverbindung trotz fehlender Zustimmung
etwa zu Preisänderungen aufrecht zu erhalten, müsste es im Laufe der Zeit mit verschiedenen Preismodellen agieren. Abgesehen davon, dass dies zu einem erheblichen Verwaltungs-
mehraufwand führen würde (dessen Kosten à la longue auf den Kunden abgewälzt werden
würden), wäre der „Gleichbehandlungsgrundsatz" – unabhängig von Frage, ob dieser
Grundsatz im Kundenverhältnis überhaupt Anwendung findet[60] – verletzt, da verschiedene
Kunden für die gleichen Leistungen unterschiedlich hohe Entgelte zahlen würden.[61]

Zusammenfassend mag daher Folgendes festgehalten werden: Die Androhung einer 537
Kündigung ist im Normalfall nicht als aggressive und/oder irreführende geschäftliche
Handlung iSd §§ 3, 4a, 5 UWG zu qualifizieren. Hierbei kommt es natürlich darauf an, auf
welche Weise die „Androhung" der Kündigung formuliert wird und in welchem Kontext
sie steht. Macht das Unternehmen zuvor – wie im Falle der Entscheidung des LG Stuttgart
vom 15.2.2022[62] geschehen – wirtschaftlich sinnvolle und den Interessen aller Beteiligten
gerecht werdende Vorschläge, um die Zustimmung zu erhalten, ist die „Androhung" der
Kündigung der Geschäftsverbindung als ultima ratio legitim.

## VII. Buchpreisbindung

Preisänderungen bereits am Markt befindlicher Bücher erfolgen nach § 5 Abs. 1 BuchPrG 538
entsprechend der Festsetzung des Ursprungspreises. Auch bei einer Preisänderung ist der
Verleger oder Importeur also verpflichtet, einen Endpreis inklusive Umsatzsteuer festzusetzen und diesen geänderten Preis in geeigneter Weise zu veröffentlichen.

Eine Preisänderung kommt vor allem dann in Betracht, wenn der Verleger oder Impor- 539
teur die Preisbindung aufhebt oder den Artikel verramschen will, § 8 BuchPrG.

Eine Aufhebung der Buchpreisbindung gestattet § 8 Abs. 1 BuchPrG nach Ablauf von 540
18 Monaten. Dann kann der Preis aufgehoben und muss als unverbindlicher Verkaufspreis
ausgezeichnet werden. Eine weitere Möglichkeit – auch schon vor 18 Monaten – ist die
Verramschung der Bücher, sofern die Bücher mit dem Erreichen eines bestimmten Datums
oder Ereignisses erheblich an Wert verlieren, wie das zB bei Jahrbüchern und Büchern zu

---

[57] LG Stuttgart 15.2.2022 – 34 O 98/21 KfH, GRUR-RS 2022, 5619 Rn. 23.
[58] LG Stuttgart 15.2.2022 – 34 O 98/21 KfH, GRUR-RS 2022, 5619 Rn. 38.
[59] Lang BKR 2022, 834 (837).
[60] Siehe hierzu Ellenberger/Bunte BankR-HdB/Hopt/Roth § 1 Rn. 36.
[61] Vgl. Habersack BKR 2020, 53 (59); Zahrte BKR 2022, 69 (70); Lang BKR 2022, 834 (837).
[62] LG Stuttgart 15.2.2022 – 34 O 98/21 KfH, GRUR-RS 2022, 5619.

(sportlichen) Veranstaltungen der Fall sein kann. Auch diese Preisänderungen sind in üblicher Weise (VLB) öffentlich zu machen.

541   Für Preisänderungen bei Büchern gibt es AGB-rechtlich keine Besonderheiten. Bücher in Abos mit fixen Aboentgelten gibt es aufgrund der Buchpreisbindung nicht, so dass eine Anpassung des vom Buchpreis entkoppelten Abopreises nicht stattfindet und AGB-rechtlich nicht geprüft werden muss. Bei Zeitungen und Zeitschriften ist das anders, deren Abo-Preisanpassungen fallen unter die ganz normalen AGB-rechtlichen Regelungen.

### VIII. Preisänderungen bei Basiskonten

542   § 41 ZKG enthält zwar Vorgaben zur Entgeltgestaltung von Basiskonten, aber keine Vorgaben zu Besonderheiten der Änderungen der Entgelte von Basiskonten. Es sind daher insofern die allgemeinen Vorgaben, wie sie sich aus dem Urteil des BGH vom 27.4.2021[63] ergeben, zu beachten.

543   Eine Besonderheit ergibt sich aus § 42 ZKG, der die – abschließend geregelten – Kündigungsmöglichkeiten eines Basiskontos durch das kontoführende Institut regelt und ausführt, dass es einen Kündigungsgrund darstellt, wenn (§ 42 Abs. 2 Nr. 4 ZKG)

544   „der Kontoinhaber eine angekündigte Änderung des Basiskontovertrags nach § 675g BGB abgelehnt hat, die das kontoführende Institut allen Inhabern von bei ihm geführten entsprechenden Basiskonten wirksam angeboten hat".

545   Daraus ergibt sich, dass bei einer fehlenden Zustimmung das Basiskontoinhabers zu einer nach § 675g BGB vorgeschlagenen AGB-Änderung ein Kündigungsrecht des Instituts besteht, an den AGB-rechtlichen Vorgaben der BGH-Rechtsprechung ändert dies aber – soweit ersichtlich – nichts.

### IX. Die Prämienanpassung im Versicherungsvertrag

546   Bis auf wenige Ausnahmen sind Versicherungsverträge typischerweise als Dauerschuldverhältnisse ausgestaltet. Damit kommt auch der Anpassung von Preisen, der sog. Prämie (→ Rn. 359) eine besondere Bedeutung zu. Regelungstechnisch kommen dabei sowohl Verträge auf unbestimmte Zeit als auch sich automatisch verlängernde Verträge über bestimmte Zeit vor. Das Gesetz enthält insoweit in § 11 VVG lediglich Vorgaben, um Versicherungsnehmer vor überlangen Vertragsdauern zu schützen.[64] Diese beschränken sich allerdings darauf, dem Versicherungsnehmer ungeachtet der vertraglichen Ausgestaltung im Einzelfall spätestens ab dem dritten Vertragsjahr Kündigungsrechte zu sichern. Die Laufzeit von Versicherungsverträgen unterteilt sich dabei in sogenannte Versicherungsperioden. Dies bezeichnet zunächst nur das Zeitintervall, für das die Prämie ermittelt wird,[65] ist zugleich aber regelmäßig Anknüpfungspunkt für Kündigungsrechte. Nach § 12 VVG beträgt die Versicherungsperiode im Zweifel ein Jahr. Sie kann durch vertragliche Abweichung allerdings auch kürzer ausfallen.[66] Ein Interesse der Parteien an der möglichst langen Vertragsfortsetzung besteht allerdings häufig auch ungeachtet der Kündigungsmöglichkeiten.

547   Für den Versicherer ist es gerade im Massengeschäft von entscheidender wirtschaftlicher Bedeutung, Kunden für eine möglichst lange Zeit an sich zu binden. Läuft ein Versicherungsvertrag bzw. ein ganzer Vertragsbestand allerdings defizitär, so wäre der Versicherer,

---

[63] BGH 27.4.2021 – XI ZR 26/20, BGHZ 229, 344.
[64] Bruck/Möller/K.Johannsen/Koch VVG § 11 Rn. 7.
[65] Bruck/Möller/K.Johannsen/Koch VVG § 12 Rn. 2.
[66] Bruck/Möller/K.Johannsen/Koch VVG § 12 Rn. 3.

ohne die Möglichkeit der Prämienanpassung, als Ultima Ratio faktisch gezwungen, die betroffenen Verträge bei nächster Möglichkeit aufzukündigen oder zumindest eine Änderungskündigung auszusprechen.[67] Dies als schlimmster Fall für den Versicherer wäre wiederum auch nicht im Interesse der Versicherungsnehmer. Abgesehen davon, dass es für durch Versicherer gekündigte Versicherungsnehmer regelmäßig schwierig ist, neue Versicherungsverträge abzuschließen, birgt der Neuabschluss auch zumeist neue Vertragsabschlusskosten und das Risiko von zunächst unerkannten Deckungslücken.

Für den Versicherer stellt sich allerdings noch ein weiteres Dilemma, welches sich so in anderen Vertragstypen häufig nicht oder zumindest nicht so stark ausgeprägt stellt. Die Gegenleistung des Versicherungsnehmers in Form der zu zahlenden Prämie ist im Vertrag festgelegt und damit konstant. Zugleich unterliegen der Wert und die Leistungserbringungskosten der Risikoübernahme aber Schwankungen und einer natürlichen Entwicklung.[68] Als plakatives Beispiel stelle man sich einen Feuerversicherungsvertrag vor. Steht der Dachstuhl in Flammen, so erhöht sich der Wert (bzw. aus Sicht des Versicherers die Leistungserbringungskosten) augenblicklich um ein Vielfaches. Während in genanntem Beispiel niemand auf die Idee kommen würde, dem Versicherer eine der akuten Gefahrenlage (beginnender Brand) entsprechende Prämienerhöhung zuzubilligen, gibt es viele zumeist schleichende Veränderungen in tatsächlicher oder auch rechtlicher Hinsicht, die das Äquivalenzverhältnis zwischen Prämie und Versicherungsschutz über die Zeit stören. Zwar gibt es durch die Kalkulationsmöglichkeiten der Aktuare weitreichende Möglichkeiten, die Entwicklungen der Leistungserbringungskosten zu antizipieren. Letztlich basieren diese aber immer auf Daten der Vergangenheit, sodass es gerade bei langlaufenden Verträgen auch immer zu nicht vorhersehbaren Entwicklungen kommt. Auch wäre es nicht unbedingt im Interesse der Versicherungsnehmer, wenn Versicherer jede künftige Entwicklung bereits in die aktuelle Prämiengestaltung einkalkulieren müssten, da die Preise dann auch Entwicklungen berücksichtigen würden, die unter Umständen gar nicht eintreten und den Versicherungsschutz unnötig verteuern würden. Man spricht insoweit von der sog. Prämienoptimierungsfunktion der Prämienanpassungsmechanismen.[69] 548

Das Versicherungsvertragsrecht kennt daher ein ausdifferenziertes Instrumentarium an Prämienanpassungsmechanismen, die es dem Versicherer – teils aber auch dem Versicherungsnehmer – unter bestimmten Voraussetzungen ermöglichen, die Preise im laufenden Vertrag auch ohne Zustimmung des Vertragspartners anzupassen. Die Anpassungsmechanismen kommen zum Teil als gesetzliche Gestaltungsrechte, zum Teil aber auch in Form gesetzlicher Regelungen zu Anpassungsklauseln, die im Versicherungsvertrag durch allgemeine Versicherungsbedingungen geregelt werden können. Allen gemeinsam ist dabei die Zielsetzung, eine entstandene Störung des Äquivalenzverhältnisses zwischen Leistung und Gegenleistung auszugleichen und damit den Fortbestand des geschlossenen Vertrages zu ermöglichen. 549

Die gesetzlichen Prämienanpassungsrechte beziehen sich regelmäßig auf den individuellen Vertrag mit dem individuellen Versicherungsnehmer und erscheinen daher zur Preissteuerung von Vertragsbeständen auf den ersten Blick wenig zielführend. Als gesetzlich manifestierte Grundregeln der Prämienanpassung kommt ihnen allerdings stellenweise Leitbildcharakter iSd § 307 Abs. 2 Nr. 1 BGB zu, weshalb die Formulierung von Prämienanpassungsklauseln nur unter Berücksichtigung der mit den besonderen Anpassungsrechten einhergehenden Grundsatzentscheidungen des Gesetzgebers möglich erscheint. 550

---

[67] Armbrüster r + s 2012, 365.
[68] Staudinger/Halm/Wendt VersR/Segger/Degen VVG § 27 Rn. 1.
[69] Langheid/Wandt/Reusch VVG § 23 Rn. 33.

## 1. Gesetzliche Anpassungsmechanismen

### a) Verletzung vorvertraglicher Anzeigeobliegenheiten

551 Ein erstes gesetzliches Prämienanpassungsrecht greift bereits aufgrund von Fehlern in der Phase der Vertragsanbahnung. Nach § 19 Abs. 4 S. 2 VVG kann ein Versicherer die Prämie nach Vertragsschluss anpassen, wenn der Versicherungsnehmer seine vorvertraglichen Anzeigeobliegenheiten verletzt hat.

552 Der Versicherer kalkuliert die Prämie des Vertrages regelmäßig nach der individuellen Risikosituation des Versicherungsnehmers.[70] Um dies zu können, ist er darauf angewiesen, dass der Versicherungsnehmer vorvertraglich die nötigen Informationen zur Prüfung, ob und wenn zu welchem Preis Versicherungsschutz gewährt wird, zur Verfügung stellt.[71] Dem Versicherungsnehmer obliegt daher, vorvertraglich vom Versicherer in Textform gestellte Fragen zu beantworten. Stellt sich später heraus, dass Fragen falsch oder unvollständig beantwortet wurden, so besteht zunächst ein Vertrag zu Konditionen, der bei richtiger Beantwortung der Fragen unter Umständen nicht oder nur zu anderen Bedingungen abgeschlossen worden wäre.

553 Das VVG sieht für diese Konstellation im § 19 VVG ein gestuftes System von einseitig ausübbaren Gestaltungsrechten vor,[72] mit dem der Versicherer der Situation begegnen kann. Je nach Verschuldensgrad und Relevanz der Anzeigeobliegenheitsverletzung kann der Versicherer entweder vom Vertrag zurücktreten und damit auch für bereits eingetretene Versicherungsfälle leistungsfrei werden, den Vertrag für die Zukunft kündigen oder die Bedingungen, zu denen er den Vertrag bei richtig beantworteten vorvertraglichen Fragen abgeschlossen hätte, rückwirkend zum Vertragsbestandteil machen. Ein häufiger Fall geänderter Bedingungen liegt dabei in der Höhe der Prämie,[73] sodass die Anzeigeobliegenheitsverletzung auch eine Möglichkeit zur Prämienanpassung darstellen kann. Darauf nimmt auch der § 19 VVG in Abs. 6 Bezug, wonach eine Prämienerhöhung von mehr als 10 % ein Kündigungsrecht des Versicherungsnehmers begründet.[74]

554 Damit ein Versicherer von den Gestaltungsrechten Gebrauch machen kann, muss zunächst eine Verletzung der vorvertraglichen Anzeigeobliegenheit vorliegen. Schon der Wortlaut des § 19 Abs. 1 VVG stellt dabei ausdrücklich darauf ab, dass nur solche Umstände geeignet sind die Rechte des Versicherers auszulösen, nach denen der Versicherer vor Vertragsschluss in Textform iSd § 126b BGB gefragt hat[75] und die für die Entscheidung zum Vertragsschluss erheblich sind.[76] Ob ein Umstand erheblich ist, liegt dabei weitgehend im Einschätzungsermessen des Versicherers.

555 Hierin kommt das Grundprinzip zum Ausdruck, dass die Kalkulation der Prämie in der Risikosphäre des Versicherers liegt.[77] Hat der Versicherer nicht formwirksam nach einem Umstand gefragt, so kann er diesen später nicht für eine Anpassung der Prämie nach § 19 Abs. 4 S. 2 VVG heranziehen. Stellt sich die Beantwortung der formwirksam vor Vertragsschluss gestellten Fragen des Versicherers als falsch oder unvollständig heraus, liegt eine Verletzung der Anzeigeobliegenheit nach § 19 Abs. 1 VVG vor.

556 Nach § 19 Abs. 5 VVG erfordert die Ausübung des Gestaltungsrecht darüber hinaus einen bei Fragestellung erfolgten gesonderten Hinweis in Textform auf die Konsequenzen der Verletzung von Anzeigeobliegenheitsverletzungen. Für den Versicherer regelmäßig zum Problem dabei wird die kurze Ausübungsfrist nach § 21 VVG. Diese erlaubt die Vertragsanpassung nämlich nur mittels schriftlicher Erklärung innerhalb eines Monats nach

---

[70] Langheid/Rixecker/Langheid VVG § 19 Rn. 12.
[71] Bruck/Mölller/Rolfs VVG § 19 Rn. 6.
[72] Prölss/Martin/Armbrüster VVG § 19 Rn. 115.
[73] HK-VVG/Schimikowski § 19 Rn. 65.
[74] Prölss/Martin/Armbrüster VVG § 19 Rn. 115.
[75] HK-VVG/Schimikowski § 19 Rn. 9.
[76] Zur Gefahrerheblichkeit ausführlich Prölss/Martin/Armbrüster VVG § 19 Rn. 2 ff.
[77] BGH 19.10.2022, IV ZR 185/20 Rn. 22, NJW 2023, 208.

Kenntniserlangung, wobei es für den Fristablauf auf den Zugang beim Versicherungsnehmer ankommt. Darüber hinaus ist die Vertragsanpassung nach § 21 Abs. 3 VVG nur innerhalb von 5 Jahren nach Vertragsschluss, bzw. 10 Jahren bei vorsätzlichen und arglistigen Anzeigeobliegenheitsverletzungen möglich. Ausgenommen sind Anpassungen aufgrund von innerhalb der Fristen eingetretener Versicherungsfälle. Auch die absoluten zeitlichen Ausübungsgrenzen zeigen auf, dass der Bestand von Versicherungsverträgen über lange Zeiträume, der durch Anpassungsmechanismen gefördert werden soll, gerade auch dem Interesse der Versicherungsnehmer entspricht.

In zeitlicher Hinsicht wirkt die Vertragsanpassung bei mindestens fahrlässigen Anzeigepflichtverletzungen rückwirkend zum Vertragsschluss, im seltenen Fall von nicht zu vertretenen Anzeigepflichtverletzungen ab der laufenden Versicherungsperiode. 557

Für die strategische Steuerung von Preisen in Vertragsbeständen eignet sich das Anpassungsrecht nach § 19 Abs. 4 S. 2 VVG naturgemäß nicht, da es nur ein individuelles Fehlverhalten des Versicherungsnehmers ausgleichen kann. 558

### b) Gefahrerhöhung und Verminderung

Auch nach Vertragsschluss kann sich die versicherte Gefahr dauerhaft ändern. Der Versicherer hat dann ein berechtigtes Interesse, die Änderung von gefahrerhöhenden Umständen auch bei der Bepreisung zu berücksichtigen.[78] Spiegelbildlich hat auch der Versicherungsnehmer ein erhebliches Interesse, bei Absenkung der Gefahr auch die Prämie für bestehende Versicherungsverträge abzusenken. 559

Das Versicherungsvertragsrecht sieht dafür die Regelungen zur Gefahrerhöhung in den §§ 23 ff. VVG und damit verbunden der Herabsetzung der Prämie nach § 41 VVG vor. Es handelt sich dabei um eine besondere Ausprägung der Regelungen zur Störung der Geschäftsgrunde nach § 313 BGB.[79] 560

§ 25 VVG erlaubt dem Versicherer ab dem Zeitpunkt einer Gefahrerhöhung eine seinen Geschäftsgrundsätzen entsprechende höhere Prämie zu verlangen. Es handelt sich, wie schon die Anpassung nach § 19 Abs. 4 VVG um ein einseitig ausübbares Gestaltungsrecht des Versicherers, mit dem dieser rückwirkend zum Zeitpunkt der Gefahrerhöhung die Preise erhöhen kann, was gerade bei schon länger zurückliegenden Gefahrerhöhungen zu erheblichen Nachforderungen führen kann. 561

Voraussetzung für die Prämienerhöhung ist ein Kündigungsrecht des Versicherers nach § 24 VVG.[80] Wie schon bei § 19 Abs. 4 S. 2 VVG stellt sich die Preisanpassung auch im Rahmen der Gefahrerhöhung als Alternative zur Vertragsbeendigung dar. Anders als die allgemeinen Regelungen zur Störung der Geschäftsgrundlage sieht das VVG aber keinen allgemeinen Vorrang des Anpassungsrecht zum Lösungsrecht vor.[81] Der Versicherer ist also bei Vorliegen der Voraussetzungen einer Prämienerhöhung nach § 25 VVG auch immer frei, sich stattdessen durch Kündigung vollständig vom Vertrag zu lösen.[82] 562

Die Preisanpassung als Alternative zur Kündigung erfordert zunächst ein Kündigungsrecht nach § 24 VVG. Dieses wiederum erfordert eine sog. Gefahrerhöhung. Die Gefahrerhöhung ist im Gesetz nicht legaldefiniert.[83] Der BGH nimmt eine Gefahrerhöhung an, wenn nach Vertragsschluss eine Gefahrenlage eingetreten ist, bei welcher der Versicherer den in Frage stehenden Versicherungsvertrag nicht oder zumindest nicht zu den vereinbarten Konditionen abgeschlossen hätte.[84] Es kommt dabei weniger auf die Entwicklung 563

---

[78] Staudinger/Halm/Wendt VersR/Segger/Degen VVG § 23 Rn. 5.
[79] Langheid/Wandt/Reusch VVG § 23 Rn. 3; HK-VVG/Karczewski § 23 Rn. 1.
[80] Staudinger/Halm/Wendt VersR/Segger/Degen VVG § 25 Rn. 5.
[81] Langheid/Wandt/Reusch VVG § 23 Rn. 4.
[82] Langheid/Wandt/Reusch VVG § 23 Rn. 4; Staudinger/Halm/Wendt VersR/Segger/Degen VVG § 24 Rn. 7.
[83] Langheid/Wandt/Reusch VVG § 23 Rn. 21; Staudinger/Halm/Wendt VersR/Segger/Degen VVG § 23 Rn. 12.
[84] BGH 20.6.2012 – IV ZR 150/11, NJW-RR 2012, 1385 Rn. 11.

einzelner Umstände, sondern auf die Entwicklung der Gefahrensituation als Ganzes an.[85] In der Literatur wird hieraus abgeleitet, dass eine nicht nur kurzzeitige[86] Änderung von tatsächlichen Umständen[87] erforderlich ist, die entweder die Wahrscheinlichkeit des Eintritts des Versicherungsfalls,[88] den Umfang eines zu erwartenden Schadens erhöht[89] und/oder das Risiko einer unberechtigten Inanspruchnahme des Versicherers erhöht.[90]

564 Darüber hinaus muss die Gefahrerhöhung auch erheblich iSd § 27 VVG sein. Eine Gefahrerhöhung liegt nämlich nach der Konzeption der Gefahrerhöhung dann nicht vor, wenn die Gefahrerhöhung entweder unerheblich ist oder den Umständen nach als mitversichert anzusehen ist. Erheblich ist eine Gefahrerhöhung nur, wenn sie die bei Vertragsschluss vorhandene Gefahrenlage entweder quantitativ geändert hat, also die genannten Kriterien einer Gefahrerhöhung sich nicht nur im Bagatellbereich verändert haben,[91] oder sich die Umstände qualitativ geändert haben. Ein wichtiges Kriterium für die Frage, ob ein sich geänderter Umstand qualitativ erheblich ist, liegt dabei insbesondere darin, ob der Versicherer vorvertraglich danach gefragt hat.[92] Ein vorvertraglich nicht erfragter und auch sonst unbekannter Umstand wurde schon bei der ursprünglichen Prämienkalkulation nicht berücksichtigt und kann daher regelmäßig auch keine Gestaltungsrechte, insbesondere kein Recht zur Prämienanpassung begründen.

565 Für die Lebens- und Berufsunfähigkeitsversicherung gilt die Sonderregel des § 158 VVG, wonach nur solche Umstände eine Gefahrerhöhung darstellen können, bei denen dies ausdrücklich vereinbart wurde.

566 Liegt eine Gefahrerhöhung vor, so kann der Versicherer im Falle einer durch den Versicherungsnehmer aktiv und vorsätzlich herbeigeführten Gefahrerhöhung fristlos kündigen (§§ 23 Abs. 1, 24 Abs. 1 S. 1 VVG). In allen anderen Fällen der Gefahrerhöhung kann der Versicherer den Vertrag mit einer Frist von einem Monat kündigen (§§ 23, 24 Abs. 1, 2). Für die Prämienerhöhung nach § 25 VVG zählen diese Fristen allerdings nicht, da die Prämienerhöhung schon nach dem Wortlaut der Norm auf den Zeitpunkt der Gefahrerhöhung zurückwirkt.[93]

567 Sehr wohl für die Prämienanpassung zählt hingegen die Ausübungsfrist nach § 24 Abs. 3 VVG. Der Versicherer kann seine Rechte nämlich auch hier nur innerhalb eines Monats nach Kenntniserlangung von der Gefahrerhöhung geltend machen. Da es sich bei der Geltendmachung als Ausübung eines Gestaltungsrechts um eine empfangsbedürftige Willenserklärung handelt, meint Geltendmachung den Zugang beim Versicherungsnehmer. Durch die Ausübungsfrist wird deutlich, dass die Regelungen zur Gefahrerhöhung zwar ein wichtiges Mittel zur kurzfristigen Reaktion auf Störungen des Äquivalenzverhältnisses von Prämie zu Versicherungsschutz darstellen, sich aber kaum zur strategischen Preissteuerung ganzer Vertragsbestände eignen. Als einzige Ausnahme ließe sich anführen, dass auch die Änderung von Gesetzen grundsätzlich eine Gefahrerhöhung darstellen kann.[94] Derart bestandsweit wirkende Änderungen lassen sich praktisch allerdings besser durch Prämienanpassungsklauseln auffangen, da andernfalls im Hinblick auf die Ausübungsfrist eine sehr schnelle Reaktion des Versicherers erforderlich wäre.

568 Auf der anderen Seite bietet die kurze Ausübungsfrist für den Versicherungsnehmer ein wirksames Mittel, sich gegen eine rückwirkende Prämienerhöhung zur Wehr zu setzen.

---

[85] BGH 20.6.2012 – IV ZR 150/11, NJW-RR 2012, 1385 Rn. 11.
[86] Langheid/Rixecker/Langheid VVG § 23 Rn. 11.
[87] Langheid/Rixecker/Langheid VVG § 23 Rn. 11.
[88] Langheid/Wandt/Reusch VVG § 23 Rn. 23.
[89] Langheid/Wandt/Reusch VVG § 23 Rn. 23.
[90] Langheid/Wandt/Reusch VVG § 23 Rn. 23.
[91] Langheid/Rixecker/Langheid VVG § 23 Rn. 17.
[92] Prölss/Martin/Armbrüster VVG § 27 Rn. 3; BeckOK VVG/Staudinger/Ruks § 27 Rn. 5; differenzierend Staudinger/Halm/Wendt VersR/Segger/Degen VVG § 23 Rn. 31.
[93] Staudinger/Halm/Wendt VersR/Segger/Degen VVG § 25 Rn. 6.
[94] Prölss/Martin/Armbrüster VVG § 23 Rn. 24.

Die Regelungen zur Gefahrerhöhung sind nach § 32 VVG halbzwingend, dh sie können in häufig anzutreffenden Regelungen in den Bedingungswerken nur zugunsten, nicht aber zulasten des Versicherungsnehmers abbedungen werden.[95]

Aus Versicherungsnehmersicht interessant ist im Zusammenhang der Gefahränderung auch die wenig bekannte Norm des § 41 VVG. Verringert sich die Gefahrsituation, so steht auch dem Versicherungsnehmer ein Recht zu, vom Versicherer die Absenkung der Prämie zu verlangen. Als Gefahränderung gilt dabei für den Versicherungsnehmer sogar, wenn Fragen zur Risikosituation vorvertraglich (nicht vorsätzlich) falsch beantwortet wurden. Anders als für den Versicherer sieht das Gesetz für die Rechte des Versicherungsnehmers keine Ausübungsfristen vor. Für die Wirkung der Prämienreduktion gilt allerdings der Zeitpunkt des Zugangs des Verlangens beim Versicherer. Anders als im Regelungssystem der §§ 23 ff. VVG findet keine rückwirkende Anpassung statt.

### c) Anpassung der Versicherungssumme aufgrund von Über- und Mehrfachversicherung

Spezielle Prämienanpassungsmechanismen sieht das VVG zudem in den §§ 74 und 79 für die Schadensversicherung vor. § 74 VVG beschreibt dabei den Fall, dass die Versicherungssumme den realen Wert des versicherten Interesses übersteigt. Lässt sich dies feststellen, können beide Parteien jeweils die Reduktion der Versicherungssumme unter anteiliger Reduktion der Prämie verlangen. Die Regelung dient dabei grundsätzlich dem Interesse beider Parteien, da eine Überversicherung für den Versicherungsnehmer zu einer unnötigen Prämienbelastung führt und für den Versicherer das Risiko erhöht, dass der Versicherungsnehmer im Versicherungsfall erhöhte Schäden geltend macht,[96] da die Versicherungssumme letztlich die Orientierung für die Wertbemessung des versicherten Interesses darstellt.

Die entsprechende Regelung für die Mehrfachversicherung findet sich in § 79 Abs. 1 VVG. Kommt es ohne Kenntnis des Versicherungsnehmers zu einer Mehrfachversicherung, also der Absicherung ein und desselben Risikos durch mehrere Versicherungsverträge, deren Versicherungssummen zusammen den Wert des versicherten Interesses übersteigen,[97] so kann der Versicherungsnehmer die Aufhebung des später geschlossenen Vertrages verlangen oder, soweit der ältere Vertrag das versicherte Interesse nicht vollständig erfasst, eine entsprechende Reduktion der Versicherungssumme des jüngeren Vertrags verlangen, sodass im Ergebnis eine risikoadäquate Absicherung zu entsprechend reduzierter Prämie besteht.

### 2. Die Preisanpassung durch Preisanpassungsklauseln und zustimmungsbedürftige Vertragsänderungen

#### a) Anpassungsklauseln ohne Zustimmungserfordernis

#### aa) Inhaltliche Anforderungen

**(1) Allgemeines.** Neben gesetzlich unmittelbar geregelten Anpassungsmechanismen spielen auch Anpassungsklauseln und Vertragsanpassungen über Zustimmungslösungen eine wichtige Rolle in der Preisanpassung von Vertragsbeständen. Für die strategische Preissteuerung im Bestand sind dabei Prämienanpassungsklauseln ohne Zustimmungserfordernis häufig das Mittel der Wahl. Anders als die gesetzlichen Anpassungsrechte bieten sie die Möglichkeit, auch langfristigen und unabhängig vom individuellen Vertrag eintretenden Beeinträchtigungen des Äquivalenzverhältnisses zu begegnen, ohne die Versicherungsnehmer von einer Zustimmung überzeugen zu müssen.

---

[95] Staudinger/Halm/Wendt VersR/Segger/Degen VVG § 23 Rn. 115.
[96] Prölss/Martin/Armbrüster VVG § 74 Rn. 2.
[97] Prölss/Martin/Armbrüster VVG § 79 Rn. 9.

**574** Grundsätzlich ist die Verwendung von Prämienanpassungsklauseln ohne Zustimmungserfordernis, mit deren Hilfe Versicherer einseitig die Prämien an veränderte Umstände anpassen können, zulässig.[98] Dies ergibt sich indirekt bereits aus dem Gesetz, da § 40 VVG nähere Regelungen zur Durchführung und den Konsequenzen einer Prämienanpassung aufgrund einer Anpassungsklausel enthält, die denklogisch die grundsätzliche Zulässigkeit einer entsprechenden Klausel voraussetzen.[99] Auch die höchstrichterliche Rechtsprechung erkennt Prämienanpassungsklauseln in Versicherungsverträgen grundsätzlich an,[100] auch wenn es nur äußerst wenige höchstrichterliche Entscheidungen zu der Thematik gibt.[101]

**575** Nähere Vorgaben zu den inhaltlichen Anforderungen an eine Prämienanpassungsklausel in Versicherungsverträgen sind gesetzlich hingegen nicht ausdrücklich geregelt. Für einzelne Versicherungszweige der Personenversicherung sieht das Gesetz genauere Vorgaben zur Durchführung einer Prämienanpassung vor (§§ 163, 176, 203 VVG), was sich allerdings nicht unmittelbar auf sonstige Versicherungsverträge übertragen lässt. Der Hintergrund dieser Regelungen liegt darin, dass Lebens-, Berufsunfähigkeits- und bestimmte Krankenversicherungsverträge planmäßig über sehr lange Zeiträume geschlossen werden, der Versicherer nicht ordentlich kündigen kann und der Versicherungsnehmer ein schutzwürdiges Interesse am Fortbestand des Versicherungsvertrags zu stabilen Konditionen hat. Dies ist zB in der allgemeinen Sachversicherung anders.[102] Hier kann sich der Versicherungsnehmer im Falle der Unzufriedenheit mit geänderten Konditionen regelmäßig ohne Probleme oder finanzielle Nachteile anderweitig Versicherungsschutz besorgen. Allein das Kündigungsrecht rechtfertigt dabei eine ansonsten frei gestaltbare Anpassungsklausel allerdings noch nicht.[103] Es gelten für die Anpassungsklausel die allgemeinen Regelungen zur Zulässigkeit von Allgemeinen Geschäftsbedingungen (AGB). Versicherungsbedingungen bilden eine Sonderform der AGB.

**576** Als solche müssen die Klauseln insbesondere den § 305 ff. BGB entsprechen. Nähere Aufmerksamkeit bedarf dabei vor allem der § 307 BGB, aus dem sich gleich zwei Kernanforderungen an Prämienanpassungsklauseln ergeben. Zunächst müssen Anpassungsklauseln hinreichend transparent sein, was insbesondere erfordert, dass sich die Faktoren, die den Versicherer zu einer Prämienanpassung berechtigen, bereits aus der Klausel hinreichend verständlich ergeben müssen.[104] Weiter darf die Klausel den Versicherungsnehmer nicht unangemessen benachteiligen. Eine unangemessene Benachteiligung liegt zB dann vor, wenn die Klausel gegen ein gesetzliches Leitbild verstößt. Ein solches Leitbild, mit dem Anpassungsklauseln zu vereinbaren sein müssen, bildet dabei das sogenannte Äquivalenzprinzip, welches in den §§ 311, 145 BGB verankert ist,[105] aber auch in den zuvor skizzierten gesetzlichen Anpassungsmechanismen zum Ausdruck kommt. Demnach definieren die Parteien, hier Versicherer und Versicherungsnehmer, bei Vertragsschluss durch die Einigung ein Verhältnis von Leistung (Versicherungsschutz) zu Gegenleistung (Prämie), welches sie für angemessen halten. Nach Vertragsschluss ist grundsätzlich keine Partei mehr berechtigt, dieses Verhältnis einseitig zum eigenen Gunsten zu verändern.

**577** Auf den ersten Blick geschieht bei einer Prämienanpassung aufgrund einer Anpassungsklausel aber genau das: Der Versicherer ändert einseitig die Höhe der Gegenleistung. Dies ist nur dann zulässig, wenn sich zugleich auch der Aufwand zur Bereitstellung des Versicherungsschutzes einschließlich der Kosten für die Regulierung von Versicherungsfällen in gleichem Maße verändert, damit die Äquivalenz von Leistung und Gegenleistung gewahrt bleibt.

---

[98] Langheid/Rixecker/Rixecker VVG § 40 Rn. 4.
[99] Bruck/Möller/Beckmann VVG § 40 Rn. 30.
[100] BGH 17.3.1999 – IV ZR 218/97, NJW 1999, 1865 (1866) mwN.
[101] Übersicht bei Bruck/Möller/Beckmann VVG § 40 Rn. 45.
[102] Prölss/Martin/Reiff VVG § 40 Rn. 28.
[103] BGH 17.3.1999 – IV ZR 218/97, NJW 1999, 1865 (1866); Bruck/Möller/Beckmann VVG § 40 Rn. 17.
[104] Armbrüster r + s 2012, 365 (367).
[105] Armbrüster r + s 2012, 365 (367).

Besondere Bedeutung kommt hier dem Kündigungsrecht zu, welches Versicherungs- 578
nehmern nach § 40 Abs. 1 VVG bei einer Erhöhung aufgrund einer Anpassungsklausel
zusteht. Zwar führt das Kündigungsrecht allein noch nicht zur Zulässigkeit einer Anpassungsklausel, doch ist es bei der Bewertung der Angemessenheit in die Betrachtung einzubeziehen.[106] Durch das gesetzlich geregelte Kündigungsrecht und die gesetzliche Anerkennung der zustimmungsfreien Anpassungsklausel steht auch die AGB-Prüfung bei Anpassungsklauseln in Versicherungsverträgen unter anderen Voraussetzungen, wie es bspw. bei Preisanpassungsklauseln in Verträgen des Bankwesens der Fall ist.

Aus den zuvor skizzierten Grundsätzen haben Rechtsprechung und Literatur folgende 579
inhaltliche Anforderungen an Anpassungsklauseln für Versicherungsverträge entwickelt, die
sich stellenweise mit den allgemeinen Voraussetzungen anderer Vertragsarten decken.

**(2) Erhöhungsrecht und Absenkungspflicht.** Aus dem Gebot, eine unangemessene 580
Benachteiligung einer Seite zu vermeiden, folgt zunächst das Erfordernis, Anpassungen
nicht nur einseitig in Form von Erhöhungen vorzusehen. Während der Versicherer Erhöhungen mithilfe der Formulierung „kann" flexibel gestalten kann, muss eine etwaige
Absenkung der Prämie bei entsprechender Änderung der maßgeblichen Faktoren zwingend
vorgesehen sein.[107] Die Ausgestaltung der Erhöhung als optionales Recht *(„kann")*, steht
dem Äquivalenzprinzip keinesfalls entgegen, da ein etwaiger Verzicht auf eine Erhöhung
für den Versicherungsnehmer ausschließlich vorteilhaft wäre. Dem Versicherer gibt eine
entsprechende Ausgestaltung die Möglichkeit, bei entsprechendem Marktumfeld von einer
eigentlich vorgesehenen Erhöhung abzusehen.

**(3) Anpassungsfaktoren.** Eine Prämienanpassungsklausel darf nur aufgrund bestimmter 581
abschließend definierter Faktoren eine Anpassung vorsehen. Nur deren Entwicklung darf
dann bei einer Preisanpassung auf Grundlage der Klausel berücksichtigt werden.

Im Grundsatz gilt dabei, dass solche Faktoren zulässig sind, die außerhalb der Einfluss- 582
sphäre des Versicherers liegen und deren Entwicklung zum Zeitpunkt des Vertragsschlusses
nicht absehbar war.[108] Regelmäßig zulässig ist damit zB ein Anknüpfen an Inflationswerte[109]
oder auch die Schadenentwicklung[110]. Unzulässig hingegen wäre zB aber eine Klausel, die
Anpassungen aufgrund eines geänderten Gewinnanteils vorsehen würde.[111] Da die wenigen
bislang von der Rechtsprechung geprüften Klauseln weitgehend auf die Schadenaufwendungen abstellten, ist ungeklärt, welche anderen Faktoren auch zulässig wären.[112] Aus den
dargelegten Grundsätzen folgt aber, dass zB auch Änderungen in der Steuer (Versicherung/
Feuerschutz) möglich wären. Die Anpassungsfaktoren müssen dabei bereits aus der Klausel
selbst erkennbar sein.[113] Die Darstellung der genauen Berechnungsmethode ist hingegen
nicht erforderlich.[114]

Zielführend erscheint eine Formulierung, die auch in zeitlicher Hinsicht definiert, 583
welcher Entwicklungszeitraum der betroffenen Faktoren berücksichtigt wird. Wichtig
erscheint dies insbesondere im Hinblick auf eine mögliche Vortragsregelung oder der
Bedeutung von aufgeschobenen Anpassungen, insbesondere für Entwicklungen, die zB
aufgrund einer Bagatellregelung nicht berücksichtigt werden konnten. In der Klauselgestaltung lassen sich diese gut durch Bezugnahme auf die *„voraussichtliche und bisherige Entwicklung"* einführen.

---

[106] Armbrüster r + s 2012, 365 (370).
[107] Prölss/Martin/Reiff VVG § 40 Rn. 40; Langheid/Wandt/Staudinger VVG § 40 Rn. 7.
[108] Prölss/Martin/Reiff VVG § 40 Rn. 36.
[109] Langheid/Wandt/Staudinger VVG § 40 Rn. 5.
[110] Prölss/Martin/Reiff VVG § 40 Rn. 36; Bruck/Möller/Beckmann VVG § 40 Rn. 39.
[111] Prölss/Martin/Reiff VVG § 40 Rn. 37; HK-VVG/Karczewski § 40 Rn. 9; Bruck/Möller/Beckmann VVG § 40 Rn. 17.
[112] Bruck/Möller/Beckmann VVG § 40 Rn. 30.
[113] Bruck/Möller/Beckmann VVG § 40 Rn. 39.
[114] Langheid/Wandt/Staudinger VVG § 40 Rn. 8.

584 **(4) Überprüfungs- und Anpassungszeitraum sowie Überprüfungsverfahren.** Aus der Klausel muss sich das Verfahren ergeben, mit dessen Hilfe der Änderungsbedarf ermittelt wird.[115] Dabei darf vor allem die zeitliche Komponente, also das Intervall, in dem Überprüfungen vorgenommen werden, nicht ungeregelt bleiben. Der Grund ist darin zu sehen, dass die dem Erhöhungsrecht gegenüberstehende Prämienabsenkungspflicht nur dann effektiv besteht, wenn Überprüfungsverfahren und Zeitpunkte nicht flexibel gestaltet werden. Im Zusammenhang mit Preisanpassungsklauseln bei Gaslieferverträgen verwarf der BGH zB eine Klausel, die keine zeitliche Regelung vorsah.[116] Dies erscheint auf Versicherungsverträge übertragbar, da verhindert werden muss, dass die Klausel die Möglichkeit eröffnet, immer nur dann eine Überprüfung vorzunehmen, wenn gerade eine Erhöhung möglich ist und dann von einer Überprüfung abzusehen, wenn diese zu seiner Absenkung der Prämie führen würde. Dabei kommt es nicht darauf an, ob ein solches Vorgehen im Einzelfall geplant ist, sondern nur darauf, ob es in den sprachlichen Grenzen der Klausel theoretisch möglich wäre.

585 Die zeitliche Fixierung des Überprüfungs- und Anpassungsverfahrens zeigt dabei auf, warum auch bei der Definition der Anpassungsfaktoren die zeitliche Komponente zu berücksichtigen ist. Allein wenn ein Neuvertrag – wie üblich – zwischen zwei Überprüfungs- und Anpassungszeitpunkten geschlossen wird, muss die Anpassung auch Entwicklungen berücksichtigen, die vor dem individuellen Vertragsschluss eingetreten sind oder absehbar waren, aber bislang nicht berücksichtigt wurden, weil sie sich entweder erst nach dem Zeitpunkt der letzten Anpassung abzeichneten oder in früheren Anpassungen nicht berücksichtigt werden konnten, zB aufgrund einer Bagatellklausel oder einem Verzicht des Versicherers auf eine Erhöhung. Dies hat schlicht den Hintergrund, dass die Prämie, selbst wenn ihre genaue Höhe vom individuellem Risikoprofil des Versicherungsnehmers abhängt, noch immer ihre Berechnungsgrundlage in der bestandsweiten Prämienkalkulation findet, die gerade im Massengeschäft nicht vor jedem individuellen Vertragsschluss neu kalkuliert werden kann.

586 Die Klausel sollte klar definieren, in welchem zeitlichen Abstand Überprüfungen der Prämie vorzunehmen sind. Die Klausel muss den Versicherer verpflichten, Kostensenkungen in angemessenen Zeiträumen an die Versicherungsnehmer weiterzugeben.[117] Dabei kann aber nicht pauschal gesagt werden, dass kürzere oder längere Zeiträume den Versicherungsnehmer tendenziell benachteiligen würden. Kürzere Zeiträume ermöglichen eine schnellere Reaktion auf neue Entwicklungen, zB die aktuell zu beobachtende schnelle Erhöhung des Basiszinssatzes, die auch für den Versicherungsnehmer uU zu einer schnelleren und damit absolut höheren Preissenkung führen können. Längere Überprüfungszeiträume sparen durch die selteneren Prüfungen Kosten, was letztlich auch den Versicherungsnehmern zugutekommt. Grade bei kleineren Versicherern oder kleineren Vertragsbeständen kann sich durch einen langen Prüfungsintervall eine spürbare Entlastung der Prämien ergeben. Sinnvoll erscheint für die Praxis ein Anpassungsintervall von 1–5 Jahren. Grundsätzlich sind Formulierungen, die den Überprüfungszeitraum flexibel gestalten, kritisch zu sehen. Dabei ist aber der Sinn und Zweck der Wahrung der vertraglichen Äquivalenz nicht aus den Augen zu verlieren. Die Fixierung der Überprüfungsintervalle ist kein Selbstzweck, sondern dient lediglich dazu, das Recht des Versicherungsnehmers auf eine aus der Überprüfung ergebende Prämiensenkung zu sichern.

587 Ein Mindestmaß an Flexibilität ist dabei durchaus zulässig, soweit die Interessen der Versicherungsnehmer hierdurch nicht beeinträchtigt werden und die Flexibilität nicht zur Möglichkeit einer willkürlichen Beeinflussung des Überprüfungsergebnisses führt. Selbst wenn der Überprüfungszeitpunkt flexibel gestaltet wird, muss die Klausel daher zumindest einen Zeitraum definieren, nach dessen Ablauf spätestens die nächste Prüfung vorzuneh-

---

[115] Prölss/Martin/Reiff VVG § 40 Rn. 41.
[116] BGH 15.7.2009 – VIII ZR 225/07, NJW 2009, 2662.
[117] Bruck/Möller/Beckmann VVG § 40 Rn. 51.

men ist. Eine Flexibilisierung kann sich insoweit nur als Recht des Versicherers darstellen, die Überprüfung auch schon vor Ablauf des Höchstzeitraums vorzunehmen.

Ebenso stellt sich bei flexiblen Überprüfungszeitpunkten die Frage, wie sich die Regelung konkret im Kontext der sonstigen Regelungen des Vertrages auswirkt. Besondere Wechselwirkung besteht mit der zeitlichen Definition der Anpassungsfaktoren. Findet sich bspw. eine Regelung, die sowohl die vergangene als auch die voraussichtliche zukünftige Entwicklung berücksichtigt und sieht zudem den Vortrag bislang unberücksichtigter Entwicklungen vor, so eröffnet dies tendenziell eher die Zulässigkeit eines flexiblen Überprüfungszeitpunkts. Dies deshalb, da kurzfristige Schwankungen in der Entwicklung der Anpassungsfaktoren die Gesamtprognose nur unwesentlich beeinflussen. Zu berücksichtigen ist dabei, dass auch vorzeitige Prämiensenkungen in geringem Umfang unter wirtschaftlichen Gesichtspunkten nicht zwingend im Interesse der Versicherungsnehmer liegen. Die Preiskalkulation des Produkts muss nämlich auch die Kosten für Überprüfungen und die Verwaltungskosten für Anpassungen selbst bereits einkalulieren, sodass eine schnelle Reaktion auf mögliche Prämiensenkungen letztlich zu einer höheren Ausgangsprämie, sowie einer höheren Belastung der Versicherungsnehmer mit Verwaltungskosten führen würde. 588

Auch die Art und Weise des Verfahrens muss die Klausel so bestimmt definieren, dass die Formulierung keine Spielräume für die Durchführung des Anpassungsverfahrens eröffnet.[118] Dies beinhaltet zumeist auch eine Regelung, wie zB eine Erhöhung der Schadenskosten ermittelt wird.[119] Die genannten Anpassungsfaktoren sind stehts zwingend und vollständig zu berücksichtigen. Empfehlenswert erscheint häufig als Verfahrensart die Neuberechnung der Prämie unter Berücksichtigung der geänderten Anpassungsfaktoren vorzusehen, da die Anpassungsfaktoren nur auf diese Art in ihrer ursprünglichen Bedeutung in der Prämienkalkulation berücksichtig werden. 589

Letztlich muss auch der Zeitpunkt, zudem eine aus der Überprüfung resultierende Prämienänderung wirksam werden soll, in der Klausel definiert werden. Dabei sollte zwischen Überprüfungszeitpunkt und Inkrafttreten der Prämienänderung genug Zeit liegen, um den Hinweispflichten nach § 40 VVG, nach denen der Versicherer insbesondere mindestens einen Monat vor Wirksamwerden der Prämienerhöhung auf das außerordentliche Kündigungsrecht des Versicherungsnehmers hinweisen muss, eingehalten werden können. 590

**(5) Datengrundlage für die Überprüfung der Entwicklung von Anpassungsfaktoren.** Für die Ermittlung des Anpassungsbedarfs ist grundsätzlich auf unternehmenseigene Daten abzustellen.[120] Ausnahmsweise können unternehmensübergreifende Daten hinzugezogen werden, soweit die eigenen Daten in so geringem Umfang vorliegen, dass diese von Zufallsgrößen geprägt sind.[121] Häufig stellt die Verwendung von unternehmensübergreifenden Daten allerdings die bessere Lösung dar, da größere Datenmengen naturgemäß verlässlichere Prognosen für die Zukunft ermöglichen. Soweit ein Versicherer auch unternehmensfremde Daten zur Prüfung des Anpassungsbedarfs verwenden möchte, sollte dies in der Klausel ausdrücklich klargestellt werden. Der Hintergrund besteht dabei darin, dass für den jeweiligen Vertragsbestand grundsätzlich nur die Daten aus dem Vertragsbestand unmittelbar relevant sind. Werden Daten aus anderen Unternehmen herangezogen besteht in der Anwendung eine Interpretation dahin, dass diese für zukünftige Versicherungsperioden aussagekräftiger sind, obwohl der eigene Bestand uU im Beobachtungszeitraum besser gelaufen ist und damit keine Prämienerhöhung rechtfertigen würde. 591

**(6) Bildung von Teilkollektiven nach Risikoverteilung.** Regelmäßig sollte die Anpassungsklausel für die Überprüfung und Anpassung eine Unterteilung des Bestandes nach 592

---
[118] Bruck/Möller/Beckmann VVG § 40 Rn. 57.
[119] Prölss/Martin/Reiff VVG § 40 Rn. 41.
[120] Prölss/Martin/Reiff VVG § 40 Rn. 43.
[121] Langheid/Rixecker/Rixecker VVG § 40 Rn. 6.

Risikogruppen vorsehen, da sich insbesondere die Schadensaufwendungen in Teilkollektiven sehr unterschiedlich entwickeln können.¹²² Stellenweise wird aus den bisherigen gerichtlichen Entscheidungen interpretiert, dass Anpassungsklauseln zwingend eine risikobezogene Unterteilung des Bestandes vorsehen müssten, da ansonsten solche Versicherungsnehmer mit Prämienerhöhungen belastet werden, bei denen kein entsprechend erhöhtes Risiko vorliegt.¹²³ Die Differenzierung hat sich dabei an objektiven Risikomerkmalen, insbesondere der Schadenentwicklung zu orientieren.¹²⁴ Zulässig ist insbesondere auch die Unterteilung nach Nutzungs- und Bauart oder geographischer Lage versicherter Gegenstände und Gebäude.¹²⁵ Unzulässig wären hingegen nicht risikobezogene Unterteilungen, also zB nach Zahlart oder Zahlungsverzug des Versicherungsnehmers zu differenzieren,¹²⁶ weshalb gerade in Zeiten hoher Inflation und Zinsen auch die Zahlungsintervalle gut überlegt sein wollen. Erst recht unzulässig dürfte eine Unterteilung nach bisheriger Vertragslaufzeit und damit unausgesprochen nach der Kündigungs- und Wechselbereitschaft der Kunden sein.¹²⁷

**593** Die Unterteilung des Bestands in Risikogruppen hat ferner den Vorteil, dass bezogen auf einzelne Risikogruppen auch die Verwendung unternehmensübergreifender Daten (→ Rn. 591) leichter zu rechtfertigen ist und sich damit die Prämienanpassung insgesamt auf eine passendere Datengrundlage stützen lässt.

**594 (7) Bagatellgrenzen.** Diskutiert wird, ob und wenn in welcher Höhe Anpassungsklauseln auch eine Bagatellgrenze enthalten müssen. Eine solche stellt die Anpassung unter die Bedingung, dass sich die Prämie um einen Mindestbetrag oder eine prozentuale Mindestquote ändern würde. Die Rechtsprechung hat sich zu der Frage bislang nur wenig geäußert. Im Jahr 1980 akzeptierte das Bundesverwaltungsgericht eine Anpassungsklausel, die über eine 5 %-Bagatellgrenze verfügte, ohne diese allerdings zur Voraussetzung zu machen.¹²⁸ Gleichwohl zog das Bundesverwaltungsgericht die Bagatellgrenze für die Begründung der Angemessenheit heran, sodass eine vorgesehene Bagatellgrenze grundsätzlich dazu geeignet ist, die Angemessenheit der Klausel im Ganzen zu stützen.¹²⁹

**595** In der juristischen Literatur gehen die Meinungen weit auseinander. Während einige Autoren eine Bagatellgrenze überhaupt nicht für erforderlich halten,¹³⁰ sehen andere ein Erfordernis für eine Bagatellgrenze zwischen 3 und 5 %.¹³¹

**596** Wie auch aus der Urteilsbegründung des angeführten Urteils des Bundesverwaltungsgerichts hervorgeht, muss bei der rechtlichen Würdigung einer Klausel aber auch stets der Gesamtkontext berücksichtigt werden. Besonders wirkt sich hier beispielsweise die Häufigkeit der Überprüfungen und die voraussichtlichen Auswirkungen auf die Höhe der Prämie aus.¹³² Der Aufwand einer Anpassung lässt sich nur bei einer nicht unwesentlichen Abweichung rechtfertigen, die bei Versicherungen mit vergleichsweise geringer Jahresprämie eine höhere Mindestquote rechtfertigt als bei Versicherungen mit vergleichsweise hoher Jahresprämie. Lange Überprüfungsintervalle sprechen ebenfalls für eine, soweit überhaupt sinnvoll, wenn dann geringere Bagatellgrenze, da sich die Anpassung auf entsprechend viele Fälligkeiten der Prämie und somit auf den absoluten Betrag stärker auswirkt als bei kürzeren Anpassungszeiträumen. Sieht eine Klausel bspw. nur alle fünf Jahre eine Anpassung vor, so

---

[122] Prölss/Martin/Reiff VVG § 40 Rn. 44; Langheid/Rixecker/Rixecker VVG § 40 Rn. 6.
[123] Bruck/Möller/Beckmann VVG § 40 Rn. 41.
[124] HK-VVG/Karczewski § 40 Rn. 10.
[125] Armbrüster r + s 2012, 365 (375).
[126] Armbrüster r + s 2012, 365 (375).
[127] Zur europarechtlichen Perspektive: EIOPA-BoS-23/076, Supervisory statement on differential pricing practices in non-life insurance lines of business vom 22.2.2023.
[128] BVerwG 14.10.1980 −1 A 12/78, BeckRS 1980, 30422245.
[129] BVerwG 14.10.1980 −1 A 12/78, BeckRS 1980, 30422245, zustimmend auch Bruck/Möller/Beckmann VVG § 40 Rn. 58.
[130] Armbrüster r + s 2012, 365 (371).
[131] Prölss/Martin/Reiff VVG § 40 Rn. 38.
[132] BVerwG 14.10.1980 −1 A 12/78, BeckRS 1980, 30422245.

sind fünf Jahresprämien betroffen, sodass eine Bagatellgrenze von 1 % effektiv schon 5 % einer Jahresprämie entsprechen würde.

**(8) Höchstgrenze.** Eine Höchstgrenze für die Anpassung wird gemeinhin nicht für erforderlich gehalten.[133] Eine Anpassung darf die Prämie aber nicht unangemessen erhöhen. Dem kann und muss jedoch durch eine entsprechende Wahl der Berechnungsmethode und der Anpassungsfaktoren begegnet werden.[134] Stellen die Anpassungsfaktoren nur auf Gegebenheiten ab, die unmittelbar auf das Äquivalenzverhältnis wirken, findet jede Anpassung ihre natürliche Grenze in den tatsächlichen Mehrbelastungen und damit der Wiederherstellung des Äquivalenzverhältnisses und kann daher nicht unangemessen sein. Kommt die Überprüfung zum Ergebnis einer unangemessenen Erhöhung, so spricht dies für eine fehlerhafte Klauselgestaltung.

597

**(9) Vortrag nicht berücksichtigter Änderungen.** Viele Anpassungsklauseln regeln auch explizit die Möglichkeit, nicht ausgeschöpfte Anpassungspotentiale vorzutragen, mithin bei einer späteren Überprüfung zu berücksichtigen. Grundsätzlich bedarf es einer solchen Regelung nicht, da kein Grund ersichtlich ist, der gegen den Vortrag nicht ausgeschöpfter Anpassungspotentiale spricht.[135] Für die Klauselentwicklung zielführend erscheint es daher, die zeitliche Komponente bereits bei der Definition der Anpassungsfaktoren zu berücksichtigen. Die Klarheit der Klausel kann aber gesteigert werden, wenn auch die Klausel selbst den Vortrag nicht ausgeschöpfter Anpassungspotentiale ausdrücklich regelt.

598

**(10) Treuhänder.** Anders als in vielen anderen Vertragstypen wird bei Preisanpassungsklauseln in Versicherungsverträgen diskutiert, ob diese die Mitwirkung eines unabhängigen Treuhänders bei der Überprüfung des Anpassungsbedarfs vorsehen müssen. Die Idee dahinter stammt aus dem Recht der besonders langlaufenden Lebens-, Berufsunfähigkeits-, und bestimmten Krankenversicherungen, in denen Preisanpassungen nach den §§ 163, 203 VVG zwingend die Mitwirkung eines Treuhänders vorsehen. Ob dies auch auf sonstige Versicherungsverträge übertragbar ist, wird unterschiedlich beurteilt.[136] Stellenweise wird insofern auf einen Leitbildcharakter der Regelungen zu den Personenversicherungen verwiesen.[137] Hiergegen spricht, dass Versicherer bei den betroffenen Personenversicherungsverträgen kein ordentliches Kündigungsrecht haben, wodurch das Interesse des Versicherungsnehmers am unveränderten Fortbestand des Vertrages schon gesetzlich höher als in sonstigen Versicherungsverträgen gewichtet wird. Außerdem wäre es systemwidrig, eine Norm aus dem besonderen Recht einzelner Versicherungsarten auf die Allgemeinheit zu übertragen. Die Rechtsprechung hat bislang zwar Klauseln, die die Überprüfung durch einen Treuhänder vorsahen, akzeptiert, eine solche Überprüfung aber nicht als Voraussetzung für eine Anpassungsklausel angesehen.[138] Auch aus dem Gesetz ergibt sich ein solches Erfordernis nicht.[139] Die wirtschaftliche Betrachtung spricht dabei eher gegen die Einbeziehung eines Treuhänders, da dessen Arbeit mit erheblichen Mehrkosten verbunden ist, die letztlich wieder auf die Prämien umgelegt werden müssen und damit auch nicht zwingend im Interesse der Versicherungsnehmer sind, die sich im Falle der Unzufriedenheit ohnehin mit überschaubaren Aufwand neu eindecken können.

599

**(11) Sonstige Voraussetzungen.** Prämienanpassungsklauseln stellen AGB iSd §§ 305 ff. BGB dar und müssen daher alle allgemeinen Anforderungen an die Wirksamkeit von AGB einhalten. Sie sind bei längerfristigen Verträgen nicht überraschend und somit auch nicht

600

---

[133] Prölss/Martin/Reiff VVG § 40 Rn. 39 mwN.
[134] HK-VVG/Karczewski § 40 Rn. 13.
[135] Armbrüster r + s 2012, 365 (376).
[136] Prölss/Martin/Reiff VVG § 40 Rn. 45; aA Armbrüster r + s 2012, 365 (376).
[137] Bruck/Möller/Beckmann VVG § 40 Rn. 60; Beckmann/Matusche-Beckmann VersR-HdB/Wandt § 11 Rn. 121.
[138] Dazu bereits BVerwG 14.10.1980 –1 A 12/78, BeckRS 1980, 30422245.
[139] Armbrüster r + s 2012, 365 (376).

nach § 305c Abs. 1 BGB unwirksam.[140] Da die meisten Versicherungsverträge regelmäßig über unbestimmte Zeit abgeschlossen werden oder sich zumindest automatisch verlängern, begegnen sie insoweit keinen grundsätzlichen Bedenken.

601 Die Klausel muss innerhalb der Versicherungsbedingungen an einer sinnvollen Stelle platziert werden, darf also nicht in entfernt liegendem Zusammenhang „versteckt" werden.[141]

### bb) Durchführung der Preisanpassung aufgrund einer Anpassungsklausel ohne Zustimmungserfordernis und Rechtsschutz des Versicherungsnehmers

602 **(1) Durchführung der Prämienanpassung.** Bei der Durchführung von Überprüfung und Prämienanpassung sind zum einen die Vorgaben aus der Klausel selbst zu beachten, darüber hinaus aber auch die weiteren Maßgaben des § 40 VVG. Dieser sieht vor, dass der Versicherer dem Versicherungsnehmer die Prämienanpassung mindestens einen Monat vor dessen Wirksamwerden mitteilen muss (§ 40 Abs. 1 S. 1) und im Zuge dessen auch auf das nach § 40 Abs. 1 S. 2 VVG bestehende außerordentliche Kündigungsrecht hinweisen muss. Der Versicherungsnehmer kann den Vertrag innerhalb eines Monats nach Zugang der Mitteilung fristlos, frühestens jedoch zum Zeitpunkt des Wirksamwerdens der Prämienänderung kündigen.

603 Der fristgemäße Zugang der Mitteilung ist Wirksamkeitsvoraussetzung für die Prämienänderung.[142] In der Praxis bietet es sich daher an, die Mitteilung in einer Art und Weise zu versenden, mit der der Zugang auch in zeitlicher Hinsicht nachgewiesen werden kann, zB per E-Mail. Die ordnungsgemäße Mitteilung ist dabei doppelt relevant, da sie das außerordentliche Kündigungsrecht des Versicherungsnehmers auch auslöst, wenn sich die Prämienerhöhung im Nachhinein als unwirksam herausstellt.[143] Liegt der Mangel im fehlenden Hinweis auf das Kündigungsrecht, so besteht es zeitlich unbegrenzt.[144] Für die Mitteilung besteht kein Formerfordernis.[145]

604 **(2) Rechtsschutz des Versicherungsnehmers gegen unwirksame Prämienerhöhungen.** Ist die Prämienerhöhung nicht wirksam, so kann der Versicherungsnehmer in der Theorie zwischen dem dennoch bestehendem außerordentlichen Kündigungsrecht und der Fortsetzung des Vertrages zu den alten Konditionen entscheiden.[146] Will der Versicherungsnehmer den Vertrag fortsetzen, so sollte dringend darauf geachtet werden, nicht einfach die vorherige Prämie weiterzuzahlen. Kommt es im Falle der doch wirksamen Anpassung zum Prämienverzug, so besteht das Risiko, dass der Versicherer im Versicherungsfall unter den weiteren Voraussetzungen des § 38 VVG nicht zur Leistung verpflichtet ist.

605 Von Vorteil ist insoweit, wenn die Prämie im Lastschriftverfahren eingezogen wird. Allein aus dem unterbliebenen Widerspruch gegen den Einzug der erhöhten Prämie, wird man kein Hindernis ableiten können, den zu viel eingezogenen Betrag im Wege der Leistungsklage zurückfordern zu können. Zahlt der Versicherungsnehmer die neue Prämie aktiv, so ist zu diskutieren, ob die Rückforderung aus dem Aspekt Zahlung trotz Kenntnis der Nichtschuld (§ 814 S. 1 BGB) ausgeschlossen ist. Im Hinblick auf die im Einzelfall uU existenzgefährdenden Folgen der Nichtzahlung wird man allerdings eine Zahlung unter Vorbehalt als die leistungsbefreiende Wirkung des § 38 VVG aufhebend anerkennen müssen. Im Zeitraum vor Zahlung der erhöhten Prämie kann auf Feststellung der Unwirksamkeit der Prämienerhöhung geklagt werden.

---

[140] Bruck/Möller/Beckmann VVG § 40 Rn. 32.
[141] Prölss/Martin/Reiff VVG § 40 Rn. 27.
[142] Prölss/Martin/Reiff VVG § 40 Rn. 20 mwN.
[143] Langheid/Rixecker/Rixecker VVG § 40 Rn. 9.
[144] AG Berlin-Charlottenburg 2.10.2012 – 235 C 158/12, r + s 2013, 12.
[145] Langheid/Rixecker/Rixecker VVG § 40 Rn. 9.
[146] Langheid/Rixecker/Rixecker VVG § 40 Rn. 1.

Für das Vorliegen der Voraussetzungen der Anpassungsklausel und die ordnungsgemäße 606
Mitteilung ist der Versicherer beweisbelastet.[147] Es gelten insoweit die allgemeinen Beweisregeln. Aus praktischer Sicht erscheint das außerordentliche Kündigungsrecht hingegen als der deutlich einfachere Weg. In den meisten Fällen wird ein Marktvergleich und Abschluss eines Neuvertrages für den Versicherungsnehmer nur wenige Minuten in Anspruch nehmen, wogegen das Vorgehen gegen eine fehlerhafte Prämienerhöhung aufwendig und mit vielen Unsicherheiten behaftet ist. Lohnenswert erscheint dies höchstens, wenn das alte Prämienniveau nicht wieder erhältlich ist und eine nicht unerhebliche Ersparnis möglich erscheint. Für die Entwicklung von Anpassungsmechanismen und Anpassungsklauseln folgt daraus im Umkehrschluss, das vor allem einfache und kostengünstige Anpassungsmechanismen zielführend erscheinen.

### b) Anpassungsmechanismen mit Zustimmungserfordernis

Neben vertraglichen Anpassungsklauseln ohne Zustimmungserfordernis kommen in Versicherungsverträgen auch Anpassungsmechanismen zum Zug, die eine Zustimmung des Versicherungsnehmers voraussetzen. Dabei gelten auch hier die allgemeinen Ausführungen in diesem Buch. Zustimmungsfiktionsklauseln sind in Versicherungsverträgen ebenso (un-)zulässig wie bei anderen Vertragstypen. Bei einer zustimmungsbedürftigen Vertragsanpassung handelt es sich um einen Änderungsvertrag, bei dem grundsätzlich alle Freiheiten bestehen, die auch bei einem Neuabschluss bestehen würden. Die zuvor skizzierten Anforderungen an Prämienanpassungsklauseln ohne Zustimmungserfordernis gelten dabei nicht, wodurch auch eine Verschiebung des Äquivalenzverhältnisses grundsätzlich möglich ist. 607

Bei Versicherungsverträgen handelt es sich um Rechtsprodukte. Der Leistungskatalog 608 wird durch die allgemeinen Versicherungsbedingungen definiert. Damit geht einher, dass Versicherungsprodukte im Vergleich zu physischen Produkten oder Dienstleistungen im verstärkten Maße einem ständigen Anpassungsbedarf an die Entwicklung rechtlicher und tatsächlicher Begebenheiten unterworfen sind. Die Entwicklung von Preisanpassungsmechanismen in Versicherungsverträgen ist daher auch immer eng mit Weiterentwicklung des Versicherungsprodukts selbst verwoben. Gegenüber dem Versicherungsnehmer ergibt sich daraus der Vorteil, dass Preiserhöhungen als Produktaktualisierungen kommuniziert werden können.

Anders als in anderen Vertragsarten muss dabei jedoch die Einhaltung der gesetzlich in 609 § 6 VVG verankerten Beratungspflichten beachtet werden. Der Versicherer ist dem Versicherungsnehmer gegenüber zur anlassbezogenen Beratung verpflichtet. Es besteht zwar keine allgemeine Pflicht, bestehende Verträge auf Anpassungsbedarf zu prüfen, trägt der Versicherer jedoch von sich aus eine über eine bloße Preisänderung hinausgehende Vertragsänderung an den Versicherungsnehmer heran, so wird damit ein Beratungspflichten auslösender Anlass iSd § 6 VVG geschaffen.[148] Stark vereinfacht folgt daraus, dass Versicherer dem Versicherungsnehmer nur Vertragsänderungen antragen dürfen, deren Zustimmung im Interesse des Versicherungsnehmers liegt.

### 3. Besonderheiten in der Lebens-, Berufsunfähigkeits- und privaten Krankenversicherung

#### a) Prämienanpassung in der Leben- und Berufsunfähigkeitsversicherung

Ein besonderes einseitiges Prämienanpassungsrecht findet sich für die Lebens- und Berufs- 610 unfähigkeitsversicherung in § 163 VVG. Der Hintergrund der Norm ergibt sich aus der typischen Laufzeit der genannten Vertragstypen. Während der Versicherungsnehmer zB

---

[147] Prölss/Martin/Reiff VVG § 40 Rn. 47.
[148] Prölss/Martin/Rudy VVG § 6 Rn. 14, 45.

einer Privathaftpflichtversicherung sich im Falle der Unzufriedenheit mit einer Prämienerhöhung problemlos anderweitig Versicherungsschutz besorgen kann, liegt dies bei Lebens- und Berufsunfähigkeitsversicherungen grundlegend anders. Mit steigendem Lebensalter wird es für Versicherungsnehmer immer schwerer oder zumindest teurer neue Verträge abzuschließen. Dies deshalb, da mit steigendem Lebensalter nicht nur das natürliche Risiko im nächsten Prämienintervall einen Versicherungsfall auszulösen steigt, sondern sich typischerweise mit zunehmendem Alter immer mehr Vorerkrankungen und sonstige gesundheitliche Beeinträchtigungen bilden, die bei einer erneuten Risikoprüfung zu für den Versicherungsnehmer unwirtschaftlich hohen Beiträgen oder auch zur Ablehnung von Anträgen führen können, wogegen dies in bestehenden Verträgen bereits mitversichert ist. Die Prämienberechnung sieht insoweit die Bildung sogenannter Altersrückstellungen vor. Entsprechend steigt auch unabhängig der Frage, ob im Einzelfall ein Rückkaufswert ausgewiesen werden kann, zumindest der subjektive Wert von Lebens- und Berufsunfähigkeitsversicherungsverträgen mit den Jahren, weshalb es aus Sicht des Versicherungsnehmers im Regelfall wirtschaftlich nicht sinnvoll ist, bestehende Verträge zu kündigen und neu abzuschließen.

611  Um das Interesse des Versicherungsnehmers am Fortbestand seines Vertrages zu schützen, sieht der Gesetzgeber im Recht der Lebens- und Berufsunfähigkeitsversicherung daher kein ordentliches Kündigungsrecht des Versicherers vor. Der Versicherer ist damit typischerweise über Jahrzehnte an einmal geschlossene Verträge gebunden.

612  Aus der daraus resultierenden Langlebigkeit der genannten Vertragstypen erwächst im Hinblick auf die Prämie ein besonderer Interessenkonflikt zwischen Anpassungsbedürfnis des Versicherers und Kontinuitätsinteresse des Versicherungsnehmers. Diesen löst der Gesetzgeber mit der Norm des § 163 VVG dahingehend, dass dem Versicherer zwar ein einseitig ausübbares Prämienerhöhungsrecht zukommt, dieses aber zugleich sehr hohe Anforderungen an die Prämienerhöhung statuiert. Da die Norm sich insoweit als Lex specialis zu den §§ 305 ff. BGB versteht, stellen die Anforderungen des § 163 VVG zugleich den Maßstab für die Zulässigkeit von jeglichen Prämienanpassungsmechanismen in Lebens- und Berufsunfähigkeitsversicherungsverträgen dar. Die Norm hat somit in der Gesamtschau vor allem Schutzwirkung für den Versicherungsnehmer, da sie die Prämienanpassung durch den Versicherer an deutlich höhere Voraussetzungen knüpft, als sie bei anderen Versicherungsverträgen erforderlich wären. In den Anwendungsbereich von § 163 VVG fallen dabei alle Lebensversicherungsverträge. Kapitalbildende Lebensversicherungen fallen also ebenfalls unter § 163 VVG,[149] wie auch Rentenversicherungsverträge. Berufsunfähigkeitsversicherungsverträge werden über § 176 VVG einbezogen, wonach die Regelungen zur Lebensversicherung in weiten Teilen Anwendung auf das Recht der Berufsunfähigkeitsversicherung finden.

613  Inhaltlich stellt § 163 Abs. 1 S. 1 VVG drei Voraussetzungen an eine Prämienerhöhung, die kumulativ vorliegen müssen. Erforderlich ist, dass

*„1. sich der Leistungsbedarf nicht nur vorübergehend und nicht voraussehbar gegenüber den Rechnungsgrundlagen der vereinbarten Prämie geändert hat,*
*2. die nach den berichtigten Rechnungsgrundlagen neu festgesetzte Prämie angemessen und erforderlich ist, um die dauernde Erfüllbarkeit der Versicherungsleistung zu gewährleisten, und*
*3. ein unabhängiger Treuhänder die Rechnungsgrundlagen und die Voraussetzungen der Nummern 1 und 2 überprüft und bestätigt hat.*

*Eine Neufestsetzung der Prämie ist insoweit ausgeschlossen, als die Versicherungsleistungen zum Zeitpunkt der Erst- oder Neukalkulation unzureichend kalkuliert waren und ein ordentlicher und gewissenhafter Aktuar dies insbesondere anhand der zu diesem Zeitpunkt verfügbaren statistischen Kalkulationsgrundlagen hätte erkennen müssen."*

614  Die Prämienanpassung in der Lebensversicherung folgt damit einer sehr ähnlichen Logik wie die zuvor skizzierten allgemeinen Anforderungen an Prämienanpassungsklauseln. Die

---

[149] Prölss/Martin/Schneider VVG § 163 Rn. 6.

Norm definiert selbst die Anpassungsfaktoren durch den Verweis auf die Änderung des Leistungsbedarfs im Vergleich zu der nach §§ 138 ff. VAG geregelten und nach § 143 VAG an die BAFin zu meldenden Berechnungsgrundlage. Eine Regelung in zeitlicher Hinsicht findet sich indirekt durch den Ausschluss von nur vorübergehenden Änderungen. Dies führt zwar dazu, dass Versicherer vorübergehende Änderungen im Leistungsbedarf nicht auf die Prämie umlegen können, macht aber zugleich die Regelung weiterer Überprüfungen überflüssig. Deutlich restriktiver fällt dabei allerdings die Regelung des § 163 Abs. 1 S. 1 Nr. 2 aus, wonach Prämienerhöhungen immer nur insoweit möglich sind, wie sie zur dauerhaften Erfüllbarkeit der Leistungen angemessen und erforderlich sind. Dies stellt eine äußerst hohe Hürde dar, da die Prämienerhöhung mithin nur dem Zweck dienen kann, die dauerhafte Erfüllbarkeit der Verträge zu gewährleisten und nach § 163 Abs. 1 S. 2 VVG auch nur, soweit die Prämie ursprünglich ordnungsgemäß kalkuliert war. Die Prämienanpassung in der Lebens- und Berufsunfähigkeitsversicherung versteht sich mithin als Ausnahme zur zu schützenden Kontinuität der Vertragskonditionen.

Um die Interessen der Versicherungsnehmer zu schützen, müssen die Voraussetzungen der beabsichtigten Prämienanpassung auch durch einen Treuhänder geprüft werden. Der Versicherungsnehmer muss also nicht selbst den Aufwand betreiben, das Vorliegen der Voraussetzungen prüfen zu lassen. 615

### b) Prämienanpassung in der privaten Krankenversicherung

Auch in der privaten Krankenversicherung sieht der Gesetzgeber mit § 203 Abs. 2 VVG einen gesetzlichen Prämienanpassungsmechanismus unter Einbeziehung eines Treuhänders vor. 616

§ 203 Abs. 2 VVG findet dabei Anwendung auf alle Krankenversicherungen, in denen das ordentliche Kündigungsrecht des Versicherers gesetzlich oder vertraglich ausgeschlossen ist.[150] Ein vertraglicher Ausschluss des ordentlichen Kündigungsrechts wird dem Versicherer dabei regelmäßig gesetzlich auferlegt, zB in der substitutiven Krankenversicherung nach § 146 Abs. 1 Nr. 3 VAG. 617

Die zuvor für die Lebens- und Berufsunfähigkeitsversicherung skizzierte Interessenlage lässt sich dabei übertragen. Auch bei der Krankenversicherung haben die Versicherungsnehmer ein besonders schützenswertes Interesse am Fortbestand des Vertrages zu möglichst unveränderten Konditionen. Der Gesetzgeber schützt dieses Interesse, indem zunächst das ordentliche Kündigungsrecht weitgehend gesetzlich oder erzwungen vertraglich ausgeschlossen wird, sodann dem Versicherer aber ein gesetzliches Anpassungsrecht gewährt wird, mit dem das Äquivalenzverhältnis auch bei Beeinträchtigungen aufgrund langer Vertragslaufzeit wieder hergestellt werden kann.[151] Die gesetzliche Regelung schränkt dabei auch hier Vertragsfreiheit des Versicherers ein und lässt Prämienanpassungen nur unter den im Detail sehr komplexen Voraussetzungen[152] des § 203 Abs. 2 VVG zu. 618

## X. Wettbewerbsrechtliche Aspekte

### 1. Hintergrund

Preisänderungen sind – sofern keine vertragsrechtlichen Gründe entgegenstehen – aus wettbewerbsrechtlicher Sicht grundsätzlich unbedenklich, da Unternehmen in ihrer Preisgestaltung grundsätzlich frei sind[153]. Sie können den Preis einer Ware oder Dienstleistung 619

---

[150] Langheid/Wandt/Boetius VVG § 203 Rn. 761.
[151] Langheid/Rixecker/Muschner VVG § 203 Rn. 22.
[152] Siehe Detail zB bei Langheid/Wandt/Boetius VVG § 203 Rn. 738; Prölss/Martin/Voit VVG § 203 Rn. 20.
[153] BGH GRUR 2003, 626 (627) – Umgekehrte Versteigerung II.

somit nach eigenem Ermessen bilden und auch zu jedem ihnen sinnvoll erscheinenden Zeitpunkt nach Belieben erhöhen oder senken und damit auch auf Veränderungen der Marktlage reagieren (Grundsatz der Preisgestaltungsfreiheit). Dabei spielt es keine Rolle, ob der jeweils geforderte Preis einem objektiven Marktwert entspricht[154].

620  Eingeschränkt wird dieser Grundsatz allerdings nicht nur durch verbindliche Preisvorgaben, sondern in gewissem Rahmen auch durch die Grundsätze der Preiswahrheit und Preisklarheit und weitere lauterkeitsrechtliche Vorschriften. Aus wettbewerbsrechtlicher Sicht stehen im Zusammenhang mit Preisanpassungen in laufenden Vertragsverhältnissen insbesondere die Tatbestände des Rechtsbruchs (§ 3a UWG) sowie der aggressiven und/oder irreführenden geschäftlichen Handlungen (§§ 4a, 5 UWG) im Vordergrund.

621  Das Wettbewerbsrecht, welches in Deutschland im Gesetz gegen den Unlauteren Wettbewerb (UWG) geregelt ist, hat in der jüngeren Vergangenheit einige Anpassungen erfahren. Es wird jedoch weiterhin sehr stark durch die Rechtsprechung geprägt und kann so auch auf neuere Entwicklungen eingehen und diese abbilden. Insbesondere mit Blick auf Preisanpassungen und Preiserhöhungen gibt es bereits zahlreiche Entscheidungen[155], die für Unternehmen als Leitlinien dienen können. Es zeigt sich jedoch auch sehr deutlich, dass allgemeingültige Aussagen nur schwer zu treffen sind, da stets eine konkrete Einzelfallbetrachtung erforderlich ist und bereits Kleinigkeiten im Rahmen der Kommunikation zu einer anderen Wertung führen können.

### 2. Anhang zu § 3 Abs. 3 UWG – sogenannte „Black List"

622  Die im Anhang zu § 3 Abs. 3 UWG aufgeführten geschäftlichen Handlungen sind gegenüber Verbrauchern stets unzulässig und werden daher vielfach auch als sogenannte „Schwarze Liste /Black List" bezeichnet. Sie beinhalten eine Vielzahl von möglichen geschäftlichen Handlungen, bei denen eine gesonderte Prüfung der geschäftlichen Relevanz entfällt. Innerhalb der Systematik der wettbewerbsrechtlichen Normen sind diese Tatbestände daher vor den weiter gefassten Tatbeständen der §§ 4a oder 5, 5a UWG zu prüfen. Eine analoge Anwendung auf vergleichbare Sachverhalte ist nach dem Konzept der UGP-RL allerdings ausgeschlossen, so dass es sich um eine abschließende Aufzählung handelt[156].

623  Im Zusammenhang mit Preisanpassungen im Rahmen eines laufenden Vertragsverhältnisses kann unter Umständen Nr. 27 des Anhangs zu § 3 Abs. 3 UWG relevant werden. Mit dieser Regelung sind Maßnahmen unzulässig, durch die der Verbraucher von der Durchsetzung seiner vertraglichen Rechte aus einem Versicherungsverhältnis abgehalten werden soll, entweder, in dem von ihm bei der Geltendmachung eines Anspruchs die Vorlage von Unterlagen verlangt wird, die zum Nachweis dieses Anspruchs nicht erforderlich sind oder aber Schreiben zur Geltendmachung eines Anspruchs systematisch nicht beantwortet werden.

624  Das Verhalten des Versicherers gegenüber dem Verbraucher muss dabei darauf gerichtet sein, diesen von der Geltendmachung seiner Ansprüche abzuhalten. Mit Blick auf die angeführten Maßnahmen ist davon stets auszugehen, wenn sich das Verhalten des Versicherers bei Anwendung eines objektiven Maßstabes nicht anders erklären lässt. Ob die Ansprüche tatsächlich bestehen, ist insoweit irrelevant.

625  Aufgrund des Analogieverbotes greift die Regelung, die zutreffend wohl als spezielle Erscheinungsform einer „unzulässigen Beeinflussung" im Sinne von § 4a Abs. 1 S. 2 Nr. 3 UWG eingestuft werden muss, nur für Versicherungsverhältnisse. Die zugrundeliegenden Wertungen lassen sich allerdings auch auf andere Vertragsverhältnisse übertragen, so dass – bei Vorliegen der weiteren Voraussetzungen – ggf. auch der Tatbestand des § 4a UWG bejaht werden könnte.

---

[154] BGH GRUR 2003, 626 (627) – Umgekehrte Versteigerung II.
[155] Vgl. ausführlich zur wettbewerbsrechtlichen Rechtsprechung im Bank-Kundenverhältnis: Lang BKR 2023, 227 ff.
[156] So auch Köhler/Bornkamm/Feddersen/Köhler, 41. Aufl. 2023, UWG § 3 Rn. 4.3, 4.4.

### 3. Aggressive geschäftliche Handlungen, § 4a UWG

Bei Preisanpassungen in laufenden Vertragsverhältnissen stellt sich aus wettbewerbsrechtlicher Sicht insbesondere die Frage, ob das Verhalten des Unternehmens im Zusammenhang mit der Preisanpassung als aggressive geschäftliche Handlung im Sinne des § 4a UWG einzustufen ist. Ziel der Regelung des § 4a UWG ist in erster Linie den Schutz der geschäftlichen Entscheidungsfreiheit der Verbraucher und sonstigen Marktteilnehmer vor unangemessenen Mitteln der Beeinflussung – sowohl vor, bei und nach Abschluss eines Vertrages[157]. 626

Unlauter handelt mit § 4a UWG, wer eine aggressive geschäftliche Handlung vornimmt, die geeignet ist, den Verbraucher oder sonstigen Marktteilnehmer zu einer geschäftlichen Entscheidung zu veranlassen, die dieser andernfalls nicht getroffen hätte. Eine geschäftliche Handlung ist Mit § 4a Abs. 1 S. 2 UWG aggressiv, wenn sie im konkreten Fall unter Berücksichtigung aller Umstände geeignet ist, die Entscheidungsfreiheit des Verbrauchers oder sonstigen Marktteilnehmers erheblich zu beeinträchtigen durch Belästigung (Nr. 1), Nötigung einschließlich der Anwendung körperlicher Gewalt (Nr. 2) oder unzulässiger Beeinflussung (Nr. 3). Alle dieser drei abschließend angeführten Erscheinungsformen der Beeinflussung sind richtlinienkonform auszulegen – gemeinsam ist ihnen, dass jeweils ein Druck auf den Verbraucher oder sonstigen Marktteilnehmer erzeugt wird, eine bestimmte geschäftliche Entscheidung zu treffen. Ein Rangverhältnis zwischen den Erscheinungsformen besteht nicht, eine genaue Abgrenzung ist in der Praxis vielfach aber auch kaum möglich[158], vielmehr kann es zu Überschneidungen kommen. 627

Im Rahmen der vorzunehmenden Beurteilung sind alle tatsächlichen Umstände des konkreten Einzelfalles zu berücksichtigen. Dies setzt eine sorgfältige Abwägung der Interessen aller Beteiligten, darüber hinaus aber auch eine genaue Prüfung der jeweiligen Auswirkungen auf die Betroffenen voraus. Abzustellen ist insoweit auf einen verständigen Durchschnittsverbraucher bzw. einen durchschnittlichen sonstigen Marktteilnehmer und dessen (voraussichtlicher) Reaktion auf die jeweils zu beurteilende Maßnahme. Eine erhebliche Beeinträchtigung soll dabei bereits zu bejahen sein, wenn ein angemessen gut unterrichteter und angemessen aufmerksamer kritischer (bzw. verständiger) Durchschnittsverbraucher oder durchschnittlicher sonstiger Marktteilnehmer davon ausgeht, dass er sich dem von dem Mittel ausgehenden Druck nicht entziehen kann und daher zumindest ernsthaft in Erwägung zieht, die von ihm erwartete geschäftliche Entscheidung zu treffen bzw. sich in der erwarteten Weise zu verhalten, um die ihm sonst drohenden Nachteile abzuwenden[159]. 628

Bei der Feststellung, ob eine geschäftliche Handlung als aggressiv im Sinne des § 4a Abs. 1 UWG einzustufen ist, ist mit § 4a Abs. 2 UWG auf die dort angeführten – nicht abschließenden[160] – Beurteilungskriterien abzustellen. Diese umfassen Zeitpunkt, Ort, Art oder Dauer der Handlung (Nr. 1); die Verwendung drohender oder beleidigender Formulierungen oder Verhaltensweisen (Nr. 2); die bewusste Ausnutzung von konkreten Unglückssituationen oder Umständen von solcher Schwere, dass sie das Urteilsvermögen des Verbrauchers oder sonstigen Marktteilnehmers beeinträchtigen, um dessen Entscheidung zu beeinflussen (Nr. 3) – dazu zählen insbesondere geistige und körperliche Beeinträchtigungen, das Alter, die geschäftliche Unerfahrenheit, die Leichtgläubigkeit, die Angst und die Zwangslage von Verbrauchern; belastende oder unverhältnismäßige Hindernisse nichtvertraglicher Art, mit denen der Unternehmer den Verbraucher oder sonstigen Marktteilnehmer an der Ausübung seiner vertraglichen Rechte zu hindern versucht, wozu auch das Recht gehört, den Vertrag zu kündigen oder zu einer anderen Ware oder Dienstleistung 629

---

[157] Vgl. auch Köhler/Bornkamm/Feddersen/Köhler, 41. Aufl. 2023, UWG § 4a Rn. 1.2.
[158] Eine genaue Abgrenzung ist allerdings auch entbehrlich, da die unterschiedlichen Erscheinungsformen keine unterschiedlichen Rechtsfolgen nach sich ziehen.
[159] Vgl. Köhler/Bornkamm/Feddersen/Köhler, 41. Aufl. 2023, UWG § 4a Rn. 1.34 mwN.
[160] Köhler/Bornkamm/Feddersen/Köhler, 41. Aufl. 2023, UWG § 4a Rn. 1.83.

oder einem anderen Unternehmer zu wechseln (Nr. 4) sowie Drohungen mit rechtlich unzulässigen Handlungen (Nr. 5).

### a) Belästigung

630  Der richtlinienkonform auszulegende Begriff der Belästigung setzt einen störenden Eingriff in die Privatsphäre des Verbrauchers bzw. in die geschäftliche Sphäre des sonstigen Marktteilnehmers voraus, der diesen zu einer bestimmten geschäftlichen Entscheidung verleitet.

631  Gerade bei der Durchführung oder aber Beendigung von Verträgen sind belästigende Handlungen des Unternehmers nicht auszuschließen. Im vorliegenden Zusammenhang kommt eine Belästigung unter anderem bei der Durchsetzung von bestehenden und erst recht von nicht bestehenden, aber behaupteten (insbes. Zahlungs-)Ansprüchen des Unternehmers in Betracht. Sofern der Anspruch tatsächlich nicht besteht, kann insoweit auch eine Irreführung gem. § 5 oder § 5a UWG vorliegen. Mit der Rechtsprechung ist eine Belästigung beispielsweise anzunehmen, wenn ein Unternehmer seinen Schuldner in der Öffentlichkeit in massiver Form mahnt, insbesondere indem er ihn permanent durch „schwarze Schatten" verfolgend lässt und dadurch sein allgemeines Persönlichkeitsrecht erheblich beeinträchtigt, um ihn zur Kontaktaufnahme und/oder zur Zahlung zu veranlassen[161].

632  Eine unlautere Belästigung soll aber nicht bereits dann vorliegen, wenn der Unternehmer sich lediglich im Rahmen seiner gesetzlichen Befugnisse zur Durchsetzung von Ansprüchen bewegt. So stellen Mahnungen, auch wenn sie mehrfach erfolgen, für sich gesehen daher noch keine unlautere Belästigung im Sinne der Vorschrift dar. Vielmehr müssen weitere unlautere Umstände hinzutreten, insoweit sind insbesondere Zeit, Ort, Art und Dauer der jeweiligen Maßnahme (§ 4a II 1 Nr. 1) sowie die Verwendung drohender oder beleidigender Formulierungen oder Verhaltensweisen (§ 4a II 1 Nr. 2) in die Gesamtbeurteilung mit einzubeziehen. Auch die während eines laufenden Vertragsverhältnisses erfolgende Kontaktaufnahme zur Übermittlung gesetzlich vorgeschriebener Informationen muss – soweit keine weiteren besonderen Umstände hinzukommen – als zumindest sozialadäquat eingestuft werden.

### b) Nötigung

633  Der richtlinienkonform auszulegende Begriff der Nötigung umfasst die Anwendung körperlicher Gewalt oder psychischen Zwangs. Charakteristisch ist für die Nötigung, dass sie durch Androhung oder Zufügung eines Nachteils den Adressaten zu einer bestimmten geschäftlichen Entscheidung veranlassen soll. Der insoweit ausgeübte Druck muss so stark sein, dass der Verbraucher oder sonstige Marktteilnehmer entweder keine Wahl hat, sich anders zu entscheiden, oder dass zumindest seine Entscheidungsfreiheit erheblich beeinträchtigt ist[162].

634  Einseitige, nicht durch ein Vertragsanpassungsrecht gedeckten Erhöhungen von Preisen bzw. Abschlagszahlungen können mit der Rechtsprechung eine Nötigung darstellen, insbesondere wenn ein Widerspruch als Kündigung interpretiert wird[163]. Umgekehrt wird man bei der einseitigen Anpassung von Freistellungsaufträgen für Kapitalerträge durch Banken, die prozentual der Erhöhung des aktuellen Sparerfreibetrags entsprechen, eine Nötigung verneinen müssen, sofern die Kunden über den Hintergrund der Maßnahme und die Möglichkeit, jederzeit eine andere Höhe für die Freistellung festzulegen, in verständlicher Weise informiert werden[164].

---

[161] LG Leipzig NJW 1995, 3190 ff.
[162] OLG Hamburg WRP 2021, 89 Rn. 54.
[163] LG Köln, Beschluss vom 8.12.2021 – 33 O 226/21.
[164] BeckOK UWG/Fritzsche, 19. Ed. 1.1.2023, UWG § 4a Rn. 64.

Die Weigerung eines Unternehmens, einen Vertrag mit einem Kunden abzuschließen, 635
der nicht bereit ist, sich auf bestimmte Vertragsbedingungen einzulassen, soll allerdings in
der Regel keine Nötigung darstellen (sog. Geschäftsverweigerung). Eine unerlaubte Handlung kann insoweit allenfalls unter dem Gesichtspunkt des Missbrauchs einer marktbeherrschenden oder marktstarken Stellung einen Verstoß gegen das Kartellrecht (§§ 19, 20 GWB; Art. 102 AEUV) oder unter dem Gesichtspunkt des vorsätzlichen Verstoßes gegen die guten Sitten (§ 826 BGB) vorliegen.

Gerade im Zusammenhang mit Preisanpassungen sind daher die zu berücksichtigenden 636
Begleitumstände von großer Bedeutung.

**c) Unzulässige Beeinflussung**

Eine unzulässige Beeinflussung soll mit § 4a Abs. 1 S. 2 Nr. 3 S. 2 UWG vorliegen, wenn 637
der Unternehmer eine Machtposition gegenüber dem Verbraucher oder sonstigen Marktteilnehmer zur Ausübung von Druck, auch ohne Anwendung oder Androhung von körperlicher Gewalt, in einer Weise ausnutzt, die die Fähigkeit des Verbrauchers oder sonstigen Marktteilnehmers zu einer informierten Entscheidung wesentlich einschränkt. Es muss sich dabei nicht zwangsläufig um eine rechtswidrige Beeinflussung handeln, sondern um eine Beeinflussung, durch die – ungeachtet ihrer Rechtmäßigkeit – aktiv durch Ausübung von Druck die Konditionierung des Willens des Verbrauchers erzwungen wird[165].

Im Sinne eines wirksamen Verbrauchschutzes ist der Begriff der Machtposition, soweit es 638
um Handlungen gegenüber Verbrauchern geht, richtlinienkonform weit auszulegen[166]. Es soll sich dabei um eine „überlegene Stellung, die situativ oder strukturell – etwa durch wirtschaftliche Überlegenheit – begründet sein kann" handeln[167]. Darüber hinaus sollen nach zutreffender Ansicht aber auch andere Formen der Überlegenheit – beispielsweise beruflicher, politischer, verbandsrechtlicher, familiärer und vergleichbarer Art umfasst sein, gleiches gilt für eine Überlegenheit aufgrund einer technischen Gegebenheit.[168] Unter Umständen muss die Machtposition nicht einmal zwingend tatsächlich bestehen, sofern es dem Unternehmer gelingt, beim Verbraucher den Eindruck zu erwecken oder aufrechtzuerhalten, er habe eine solche Position inne[169].

Zur Erfüllung des Tatbestands muss die Machtposition auch tatsächlich ausgeübt werden, 639
in einer Weise, die den Eindruck erweckt, der Adressat müsse mit Nachteilen außerhalb des angestrebten Geschäfts rechnen, wenn er die von ihm erwartete Entscheidung nicht trifft. Abzustellen ist auch hier auf einen Durchschnittsverbraucher bzw. einen durchschnittlichen sonstigen Marktteilnehmer. Der zu erwartende Nachteil kann körperlicher, gesundheitlicher, rechtlicher, wirtschaftlicher, sozialer, emotionaler oder sonstiger Natur sein. Der Entzug von bisher gewährten Vorteilen ist einem Nachteil gleichzustellen. Eine Absicht ist auf Seiten des Unternehmers nicht erforderlich, der Handelnde muss sich aber seiner Machtposition und deren Wirkung bewusst sein[170].

Die Geltendmachung bestehender Ansprüche oder Rechte stellt regelmäßig keine un- 640
angemessene und daher unzulässige geschäftliche Handlung dar, selbst wenn sie massiv oder unter Androhung gerichtlicher Schritte erfolgt, sofern nicht weitere Umstände hinzutreten[171]. So ist die Schwelle zur unzulässigen Beeinflussung beispielsweise bei dem Hinweis einer Bank auf die notwendige Bezifferung einer Rückforderung von Kontoführungsgebühren durch den Kunden nicht überschritten. Eine unzulässige Beeinflussung i. S. v.

---

[165] EuGH GRUR 2019, 1064 Rn. 33 – Orange Polska.
[166] Vgl. Glöckner/Henning-Bodewig WRP 2005, 1311 (1333); Köhler/Lettl WRP 2003, 1019 (1046).
[167] BGH GRUR 2018, 1251 Rn. 60 – Werbeblocker II.
[168] BeckOK UWG/Fritzsche, 19. Ed. 1.1.2023, UWG § 4a Rn. 68–75 mwN.
[169] Vgl. EuGH GRUR 2018, 1156 Rn. 45 ff. – Wind Tre/Vodafone Italia; OLG München CR 2021, 7 (9) – Upgrade-Zwang.
[170] Köhler/Bornkamm/Feddersen/Köhler, 41. Aufl. 2023, UWG § 4a Rn. 1.59.
[171] BGH GRUR 2018, 1063 Rn. 14 ff. – Zahlungsaufforderung.

§ 4a UWG liege nicht vor, da die Bank durch den Hinweis auf die Bezifferung kein unzulässiges Hindernis für die Geltendmachung der Forderung aufgestellt habe. Vielmehr entspreche es einem allgemeinen Grundsatz, dass der Anspruchsteller eine Forderung beziffern müsse[172]. Auch die Drohung mit einer Kontokündigung bei Rückforderung von Kontoführungsgebühren soll mit der Rechtsprechung wettbewerbskonform sein. Weder stelle die Verknüpfung des Angebots auf Vertragsänderung mit der Ankündigung einer Kündigung eine Nötigung i. S. v. § 4a Abs. 1 Nr. 2 UWG dar, noch handele es sich um eine unzulässige Beeinflussung i. S. v. § 4a Abs. 1 Nr. 3 UWG. Auch eine Drohung mit einer rechtlich unzulässigen Handlung gem. § 4a Abs. 2 Nr. 5 UWG sei nicht gegeben, da die Kündigung eines Girokontos rechtlich zulässig sei. Nach Auffassung des Gerichts war in dem zu beurteilenden Verhalten der Bank keine aggressive geschäftliche Handlung erkennbar, vielmehr handele es sich um einen sachlichen, die möglichen Konsequenzen nach geltender Rechtslage transparent und zutreffend wiedergebenden Hinweis auf ein Recht der beklagten Bank. Zwar habe der BGH die bislang praktizierte Zustimmungsfiktion in AGB für unwirksam erklärt, nicht jedoch den grundsätzlichen Anspruch der Banken auf Zahlung eines angemessenen Entgelts für ihre Leistungen. Auch wenn das Vorgehen der Bank sicherlich den Druck auf die Kunden erhöhen würde, mache es für diese doch gleichzeitig das Kündigungsrecht transparent und versetze den Verbraucher in die Lage, das Für und Wider des Angebots abzuwägen. Ein Wechsel zu einer anderen Bank sei grundsätzlich möglich, auch sei – da es sich in der Regel um überschaubare Rückerstattungsbeträge handeln dürfe – kein unangemessener wirtschaftlicher Druck aufgebaut worden[173].

### d) Hindernisse bei der Geltendmachung vertraglicher Rechte, § 4a Abs. 2 Nr. 4 UWG

641 Mit § 4a Abs. 2 Nr. 4 UWG sind belastende oder unverhältnismäßige Hindernisse nichtvertraglicher Art, mit denen der Unternehmer den Verbraucher oder sonstigen Marktteilnehmer an der Ausübung seiner vertraglichen Rechte zu hindern versucht, wozu auch das Recht gehört, den Vertrag zu kündigen oder zu einer anderen Ware oder Dienstleistung oder einem anderen Unternehmer zu wechseln, im Rahmen der Beurteilung zu berücksichtigen, ob eine aggressive geschäftliche Handlung vorliegt.

642 Zielsetzung ist es, durch den Unternehmer aufgestellte Hindernisse bzw. Forderungen zu ahnden, die im Vertrag keine Grundlage haben und auch nach Treu und Glauben (§ 242 BGB) zur Wahrung seiner schutzwürdigen Interessen nicht erforderlich sind. Die durch den Unternehmer eingesetzten Hindernisse nichtvertraglicher Art müssen darauf gerichtet sein, den Vertragspartner des Unternehmers an der Ausübung seiner vertraglichen Rechte zu hindern. Umfasst werden insbesondere Gestaltungsrechte des Verbrauchers oder sonstigen Marktteilnehmers, wie Anfechtung, Widerruf, Kündigung, Rücktritt, Minderung oder Ansprüche auf Vertragsanpassung. Soweit neben vertraglichen Ansprüchen noch konkurrierende gesetzliche Ansprüche bestehen, sind diese miterfasst.

643 Die Hindernisse müssen eine gewisse Erheblichkeit aufweisen, bzw. dazu geeignet sein, die Entscheidungsfreiheit des Adressaten erheblich zu beeinträchtigen und ihn dadurch zu einer geschäftlichen Entscheidung zu veranlassen, die er andernfalls nicht getroffen hätte. Konsequenz ist folglich, dass ein Durchschnittsverbraucher oder durchschnittlicher sonstiger Marktteilnehmer das vertragliche Recht entweder überhaupt nicht oder nur unter sehr erschwerten Bedingungen ausüben kann und daher von der Ausübung des Rechts Abstand nimmt.

644 Entsprechend sind Maßnahmen erfasst, die die Geltendmachung von Rechten an bestimmte Voraussetzungen knüpfen, die im Vertrag nicht vorgesehen sind oder – beispielsweise durch AGB – nicht wirksam vereinbart werden können. Gleichermaßen fallen Maß-

---

[172] LG Stuttgart, Urt. v. 24.3.2022 – 35 O 135/21 KfH.
[173] LG Stuttgart, Urteil v. 15.2.2022 – 34 O 98/21 KfH.

nahmen in den Anwendungsbereich, die den Wechsel des Verbrauchers zu einer anderen Ware oder Dienstleistung oder zu einem anderen Unternehmer verhindern sollen, auch wenn er dazu vertraglich berechtigt ist. Als Beispiele sind die Aufforderung zur Benutzung bestimmter Formulare oder Kommunikationsmittel[174] zu nennen oder die Nichtumstellung eines Telefon-, Strom- oder Gasanschlusses auf einen anderen Anbieter nach Aufforderung oder fristgerechter Kündigung[175].

In richtlinienkonformer Auslegung muss der Unternehmer nicht mit Absicht handeln, es reicht aus, dass die aufgestellten Hindernisse bei objektiver Betrachtung darauf gerichtet sind, den Verbraucher an der Ausübung seiner Rechte zu hindern[176]. 645

Die berechtige Berufung auf vertragliche Rechte und Vereinbarungen sowie die bloße Rechtsverteidigung des Unternehmers gegenüber der Geltendmachung von Rechten durch den Verbraucher fallen nicht unter den Tatbestand des § 4a Abs. 2 Nr. 4 UWG. Dies gilt auch bzw. erst recht bei einer zweifelhaften Rechtslage – anderenfalls würde das Wettbewerbsrecht dem Unternehmer die Möglichkeit der Rechtsverteidigung bzw. der Klärung der Rechtslage versagen. Dennoch dürfte vom Unternehmer zu verlangen sein, dass er seine Position entsprechend begründet, um dem Adressaten die Möglichkeit zu einer Überprüfung zu geben. Sofern der Unternehmer allerdings einen unstreitig bestehenden Anspruch ohne Begründung abstreitet oder ablehnt, könnte die Grenze zur Irreführung im Sinne des § 5 Abs. 2 Nr. 7 UWG überschritten sein. 646

**e) Drohung mit einer rechtlich unzulässigen Handlung, § 4a Abs. 2 Nr. 5 UWG**

Ein weiteres Kriterium für die Feststellung, ob eine Handlung aggressiv im Sinne des § 4a UWG ist, bilden mit § 4a Abs. 2 Nr. 5 UWG Drohungen mit rechtlich unzulässigen Handlungen 647

Unter einer Drohung ist eine Ankündigung des Unternehmers oder eines von ihm beauftragten Dritten zu verstehen, der Verbraucher oder sonstige Marktteilnehmer müsse mit einer bestimmten Handlung rechnen, falls er eine bestimmte geschäftliche Entscheidung – hierunter kann auch die Zustimmung zu einer Preiserhöhung zu fassen sein – nicht oder nicht bis zu einem bestimmten Zeitpunkt trifft. 648

Die geäußerte Drohung muss sich auf eine rechtlich unzulässige Handlung beziehen. Abzustellen ist insoweit auf das für die jeweilige Handlung maßgebliche geltende Recht. Neben Straftatbeständen kommen auch andere Normen in Betracht, dazu gehören insbesondere auch alle Handlungen, die im Rahmen einer Vertragsbeziehung des Unternehmers zum Adressaten den Tatbestand der Pflichtverletzung (§ 280 Abs. 1 BGB) erfüllen oder in Widerspruch zum Vertragsinhalt stehen und somit einen Vertragsbruch darstellen[177]. Der Drohende muss sich der Rechtswidrigkeit der angekündigten Handlung nicht bewusst sein und muss auch nicht schuldhaft handeln – er trägt folglich das Risiko einer unrichtigen Beurteilung[178]. 649

Drohungen mit rechtlich zulässigen Handlungen unterfallen der Regelung nicht.[179] Diese können aber im Einzelfall den Tatbestand der Nötigung gem. § 4a Abs. 1 S. 2 Nr. 2 UWG oder der unzulässigen Beeinflussung gem. § 4a Abs. 1 S. 2 Nr. 3 S. 2 UWG erfüllen, wenn die Zweck-Mittel-Relation nicht gewahrt wird. 650

---

[174] LG Köln GRUR-Prax 2011, 41.
[175] vgl. BGH GRUR 2009, 876 – Änderung der Voreinstellung II.
[176] vgl. Köhler/Bornkamm/Feddersen/Köhler, 41. Aufl. 2023, UWG § 4a.
[177] OLG Frankfurt GRUR-RR 2020, 30 Rn. 25 – Sperrandrohung.
[178] Köhler/Bornkamm/Feddersen/Köhler, 41. Aufl. 2023, UWG § 4a Rn. 1.110.
[179] LG Stuttgart, Urteil v. 15.2.2022 –34 O 98/21 KfH: das Landgericht lehnte eine Drohung mit einer rechtlich unzulässigen Handlung ab, da die angedrohte Kontokündigung rechtlich zulässig sei.

### f) Fazit

**651** Deutlich wird, dass das Verhalten des Unternehmens im Zusammenhang mit Preisanpassungen stets einer umfassenden Gesamtbewertung zu unterziehen ist, in die alle relevanten Umstände mit einzubeziehen sind. Eine aggressive geschäftliche Handlung im Sinne des § 4a UWG dürfte dabei erst vorliegen, wenn das Verhalten des Unternehmens das übliche sozialadäquate Verhalten überschreitet. Die Geltendmachung bestehender Ansprüche oder Rechte stellt regelmäßig keine aggressive geschäftliche Handlung dar, selbst wenn sie massiv oder unter Androhung gerichtlicher Schritte erfolgt, sofern nicht weitere, die Unterlauterkeit begründende Umstände hinzutreten.

### 4. Irreführung durch aktives Tun, § 5 UWG

**652** Für eine Irreführung durch aktives Tun bildet § 5 UWG die zentrale lauterkeitsrechtliche Grundlage. Mit § 5 Abs. 1 UWG handelt unlauter, wer eine irreführende geschäftliche Handlung vornimmt, die geeignet ist, den Verbraucher oder sonstigen Marktteilnehmer zu einer geschäftlichen Entscheidung zu veranlassen, die er andernfalls nicht getroffen hätte. Eine geschäftliche Handlung ist mit § 5 Abs. 2 S. 1 UWG irreführend, wenn sie unwahre Angaben oder sonstige zur Täuschung geeignete Angaben über gesondert aufgeführte Umstände enthält. Im vorliegenden Zusammenhang kommen insbesondere eine Irreführung gem. § 5 Abs. 2 Nr. 2 UWG über Preisangaben und Preisbedingungen in Betracht sowie eine Irreführung gem. § 5 Abs. 2 Nr. 7 UWG über die Rechte der Verbraucher.

### a) Irreführung über Preisangaben / Preisbedingungen, § 5 Abs. 2 Nr. 2 UWG

**653** Der Preis einer Ware oder Dienstleistung ist eines der wesentlichen Entscheidungskriterien für Verbraucher und sonstige Marktteilnehmer. Entsprechend soll eine geschäftliche Handlung mit § 5 Abs. 2 Nr. 2 UWG irreführend sein, wenn sie unwahre Angaben oder sonstige zur Täuschung geeignete Angaben über besondere Preisvorteile, den Preis oder die Art und Weise, in der er berechnet wird, enthält. Die erforderliche wettbewerbliche Relevanz ist bei einer Irreführung insoweit in der Regel ohne weiteres zu bejahen.

**654** Schutzrichtung der Vorschrift sind die Gewährleistung der Preiswahrheit und in gewissem Maße auch der Preisklarheit, die zusätzlich auch über die Regelungen der Preisangabenverordnung (PAngV) sichergestellt werden. Unternehmen sind in der Preisgestaltung zwar grundsätzlich frei, sofern nicht bindende Preisvorschriften entgegenstehen, sie dürfen aber nicht über den tatsächlichen Preis in die Irre führen – unzutreffende Behauptungen über den Preis sind stets irreführend[180]. Eine Preisangabe ist irreführend, wenn der angesprochene Verkehr sie in einer Weise versteht, die mit der Wirklichkeit nicht übereinstimmt. Beispielhaft zu nennen sind in diesem Zusammenhang Lockvogelpreise, Preisschaukeleien oder irreführende „Preisgarantien", bei denen die Bedingungen für den Rücktritt oder die Preisminderung so ausgestaltet sind, dass die Kunden sie praktisch nie erfüllen können[181].

### b) Irreführung über die Rechte des Verbrauchers, § 5 Abs. 2 Nr. 7 UWG

**655** Nach § 5 I 2 Fall 2 Nr. 7 UWG ist eine geschäftliche Handlung irreführend, wenn sie zur Täuschung geeignete Angaben über Rechte des Verbrauchers enthält. Erfasst werden insoweit insbesondere irreführende Angaben über Verbraucherrechte bei Leistungsstörungen einschließlich Rechten aus Garantieversprechen und Gewährleistungsrechte.

---

[180] BGH GRUR 2000, 340 – Kartenlesegerät; BGH GRUR 2005, 442 – Direkt ab Werk.
[181] Vgl. OLG Hamburg WRP 1984, 32; OLG Bamberg GRUR-RR 2014, 349 – Eingeschränkte Preisgarantie; Überblick über die verschiedenen Kategorien bei Köhler/Bornkamm/Feddersen/Bornkamm/Feddersen, 41. Aufl. 2023, UWG § 5 Rn. 3.34 ff.

## X. Wettbewerbsrechtliche Aspekte

Unter den Begriff der „Angaben" fallen mit der Rechtsprechung nicht nur Tatsachenbehauptungen, sondern – bei gebotener richtlinienkonformer Auslegung – auch Meinungsäußerungen bzw. alle täuschenden oder zur Täuschung geeigneten Geschäftshandlungen mit Informationsgehalt[182]. Aussagen eines Unternehmens über die Rechtslage werden allerdings nur unter bestimmten Voraussetzungen erfasst. Entscheidend ist dabei, wie der Verbraucher die Äußerung des Unternehmers unter Berücksichtigung aller Umstände des Einzelfalls, insbesondere der Art und Weise der Äußerung auffasst. Ist für die betroffenen Verkehrskreise erkennbar, dass es sich um eine im Rahmen der Rechtsverfolgung oder Rechtsverteidigung geäußerte Rechtsansicht handelt, fehlt dieser Äußerung die erforderliche Eignung zur Täuschung. Hintergrund ist auch hier, dass es dem Unternehmer unbenommen bleiben muss, eine bestimmte Rechtsansicht zu vertreten. Ob diese Rechtsansicht richtig ist, kann nicht im Wettbewerbsprozess, sondern muss in dem Rechtsverhältnis geprüft und entschieden werden, auf das sich diese Rechtsansicht bezieht[183]. 656

Auch in Bezug auf Kündigungsschreiben im Zuge unternehmerseitig nicht durchgesetzter Preiserhöhungen gilt, dass die Äußerung von Rechtsansichten nicht zur Irreführung im Sinne des § 5 UWG geeignet ist, auch wenn sie nicht von jedermann sofort als solche zu verstehen sind, weil sie objektiv formuliert sind. Selbst eine apodiktisch formulierte Äußerung muss dabei nicht zwingend als Rechtsansicht gekennzeichnet sein. Anderes gilt nur dann, wenn eine „gesicherte Rechtslage" behauptet wird[184]. Auch die Drohung mit einer Kontokündigung bei Rückforderung von Kontoführungsgebühren soll mit der Rechtsprechung keine Irreführung darstellen, sofern die Bank transparent und unmissverständlich auf die Folgen hingewiesen hat, die bei Nichtannahme des Angebots auf Vertragsänderung eintreten werden[185]. Selbst wenn die geäußerte Rechtsauffassung unrichtig ist, kann es an einer relevanten Irreführung fehlen, da die Frage der Richtigkeit der Rechtsansicht im Rechtsverhältnis zwischen dem Kunden und der Bank und nicht im Wettbewerbsprozess der Verbraucherzentrale geprüft werden müsse. Auch sei die Beklagte nicht nach § 5a Abs. 2 UWG verpflichtet gewesen, von sich aus auf das Bestehen eines Auskunftsanspruchs hinzuweisen. Auch unter Zugrundelegung eines hohen Verbraucherschutzniveaus sei es einem Unternehmen nicht zuzumuten, dem Verbraucher eine Hilfestellung bei der Durchsetzung seiner Forderung zu gewähren[186]. 657

Im Gegensatz dazu werden von der Rechtsprechung Äußerungen als Irreführung eingestuft, in denen der Unternehmer eine eindeutige Rechtslage behauptet, die tatsächlich nicht besteht, sofern der Kunde die Aussage nicht als Äußerung einer Rechtsansicht, sondern als Feststellung versteht[187]. Auch objektiv falsche rechtliche Auskünfte eines Unternehmens, die auf ausdrückliche Nachfrage des Verbrauchers erteilt werden, können zur Irreführung und Beeinflussung des Verbrauchers geeignet sein[188]. Bei Anlegung dieses Maßstabes können auch Angaben zur Mindestvertragslaufzeit in Rechnungen oder Ver- 658

---

[182] § 5 Abs. 2 UWG dient der Umsetzung des Art. 6 I RL2005/29/EG, der als irreführende Geschäftspraxis neben generell unwahren Angaben auch alle Geschäftspraktiken, die in irgendeiner Weise – also sowohl durch wahre Angaben als auch Meinungsäußerungen – zur Täuschung des Durchschnittsverbrauchers geeignet sind. Vgl. auch BGH GRUR 2019, 754 Rn. 26 ff. – Prämiensparverträge.
[183] BGH GRUR 2019, 754 Rn. 30 – Prämiensparverträge.
[184] OLG Köln Urt. v. 25.11.2022 – 6 U 102/22: Nach Auffassung des Senats ergaben sich keine Anhaltspunkte, dass die Bekl. ihre Rechtsansicht als gesicherte Rechtsposition dargestellt hätte. Weder die Behauptung, dass der Vertrag nur unter geänderten Bedingungen fortgeführt werden könne und ein Preisanpassungsrecht bestehe, noch der Verweis auf das Vertragsende am 12.11.2021 „unter Berücksichtigung der Marktregeln" – dh der technischen Realisierbarkeit der Abmeldung – führte hier zu einer entsprechenden Irreführungsgefahr. Ergänzend führte der Senat aus, dass die Bekl. im Fall eines Gerichtsverfahrens unter Beteiligung von Verbrauchern gehindert wäre, sich auf die exorbitant gestiegenen Beschaffungspreise und die fehlende Zustimmung zur Preisanpassung vor Gericht zu berufen, wenn die Unterlassungsverfügung Bestand haben sollte.
[185] LG Stuttgart, Urteil v. 15.2.2022 – 34 O 98/21 KfH.
[186] LG Stuttgart, Urt. v. 24.3.2022 – 35 O 135/21 KfH.
[187] BGH GRUR 2019, 754 Rn. 30 – Prämiensparverträge.
[188] BGH GRUR 2019, 754 – Prämiensparverträge; BGH GRUR 2020, 886 – Preisänderungsregelung; BGH GRUR-RS 20250, 13411 – Fernwärmepreis.

tragsbestätigungen zur Täuschung geeignete Angaben iSv § 5 darstellen, sofern Verbraucher sie als Feststellung verstehen.

**659** Denkbar ist im vorliegenden Zusammenhang der Preisanpassungen oder Preiserhöhungen eine Irreführung der Verbraucher durch unzutreffende Angaben über den Modus einer Vertragsänderung im Falle einer Preisanpassung. Sofern das Unternehmen suggeriert, eine Preiserhöhung sei allein durch Weiterbezug der Leistung oder Absehen von einer Kündigung des bestehenden Vertrages wirksam vereinbart, täuscht der Unternehmer über die in der Rechtsordnung verankerten Grundsätze willentlicher Selbstbestimmung. Dem Schweigen auf ein Angebot kommt mit der einschlägigen Rechtsprechung bekanntlich regelmäßig nur dann rechtsgeschäftliche Bedeutung zu, wenn die Parteien dies vorher vereinbart haben. Aus diesem Grunde kann eine relevante Irreführung auch dann vorliegen, wenn eine Preisanpassung ohne vertragliche Grundlage vorgenommen wird[189] Gleichermaßen soll eine Irreführung des Verbrauchers i. S. d. § 5 Abs. 2 Nr. 7 UWG vorliegen, wenn für den durchschnittlichen Kunden als Empfänger eines Preisanpassungsschreibens des Versorgers nicht erkennbar ist, dass dieser lediglich eine eigene Rechtsansicht äußert, sondern vielmehr den Eindruck erweckt, aufgrund einer eindeutigen Rechtslage zur Preisanpassung berechtigt zu sein[190].

**660** Das OLG Frankfurt a. M.[191] hat eine Irreführung bejaht bei einer Unternehmensäußerung über die Wirksamkeit einer einseitig vorgenommen Änderung einer bestehenden Preisänderungsregelung. Irreführend ist es auch, wenn eine Bank dem Kunden auf seine mit dem Hinweis auf Rechtsprechung, dass Schweigen keine Zustimmung sei, versehene Anfrage mitteilt, der geforderte Negativzins beruhe auf einer individuell mit ihm getroffenen Vereinbarung, wenn die Zustimmung nach entsprechender Ankündigung aufgrund des Bestehens eines Habensaldos auf dem Kundenkonto fingiert wurde[192]. Entsprechend ist der Fall zu behandeln, wenn ein Stromversorger in einer Mitteilung an seine Kunden ankündigt, er werde es als Zustimmung der Kunden zu den neuen Vertragspreisen behandeln, wenn die Kunden nach einer Kündigung weiterhin Strom beziehen, da dies die Berechtigung des Versorgers impliziert, dem Verhalten der Kunden eine bestimmte rechtliche Bedeutung beimessen zu dürfen und dies auch der tatsächlichen Rechtslage entspreche[193].

**661** Auch die Verwendung von Vertragsformularen, die entgegen den gesetzlichen Vorschriften den Vertragspartner über Widerrufs-, Rücktritts- und Rückgaberechte nicht, falsch oder unvollständig belehren und deshalb geeignet sind, den die Rechtslage nicht überblickenden Vertragspartner von der Ausübung seiner Rechte abzuhalten, kann unter die Regelung des § 5 Abs. 2 Nr. 7 UWG fallen[194].

### c) Fazit

**662** Auch mit Blick auf das Vorliegen einer Irreführung im Zusammenhang mit Preisanpassungen und insbesondere Preiserhöhungen gilt, dass das Verhalten des Unternehmens einer umfassenden Gesamtbewertung zu unterziehen ist. Unternehmen dürfen sich gegenüber ihren Kunden auf eigene Rechtsansichten und -beurteilungen berufen, sofern klar ist, dass diese im Rahmen der Rechtsverfolgung und Rechtsverteidigung aufgestellt werden. Eine Pflicht, darauf explizit zu verweisen oder die eigene Rechtsposition zu relativieren besteht

---

[189] MüKoUWG/Busche, 3. Aufl. 2020, UWG § 5 Rn. 514.
[190] LG Hamburg, Urt. v. 29.11.2019 – 312 O 577/15.
[191] BeckRS 2019, 4283.
[192] LG Frankfurt a. M. GRUR-RS 2022, 13446.
[193] KG BeckRS 2013, 9271.
[194] BGH GRUR 1986, 816 [818] – Widerrufsbelehrung bei Teilzahlungskauf; BGH GRUR 1990, 1020 [1022] – Freizeitveranstaltung; BGH GRUR 1994, 59 [60] – Empfangsbestätigung; BGH GRUR 1995, 68 [70] – Schlüssel-Funddienst.

nicht – dies gilt jedoch nur so lange, wie die Aussage nicht im Einzelfall zur Irreführung des Kunden geeignet ist.

Für die Praxis ergeben sich aus der Rechtsprechung gute Leitlinien, dennoch ist stets eine konkrete Beurteilung des Einzelfalls erforderlich, da bereits Nuancen in der Formulierung den schmalen Grat zu einer unzulässigen Handlung überschreiten können. Dies stellt Unternehmen vor besondere Herausforderungen. 663

### 5. Irreführung durch Unterlassen, § 5a UWG

Unlauter handelt mit § 5a UWG auch, wer einen Verbraucher oder sonstigen Marktteilnehmer irreführt, indem er ihm eine wesentliche Information vorenthält, die der Verbraucher oder der sonstige Marktteilnehmer nach den jeweiligen Umständen benötigt, um eine informierte geschäftliche Entscheidung zu treffen (§ 5a Abs. 1 Nr. 1), und deren Vorenthalten dazu geeignet ist, den Verbraucher oder den sonstigen Marktteilnehmer zu einer geschäftlichen Entscheidung zu veranlassen, die er andernfalls nicht getroffen hätte (Nr. 2). Als Vorenthalten gilt mit § 5a Abs. 2 UWG auch das Verheimlichen wesentlicher Informationen, die Bereitstellung wesentlicher Informationen in unklarer, unverständlicher oder zweideutiger Weise sowie die nicht rechtzeitige Bereitstellung wesentlicher Informationen. 664

Aufgrund der grundsätzlichen Preisgestaltungsfreiheit besteht für Unternehmen keine Verpflichtung, Verbrauchern mit Blick auf § 5a Abs. 2 UWG nähere Informationen zur Preispolitik zur Verfügung zu stellen. Allerdings sind auch in diesem Zusammenhang die Grundsätze von Preiswahrheit und Preisklarheit zu beachten, gleichermaßen gelten die Ausführungen zur Irreführung durch aktives Tun entsprechend. 665

### 6. Rechtsbruchtatbestand, § 3a UWG

Mit der Regelung des § 3a UWG handelt unlauter, wer einer gesetzlichen Vorschrift zuwiderhandelt, die auch dazu bestimmt ist, im Interesse der Marktteilnehmer das Marktverhalten zu regeln, und der Verstoß geeignet ist, die Interessen von Verbrauchern und sonstigen Marktteilnehmern oder Mitbewerber spürbar zu beeinträchtigen. 666

Zwar legt der ausdrücklich in § 1 S. 1 UWG normierte Verbraucherschutz die Annahme nahe, dass es sich bei sämtlichen Verbraucherschutzvorschriften auch um Marktverhaltensregeln handelt. Ein Marktbezug ist jedoch stets normbezogen zu ermitteln, gleiches gilt für die Spürbarkeit einer Beeinträchtigung. 667

Bei Preisanpassungen oder Preiserhöhungen in bestehenden Vertragsverhältnissen stellt sich insoweit stets die Frage, ob diese Maßnahmen auch vertragsrechtlich gesetzeskonform ausgestaltet sind. Da in der Praxis im modernen Massengeschäft in der Regel AGB zur Anwendung kommen werden, ist insoweit maßgeblich auf die entsprechenden Normen der §§ 307 ff. BGB abzustellen. Insoweit steht mit der einschlägigen Rechtsprechung fest, dass die Vorschriften über die Inhaltskontrolle nach den §§ 307 ff. BGB Marktverhaltensregelungen darstellen, da Verstöße geeignet sind, die wirtschaftlichen Interessen des Durchschnittsverbrauchers spürbar zu beeinflussen und ihn davon abzuhalten, berechtigte Ansprüche gegen den Verwender geltend zu machen[195]. Keine Marktverhaltensregeln stellen die Auslegungsregeln des § 305c Abs. 1 BGB dar, jedoch können überraschende und mehrdeutige Klauseln gegen das Transparenzgebot des § 307 Abs. 1 S. 2 BGB verstoßen und damit einen Rechtsbruch iSv § 3a darstellen[196]. 668

Ein Verstoß gegen AGB-Recht kann daher in der Regel über die Vorschrift des § 3a UWG auch auf wettbewerbsrechtlicher Ebene verfolgt werden[197]. Die Anwendung von 669

---

[195] BGH GRUR 2012, 949 Rn. 46 – Missbräuchliche Vertragsstrafe; OLG München WRP 2015, 1154 Rn. 11; Ohly/Sosnitza UWG § 3a Rn. 78–78a; Köhler/Bornkamm/Feddersen/Köhler UWG § 3a Rn. 1.288.
[196] Köhler/Bornkamm/Feddersen/Köhler UWG § 3a Rn. 1.288.
[197] MMR 2020, 480 Rn. 43–48, beck-online – Netflix, Bestellbutton.

§ 3a wird nach zutreffender Ansicht auch nicht durch einen Vorrang der §§ 1, 3 UKlaG ausgeschlossen[198].

### 7. Auffangtatbestand des § 3 UWG

670 Nach § 3 Abs. 1 UWG sind unlautere geschäftliche Handlungen unzulässig. Dieser Vorschrift kommt eine Funktion als Auffangtatbestand zu; sie ist nur anwendbar, wenn eine geschäftliche Handlung keinen der besonderen Unlauterkeitstatbestände erfüllt und diese Tatbestände keine abschließende Regelung darstellen. Im vorliegenden Zusammenhang dürfte daher in der Regel kein Raum mehr für eine Anwendbarkeit des Auffangtatbestandes bestehen.

### 8. Verbotene Verletzung von Verbraucherinteressen durch unlautere geschäftliche Handlungen

671 Bei der durch das Gesetz zur Stärkung des Verbraucherschutzes im Wettbewerbs- und Gewerberecht v. 10.8.2021 neu eingeführten Vorschrift handelt es sich nicht um eine zusätzliche Verbotsnorm, vielmehr dient sie der Klarstellung, dass die in Abs. 2 näher beschriebenen unlauteren Handlungen die Grundlage für die Verhängung von Sanktionen bilden, wenn es sich um einen „weitverbreiteten Verstoß" im Sinne von Art. 3 Nr. 3 VO (EU) 2017/2394 oder einen „weitverbreiteten Verstoß mit Unions-Dimension" iSv Art. 3 Nr. 4 VO (EU) 2017/2394 handelt. Zu den in diesem Zusammenhang aufgelisteten unlauteren Handlungen gehören beispielsweise auch die aggressiven geschäftlichen Handlungen nach § 4a Abs. 1 UWG sowie die irreführenden geschäftlichen Handlungen nach § 5 bzw. 5a UWG. Vorsätzliche oder fahrlässige Verstöße gegen § 5c stellen eine Ordnungswidrigkeit dar, die nach § 19 II UWG mit einer Geldbuße bis zu 50.000 EURO geahndet werden kann. Allerdings ist die Ahndung nur im Rahmen einer koordinierten Durchsetzungsmaßnahme nach Art. 2 VO (EU) 2017/2394 möglich.

### 9. Folgen wettbewerbsrechtlicher Verstöße

672 Das Wettbewerbsrecht war ursprünglich vorrangig darauf ausgerichtet, dass Unternehmen bei Verstoß gegen eine der Vorschriften durch einen Wettbewerber gegen diesen vorgehen können. So soll verhindert werden, dass sich ein Unternehmen durch unlautere Methoden Wettbewerbsvorteile im Markt verschafft. In der Praxis werden Verstöße jedoch zunehmend (auch) durch Verbände und Verbraucherschutzorganisationen verfolgt.

#### a) Unterlassungsanspruch

673 Der Kernanspruch des Wettbewerbsrechts ist der in § 8 Abs. 1 UWG normierte Unterlassungs- und Beseitigungsanspruch. Dieser besteht bereits, wenn eine Zuwiderhandlung gegen § 3 oder 7 UWG droht. Sofern die Zuwiderhandlungen in einem Unternehmen von einem Mitarbeiter oder Beauftragten begangen werden, sind die Ansprüche auch gegen den Inhaber des Unternehmens begründet (vgl. § 8 Abs. 2 UWG). Der Unterschied zwischen dem Unterlassungs- und dem Beseitigungsanspruch besteht nach wohl allgemeiner Meinung darin, dass der Unterlassungsanspruch auf die Unterbindung zukünftiger Verletzungshandlungen zielt, der Beseitigungsanspruch im Gegensatz dazu die Abwehr einer bereits eingetretenen, aber fortwirkenden Beeinträchtigung zum Gegenstand hat[199].

---

[198] BGH NJW 2021, 2193 (2197); BGH GRUR 2018, 423 (428) – Klauselersetzung; BGH GRUR 2012, 949 Rn. 46 – Missbräuchliche Vertragsstrafe; BGH GRUR 2010, 1120 Rn. 24 – Vollmachtsnachweis; BGH GRUR 2010, 1117 Rn. 31 – Gewährleistungsausschluss im Internet; aA Ohly/Sosnitza UWG § 3a Rn. 78a.
[199] Vgl. Köhler, WRP 2019, 269–276 mwN.

## b) Folgenbeseitigungsanspruch

Bislang noch nicht höchstrichterlich entschieden ist, ob der in § 8 Abs. 1 UWG geregelte  **674**
Beseitigungsanspruch auch einen sogenannten wettbewerbsrechtlichen Folgenbeseitigungsanspruch umfasst. Mit der Rechtsprechung des BGH kann es auch zur Unterlassungspflicht des Schuldners gehören, einen durch die Wettbewerbshandlung geschaffenen rechtswidrigen Zustand zu beseitigen. Der BGH geht insoweit davon aus, dass die Verpflichtung zur Unterlassung einer Handlung, durch die ein fortdauernder Störungszustand geschaffen wurde, mangels abweichender Anhaltspunkte regelmäßig dahingehend auszulegen ist, dass nicht nur die Unterlassung, sondern auch die Vornahme möglicher und zumutbarer Handlungen zur Beseitigung des Störungszustands erfasst ist[200]. Der Unterlassungsschuldner ist folglich verpflichtet im Rahmen des Möglichen und Zumutbaren auf den Dritten einzuwirken, soweit dies zur Beseitigung des Störungszustands erforderlich ist[201].

In den letzten Jahren haben Verbraucherverbände vermehrt versucht, durch entsprechen-  **675**
de Musterklagen einen Folgenbeseitigungsanspruch gegenüber Unternehmen, namentlich Banken und Versicherungsunternehmen, zu etablieren, die unzulässige AGB-Klauseln verwendet hatten. Inhaltlich zielt dieser Anspruch darauf ab, die rechtlichen Folgen, die sich aus einer Verwendung unzulässiger AGB ergeben, rückgängig zu machen. Aus Unternehmenssicht kann ein solcher Anspruch durchaus weitreichende Folgen haben, insbesondere, wenn aufgrund unzulässiger AGB-Klauseln Zahlungen erlangt wurden, die – im Falle einer Bejahung des Anspruchs – umgehend an sämtliche betroffenen Kunden zurückzuzahlen wären. Aber auch die Versendung eines Berichtigungsschreibens an alle Adressaten, gegenüber denen sich das Unternehmen auf die unwirksamen AGB berufen hat oder die Erteilung von Auskünften können unangenehme Folgen sein.

Die in diesem Zusammenhang bislang ergangene Rechtsprechung ist sehr uneinheit-  **676**
lich[202]. In einigen Fällen waren die auf Zahlung gerichteten Klagen erfolgreich, in anderen Konstellationen haben die Gerichte die Unternehmen zur Versendung von Informationsschreiben an die betroffenen Verbraucher verurteilt und zusätzlich oder ausschließlich zur Auskunft über die Kunden verurteilt, bei denen das Entgelt erhoben worden war. Andere Gerichte lehnten einen auf Zahlung an die Verbraucher gerichteten Beseitigungsanspruch aus grundsätzlichen Erwägungen ab – eine ausdrückliche höchstrichterliche Entscheidung, die Klarheit bringen könnte, fehlt bislang. Auch in der Literatur gehen die Meinungen weit auseinander [203].

Bis eine entsprechende höchstrichterliche Entscheidung vorliegt, besteht daher auf Un-  **677**
ternehmensseite ein entsprechendes Risiko.

Aus rechtlicher Sicht spricht viel dafür, danach zu differenzieren, worin im Einzelfall der  **678**
eingetretene Störungszustand besteht[204]. Bei der Verwendung unwirksamer AGB besteht der Störungszustand in der Gefahr einer Fehlvorstellung der Verbraucher – vor einer solchen Einwirkung auf die Entscheidungsfreiheit des Verbrauchers will das Lauterkeitsrecht schützen. Dieser Zustand entfällt jedoch genaugenommen mit der Aufklärung des Verbrauchers. Im Gegensatz dazu führt die Erhebung eines Entgelts aufgrund einer unwirksamen AGB-Klausel zwar zu einer Vermögensverschiebung, lässt aber genaugenommen keinen durch das Lauterkeitsrecht missbilligten Störungszustand entstehen, so dass insoweit auch kein Folgenbeseitigungsanspruch gerechtfertigt wäre[205].

---

[200] BGH GRUR 2018, 292 Rn. 19 – Produkte zur Wundversorgung.
[201] BGH NJW 2018, 155 Rn. 29 – Luftentfeuchter.
[202] Vgl. grundlegend Büscher WRP 2023, 513 ff.
[203] Vgl. zur Rechtsprechung und zum Meinungsstand in der Literatur: Büscher WRP 2023, 513 ff.
[204] So auch: Harte-Bavendamm/Henning-Bodewig/Goldmann, 5. Aufl. 2021, UWG § 8 Rn. 281–283.
[205] Ähnlich auch Büscher WRP 2023, 513 ff.

### c) Schadensersatzanspruch und Gewinnabschöpfungsanspruch

**679** Mit der Regelung des § 9 Abs. 1 UWG besteht zudem ein Schadensersatzanspruch für Mitbewerber, sofern der Wettbewerbsverstoß vorsätzlich oder fahrlässig erfolgte.

**680** Für Verbände besteht mit der durch die UWG-Novelle 2004 eingeführten Regelung des § 10 UWG auch ein Gewinnabschöpfungsanspruch[206]. Dieser soll die zivilrechtlichen Sanktionen gegen schwerwiegende Wettbewerbsverstöße erweitern und so eine Rechtsschutzlücke schließen und insbesondere auch eine Abschreckungswirkung erzielen. Herauszugeben ist nur der Gewinn, der zu Lasten einer Vielzahl von Abnehmern erzielt worden ist, nicht der Gewinn, der zu Lasten von Mitbewerbern erzielt worden ist[207].

**681** Das Vorliegen der Voraussetzungen des Gewinnabschöpfungsanspruchs wurde im Zusammenhang mit einem Anspruch auf Auskunft und Rechnungslegung gegen einen Energieversorger bejaht, der unter Verstoß gegen § 3a UWG iVm § 41 III EnWG intransparente E-Mails zu einer Preiserhöhung an Kunden versendet hatte. Das Gericht hielt insoweit fest, dass sich der Vorsatz des Anspruchsschuldners nur auf die Verwirklichung der Tatbestandsmerkmale der verletzten Verbotsnormen § 3a UWG iVm § 41 III EnWG beziehen müsse, nicht auch auf die weiteren Voraussetzungen des § 10 I UWG. Den abzuschöpfenden Gewinn sah das Gericht in der Differenz zwischen dem vorherigen Preis und dem (aufgrund der unwirksamen Preiserhöhung) von den Kunden gezahlten Preis[208].

### d) Verbraucherschadensersatzanspruch

**682** Die von einer unlauteren Handlung betroffenen Verbraucher sind im Rahmen des UWG grundsätzlich nicht als Anspruchsberechtigte vorgesehen. Eine Ausnahme bildet insoweit der durch das Gesetz zur Stärkung des Verbraucherschutzes im Wettbewerbs- und Gewerberecht v. 10.8.2021 in Umsetzung von Art. 11a I 1 der Änderungs-RL (EU) 2019/2161 mit Wirkung seit dem 28.5.2022 eingeführte Schadensersatzanspruch für Verbraucher gem. § 9 Abs. 2 UWG.

**683** Diese Neuregelung spricht Verbrauchern nun erstmalig einen individuellen Schadensersatzanspruch zu, der bislang ausschließlich Mitbewerbern vorbehalten war. Unternehmen sind demnach zum Ersatz des Schadens verpflichtet, der dadurch entsteht, dass vorsätzlich oder fahrlässig eine nach § 3 UWG unzulässige Handlung vorgenommen wird, durch die Verbraucher zu einer geschäftlichen Entscheidung veranlasst werden, die sie andernfalls nicht getroffen hätten. Dies gilt – wie § 9 Abs. 2 Satz 2 UWG ausdrücklich klarstellt – jedoch nicht für unlautere geschäftliche Handlungen nach den §§ 3a, 4 und 6 sowie der Nummer 32 des Anhangs zu § 3 Abs. 3 UWG n. F.

**684** Irreführungen oder aggressive geschäftliche Handlungen wären damit vom Schutzbereich umfasst. Ausdrücklich ausgenommen ist der Rechtsbruchtatbestands des § 3a UWG, was zu einer wertungsmäßig schwer nachvollziehbaren Ungleichbehandlung der betroffenen Verbraucher führt. Diese Schutzlücke kann zumindest in einigen Bereichen dadurch abgemildert werden, dass – in Anlehnung an die Rechtsprechung des BGH – die Verletzung von Informationspflichten iSd Art. 7 V UGP-RL bzw. § 5b IV iVm § 5a I nicht mehr nach § 3a UWG zu ahnden wäre[209].

**685** Die Beweislast im Hinblick auf das Vorliegen eines Schadens liegt beim Verbraucher. Die Gerichtszuständigkeit richtet sich gemäß § 14 Abs. 4 UWG nach den allgemeinen

---

[206] Zum Hintergrund vergleiche Köhler/Bornkamm/Feddersen/Köhler, 41. Aufl. 2023, UWG § 10 Rn. 1 ff.
[207] Köhler/Bornkamm/Feddersen/Köhler, 41. Aufl. 2023, UWG § 10 Rn. 8.
[208] OLG Düsseldorf GRUR-RR 2022, 229 (230) – Sonderkundenpreise; die Nichtzulassungsbeschwerde der Beklagten wurde vom BGH mit zurückgewiesen. Auf die Nichtzulassungsbeschwerde der Klägerin hin wurde das Urteil des OLG Düsseldorf im Hinblick auf die teilweise Abweisung des geltend gemachten Auskunftsanspruchs und im Kostenpunkt wegen Verletzung des rechtlichen Gehörs aufgehoben und zurückverwiesen (GRUR-RS 2022, 11330).
[209] Vgl. BGH GRUR 2022, 930 Rn. 23–26 – Knuspermüsli II.

Vorschriften, so dass bei einem Streitwert unter 5.000 € die Amtsgerichte sachlich zuständig wären, wodurch einer Überlastung der Landgerichte vorgebeugt werden soll.

Die Vorschrift soll als individueller Rechtsbehelf die Rechte der Verbraucher stärken und als Sonderdeliktsrecht in freier Anspruchskonkurrenz zu allgemeinen vertraglichen und deliktischen Schadensersatzansprüchen vorhandene Lücken schließen. Es bleibt abzuwarten, ob und inwieweit sich daraus nennenswerte Verbesserungen für Verbraucher ergeben, in jedem Falle aber steigt das potentielle Risiko für Unternehmen, auch auf dieser Grundlage in Anspruch genommen zu werden. **686**

### e) Anspruchsberechtigung / Aktivlegitimation

Die Vorschrift des § 8 Abs. 3 UWG legt abschließend fest, wer Gläubiger der in § 8 Abs. 1 UWG genannten Unterlassungs- und Beseitigungsansprüche sein kann. Dazu gehören neben den Mitbewerbern (§ 8 Abs. 3 Nr. 1 UWG) auch rechtsfähige Verbände zur Förderung gewerblicher oder selbstständiger beruflicher Interessen, die in der Liste der qualifizierten Wirtschaftsverbände nach § 8b eingetragen sind, soweit ihnen eine erhebliche Zahl von Unternehmern angehört, die Waren oder Dienstleistungen gleicher oder verwandter Art auf demselben Markt vertreiben, und die Zuwiderhandlung die Interessen ihrer Mitglieder berührt (§ 8 Abs. 3 Nr. 2), „qualifizierte Einrichtungen", dh Verbraucherverbände (§ 8 Abs. 3 Nr. 3), und Industrie- und Handelskammern sowie Handwerkskammern und anderen berufsständischen Körperschaften des öffentlichen Rechts im Rahmen der Erfüllung ihrer Aufgaben sowie – neu eingeführt durch das Gesetz zur Stärkung des fairen Wettbewerbs – auch Gewerkschaften (§ 8 Abs. 3 Nr. 4). Anders als im allgemeinen Deliktsrecht und im Immaterialgüterrecht, bei denen in der Regel nur der in seinen Rechten Verletzte selbst anspruchsberechtigt ist, können also im Lauterkeitsrecht auch mehrere Gläubiger berechtigt sein, Abwehransprüche nebeneinander geltend zu machen[210]. **687**

Mit Blick auf die gem. § 8 Abs. 3 Nr. 1 UWG legitimierten Wirtschaftsverbände werden in § 8b UWG weitere Anforderungen normiert, die dazu dienen sollen, einer missbräuchlichen Anspruchsverfolgung entgegenzuwirken. Dies kommt insbesondere dadurch zum Ausdruck, dass ein Wirtschaftsverband nur eintragungsfähig ist, wenn er seine Ansprüche nicht vorwiegend geltend macht, um für sich Einnahmen aus Abmahnungen oder Vertragsstrafen zu erzielen (§ 8b II Nr. 3 Buchst. b), und wenn er seinen Mitgliedern keine Zuwendungen und Beschäftigten keine unangemessen hohen Vergütungen gewährt (§ 8b II Nr. 4). Das Eintragungsverfahren richtet sich nach den §§ 4 ff. UKlaG, auf die § 8 III verweist und die Eintragung in die Liste qualifizierter Wirtschaftsverbände gem. § 8b ist für die Anspruchsberechtigung konstitutiv. Sofern sie fehlt oder nachträglich – mit Wirkung ex nunc – aufgehoben wird (§ 8b III iVm § 4c I UKlaG), fehlt die Aktivlegitimation. Ebenfalls fehlt es an einer Aktivlegitimation, wenn die Eintragung für längstens drei Monate ruht, weil mit ihrer Rücknahme oder ihrem Widerruf zu rechnen ist (§ 8b III iVm § 4c II UKlaG). Unternehmen sollten daher bei der Inanspruchnahme durch einen Verband die Aktivlegitimation desselben kritisch prüfen und ggf. auch die Vorlage eines Nachweises fordern. **688**

## XI. Besonderheiten des Unterlassungsklagengesetzes

### 1. Hintergrund

Das Gesetz über Unterlassungsklagen bei Verbraucherrechts- und anderen Verstößen (UKlaG) bietet für bestimmte Rechtsverletzungen die Möglichkeit der (zusätzlichen) Ver- **689**

---

[210] Köhler/Bornkamm/Feddersen/Köhler/Feddersen, 41. Aufl. 2023, UWG § 8 Rn. 3.2.

bandsklage, die den individualrechtlichen Schutz vor unwirksamen AGB und verbrauchergesetzwidrigen Praktiken ergänzen soll[211]. Auch wenn die Normen des Gesetzes die Verbandsklage nicht abschließend regeln, finden sich hier dezidierte Regelungen des entsprechenden Verfahrens.

690  Das Gesetz, welches vielfach parallel zu den Regelungen des UWG anwendbar ist, räumt Unterlassungs-, Widerrufs- und Beseitigungsansprüche ein. Im Zusammenhang mit Preisanpassungen oder Preiserhöhungen kommen vorrangig Ansprüche auf Grundlage des § 1 oder § 2 UKlaG in Betracht, die nachfolgend näher beleuchtet werden sollen.

## 2. Unterlassungs- und Widerrufsanspruch bei Allgemeinen Geschäftsbedingungen, § 1 UKlaG

691  § 1 UKlaG legt fest, dass derjenige, der in Allgemeinen Geschäftsbedingungen Bestimmungen verwendet oder für den rechtsgeschäftlichen Verkehr empfiehlt, die nach den §§ 307–309 des Bürgerlichen Gesetzbuchs unwirksam sind, auf Unterlassung und im Fall des Empfehlens auch auf Widerruf in Anspruch genommen werden kann. Sofern eine Preiserhöhung oder Preisanpassung daher gemäß der entsprechenden Normen unwirksam ist, kann auch auf Grundlage des UKlaG grundsätzlich ein Unterlassungs- oder Widerrufsanspruch geltend gemacht werden.

692  Im Verbandsklageverfahren gilt für die Beurteilung der Unwirksamkeit in Umkehrung zu § 305c Abs. 2 BGB der Grundsatz der kundenfeindlichsten Auslegung[212]. Folglich sind lediglich Auslegungsmöglichkeiten auszuschließen, die für die an solchen Geschäften typischerweise Beteiligten ernsthaft nicht in Betracht kommen[213]. Auch eine ergänzende Vertragsauslegung ist im Verbandsprozess nach § 1 ausgeschlossen. Es kommt also nicht darauf an, ob und ggf. wie im Falle der Unwirksamkeit einer Klausel die dadurch entstehende Lücke im Wege ergänzender Vertragsauslegung geschlossen werden könnte[214].

693  Wichtig ist insoweit, dass der Unterlassungsanspruch nicht nur bei der tatsächlich erfolgten Verwendung oder Empfehlung unwirksamer AGB besteht, sondern auch bereits bei der drohenden Gefahr einer erstmaligen Verwendung oder Empfehlung[215].

694  Der Anspruch richtet sich darauf, dass der Verpflichtete die unwirksamen AGB nicht mehr verwenden darf. Mit der Rechtsprechung bedeutet dies nicht nur, dass die AGB nicht mehr für künftige Verträge verwendet werden dürfen, sondern auch, dass sich der Verpflichtete nicht mehr bei der Durchsetzung bereits geschlossener Verträge auf sie berufen darf[216]. Um der Unterlassungspflicht gerecht zu werden, kann daher ggf. auch ein aktives Tun erforderlich werden, beispielsweise durch eine Berichtigung der Webseite, auf der die AGB abrufbar sind. Eine Pflicht, bereits geschlossene Verträge rückabzuwickeln oder die Partner der Verträge, in denen die unwirksame AGB einbezogen sind, von der Unwirksamkeit zu unterrichten soll jedoch mit der Rechtsprechung und der wohl überwiegenden Meinung in der Literatur nicht bestehen[217].

695  Neben den Ansprüchen aus dem UKlaG können auch wettbewerbsrechtliche Ansprüche bestehen, sofern eine geschäftliche Handlung iSd § 2 Abs. 1 Nr. 2 UWG vorliegt und die weiteren Voraussetzungen der wettbewerbsrechtlichen Anspruchsgrundlage (in der Regel § 3a UWG) erfüllt sind. Unterschiede ergeben sich u. a. mit Blick auf die Verjährung und

---

[211] BGH 9.7.2009 – Xa ZR 19/08, WRP 2009, 1545 Rn. 28; BGH 6.12.2012 – III ZR 173/12, WRP 2013, 347 Rn. 19 – Wiederholungsgefahr bei Unternehmensverschmelzung.
[212] BGH 23.1.2003 – III ZR 54/02, NJW 2003, 1237 (1238); BGHZ 158, 149 (155); BGH 15.11.2007 – III ZR 247/06, NJW 2008, 360 Rn. 28.
[213] BGH 15.11.2007 – III ZR 247/06, NJW 2008, 360 Rn. 28.
[214] BGH 13.12.2006 – VIII ZR 25/06, NJW 2007, 1054 Rn. 38–41.
[215] Vgl. Köhler/Bornkamm/Feddersen/Köhler UKlaG § 1 Rn. 6 mwN.
[216] stRspr: BGH 10.12.2013 – X ZR 24/13, NJW 2014, 1168 Rn. 45; BGH 7.4.2022 – I ZR 212/20, WRP 2022, 994 Rn. 14.
[217] BGH 6.12.2012 – III ZR 173/12, NJW 2013, 593 Rn. 22; 14.12.2017 – I ZR 184/15, WRP 2018, 434 Rn. 23 ff. – Klauselersetzung.

die speziellen Verfahrensvorschriften des UKlaG (§§ 5 ff.), vor allem aber auch mit Blick auf den Umfang des Anspruchs, da nach herrschender Meinung mit § 8 UWG auch die Möglichkeit besteht, eine Beseitigung zu fordern.

Für die Geltendmachung von Ansprüchen auf Grundlage dieser Norm sind besondere Verfahrensvorschriften zu beachten, die in den §§ 8–11 UKlaG geregelt sind. So kann der Verwender der beanstandeten AGB mit § 10 UKlaG im Wege der Klage nach § 767 ZPO beispielsweise einwenden, dass nachträglich eine Entscheidung des Bundesgerichtshofs oder des Gemeinsamen Senats der Obersten Gerichtshöfe des Bundes ergangen ist, welche die Verwendung dieser Bestimmung für dieselbe Art von Rechtsgeschäften nicht untersagt, und dass die Zwangsvollstreckung aus dem Urteil gegen ihn in unzumutbarer Weise seinen Geschäftsbetrieb beeinträchtigen würde. 696

Die Regelung in § 11 UKlaG legt wiederum fest, dass – sofern der verurteilte Verwender einem auf § 1 beruhenden Unterlassungsgebot zuwiderhandelt – die Bestimmung in den Allgemeinen Geschäftsbedingungen als unwirksam anzusehen ist, soweit sich der betroffene Vertragsteil auf die Wirkung des Unterlassungsurteils beruft. Er kann sich jedoch auf die Wirkung des Unterlassungsurteils nicht berufen, wenn der verurteilte Verwender gegen das Urteil die Klage nach § 10 erheben könnte. 697

### 3. Ansprüche bei verbraucherschutzgesetzwidrigen Praktiken, § 2 UKlaG

Neben dem Vorgehen gegen unwirksame AGB ist die Verfolgung von Verstößen gegen Verbraucherschutzgesetze iSd § 2 UKlaG von erheblicher praktischer Bedeutung. Diese Norm gewährt einen Anspruch auf Unterlassung und Beseitigung bei Zuwiderhandlungen gegen Verbraucherschutzgesetze. Aus dem Wortlaut der Regelung ergibt sich deutlich, dass sie subsidiär gegenüber § 1 anzuwenden ist („in anderer Weise als durch Verwendung oder Empfehlung von Allgemeinen Geschäftsbedingungen"). 698

Der Begriff der „Verbraucherschutzgesetze" wird legaldefiniert als „Vorschriften, die dem Schutz der Verbraucher dienen". Umfasst sind damit nicht nur alle in Deutschland geltenden Rechtsnormen (vgl. Art. 2 EGBGB), also nicht nur Gesetze im förmlichen Sinne, sondern auch Gewohnheitsrecht und Verordnungen, zu denen beispielsweise auch die Preisangabenverordnung zu zählen ist. 699

Durch Auslegung ist zu ermitteln, ob eine Vorschrift dem Verbraucherschutz dient – dieser braucht nicht der alleinige Zweck der Regelung sein, darf aber nicht völlig hinter anderen Zwecken zurücktreten, insbesondere genügt es nicht, wenn die Vorschrift lediglich (auch) verbraucherschützende Wirkungen aufweist[218]. Umfasst sind damit vor allem Vorschriften, die den Schutz der Verbraucher im vorvertraglichen sowie im vertraglichen Bereich bezwecken wollen. Im vorliegenden Zusammenhang könnten daher insbesondere Informationspflichten relevant werden, die im Zusammenhang mit der Preisanpassung oder den in diesem Kontext bestehenden Informations- und Belehrungspflichten stehen. 700

Die Norm enthält in § 2 Abs. 2 Nr. 1–14 eine nicht abschließende Aufzählung von Verbraucherschutzgesetzen, dazu gehören u. a. auch datenschutzrechtliche Vorschriften. Weitere Verbraucherschutzgesetze sind mit der Rechtsprechung alle sonstigen Vorschriften, die Verhaltenspflichten des Unternehmers gegenüber dem Verbraucher begründen und deren Verletzung Kollektivinteressen der Verbraucher beeinträchtigt[219]. Dazu gehören u. a. die verbraucherschützenden Vorschriften des UWG, soweit sie auf der UGP-Richtlinie beruhen, aber auch § 41 Abs. 2 S. 1 EnWG[220]. 701

Der Anspruch gem. § 2 UKlaG kann nur „im Interesse des Verbraucherschutzes" geltend gemacht werden, was richtlinienkonform als Schutz der Kollektivinteressen der Verbraucher auszulegen ist. Verstöße, die offensichtlich auf einem Versehen im konkreten Einzelfall 702

---

[218] Vgl. BT-Drs. 14/2658, 146; OLG Karlsruhe 5.9.2007 – 15 U 226/06, OLGR 2007, 1005; OLG Karlsruhe 20.4.2018 – 4 U 120/17, GRUR-RR 2018, 349.
[219] BGH 6.2.2020 – I ZR 93/18, WRP 2020, 726 Rn. 15 – SEPA-Lastschrift.
[220] BGH 10.4.2019 – VIII ZR 56/18, EnWZ 2019, 262, K&R 2019, 59 Rn. 14.

beruhen, sollen daher von der Verfolgung ausgeschlossen sein[221]. Relativ neu ist die Regelung in § 4e UKlaG, mit der Unterlassungsansprüche nun auch bei innergemeinschaftlichen Ansprüchen bestehen können. Dies ermöglicht anspruchsbefugten Verbänden insbesondere auch ein Vorgehen gegen Unternehmen, die von einem anderen Mitgliedstaat aus agieren oder dort ihre Niederlassung haben.

703 Für Klagen nach § 2 UKlaG gilt mit dem Verweis in § 12 UKlaG § 15 des UWG und die darin enthaltene Verordnungsermächtigung entsprechend. Ansprüche können daher auch außergerichtlich vor einer Einigungsstelle einer IHK geltend gemacht werden. Die Einigungsstelle hat keine Entscheidungsbefugnis, sondern hat lediglich einen gütlichen Ausgleich anzustreben (§ 15 Abs. 6 S. 1 UWG). In der Praxis ist die Bedeutung dieser Regelung allerdings – ähnlich wie auch im UWG – gering.

## 4. Anspruchsberechtigung/Verfahren

704 In § 3 Abs. 1 UKlaG sind die anspruchsberechtigten „Stellen" abschließend aufgezählt. Ausnahmeregelungen finden sich in § 3 Abs. 2 UKlaG, weitere Voraussetzungen für „qualifizierte Einrichtungen" in § 4 UKlaG. Wichtig ist insoweit die unwiderlegliche Vermutung des § 4 Abs. 2 S. 2 UKlaG. Mit dieser wird unwiderleglich vermutet, dass Verbraucherzentralen und andere Verbraucherverbände, die überwiegend mit öffentlichen Mitteln gefördert werden, die Voraussetzungen des § 4 Abs. 2 S. 1 erfüllen, also in die Liste eingetragen werden können. Insoweit muss sichergestellt sein, dass die öffentliche Hand dem Verein öffentliche Mittel zweckgebunden zur dauerhaften und sachgerechten Erfüllung seiner satzungsmäßigen Aufgaben zur Verfügung stellt, und diese Mittel die sonstige Finanzierung, etwa durch Mitgliedsbeiträge oder Spenden, überwiegen.

705 Auf Verfahren nach dem UKlaG sind die Vorschriften der Zivilprozessordnung und § 12 Abs. 1, 3 und 4, § 13 Abs. 1–3 und 5 sowie § 13a des Gesetzes gegen den unlauteren Wettbewerb anzuwenden, soweit sich aus dem Gesetz nicht etwas anderes ergibt (vgl. § 5 UKlaG). Auch bei Verstößen gegen das UKlaG sollte daher in entsprechender Anwendung des § 13 Abs. 1 UWG eine Abmahnung erfolgen, anderenfalls droht das Risiko des sofortigen Anerkenntnisses gem. § 93 ZPO. Sachlich zuständig sind die Landgerichte (vgl. § 6 UKlaG).

## 5. Veröffentlichungsbefugnis, § 7 UKlaG

706 Neben den in den jeweiligen Normen geregelten Ansprüchen räumt § 7 UKlaG noch einen weiteren speziellen Beseitigungsanspruch ein – die Veröffentlichungsbefugnis. Zielsetzung ist es, eine fortdauernde Störung aus einer Zuwiderhandlung zu beseitigen – in der Praxis entfaltet diese Norm allerdings nur selten ihre Wirkung, da Veröffentlichungen im Bundesanzeiger kaum gelesen werden, während Veröffentlichungen in der Presse nur auf Kosten des Klägers möglich sind.[222]

## 6. Außergerichtliche Schlichtung, § 14 UKlaG

707 Bei Streitigkeiten aus der Anwendung bestimmter, näher aufgelisteter verbraucherschützender Vorschriften im Zusammenhang mit Finanz- und Zahlungsdienstleistungen besteht mit § 14 UKlaG neben der gerichtlichen Geltendmachung für die Beteiligten auch die Möglichkeit eine private oder behördliche Schlichtungsstelle anzurufen.

---

[221] OLG Köln 26.2.2021 – 6 U 127/20, WRP 2021, 528 Rn. 8.
[222] Zum Teil wird vertreten, dass der Kläger ohnehin auf eigene Kosten das Urteil veröffentlichen kann, da insoweit ein Verstoß gegen § 823 Abs. 1 BGB (Verletzung des allgemeinen Persönlichkeitsrechts oder des Rechts am Gewerbebetrieb) oder gegen § 824 BGB (Kreditschädigung) gegeben sei. Dies gelte gleichermaßen bei Erledigung des Rechtsstreits durch Abgabe einer strafbewehrten Unterlassungserklärung. Vgl. Köhler/Bornkamm/Feddersen/Köhler UKlaG § 7 Rn. 12 mwN.

## XII. Besonderheiten bei zusätzlichen Werbeeinwilligungen

### 1. Hintergrund

Vor dem Hintergrund rechtlicher Erfordernisse für eine aktive Zustimmung zur Realisierung rechtswirksamer AGB- bzw. Preisänderungen stellt sich die Frage, ob der Umstand einer ohnehin erforderlichen aktiven Zustimmung nicht parallel für die Einholung sonstiger Einwilligungen oder Datenabfragen genutzt werden kann und sollte. 708

#### a) Parallelisierung und Kombination

Die Grundidee für eine solche Verfahrensweise liegt aus Unternehmenssicht darin begründet, den Umstand der ohnehin erfolgenden Kontaktaufnahme im Zustimmungskontext über die reine AGB- bzw. Preisänderungszustimmung hinaus auch für die Einholung anderweitiger Erklärungen bzw. Zustimmungen zu nutzen, für welche die betroffenen Kunden andernfalls gesondert angesprochen werden müssten. Gerade vor dem Hintergrund, dass von Unternehmensseite mit Blick auf die vertraglich gebotene Einholung einer Zustimmung bzw. Einwilligung ein vertraglich legitimierter Anlass zugrunde liegt und bei der Kundenansprache kommuniziert werden kann, bietet es sich geradezu an, diese Kundenkommunikation auch für die parallele Ansprache für weitergehende Zustimmungs- und Einwilligungserklärungen zu nutzen. 709

Da sich die angesprochenen Kunden grundsätzlich mit der Frage einer relevanten AGB- bzw. Preisänderung auseinanderzusetzen haben, erscheint es jedenfalls verfahrenstechnisch zielführend, den Einwilligungs- und Zustimmungskontext auf Bereiche auszudehnen, für welche Kunden sonst gesondert und ggf. ohne für den Kunden unmittelbar vertragsrelevanten Anlass angesprochen werden müssten. Der Vorteil eines kombinierten Vorgehens liegt aus Unternehmenssicht also vor allem darin, den Umstand, dass sich ein Kunde mit einer konkret vertragsrelevanten Information auseinanderzusetzen und über seine Zustimmung zu befinden hat, dazu nutzen zu können, den Kunden auch mit weiteren Services und etwaig erforderlichen Zustimmungs- und Einwilligungserklärungen zu konfrontieren. Grundsätzlich bietet ein solches Verfahren auch kundenseitig Vorteile, da die Einholung verschiedener Zustimmungen bzw. Einwilligungen für diverse Sachthemen gebündelt werden und der Kunde vom Erfordernis etwaiger Mehrfachbefassung entlastet werden kann. 710

Ein im Fokus dieser Überlegungen stehender Bereich betrifft das Marketing, namentlich die Einholung von werberelevanten Einwilligungserklärungen, sei es unter dem Gesichtspunkt der Einholung einer Erlaubnis für werberelevante Datenauswertungen oder die einwilligungsrelevante Ansprache von Kunden per Telefon oder E-Mail. Dazu können aber auch Erklärungen über eine werbliche Nutzung von Kundendaten durch verbundene Unternehmen sowie Partnerunternehmen sowie Abfragen zur Aktualität und Vollständigkeit von Kontaktdaten des Kunden zählen. Die Liste denkbarer Bestätigungsgegenstände ließe sich fortsetzen. 711

#### b) Granularität und Spielregeln

Unter rechtlichen Gesichtspunkten sollte man sich bei dem Versuch einer Bündelung unterschiedlicher Zustimmungs- bzw. Einwilligungserklärungen allerdings nicht der Illusion hingeben, im Rahmen eines Kombinationsmodells bzw. einer Globaleinwilligung sämtliche Aspekte in einem einheitlichen Einwilligungsvorgang bzw. einer „One-Klick-Lösung" abbilden zu können. Vielmehr wird man für den Fall, dass man die Möglichkeit eines einheitlichen Verfahrens zum Zweck der Einholung mehrerer Zustimmungs- bzw. 712

Einwilligungserklärungen wahrnimmt, ein solches Verfahren je nach Einwilligungsgegenstand und rechtlichem Hintergrund differenziert bzw. granular aufzubauen haben.

713 Gerade für den werblichen Bereich bildet hier der Umstand eine besondere Herausforderung, dass für marketingrelevante Einwilligungen nicht nur die zentralen lauterkeitsrechtlichen Vorgaben gemäß § 7 UWG zu beachten sind, sondern darüber hinaus und flankierend auch datenschutzrechtliche Bestimmungen, namentlich die Grundvorgaben der DS-GVO[223] sowie – je nach Einwilligungszusammenhang – auch die spezifischen Vorgaben des TTDSG[224] sowie der europäischen Datenschutzrichtlinie über elektronische Kommunikation 2002/58/EG[225], deren Nachfolgeregelung in Gestalt der ePrivacy-Verordnung[226] auf sich warten lässt.

## 2. Lauterkeitsrechtliche Anforderungen

714 Für werbliche Maßnahmen und deren rechtliche Zulässigkeit bildet § 7 UWG die zentrale lauterkeitsrechtliche Grundlage. Ausgangspunkt ist § 7 Abs. 1 S. 1 UWG, wonach eine geschäftliche Handlung unzulässig ist, durch die ein Marktteilnehmer in unzumutbarer Weise belästigt wird. Eine unzumutbare Belästigung liegt gemäß § 7 Abs. 1 S. 2 UWG insbesondere bei Fällen werblicher Ansprache vor, obwohl für den Werbenden erkennbar ist, dass der angesprochene Marktteilnehmer diese Werbung nicht wünscht.

715 Die vorliegend im Fokus stehenden Fälle einwilligungsrelevanter Werbemaßnahmen unterliegen dabei verschärften und speziellen Zulässigkeitsvoraussetzungen, welche in § 7 Abs. 2 UWG normiert sind.

716 Im Gesamtbild ist zudem zu beachten, dass der Begriff der Werbung denkbar weit gefasst wird.[227] „Werbung" wird in Art. 2 Buchstabe a der Richtlinie 2006/114/EG über irreführende und vergleichende Werbung[228] definiert als „jede Äußerung bei der Ausübung eines Handels, Gewerbes, Handwerks oder freien Berufs mit dem Ziel, den Absatz von Waren oder die Erbringung von Dienstleistungen, einschließlich unbeweglicher Sachen, Rechte und Verpflichtungen, zu fördern". Damit ist im Kern zwar rein vertragsbezogene Kommunikation ausgenommen, zB die Übermittlung klassischer Vertragskorrespondenz, zB Rechnungen, etc. Im Übrigen wird aber nahezu jede Kommunikation jedenfalls mittelbar als werbliche Kommunikation einzuordnen sein, so dass die dringende Empfehlung auszusprechen ist, im Kontext von Kundenansprachen grundsätzlich vom Vorliegen werblicher Korrespondenz auszugehen. Dies gilt auch für sog. „Mischkommunikation",[229] bei welcher der Ansatz verfolgt wird, nicht-werbliche Vertragskommunikation mit werblichen Inhalten zu kombinieren, um auf diese Weise werbliche Inhalte an Kunden übermitteln zu können, ohne die Voraussetzungen für reine Werbekommunikation erfüllen zu müssen. Von einem solchen Ansatz ist jedoch abzuraten, da werbliche Kommunikationsinhalte nicht im rechtlichen „Windschatten" einer einwilligungslos möglichen Vertragskommunikation fahren können. So wird es etwa als unzulässig erachtet, im Rahmen der via E-Mail erfolgenden Bestätigung einer Anmeldung für einen

---

[223] Zum Verhältnis von UWG und DS-GVO im Hinblick auf werberelevante Einwilligungen siehe Gola/Heckmann, DS-GVO/BDSG, DS-GVO Art. 7 Rn. 15.
[224] Gesetz über den Datenschutz und den Schutz der Privatsphäre in der Telekommunikation und bei Telemedien, BGBl. 2021 I S. 1982 Nr. 35, 23.6.2021, berichtigt BGBl. 2022 I S. 1045 Nr. 23, 6.7.2022.
[225] Richtlinie 2002/58/EG des Europäischen Parlaments und des Rates vom 12.7.2002 über die Verarbeitung personenbezogener Daten und den Schutz der Privatsphäre in der elektronischen Kommunikation (Datenschutzrichtlinie für elektronische Kommunikation), ABl. 2002 L 201, 37.
[226] Bis zu Verabschiedung und Inkrafttreten der ePrivacyVO bleibt die Datenschutzrichtlinie für elektronische Kommunikation in Kraft.
[227] Zum Begriff der Werbung siehe nur Köhler/Bornkamm/Feddersen/Köhler UWG § 7 Rn. 149.
[228] Richtlinie 2006/114/EG des Europäischen Parlaments und des Rates vom 12.12.2006 über irreführende und vergleichende Werbung, ABl. 2006 L 376, 21.
[229] Vgl. speziell für Telefonwerbung Köhler/Bornkamm/Feddersen/Köhler UWG § 7 Rn. 156 ff.

XII. Besonderheiten bei zusätzlichen Werbeeinwilligungen   Kapitel 5

Online-Newsletter bereits parallel Werbung für Produkte oder Dienstleistungen einzubinden.[230]

### a) Telefonwerbung

Gemäß § 7 Abs. 2 Nr. 1 UWG ist eine unzumutbare Belästigung stets anzunehmen bei Werbung mit Telefonanrufen gegenüber einem Verbraucher ohne dessen vorherige ausdrückliche Einwilligung oder gegenüber einem sonstigen Marktteilnehmer ohne dessen zumindest mutmaßliche Einwilligung. Das UWG differenziert für die Telefonwerbung also zwischen Werbung gegenüber Verbrauchern, für deren werbliche Ansprache per Telefon stets eine vorherige ausdrückliche Einwilligung einzuholen ist, und telefonischer werblicher Ansprache von sonstigen Marktteilnehmern, also insbesondere telefonische Werbung im B2B-Bereich, für welche sich der Werbende ggf. auf eine mutmaßliche Einwilligung stützen kann. 717

Eine bloße Sachbezogenheit (zB Werbung für Büroartikel, Telefon- und Stromanbieter oder auch die entgeltliche Vermittlung von Aufträgen) genügt jedoch nicht, um von einem Einverständnis des angerufenen Unternehmers auszugehen.[231] Vielmehr ist es jedenfalls notwendig, dass für den Anruf ein konkreter und aus dem Interessenbereich des Anzurufenden herzuleitender Grund vorliegt (dies kann zB ein geschäftlicher Vorkontakt sein).[232] Allerdings rechtfertigt die mutmaßliche Einwilligung nur den Anruf als solchen; erklärt der Angerufene sein Desinteresse an der Werbung, so entfällt damit auch die mutmaßliche Einwilligung.[233] Setzt der Anrufer ein solches Gespräch dennoch fort, wird der Anruf zur unzumutbaren Belästigung.[234] 718

Gerade die Telefonwerbung gegenüber Verbrauchern stand und steht immer wieder im Fokus von Beschwerden wegen vermeintlicher Belästigung und unerwünschter Anrufe. Nicht zuletzt vor diesem Hintergrund hat der Gesetzgeber die ohnehin formal bereits hohen Anforderungen an zulässige Telefonwerbung sukzessive und zunehmend verschärft. So sieht § 7a UWG[235] vor, dass derjenige, der mit einem Telefonanruf gegenüber einem Verbraucher wirbt, dessen vorherige ausdrückliche Einwilligung in die Telefonwerbung zum Zeitpunkt der Erteilung in angemessener Form zu dokumentieren und aufzubewahren hat. Im Hinblick auf die Aufbewahrungspflichten sieht § 7a Abs. 2 UWG vor, dass werbende Unternehmen den Nachweis ab Erteilung der Einwilligung sowie nach jeder Verwendung der Einwilligung fünf Jahre aufzubewahren haben. Zudem haben werbende Unternehmen den für die Verfolgung von Rechtsverstößen zuständigen Verwaltungsbehörden den Nachweis auf Verlangen unverzüglich vorzulegen. 719

Die Bundesnetzagentur kann nach § 7a Abs. 2 S. 2 UWG als zuständige Behörde Hinweise veröffentlichen, wie sie den unbestimmten Rechtsbegriff der „angemessenen Dokumentation" auslegen wird; allerdings ist die Rechtsauffassung dieser Behörde für die Gerichte nicht bindend.[236] 720

Im Übrigen wird wegen der formalen und inhaltlichen Anforderungen an eine Einwilligungserklärung auf die diesbezüglichen Ausführungen zu den datenschutzrechtlichen Anforderungen verwiesen.[237] 721

---

[230] Köhler/Bornkamm/Feddersen/Köhler UWG § 7 Rn. 257.
[231] Orientierungshilfe der Aufsichtsbehörden zur Verarbeitung von personenbezogenen Daten für Zwecke der Direktwerbung unter Geltung der Datenschutz-Grundverordnung (DS-GVO), 02/2022, (DSK, Orientierungshilfe Direktwerbung), Ziff. 1.4 mit Verweis auf BGH 16.11.2006 – I ZR 191/03, GRUR 2007, 607.
[232] DSK, Orientierungshilfe Direktwerbung, Ziff. 1.4.
[233] Köhler/Bornkamm/Feddersen/Köhler UWG § 7 Rn. 216.
[234] Köhler/Bornkamm/Feddersen/Köhler UWG § 7 Rn. 216.
[235] Zur Entstehungsgeschichte siehe nur Köhler/Bornkamm/Feddersen/Köhler UWG § 7a Rn. 1 ff.
[236] Köhler/Bornkamm/Feddersen/Köhler UWG § 7a Rn. 6.
[237] → Rn. 748 ff.

### b) E-Mail-Marketing

**722** Die rechtlichen Anforderungen für zulässiges E-Mail-Marketing gehen über die strengen Anforderungen für das Telefonmarketing mit Blick auf die gebotene Einwilligung und deren Einholung hinaus.

#### aa) Einwilligungslösung

**723** So ist gemäß § 7 Abs. 2 Nr. 2 UWG eine unzumutbare Belästigung stets anzunehmen bei Werbung unter Verwendung einer automatischen Anrufmaschine, eines Faxgeräts oder elektronischer Post, ohne dass eine vorherige ausdrückliche Einwilligung des Adressaten vorliegt.

**724** Einen wesentlichen Unterschied der Zulässigkeitsvoraussetzungen im Vergleich von Telefon- und E-Mail-Werbung bildet dabei im Ausgangspunkt der Umstand, dass für E-Mail-Werbung die bei Telefonwerbung außerhalb des B2C-Bereichs vorgesehene Möglichkeit werblicher Ansprache auf Basis schlichter mutmaßlicher Einwilligung nicht besteht.[238] Es ist also bei E-Mail-Werbung sowohl gegenüber Verbrauchern als auch im B2B-Bereich eine vorherige ausdrückliche Einwilligung erforderlich.

**725** In formaler Hinsicht kennt das UWG zwar keine der Dokumentationspflicht des § 7a UWG für Telefonwerbung entsprechende Norm für den Bereich des E-Mail-Marketings. Faktisch bestehen aber mit Blick auf einschlägige BGH-Rechtsprechung sehr ähnliche und recht formalisierte Anforderungen an die Dokumentation bzw. den Nachweis einer Einwilligung in E-Mail-Werbung. In der Praxis etabliert und vom BGH[239] als notwendig angesehen hat sich das sog. Double-Opt-in-Verfahren als de facto Standard für das Einwilligungsverfahren im Bereich E-Mail-Werbung etabliert. Das Verfahren setzt auf der Idee auf, die Zuordnung einer E-Mail-Adresse zu einer in E-Mail-Werbung einwilligenden Person durch ein Bestätigungsverfahren zu verifizieren. Sofern und soweit ein Interessent mittels Online-Verfahren in den Erhalt werblicher Nachrichten per E-Mail einwilligt (erstes Opt-in), ist das die Einwilligung generierende Unternehmen zunächst gehalten, sich die Anmeldung und Einwilligung mittels einer sog. Bestätigungs-E-Mail bestätigen zu lassen. Eine solche Bestätigungs-E-Mail muss an die im Rahmen eines Einwilligungsverfahrens angegebene E-Mail-Adresse gerichtet sein und die Bitte um Bestätigung dahingehend enthalten, dass der Empfänger der E-Mail sich für den Erhalt werblicher Nachrichten angemeldet hat und seine E-Mail-Adresse bestätigt. Eine solche Bestätigungs-E-Mail selbst darf keine über die reine Bestätigungsabfrage hinausgehenden werblichen Inhalte aufweisen, damit die Bestätigungs-E-Mail selbst nicht als vermeintliche Werbe-E-Mail bewertet wird.[240] Es ist also dringend davon abzuraten, dem Empfänger einer solchen Bestätigungs-E-Mail mit blumigen Worten die Vorteile einer Anmeldung bzw. Bestätigung zu präsentieren oder sogar unmittelbare Angebote bzw. werbliche Inhalte in eine Bestätigungs-E-Mail zu packen. Eine Bestätigungs-E-Mail hat im Ergebnis schlicht und neutral zu erfolgen und sollte auch den Hinweis enthalten, dass die Anmeldung nicht vorgenommen bzw. eine Zusendung werblicher E-Mails nicht erfolgen wird, wenn der Adressat der Bestätigungs-E-Mail diese nicht bestätigt. Die Bestätigung hat aktiv zu erfolgen, nämlich durch positive Antwort auf die E-Mail oder Aktivierung eines Bestätigungs-Links (zweites Opt-in). Erst nach Abgabe des zweiten Opt-in ist das Double-Opt-in-Verfahren abgeschlossen und darf die Zusendung werblicher Nachrichten per E-Mail erfolgen.

**726** Mit Blick auf die relevanten Nachweispflichten für das Vorliegen einer Einwilligung ist dabei zu beachten, dass nach einschlägiger Rechtsprechung keine Global- bzw. allgemeinen Nachweise durch Darlegung bestimmter Verfahrensabläufe zulässig sind, vielmehr für den konkreten Einzelfall, dh im Hinblick auf die konkrete E-Mail-Adresse, der Nachweis für

---

[238] Köhler/Bornkamm/Feddersen/Köhler UWG § 7 Rn. 250.
[239] BGH 10.2.2011 – I ZR 164/09, GRUR 2011, 936.
[240] Köhler/Bornkamm/Feddersen/Köhler UWG § 7 Rn. 257.

das durchlaufene Double-Opt-in-Verfahren erbracht werden muss.[241] Im Ergebnis müssen Unternehmen daher sowohl das erste Opt-in (zB bei einer Online-Einwilligung) sowie das zweite Opt-in (zB Klick auf den Bestätigungs-Link der individuellen Bestätigungs-E-Mail) protokollieren und adressatenindividuell dokumentieren. Eine Einwilligung ist daher nur brauchbar, wenn diese auch hinreichend dokumentiert ist, um im Zweifel beweisfest nachgewiesen zu werden.

Die DSK weist darauf hin, dass namentlich der Versand einer Bestätigungs-E-Mail bzw. **727** eine entsprechende Bestätigung durch einen Einsatz von DKIM[242] oder anderen digitalen Signaturen zum Zwecke des Nachweises der Authentizität einer E-Mail und damit einer Einwilligung nachgewiesen werden kann.[243]

Es ist allerdings zu beachten, dass ein Nachweis mittels E-Mail jedoch in dem Fall nicht **728** ausreicht, wenn über Website-Eintragungen erlangte Telefonnummern für Werbeanrufe genutzt werden sollen. Mit der Übersendung einer Bestätigungs-E-Mail kann sowohl nach Ansicht des BGH[244] als auch der DSK[245] nämlich der Nachweis der Identität zwischen dem die Einwilligung mittels E-Mail Erklärenden und dem Anschlussinhaber der Telefonnummer nicht geführt werden. Eine schriftliche Einwilligung in die Nutzung einer Telefonnummer zu Werbezwecken soll nach Ansicht der DSK regelmäßig die beste Möglichkeit für eine spätere Belegbarkeit einer Einwilligung sein, auch wenn die Zuordnung der Telefonnummer zu der eine Einwilligung erklärenden Person anderweitig sichergestellt werden müsse; in laufenden Geschäftsbeziehungen sei diese Zuordnung hingegen oftmals geklärt.[246]

Im Übrigen wird wegen der formalen und inhaltlichen Anforderungen an eine Einwil- **729** ligungserklärung auf die diesbezüglichen Ausführungen zu den datenschutzrechtlichen Anforderungen verwiesen.[247]

### bb) Widerspruchslösung

Das Erfordernis einer vorherigen ausdrücklichen Einwilligung für werbliche Ansprache per **730** E-Mail gilt gleichwohl nicht ausnahmslos. Es ist allerdings vorauszuschicken, dass die in der Praxis zuweilen anzutreffende Ansicht, wonach E-Mail-Werbung gegenüber Bestandskunden grundsätzlich zulässig sei, verfehlt ist und vor einer entsprechenden Praxis nur gewarnt werden kann. Mit § 7 Abs. 3 UWG existiert zwar in der Tat eine Vorschrift, nach welcher in Ausnahmefällen eine werbliche Ansprache per E-Mail im Verhältnis zu Bestandskunden auch ohne vorherige ausdrücklich Einwilligung zulässig sein kann. Die Norm lässt eine solche Werbung allerdings – und hier liegt der Ausgangspunkt für den in der Praxis zuweilen extensiv verstandenen Anwendungsbereich der Vorschrift – nur unter mehrfachen und im Ergebnis engen Voraussetzungen zu, von denen die Eigenschaft „Bestandskunde" eben nur eine der insgesamt kumulativ zu erfüllenden Voraussetzungen bildet. Im Kern verfolgt § 7 Abs. 3 UWG im Unterschied zur ausdrücklichen Einwilligung ein Opt-out-Modell.[248]

Gemäß § 7 Abs. 3 UWG ist abweichend von § 7 Abs. 2 Nr. 2 UWG eine unzumutbare **731** Belästigung bei einer Verwendung elektronischer Post nicht anzunehmen, wenn (a) ein Unternehmer im Zusammenhang mit dem Verkauf einer Ware oder Dienstleistung von dem Kunden dessen elektronische Postadresse erhalten hat, (b) der Unternehmer die Adresse zur Direktwerbung für eigene ähnliche Waren oder Dienstleistungen verwendet, (c) der Kunde der Verwendung nicht widersprochen hat und (d) der Kunde bei der

---

[241] BGH 10.2.2011 – I ZR 164/09, GRUR 2011, 936.
[242] Domain Keys Identified Mail.
[243] DSK, Orientierungshilfe Direktwerbung, Ziff. 3.3.
[244] BGH 10.2.2011 – I ZR 164/09, GRUR 2011, 936.
[245] DSK, Orientierungshilfe Direktwerbung, Ziff. 3.3.
[246] DSK, Orientierungshilfe Direktwerbung, Ziff. 3.3.
[247] → Rn. 748 ff.
[248] Köhler/Bornkamm/Feddersen/Köhler UWG § 7 Rn. 270.

Erhebung der Adresse und bei jeder Verwendung klar und deutlich darauf hingewiesen wird, dass er der Werbung jederzeit widersprechen kann, ohne dass hierfür andere als die Übermittlungskosten nach den Basistarifen entstehen. Sämtliche Voraussetzungen von § 7 Abs. 3 UWG müssen dabei kumulativ vorliegen, was dem auf den ersten Blick höchst hilfreich scheinenden Ausnahmetatbestand enge Grenzen setzt.

732 Während die erste Voraussetzung der Norm mit Blick auf das Erfordernis der Erlangung der elektronischen Postadresse eines Kunden im Zusammenhang mit dem Verkauf einer Ware oder Dienstleistung im Ergebnis schlicht den Bestandskundenkontakt bzw. Geschäftsabschluss in Bezug nimmt, setzt vor allem § 7 Abs. 3 Nr. 2 UWG erhebliche Grenzen. So ist der Unternehmer nur berechtigt, die Adresse zur Direktwerbung für eigene ähnliche Waren oder Dienstleistungen zu verwenden. Damit ist eine Werbung durch oder für Verbund- oder Partnerunternehmen bzw. deren Waren und Dienstleistungen bereits im Ausgangspunkt ausgeschlossen. Deutlich relevanter und auch werblich kritischer ist allerdings der Umstand, dass eine Werbung auch nur für „eigene ähnliche Waren oder Dienstleistungen" zulässig sein soll. Die Rechtsprechung legt die Tatbestandsvoraussetzung der Ähnlichkeit ausgesprochen restriktiv aus, so dass oftmals nur ein sehr enger werblicher Anwendungsbereich verbleibt. Ähnliche Waren oder Dienstleistungen werden von der Rechtsprechung regelmäßig nur angenommen, wenn gleiche Warengattungen betroffen sind bzw. ein Ersatz- oder Ergänzungsbedarf[249] befriedigt werden soll. So wäre es beim Verkauf eines Druckers zB möglich, auf Basis von § 7 Abs. 3 UWG Drucker, Patronen oder Toner für einen solchen Drucker oder auch sonstiges Druckerzubehör anzubieten. Das Angebot eines Notebooks, einer Tastatur oder eines Monitors dürfte bereits nicht mehr als ähnliche Ware anzusehen sein, was die begrenzte Praxistauglichkeit des Ausnahmetatbestandes bereits veranschaulichen dürfte. Gerade für Unternehmen mit einem heterogenen Angebots- bzw. Leistungsspektrum kommt § 7 Abs. 3 UWG damit allenfalls in Ausnahmefällen bzw. für fachlich-sachlich eng begrenzte Werbeaktionen in Betracht. § 7 Abs. 3 UWG bietet hingegen für Anbieter mit monostrukturiertem bzw. engem Produkt- bzw. Dienstleistungsportfolio grundsätzlich einen möglichen und bei der Festlegung möglicher Werbestrategien dringend zu bedenkenden Ansatzpunkt.

733 Ungeachtet dessen kann die Ausnahmeregelung gemäß § 7 Abs. 3 UWG in der Praxis trotz bestehenden Kundenverhältnisses und einer beabsichtigten Werbung für ähnliche Waren und Produkte häufig nicht nutzbar gemacht werden. Das Problem bildet hierbei das Widerspruchsrecht des Kunden, wie dieses in § 7 Abs. 3 Nr. 3 und 4 UWG adressiert wird. Zu beachten ist nämlich, dass eine Werbung mittels elektronischer Post gemäß § 7 Abs. 3 UWG nicht nur für den Fall ausscheidet, dass der Kunde von seinem Widerspruchsrecht gemäß § 7 Abs. 3 Nr. 3 UWG Gebrauch macht, sondern eine Werbung auch bereits dann nicht auf § 7 Abs. 3 UWG gestützt werden kann, wenn der Kunde nicht sowohl bei Erhebung der Adresse als auch bei jeder Verwendung klar und deutlich darauf hingewiesen wird, dass er der Verwendung jederzeit widersprechen kann, ohne dass hierfür andere als die Übermittlungskosten nach den Basistarifen entstehen. Um rechtskonform auf Basis von § 7 Abs. 3 UWG zu werben, ist es insoweit also nicht ausreichend, angesprochene Kunden etwa in der betreffenden Werbenachricht selbst darauf hinzuweisen, dass der Kunde einer solchen Werbung widersprechen kann. Vielmehr muss ein entsprechender Hinweis bereits bei Erhebung der Adresse der elektronischen Postadresse des Kunden erfolgen, regelmäßig also bei Abschluss eines initialen Geschäfts, in dessen Rahmen die elektronische Postadresse erlangt wird. Hat ein Unternehmen von dieser Möglichkeit keinen Gebrauch gemacht bzw. die Möglichkeit übersehen, scheidet § 7 Abs. 3 UWG bereits im Ausgangspunkt aus. Dann bliebe im Wesentlichen „nur" noch der Weg über die ausdrückliche Einwilligung gemäß § 7 Abs. 2 Nr. 2 UWG, welche hingegen den Vorteil bietet, den Gegenstand möglicher Werbung deutlich über Art und Umfang zulässiger Werbeinhalte gemäß § 7 Abs. 3 UWG hinaus auszudehnen.

---

[249] Str. Vgl. Köhler/Bornkamm/Feddersen/Köhler UWG § 7 Rn. 275.

### c) Postalische Werbung

Im Unterschied zur werblichen Ansprache mittels Telefon oder elektronischer Post bedarf Werbung auf dem klassischen Postweg keiner ausdrücklichen Einwilligung. Dies gilt sowohl im B2B- als auch im B2C-Bereich. Da Unternehmen ein berechtigtes Interesse verfolgen, wenn diese auf ihre Angebote aufmerksam machen, und andererseits viele Verbraucher bzw. potentielle Abnehmer an dieser Art Werbung interessiert sind, um attraktive Angebote wahrzunehmen, ist die Briefkastenwerbung grundsätzlich als zulässig anzusehen.[250] Normativ liegt einer solchen Werbung eine mutmaßliche Einwilligung der Werbeadressaten zugrunde.[251]

**734**

Eine Grenze bilden der Grundtatbestand der unzumutbaren Belästigung gemäß § 7 Abs. 1 UWG und vor allem der in § 7 Abs. 1 S. 2 UWG normierte Grundsatz, wonach eine unzumutbare Belästigung insbesondere für Werbung anzunehmen ist, wenn erkennbar ist, dass der angesprochene Marktteilnehmer die Werbung nicht wünscht. Wenn ein Kunde bzw. potentieller Werbeadressat also insbesondere dem werbenden Unternehmen gegenüber werblichen Maßnahmen bzw. einer Verwendung seiner Daten für werbliche Zwecke widersprochen hat, scheidet auch eine postalische Werbung als „nicht gewünschte" Werbung im Sinne von § 7 Abs. 1 S. 2 UWG aus.

**735**

Ohne aktiven Widerspruch bietet die postalische Werbung hingegen einen einwilligungsfreien und grundsätzlich zulässigen Weg, werbliche Informationen rechtskonform zu kommunizieren. Gerade mit Blick auf die zunehmende Werbeflut per E-Mail und den insgesamt stark nachlassenden, individuellen Postverkehr können sich postalische Werbungen durchaus mit Blick auf die erzeugte Aufmerksamkeit abheben und sind bei der Festlegung werblicher Strategien – natürlich auch unter Berücksichtigung der Frage, ob eine solche Werbeform auf etwaige ökologische Befindlichkeiten der angesprochenen Adressaten stoßen könnte – jedenfalls in den Blick zu nehmen.

**736**

### 3. Datenschutzrechtliche Grundlagen und Perspektive

Neben den lauterkeitsrechtlichen sind auch und insbesondere datenschutzrechtliche Voraussetzungen für die werbliche Ansprache potentieller Adressaten und die mit einer solchen Werbung einhergehende Verarbeitung personenbezogener Daten der Betroffenen zu beachten.[252] Eine besonders enge Verzahnung lauterkeitsrechtlicher sowie datenschutzrechtlicher Anforderungen resultiert dabei aus dem Umstand, dass der lauterkeitsrechtliche Begriff der Einwilligung den datenschutzrechtlichen Vorgaben für die Einwilligung, namentlich den Anforderungen unter der DS-GVO, folgt[253] und insoweit eine einheitliche bzw. aufeinander abgestimmte Auslegung und Anwendungspraxis sicherzustellen ist.

**737**

Insgesamt ist vorauszuschicken und zu beachten, dass die DS-GVO berechtigte Werbeinteressen durchaus anerkennt und verschiedene Möglichkeiten und rechtliche Ansätze für eine entsprechende Datenverarbeitung vorsieht. Dass die DS-GVO gerade die Direktwerbung als grundsätzlich zulässiges und mögliches Marketingmittel in den Blick nimmt, wird vor allem durch Erwägungsgrund Nr. 47 S. 7 DS-GVO bestätigt. Hiernach kann die Verarbeitung personenbezogener Daten zum Zwecke der Direktwerbung als eine einem berechtigten Interesse dienende Verarbeitung betrachtet werden. Dieser Hinweis ist durchaus wesentlich, gibt er doch die Stoßrichtung für mögliche zulässige Verarbeitungsgrundlagen personenbezogener Daten für Zwecke der Direktwerbung vor.

**738**

Im Rahmen dieser datenschutzrechtlichen Betrachtung wird ein Schwerpunkt auf die Auslegung und Wertung der DS-GVO durch die zuständigen Datenschutzbehörden,

**739**

---

[250] Köhler/Bornkamm/Feddersen/Köhler UWG § 7 Rn. 112.
[251] Köhler/Bornkamm/Feddersen/Köhler UWG § 7 Rn. 112.
[252] Zum Verhältnis zwischen DS-GVO und UWG DSK, Orientierungshilfe Direktwerbung, Ziff. 1.4; siehe auch Gola/Heckmann, DS-GVO/BDSG, DS-GVO Art. 7 Rn. 15.
[253] Köhler/Bornkamm/Feddersen/Köhler UWG § 7 Rn. 256.

namentlich die Datenschutzkonferenz („DSK")[254] und den Europäischen Datenschutzausschuss („EDSA")[255] gelegt. Die von den Datenschutzbehörden vertretenen Positionen verfolgen zwar im Regelfall eine eher restriktive Betrachtung, dienen damit aber gleichfalls als vergleichsweise gute Orientierungsgrundlage für rechtlich jedenfalls vertretbare Praktiken.

### a) Verarbeitungsgrundlagen

740  Aus datenschutzrechtlicher Perspektive bedarf es für Maßnahmen der Direktwerbung und die damit notwendigerweise einhergehende Verarbeitung personenbezogener Daten zunächst einer einschlägigen Verarbeitungsgrundlage bzw. datenschutzrechtlichen Rechtfertigung. Insoweit sieht die DS-GVO unter Art. 6 Abs. 1 S. 1 Buchstabe a–f verschiedene Tatbestände vor, unter denen eine Datenverarbeitung zulässigerweise erfolgen kann. Dabei ist das Anwendungsspektrum breit und reicht von der für eine Vertragserfüllung bzw. Leistungserbringung notwendigen Verarbeitung von Daten gemäß Art. 6 Abs. 1 S. 1 Buchstabe b DS-GVO bis hin zu eher als Auffangtatbeständen einzuordnen Normen wie der Verarbeitung personenbezogener Daten auf Grundlage berechtigter Interessen des datenverarbeitenden Unternehmens gemäß Art. 6 Abs. 1 S. 1 Buchstabe f DS-GVO.

741  Für den werblichen Bereich bzw. die Direktwerbung kann die Rechtmäßigkeit der Datenverarbeitung im Wesentlichen auf die Alternativen der einwilligungsbasierten Datenverarbeitung gemäß Art. 6 Abs. 1 S. 1 Buchstabe a DS-GVO sowie eine Datenverarbeitung auf Basis berechtigter Interessen gemäß Art. 6 Abs. 1 S. 1 Buchstabe f DS-GVO gestützt werden, wobei bereits vorausgeschickt wurde, dass die DS-GVO berechtigte Interessen gerade in Fällen der Direktwerbung grundsätzlich anerkennt (vgl. Erwägungsgrund Nr. 47 S. 7 DS-GVO).

742  Mit Blick auf die Bindungswirkung und mangelnde Möglichkeit einer nachträglichen Zweckänderung ist Verantwortlichen dringend zu raten, vor Einholung einer Einwilligung zu prüfen, ob sich die intendierten Datennutzungen bzw. werblichen Maßnahmen – außerhalb von E-Mail- bzw. Telefonwerbung, welche jedenfalls grundsätzlich nur auf Basis einer ausdrücklichen Einwilligung zulässig ist – ggf. auch auf berechtigte Interessen im Sinne von Art. 6 Abs. 1 S. 1 Buchstabe f DS-GVO stützen lassen. Dies gilt vor allem, wenn man – wie vor allem der EDSA – davon ausgeht, dass man für den Fall einer einwilligungsgestützten Datenverarbeitung nachträglich nicht mehr auf eine anderweite Rechtsgrundlage „ausweichen" kann. Der EDSA vertritt den Standpunkt, dass ein Verantwortlicher, der sich für einen Teil der Verarbeitung auf eine Einwilligung stützt, bereit sein müsse, die Entscheidung zu respektieren und den Teil der Verarbeitung zu beenden, wenn eine betroffene Person ihre Einwilligung widerruft; es wäre gegenüber der betroffenen Person ein in höchstem Maß missbräuchliches Verhalten, ihr zu sagen, dass die Daten auf der Grundlage der Einwilligung verarbeitet werden, wenn tatsächlich eine andere Rechtsgrundlage zugrunde gelegt werde.[256]

### aa) Berechtigte Interessen

743  Mit Blick auf eine werbliche Ansprache auf Grundlage berechtigter Interessen gemäß Art. 6 Abs. 1 S. 1 Buchstabe f DS-GVO ist zu beachten, dass die DS-GVO lediglich die Frage der Rechtmäßigkeit der Datenverarbeitung als solche behandelt, während sich weitergehende Zulässigkeitsfragen hingegen nach sonstigen Rechtsvorschriften und insbesondere

---

[254] https://www.datenschutzkonferenz-online.de (31.5.2023).
[255] https://european-union.europa.eu/institutions-law-budget/institutions-and-bodies/search-all-eu-institutions-and-bodies/edpb_de (31.5.2023).
[256] Europäischer Datenschutzausschuss, Leitlinien 05/2020 zur Einwilligung gemäß Verordnung 2016/679, Version 1.1 (EDSA, Leitlinien Einwilligung), Rn. 122. Einschränkend: Gola/Heckmann, DS-GVO/BDSG, DS-GVO Art. 6 Rn. 11.

XII. Besonderheiten bei zusätzlichen Werbeeinwilligungen　　　　　　　　　　　　**Kapitel 5**

den lauterkeitsrechtlichen Anforderungen an die Direktwerbung gemäß § 7 UWG richten können.[257]

Selbst wenn eine Datenverarbeitung daher grundsätzlich nach Maßgabe der DS-GVO rechtmäßig sein mag, begründet dies nicht per se eine Zulässigkeit entsprechender Direktwerbung, vielmehr sind darüberhinausgehende Zulässigkeitsvoraussetzungen des UWG insoweit kumulativ bzw. zusätzlich zu beachten. Es mag zum Beispiel datenschutzrechtlich über Art. 6 Abs. 1 S. 1 Buchstabe f DS-GVO gerechtfertigt werden können, die Kaufhistorie eines Online-Kunden zu dem Zwecke auszuwerten, dem Kunden interessengerechte Angebote präsentieren zu können. Insoweit mag es auch zulässig sein, dem Kunden entsprechende Angebote unmittelbar als Produktempfehlungen beim Aufruf des Shops und Einwahl mit seinem Kundenkonto anzuzeigen. 744

Schutzwürdige Interessen der betroffenen Personen überwiegen in der Regel jedenfalls nicht, wenn im Nachgang zu einer Bestellung allen Kunden (ohne Selektion) postalisch ein Werbekatalog oder ein Werbeschreiben zum Kauf weiterer Produkte des Verantwortlichen zugesendet wird.[258] Sofern es anhand eines Selektionskriteriums zu einer Einteilung in Werbegruppen kommt (zB anhand Postleitzahlen oder Alphabet), sich aber kein zusätzlicher Erkenntnisgewinn durch Individualisierung aus der Selektion ergibt, wird die Interessenabwägung in der Regel ebenfalls zugunsten des Verantwortlichen ausfallen.[259] 745

Eingriffsintensivere Maßnahmen wie automatisierte Selektionsverfahren zur Erstellung detaillierter Profile, Verhaltensprognosen bzw. Analysen, die zu zusätzlichen Erkenntnissen führen, sprechen hingegen dafür, dass das Interesse der betroffenen Person am Ausschluss der Datenverarbeitung überwiegt.[260] In diesen Fällen handelt es sich nach Ansicht der DSK um Profiling, das nicht mehr auf Art. 6 Abs. 1 S. 1 Buchstabe f DS-GVO gestützt werden kann und damit die Einholung einer ausdrücklichen Einwilligung (vgl. Art. 22 Abs. 2 Buchstabe c DS-GVO) vor der Datenverarbeitung erforderlich macht.[261] 746

Ungeachtet dessen ist zu beachten, dass allein die datenschutzrechtliche Rechtfertigung keinen Freibrief bildet, vielmehr etwaig weitergehende Vorgaben des UWG zwingend zu beachten sind. Wenn ein Unternehmen einem Kunden etwaig über Art. 6 Abs. 1 S. 1 Buchstabe f DS-GVO zu rechtfertigende Empfehlungen auch per E-Mail übermitteln möchte und den Ausnahmetatbestand des § 7 Abs. 3 UWG nicht nutzbar machen kann, ist wegen der Anforderungen gemäß § 7 Abs. 2 Nr. 2 UWG auf jeden Fall eine vorherige ausdrückliche Einwilligung des Werbeadressaten erforderlich. 747

**bb) Einwilligung**

Von wesentlicher Bedeutung für das E-Mail-Marketing ist die Einwilligung potentieller Werbeadressaten, wie diese im datenschutzrechtlichen Bereich in Art. 6 Abs. 1 S. 1 Buchstabe a, Art. 7 DS-GVO vorgesehen ist. Die Anforderungen an eine wirksame und rechtlich belastbare Einwilligung sind dabei nicht zu gering. 748

Im Ausgangspunkt sieht Art. 6 Abs. 1 S. 1 Buchstabe a DS-GVO kurz und bündig vor, dass die Datenverarbeitung rechtmäßig ist, wenn die betroffene Person ihre Einwilligung zu der Verarbeitung der sie betreffenden Daten für einen oder mehrere bestimmte Zwecke gegeben hat. Art. 6 Abs. 1 S. 1 Buchstabe a DS-GVO ist tatbestandsseitig damit übersichtlich und sieht einschränkend lediglich vor, dass eine Einwilligung für einen oder mehrere bestimmte Zwecke abgegeben werden muss, womit lediglich unbestimmte Global- und Pauschaleinwilligungen ausgeschlossen sein dürften. 749

Als deutlich detaillierter und anforderungsintensiver erweist sich allerdings die in Art. 4 Nr. 11 DS-GVO verankerte Begriffsdefinition für die Einwilligung, wonach unter einer 750

---
[257] Gola/Heckmann, DS-GVO/BDSG, DS-GVO Art. 7 Rn. 15.
[258] DSK, Orientierungshilfe Direktwerbung, Ziff. 1.3.2 lit. a.
[259] DSK, Orientierungshilfe Direktwerbung, Ziff. 1.3.2 lit. a.
[260] DSK, Orientierungshilfe Direktwerbung, Ziff. 1.3.2 lit. b.
[261] DSK, Orientierungshilfe Direktwerbung, Ziff. 1.3.2 lit. b.

Einwilligung einer betroffen Person jede (a) freiwillig (b) für den bestimmten Fall, (c) in informierter Weise und (d) unmissverständlich abgegebene Willensbekundung in Form einer Erklärung oder einer sonstigen eindeutigen bestätigenden Handlung zu verstehen ist, mit der die betroffene Person zu verstehen gibt, dass sie mit der Verarbeitung der sie betreffenden personenbezogenen Daten einverstanden ist.

751 **(1) Freiwilligkeit.** Dem Merkmal der Freiwilligkeit – es wird impliziert, dass die betroffene Person eine echte Wahl und die Kontrolle haben muss[262] – kommt dabei besondere Bedeutung zu, wobei ergänzende Vorgaben und Leitlinien der Regelung des Art. 7 Abs. 4 DS-GVO sowie Erwägungsgrund Nr. 32 DS-GVO entnommen werden können.

752 Gemäß Art. 7 Abs. 4 DS-GVO ist bei der Beurteilung, ob eine Einwilligung freiwillig erteilt wurde, dem Umstand in größtmöglichem Umfang Rechnung zu tragen, ob unter anderem die Erfüllung eines Vertrags, einschließlich der Erbringung einer Dienstleistung, von der Einwilligung zu einer Verarbeitung von personenbezogenen Daten abhängig ist, die für die Erfüllung des Vertrags nicht erforderlich sind. Mit anderen Worten: Sofern der Abschluss bzw. die Erfüllung eines Vertrages von einer Einwilligung abhängig gemacht wird und die betroffene Datenverarbeitung nicht zwingend erforderlich ist, scheidet die Freiwilligkeit einer Einwilligung im Regelfall aus. Auch wenn dieser Grundsatz nicht absolut gilt und etwa Modelle einer Einwilligung als Gegenleistung für eine vom Einwilligenden gewünschte Leistung durchaus verbreitet sind und wohl auch gerechtfertigt erscheinen,[263] dürfte gerade für den Bereich des Direktmarketings eine zwangsweise Einwilligung im Vertragskontext kaum als freiwillig zu bewerten sein.

753 **(2) Bestimmtheit.** Eine Anforderung, die in der Praxis oftmals Schwierigkeiten bereitet und Streitfälle provoziert, bildet das Bestimmtheitserfordernis. Dabei besteht im Ausgangspunkt Einigkeit, dass die einwilligende Person Art und Umfang bzw. Bedeutung ihrer Einwilligung nachvollziehen können muss. Damit verbieten sich jedenfalls sog. Pauschaleinwilligungen, mit welchen dem Einwilligenden im Ergebnis Einwilligungen mit faktisch nicht bzw. kaum greifbarer sachlicher Begrenzung abverlangt werden.[264]

754 Die Notwendigkeit, dass die Einwilligung für einen bestimmten Zweck erfolgen muss, ist dabei im Zusammenhang mit der Zweckbindung aus Artikel 5 Abs. 1 Buchstabe b DS-GVO als Schutz vor einer schrittweisen Ausweitung oder einem Verwischen der Zwecke zu sehen, für welche die Daten verarbeitet werden, nachdem die betroffene Person in die anfängliche Erhebung ihrer Daten eingewilligt hat. Dieses Phänomen stellt nach Ansicht des EDSA als mögliche, schleichende Ausweitung der Zweckbestimmung ein Risiko für betroffene Personen dar, da dies zu einer unerwarteten Verwendung personenbezogener Daten durch den Verantwortlichen oder durch Dritte und zu einem Kontrollverlust für die betroffene Person führen könne.[265]

755 Bei der Einholung einer Einwilligung ist es also geboten, die Einwilligungserklärung – auch diese unterliegt im Übrigen als vorformulierte Klausel der AGB-Kontrolle[266] – so zu konkretisieren, dass ein „bestimmter Fall" im Sinne von Art. 4 Nr. 11 DS-GVO beschrieben wird. Auf der anderen Seite besteht aus werblicher Sicht selbstverständlich das Bedürfnis eine Einwilligungserklärung nicht über Gebühr eng zu fassen, um ein möglichst weitgehendes Anwendungsspektrum für die werbliche Verwendung von Daten bzw. die Durchführung werblicher Maßnahmen offenzuhalten. Dabei ist vor allem zu beachten, dass im Falle der Einholung einer Einwilligung die Reichweite der mittels Einwilligung legitimier-

---

[262] EDSA, Leitlinien Einwilligung, Rn. 13.
[263] AA wohl EDSA, Leitlinien Einwilligung, insbes. Rn. 38. Vgl. zur Möglichkeit der „Zahlung mit Daten" vgl. § 327 Abs. 3 BGB.
[264] Köhler/Bornkamm/Feddersen/Köhler UWG § 7 Rn. 252.
[265] EDSA, Leitlinien Einwilligung, Rn. 56.
[266] BGH 14.3.2017 – VI ZR 721/15, GRUR 2017, 748. Köhler/Bornkamm/Feddersen/Köhler UWG § 7 Rn. 198.

ten Datenverarbeitung bzw. Datennutzung in jedem Fall und streng auf den Gegenstand und den Umfang der Einwilligung beschränkt ist.

Unter datenschutzrechtlichen Gesichtspunkten sieht Art. 6 Abs. 4 DS-GVO die Möglichkeit einer sog. Zweckänderung vor, dh eine Datenverarbeitung darf unter bestimmten Voraussetzungen auch zu einem anderen Zweck erfolgen, zu welchem die Daten ursprünglich erhoben wurden. So wäre es etwa denkbar, Daten, die zunächst nur für Zwecke der Vertragserfüllung und Vertragsdurchführung erhoben wurden, im Nachgang und bei entsprechenden Werbestrategien ggf. auch für Maßnahmen der postalischen Direktwerbung zu verwenden. Eine solche Verarbeitung könnte dann im Unterschied zum ursprünglichen Erhebungszweck nicht auf Art. 6 Abs. 1 S. 1 Buchstabe b DS-GVO, sondern auf berechtigte Interessen im Sinne von Art. 6 Abs. 1 S. 1 Buchstabe f DS-GVO gestützt werden. Im Hinblick auf die Einwilligung stellt sich hier allerdings das Problem, dass eine Zweckänderung im Kontext einer Einwilligung nicht in Betracht kommt, sondern gemäß Art. 6 Abs. 4 DS-GVO vielmehr ausgeschlossen ist. Die Regelungen zur Zweckänderung setzen nämlich voraus, dass die Verarbeitung zu einem anderen Zweck als zu demjenigen, zu dem die personenbezogenen Daten erhoben wurden, gerade nicht auf der Einwilligung der betroffenen Person beruht. 756

Damit stellt sich für den Verwender einer Einwilligungslösung umso mehr das dringende Erfordernis, die Einwilligungserklärung nicht zu unbestimmt, aber auch nicht zu eng zu formulieren, um sich nicht unbeabsichtigt eigentlich verfolgte Einwilligungszwecke abzuschneiden. Erhebt zB ein Verantwortlicher auf Grundlage einer Einwilligung der betroffenen Person Daten über die Inanspruchnahme der vom Verantwortlichen angebotenen Online-Services, um ihm auf dieser Basis bei der Servicenutzung Vorschläge für bestimmte eigene Serviceinhalte zu unterbreiten, wäre für den Fall, dass der Verantwortliche im Nachgang entscheidet, auf Basis von Nutzungsverhalten individualisierte Werbung auch für Inhalte Dritter kommunizieren zu wollen, eine weitergehende Einwilligung erforderlich.[267] 757

**(3) Informiertheit.** Eng mit dem Erfordernis hinreichender Bestimmtheit bzw. einer Erklärung für den konkreten Fall ist das zusätzliche Erfordernis verbunden, wonach eine Einwilligung „in informierter Weise" zu erfolgen hat. Auch insoweit wird deutlich, dass die normativen Anforderungen für rechtskonforme Einwilligungen einen Fokus auf Transparenz und Verständlichkeit legen. Es soll im Ergebnis vermieden werden, dass betroffene Personen zur Abgabe von Einwilligungserklärungen veranlasst werden, deren Gegenstand und Reichweite nicht hinreichend durchdrungen werden können. 758

Informiertheit setzt grundsätzlich voraus, dass die Art der beabsichtigten Werbung (zB Brief, E-Mail, SMS, Telefon, Fax), die Produkte oder Dienstleistungen, für die geworben werden soll, und die werbenden Unternehmen genannt werden, um den Anforderungen der bisher insoweit ergangenen Rechtsprechung zu genügen.[268] 759

Der EDSA vertritt die Auffassung, dass mindestens folgende Informationen erforderlich sind, damit eine Einwilligung als „in informierter Weise" verstanden werden kann: (a) Identität des Verantwortlichen, (b) Zweck jedes Verarbeitungsvorgangs, für den die Einwilligung eingeholt wird, (c) Art der Daten, die erhoben und verwendet werden, (d) Bestehen eines Rechts, die Einwilligung zu widerrufen, (e) gegebenenfalls Informationen über die Verwendung der Daten für eine automatisierte Entscheidungsfindung gemäß Art. 22 Abs. 2 Buchstabe c, und (f) Angaben zu möglichen Risiken von Datenübermittlungen (ins Ausland) ohne Vorliegen eines Angemessenheitsbeschlusses und ohne geeignete Garantien nach Art. 46. 760

Ob eine Einwilligung im Ergebnis hinreichend bestimmt ist bzw. auf angemessen informierter Grundlage erfolgt, muss im konkreten Einzelfall bewertet werden, zumal auch 761

---

[267] Beispiel in Anlehnung an EDSA, Leitlinien Einwilligung, insbesondere Rn. 59 (Beispiel 11).
[268] DSK, Orientierungshilfe Direktwerbung, Ziff. 3.1 mit Verweis auf BGH 14.3.2017 – VI ZR 721/15, GRUR 2017, 748.

und gerade im werblichen Bereich die Bandbreite möglicher Einwilligungsgegenstände denkbar weit gefasst ist. Jedenfalls die vorstehend beschriebenen Kernelemente (a) Art der Werbung, (b) Gegenstand der Werbung und (c) werbende Unternehmen sollten nicht nur allgemein, sondern möglichst einzelfallbezogen beschrieben werden.

762 Während die Beschreibung der Art der Werbung, also insbesondere E-Mail, Telefon oder sonstige Kommunikationskanäle, keine Probleme bereitet, ist bereits die Beschreibung des Werbegegenstandes mit Unwägbarkeiten verbunden. Eine Einwilligung, die konturenlos auf den Erhalt von Werbung bezogen wird, wäre sicherlich unzureichend, da ein solcher Bezug nicht einmal offenlegen würde, ob nur für eigene Produkte und Dienstleistungen des die Einwilligung einholenden Unternehmens geworben werden soll oder auch für sonstige Produkte bzw. Dienstleistungen Dritter. Auch der schlichte Bezug auf „Werbung für eigene Produkte und Services" dürfte im Graubereich anzusiedeln sein, wobei in einem solchen Fall der Werbegegenstand zumindest noch bestimmbar wäre. Mehr Konturen erhält eine Werbeeinwilligung, wenn jedenfalls ein Branchenbezug hergestellt wird bzw. Tätigkeitsgebiete ergänzend benannt werden. Aber selbst ein Branchenbezug kann im Einzelfall nicht ausreichen. Was den gebotenen Bezug angeht, sollen vom Werbenden vorformulierte allgemeine Umschreibungen, etwa dahin, dass sich die Einwilligung auf „Finanzdienstleistungen aller Art" erstreckt, nicht ausreichen.[269] Andererseits wird eingeräumt, dass die Anforderungen auch nicht überspannt werden würden, weil dies auf eine Bevormundung des Adressaten und eine Einschränkung seiner Privatautonomie hinausliefe; der erforderliche Grad der Konkretisierung bestimme sich daher auch nach der Schutzbedürftigkeit des Adressaten und nach seinen Interessen.[270]

763 In der Praxis problematisch sind auch oftmals Fälle, in welchen eine Werbeeinwilligung nicht nur für das die Einwilligung einholende Unternehmen, sondern etwa für Konzernunternehmen oder Partnerunternehmen eingeholt werden soll. Vor pauschalen Bezugnahmen auf „verbundene Unternehmen" oder gar „Partnerunternehmen" muss insbesondere im Verbraucherbereich gewarnt werden. Ohne nähere Konkretisierung bzw. Benennung der betroffenen Dritten ist die einwilligende Person grundsätzlich nicht in der Lage, die Reichweite und den Adressatenkreis der Einwilligungsempfänger bzw. Werbeberechtigten zu überblicken. In der Praxis hat sich daher für den Fall, dass eine Werbeberechtigung auch zugunsten Dritter eingeholt werden soll, im Online-Bereich der Ansatz verbreitet, die in einer Einwilligungserklärung benannten Dritten zu verlinken und gesondert aufzuführen.[271] Dabei ist zu beachten, dass auch für diese Dritten deutlich werden muss, für welche Produkte und Dienstleistungen geworben werden soll.[272] Aber auch in solchen Fällen sollte mit Augenmaß vorgegangen werden. Es mag nämlich zulässig sein, auf eine solche Weise per Link eine überschaubare Anzahl namentlich benannter Dritter in den Kreis der Werbeberechtigten einzubeziehen. Wenn die Anzahl der Dritten und als Werbeberechtige Einzubeziehenden allerdings eine gewisse Menge überschreitet, droht die Gefahr, dass auch eine solche konkrete Bezugnahme für eine hinreichend bestimmte und informierte Einwilligung nicht ausreicht; dies gilt jedenfalls für Fälle, in welchen die einwilligende Person die in einer solchen Liste aufgeführten Dritten nicht jeweils positiv bestätigen muss, sondern vielmehr sämtliche Unternehmen akzeptiert werden müssen oder nur per Einzelabwahl aus der Gesamtauflistung entfernt werden können.[273]

764 Verantwortliche sollten zudem sicherstellen, dass sie im Hinblick auf die Formulierung einer Einwilligungserklärung eine klare und einfache Sprache verwenden. Dies bedeutet nach Ansicht des EDSA vor allem, dass die Information für den Durchschnittsbürger und nicht nur für Rechtsanwälte leicht verständlich sein sollte; Verantwortliche sollen keine

---

[269] Köhler/Bornkamm/Feddersen/Köhler UWG § 7 Rn. 252.
[270] Köhler/Bornkamm/Feddersen/Köhler UWG § 7 Rn. 252.
[271] Gola/Heckmann, DS-GVO/BDSG, DS-GVO Art. 7 Rn. 38.
[272] BGH 14.3.2017 – VI ZR 721/15 Tz. 25, GRUR 2017, 748.
[273] BGH 28.5.2020 – I ZR 7/16 Tz. 3, GRUR 2017, 748.

langen Datenschutzbestimmungen verwenden dürfen, die schwierig zu verstehen oder mit juristischen Fachausdrücken gespickt sind.[274]

**(4) Unmissverständlichkeit.** Die Anforderung, wonach eine Einwilligungserklärung 765 „unmissverständlich" abgegeben werden muss, trägt weniger der inhaltlichen Ausgestaltung der Einwilligungserklärung als vielmehr dem Umstand Rechnung, dass der betroffenen Person deutlich gemacht werden muss bzw. für diese klar erkennbar sein muss, dass sie mit einer bestimmten Handlung eine Einwilligung abgibt. Das Erfordernis der Unmissverständlichkeit zielt damit vor allem auf einen transparenten Einwilligungsprozess als solchen ab und soll Praktiken entgegenwirken, bei welchen betroffenen Personen Einwilligungserklärungen im Rahmen sonstiger Erklärungen „untergeschoben" werden.

Dies wird auch vor allem durch die Konkretisierung in Art. 4 Nr. 11 DS-GVO dahin- 766 gehend deutlich, dass die unmissverständliche Willensbekundung in Form einer „Erklärung" oder einer „sonstigen eindeutigen bestätigenden Handlung" zu erfolgen hat. Ergänzende Auslegungshilfen bietet hier Erwägungsgrund Nr. 30 DS-GVO, wonach eine solche Erklärung etwa in Form einer schriftlichen Erklärung, die auch elektronisch erfolgen kann, oder einer mündlichen Erklärung erfolgen kann. Als denkbare Gestaltungsvarianten werden in Erwägungsgrund Nr. 30 DS-GVO das Anklicken eines Kästchens beim Besuch einer Internetseite, die Auswahl technischer Einstellungen für Dienste der Informationsgesellschaft oder eine andere Erklärung oder Verhaltensweise genannt, mit der die betroffene Person in dem jeweiligen Kontext eindeutig ihr Einverständnis mit der beabsichtigten Verarbeitung ihrer personenbezogenen Daten signalisiert. Besonders praxisrelevant und gleichwohl oftmals missachtet wird die weitergehende Vorgabe in Erwägungsgrund Nr. 30 DS-GVO, wonach bereits angekreuzte Kästchen oder Untätigkeit der betroffenen Person keine Einwilligung darstellen sollen. Von den nach wie vor verbreiteten Opt-out-Konzepten gerade für Telefon- und E-Mail-Werbung sollte auch vor diesem Hintergrund dringend Abstand genommen werden; im Zweifel ist eine solche „Opt-out-Einwilligung" schlicht nichts wert.

Ein Verantwortlicher sollte in diesem Kontext ebenfalls dringend beachten, dass eine 767 Einwilligung nicht durch denselben Vorgang erteilt werden kann, mit dem einem Vertrag oder AGB zugestimmt wird. Eine pauschale Annahme der allgemeinen Geschäftsbedingungen kann insbesondere nach Ansicht des EDSA nicht als eindeutige bestätigende Handlung für eine Einwilligung der Verwendung personenbezogener Daten gesehen werden.[275]

Schließlich ist im Kontext der Unmissverständlichkeit auf einen für elektronische Einwil- 768 ligungen relevanten Darstellungs- bzw. Ablaufaspekt aufmerksam zu machen. Wird die betroffene Person auf elektronischem Weg zur Einwilligung aufgefordert, so muss die Aufforderung gemäß Erwägungsgrund Nr. 32 Satz 6 DS-GVO in klarer und knapper Form und ohne unnötige Unterbrechung des Dienstes, für den die Einwilligung gegeben wird, erfolgen. Dass hier der Aspekt der Informiertheit und insbesondere das Gebot der Aufforderung zur Einwilligung in klarer und knapper Form in einem gewissen Spannungsverhältnis stehen, liegt auf der Hand. Mit Blick auf die hohen Anforderungen von Rechtsprechung und Datenschutzaufsicht an die Informiertheit einer Einwilligung scheint es tendenziell geboten, dass Gebot der klaren und knappen Form eher formal und prozesstechnisch zu verstehen, dh den Einwilligungsprozess als solchen deutlich erkennbar zu machen und nicht hinter vermeintlichen „Weiter"-Schaltflächen oder ähnlich unspezifischen Abläufen bzw. verschachtelten Konstruktionen zu „verstecken".

**(5) Granularität.** Besonders spannend ist und in der Praxis uneinheitlich gehandhabt wird 769 die Frage nach einer gebotenen Granularität von Zustimmungs- bzw. Einwilligungserklärungen. Hierbei geht es um die Frage, ob mit einer einheitlichen Erklärung mehrere Einwilligungen eingeholt werden können oder ob einzelne Einwilligungsgegenstände

---

[274] EDSA, Leitlinien Einwilligung, Rn. 67.
[275] EDSA, Leitlinien Einwilligung, Rn. 81.

durch gesonderte Einwilligungserklärungen abzuschichten und damit einwilligungsbezogen voneinander zu trennen sind.

770   Für die Praxis lässt sich die Frage auf die regelmäßig aus operativer Marketingsicht relevante Frage verdichten, ob man alles mit einem Klick erledigen kann oder ob man mehrere „Kreuzchen" benötigt. Eine aus Marketingsicht zunächst scheinbar günstige Vorgabe sieht Art. 7 Abs. 2 DS-GVO in diesem Kontext vor. Erfolgt eine Einwilligung einer betroffenen Person nämlich durch eine schriftliche Erklärung (hierzu zählt in diesem Kontext auch der Online-Bereich), die noch andere Sachverhalte betrifft, so muss das Ersuchen um Einwilligung in verständlicher und leicht zugänglicher Form in einer klaren und einfachen Sprache so erfolgen, dass es von den anderen Sachverhalten klar zu unterscheiden ist. Diesen Ansatz könnte man dahingehend verstehen, dass eine Einwilligung durchaus mehrere Sachverhalte betreffen kann und lediglich sichergestellt werden muss, dass die Einwilligung so gefasst und im Gesamtbild gestaltet werden muss, dass verschiedene Einwilligungen bzw. Einwilligungsgegenstände schlicht klar abgrenzbar und erkennbar sind. Man könnte also erwägen, eine mehrgliedrige Einwilligungserklärung mit mehreren Einwilligungsgegenständen zu gestalten und die Einwilligung insgesamt durch ein einheitliches Opt-in einzuholen. Hiergegen spricht allerdings Erwägungsgrund Nr. 32 S. 5 DS-GVO. Wenn die Verarbeitung mehreren Zwecken dient, sollte hiernach für alle diese Verarbeitungszwecke eine Einwilligung gegeben werden. Auch wenn es sich „nur" um einen Erwägungsgrund handelt und dieser zudem als Soll-Vorschrift ausgestaltet ist, wird doch deutlich, dass die DS-GVO im Ansatz eher ein granulares Verständnis für Einwilligungserklärungen mit unterschiedlichem Einwilligungsgegenstand zugrunde legt.

771   Der EDSA legt ein vergleichsweise strenges Verständnis für die notwendige Granularität von Einwilligungserklärungen zugrunde. Wenn ein Verantwortlicher verschiedene Zwecke für eine Verarbeitung zusammenfasse und nicht versuche, gesonderte Einwilligungen einzuholen, fehle mangels Granularität die gebotene Freiheit.[276] Würden mit einer Datenverarbeitung mehrere Zwecke verfolgt, liege die Lösung für die Einhaltung der Bedingungen für eine gültige Einwilligung in der Granularität, dh in der Trennung dieser Zwecke und dem Einholen der Einwilligung für jeden einzelnen Zweck.[277]

772   Ob nun mehrere Einwilligungsinhalte in einer einheitlichen Erklärung zusammengefasst oder unterschieden bzw. in gesonderten Erklärungen ausgestaltet werden müssen, ist eine Frage des konkreten Einzelfalls. Dabei wird eine Granularität von Erklärungen umso gebotener sein, je weiter die verfolgten Verarbeitungszwecke auseinanderliegen. So erscheint es durchaus denkbar, eine einheitliche Einwilligungserklärung dahingehend zu fassen, dass sich der Einwilligende mit einer Auswertung seines Einkaufsverhaltens zum Zwecke der Direktwerbung einverstanden erklärt (erste Einwilligung, insbesondere datenschutzrechtlich motiviert) und ihm auf dieser Grundlage individualisierte werbliche E-Mails übermittelt werden dürfen (zweite Einwilligung, insbesondere lauterkeitsrechtlich motiviert). Demgegenüber wäre es wohl nicht gangbar, eine Einwilligung in die Weitergabe von Daten über das Einkaufsverhalten an verbundene Unternehmen oder Partnerunternehmen zum Zwecke der Marktforschung einzuholen und sich mit derselben Einwilligungserklärung das Einverständnis in den Erhalt von werblichen Nachrichten per E-Mail durch das die Einwilligung einholende Unternehmen „absegnen" zu lassen.[278]

773   Wenn ein klarer Sachzusammenhang zwischen formal unterschiedlichen Einwilligungsgegenständen besteht, zB eine Verarbeitung von Daten zur Ermittlung bestimmter Parameter von Kunden und deren Verwendung für die interne Angebots- und Produktoptimierung sowie die Zusendung werblicher Informationen per E-Mail, erscheint es im Regelfall vertretbar, mit zusammengefassten Erklärungen zu arbeiten. Gleichwohl ist zu bedenken, dass ein granularer Ansatz für den Kunden oftmals transparenter ist und ggf. auch die

---

[276] EDSA, Leitlinien Einwilligung, Rn. 44.
[277] EDSA, Leitlinien Einwilligung, Rn. 44.
[278] Zu diesem Beispiel siehe EDSA, Leitlinien Einwilligung, Rn. 45 (Beispiel 7).

Bereitschaft von Kunden zur Abgabe von Einwilligungserklärungen erhöht, da der Kunde dann nicht auf die Abgabe einer einheitlichen und mehrere Aspekte betreffenden Erklärung beschränkt ist, sondern frei bestimmen kann, welche Aspekte für ihn interessant sind und für welche Aspekte er zur Abgabe einer Einwilligungserklärung bereit ist. Zudem ist auch zu beachten, dass die Kehrseite einer mehrschichtigen Einwilligungserklärung ggf. auch der Widerruf einer solchen Erklärung sein kann. Wenn hingegen mehrere Einwilligungserklärungen eingeholt werden, ist die Wahrscheinlichkeit nicht gering, dass der Betroffene nur partiell widerruft, namentlich solche Datenverarbeitungen, mit denen er konkret nicht mehr einverstanden ist.

Eine im Regelfall zwingende Abgrenzung bzw. Unterscheidung bildet die jedenfalls für Einwilligungen in Telefon- und E-Mail-Werbung notwendige Trennung der Einwilligung von etwaigen Vertragserklärungen im Übrigen, insbesondere also der Zustimmung zu Vertragsinhalten und etwa Preisänderungen. Die Einwilligung in Telefon- und E-Mail-Werbung bedarf zwingend eines gesonderten und echten Opt-in im Sinne einer aktiv zu treffenden, spezifischen Auswahl. **774**

Namentlich der BGH hat in seiner für die Praxis höchst relevanten Payback-Entscheidung[279] sowie einem weiteren Beschluss[280] konstatiert, dass es für E-Mail- und Telefonwerbung einer gesonderten und spezifischen Erklärung bedarf. In den vorgenannten Verfahren ging es darum, dass die Einwilligung in Werbung mit inhaltlich hiervon zu unterscheidenden Erklärungen verbunden war. Bei der vom BGH in Sachen Payback für unzulässig erachteten Opt-out-Lösung wurde die Erklärung gemeinsam mit allen anderen vertraglichen Erklärungen und Regelungen abgegeben, was dem Erfordernis einer spezifisch auf die Werbung bezogenen Angabe nach Ansicht des BGH widersprach. Der BGH hatte insoweit darauf abgestellt, dass die Opt-out-Klausel in dem Klauselwerk zusammen mit inhaltlich nicht die Werbung betreffenden Erklärungen und Regelungen enthalten war. Auch im vorstehend in Bezug genommenen Beschlussverfahren wurde die Einwilligungserklärung im Hinblick darauf beanstandet, dass sie mit einer inhaltlich nicht die Werbung betreffenden Einwilligungserklärung in eine telefonische Gewinnbenachrichtigung kombiniert war. Auf die Verwendung einer Klausel, die eine Einwilligung in die Werbung mit inhaltlich nicht die Werbung betreffenden Erklärungen oder Hinweisen kombiniert, zielt insoweit auch die Kernaussage des BGH, wonach eine „gesonderte, nur auf die Einwilligung in die Zusendung von Werbung mittels elektronischer Post bezogene Zustimmungserklärung" beziehungsweise eine „gesonderte – nur auf die Einwilligung in die Werbung mit einem Telefonanruf bezogene – Zustimmungserklärung" erforderlich sei und eine Einwilligung, die auch andere Erklärungen oder Hinweise enthalte, den Anforderungen nicht gerecht werde.[281] **775**

Während zur Frage einer möglichen Kombination von Einwilligungserklärungen bzw. die Zusammenfassung mehrerer Einwilligungsgegenstände in einer einheitlichen Einwilligungserklärung im Übrigen allenfalls vereinzelte Rechtsprechung vorliegt, wurde eine für die Praxis höchst relevante Frage durch den BGH geklärt. So hat der BGH, wohl unter Aufgabe früherer Rechtsprechung, entschieden, dass eine einheitliche Einwilligungserklärung für Telefon- und E-Mail-Werbung zulässig sein soll und nicht mit gesonderten Einwilligungserklärungen vorgegangen werden muss.[282] Dass Telefon- und E-Mail-Werbung grundsätzlich abweichende Einwilligungsgegenstände darstellen und auch mit Blick auf die mögliche Belästigungsintensität durchaus unterscheidungswürdig sind, zeigt sich bereits an der normativen Differenzierung im UWG, vor allem mit Blick auf die für unlautere Telefonwerbung vorgesehenen Sanktionen in § 20 UWG. Ungeachtet dessen sah der BGH keinen Bedarf für gesonderte Einwilligungserklärung in Telefon- und E-Mail-Werbung. **776**

---

[279] BGH 16.7.2008 – VIII ZR 348/06, GRUR 2008, 1010.
[280] BGH 14.4.2011 – I ZR 38/10, MMR 2011, 458.
[281] Vgl. BGH 16.7.2008 – VIII ZR 348/06 Tz. 29, GRUR 2008, 1010.
[282] BGH 1.2.2018 – III ZR 196/17, GRUR 2018, 545.

777 Einer gesonderten Erklärung für jeden Werbekanal bedürfe es den Ausführungen des BGH entsprechend nicht. Die gesetzlichen Voraussetzungen in § 7 Abs. 2 UWG für die Einwilligung eines Verbrauchers in eine Werbung über die dort genannten Kanäle stimmten überein, so dass sich hieraus kein Grund für getrennte Einwilligungserklärungen ergebe. Unter Schutzzweckgesichtspunkten sei eine gesonderte Einwilligung für jeden Werbekanal ebenfalls nicht erforderlich. Dem Schutzzweck der Vorschrift werde eine getrennt von anderen Inhalten und Hinweisen abgegebene, allein auf die Einwilligung in Werbung gerichtete Erklärung gerecht, auch wenn sie sich auf alle Werbekanäle beziehe, deren Nutzung beabsichtigt sei. Indem der Verbraucher in einer ausdrücklichen und gesonderten Erklärung der vorgesehenen Werbung zustimmen müsse, werde ihm die Verwendung seiner Daten und der beabsichtigte Eingriff in seine Privatsphäre deutlich vor Augen geführt. Hierdurch werde gewährleistet, dass er bewusst darüber entscheiden könne, ob er diesen Eingriff genehmigen möchte oder nicht. Dieser Schutzzweck bleibe bei einer mehrere Werbekanäle umfassenden Einwilligungserklärung in vollem Umfang gewahrt. Auch in diesem Fall enthalte eine solche Klausel alle für eine freie und informierte Entscheidung erforderlichen Angaben und verdeutliche dem Verbraucher, dass und auf welchem Weg seine Daten verwendet werden sollen. Ebenso bleibe die Unabhängigkeit der Einwilligung in Werbemaßnahmen von den sonstigen inhaltlichen Erklärungen offensichtlich. Es würde den Verbraucherschutz nicht stärken, wenn für jeden Werbekanal eine gesonderte Einwilligungserklärung abgegeben werden müsste. An dieser Stelle findet der BGH dann ungewöhnlich deutliche Worte: Der Senat stellt sich nämlich auf den Standpunkt, dass eine gegenteilige Sichtweise bzw. das Erfordernis gesonderter Einwilligungen in E-Mail- und Telefonwerbung bei Anlegung des Maßstabs eines verständigen und redlichen Durchschnittsverbrauchers eine geradezu „unverständliche Förmelei"[283] sei, mit der keinerlei Transparenzgewinn verbunden wäre. Zwar hätte eine getrennte Erklärung den Vorteil, dass der Verbraucher unmittelbar auch einzelnen Werbemaßnahmen zustimmen und andere ablehnen könnte, während bei einer zusammengefassten Klausel nur deren vollständige Ablehnung oder Annahme möglich sei.

778 In diesem Kontext nimmt der BGH allerdings einen eher praktischen Umstand in den Blick, welcher aus strategischer Sicht durchaus seine Berechtigung hat und Unternehmen dazu veranlassen könnte, ggf. trotz mangelnder Notwendigkeit einer granularen Einwilligungserklärung gleichwohl zwischen einer Einwilligung in E-Mail und Telefonwerbung zu unterscheiden. Der Senat weist nämlich zutreffend darauf hin, dass der Ansatz einer einheitlichen Einwilligungserklärung durchaus dazu führen könne, dass Verbraucher eine Kontaktaufnahme eher insgesamt ablehnen, während sie bei getrennten Klauseln der Werbung über einzelne der zur Auswahl stehenden Kanäle zugestimmt hätten. Diese mögliche Wirkung beeinträchtige jedoch nicht den auf den Verbraucher gerichteten Schutzzweck, sondern gehe zulasten des Verwenders.[284]

779 Abschließend ist auf eine weitere Konstellation hinzuweisen, welche höchstrichterlich entschieden wurde, nämlich der Fall sog. „Cookie-Einwilligungen". Im Nachgang zu einem EuGH-Vorlageverfahren, welches der BGH initiiert hatte[285] und in welchem sich der EuGH bereits deutlich pro gesonderter Einwilligung positioniert hatte,[286] bestätigte auch der BGH die Notwendigkeit einer gesonderten Einwilligung für die Akzeptanz von Cookies, jedenfalls sofern diese nicht technisch-notwendig sind, vielmehr den werblichen Bereich betreffen. Die Entscheidung erging noch unter Geltung des zwischenzeitlich durch das TTDSG weitgehende abgelösten TMG. Der BGH konstatierte, dass § 15 Abs. 3 S. 1 TMG mit Blick auf Art. 5 Abs. 3 S. 1 der Richtlinie 2002/58/EG dahin richtlinienkonform auszulegen sei, dass ein Diensteanbieter Cookies zur Erstellung von Nutzungsprofilen für Zwecke der Werbung oder Marktforschung nur mit Einwilligung des Nutzers einsetzen

---

[283] BGH 1.2.2018 – III ZR 196/17 Tz. 27, GRUR 2018, 545.
[284] BGH 1.2.2018 – III ZR 196/17 Tz. 27, GRUR 2018, 545.
[285] BGH 5.10.2017 – I ZR 7/16, GRUR 2018, 96.
[286] EuGH 1.10.2019 – C-673/17, GRUR 2019, 1198.

XII. Besonderheiten bei zusätzlichen Werbeeinwilligungen **Kapitel 5**

dürfe.[287] Eine elektronisch zu erklärende Einwilligung des Nutzers, die den Abruf von auf seinem Endgerät gespeicherten Informationen mithilfe von Cookies im Wege eines voreingestellten Ankreuzkästchens gestattet, genüge diesem Einwilligungserfordernis nicht.[288]

Insbesondere die Regelung gemäß § 15 Abs. 3 S. 1 TMG wurde – wie im Übrigen auch 780 weitere Regelungen des TMG – durch das TTDSG abgelöst. Die neuen „Cookie-Regelungen" finden sich nunmehr in § 25 TTDSG und verfolgen im Kern den Ansatz, dass die Speicherung von Informationen in Endeinrichtungen des Endnutzers (zB das Speichern bzw. Ablegen von Cookies) und der Zugriff auf Informationen, die bereits in den Endeinrichtungen gespeichert sind (zB Werbe-ID, etc), nur zulässig ist, wenn der Endnutzer auf der Grundlage von klaren und umfassenden Informationen eingewilligt hat (§ 25 Abs. 1 S. 1 TDDSG). Eine Einwilligung ist nur unter engen Ausnahmen nicht erforderlich, namentlich wenn die Speicherung von Informationen in der Endeinrichtung des Endnutzers oder der Zugriff auf bereits in der Endeinrichtung des Endnutzers gespeicherte Informationen unbedingt erforderlich ist, damit der Anbieter eines Telemediendienstes einen vom Nutzer ausdrücklich gewünschten Telemediendienst zur Verfügung stellen kann. Hiervon umfasst können etwa Cookies für die Realisierung von Warenkorbfunktionen beim Online-Shopping oder Cookies für die Festlegung von Sprachauswahlen sein, sicherlich hingegen nicht die Verwendung von Cookies oder der Zugriff auf in der Endeinrichtung des Nutzers gespeicherte Informationen zu werblichen Zwecken.

**(6) Gültigkeitsdauer.** Die DS-GVO sieht keine Vorgaben für die Dauer der Wirksamkeit 781 einer Einwilligung vor. Wie lange eine Einwilligung „gültig" ist, hängt damit im Wesentlichen vom Kontext und dem Umfang der Einwilligung sowie den Erwartungen der betroffenen Person ab.

Der BGH hatte in einem noch vor Anwendbarkeit der DS-GVO ergangenen Urteil zur 782 Geltungsdauer einer erteilten Einwilligung festgestellt, dass eine erteilte Einwilligung grundsätzlich nicht zeitlich ablaufe. Eine zeitliche Begrenzung einer einmal erteilten Einwilligung sehe weder die Richtlinie 2002/58/EG noch § 7 UWG vor. Hieraus ergebe sich, dass diese – ebenso wie eine Einwilligung nach § 183 BGB – grundsätzlich nicht allein durch Zeitablauf erlösche.[289]

Aus den Grundsätzen der Transparenz, der Verarbeitung nach Treu und Glauben und 783 der Speicherbegrenzung aus Art. 5 Abs. 1 Buchstabe a und e DS-GVO soll sich nach wohl herrschender Ansicht, jedenfalls nach Ansicht der DSK, ergeben, dass sich Verantwortliche nicht mehr auf eine Einwilligung berufen können, wenn sie diese über längere Zeit nicht genutzt haben und die betroffenen Personen nicht mehr mit einer Verarbeitung ihrer Daten auf Grundlage der Einwilligung rechnen müssen.[290]

Der EDSA empfiehlt als vermeintlich „bewährte Praxis", die Einwilligung in angemesse- 784 nen Zeitabständen zu erneuern. Wenn alle Informationen erneut erteilt würden, helfe dies sicherzustellen, dass die betroffene Person gut darüber informiert bleibe, wie ihre Daten verwendet werden und wie sie ihre Rechte ausüben könne.[291] Im Sinne einer transparenten Datenverarbeitung sei Werbetreibenden insbesondere zu empfehlen, bei länger als zwei Jahre ungenutzten Einwilligungen vorsorglich eine Erneuerung der Information oder auch der Einwilligungen selbst vorzunehmen.[292] Wenn sich die Verarbeitungsvorgänge beträchtlich ändern oder weiterentwickeln, sei die ursprüngliche Einwilligung nicht länger für derartige Verarbeitungen gültig; dann müsse eine neue Einwilligung eingeholt werden.[293]

---

[287] BGH 28.5.2020 – I ZR 7/16 Tz. 47, GRUR 2020, 891.
[288] BGH 28.5.2020 – I ZR 7/16 Tz. 47, GRUR 2020, 891.
[289] BGH 1.2.2018 – III ZR 196/17, GRUR 2018, 545; vgl. auch Gola/Heckmann, DS-GVO/BDSG, DS-GVO Art. 7 Rn. 61 zur Rechtslage unter der DS-GVO.
[290] DSK, Orientierungshilfe Direktwerbung, Ziff. 3.5.
[291] EDSA, Leitlinien Einwilligung, Rn. 111.
[292] EDSA, Leitlinien Einwilligung, Rn. 110.
[293] EDSA, Leitlinien Einwilligung, Rn. 110.

785 **(7) Nachweis.** Aus Art. 7 Abs. 1 DS-GVO ergibt sich, dass der Verantwortliche verpflichtet ist, die Einwilligung der Betroffenen nachzuweisen. Entsprechend sieht Erwägungsgrund Nr. 42 DS-GVO vor, dass der Verantwortliche nachweisen können sollte, dass die betroffene Person ihre Einwilligung zu einem Verarbeitungsvorgang gegeben hat, wenn die Verarbeitung mit Einwilligung der betroffenen Person erfolgt.

786 Die DS-GVO schreibt allerdings nicht vor, wie genau ein solcher Nachweis bzw. eine Dokumentation zu erfolgen hat. Nach Ansicht des EDSA kann der Verantwortliche beispielsweise Aufzeichnungen über erhaltene Einwilligungserklärungen führen, sodass er nachweisen kann, dass er eine Einwilligung erhalten hat, zu welchem Zeitpunkt er sie erhalten hat und welche Informationen der betroffenen Person mitgeteilt wurden.[294] Der Verantwortliche müsse dabei auch zeigen können, dass die betroffene Person in Kenntnis der Sachlage war und dass die Arbeitsabläufe des Verantwortlichen alle einschlägigen Kriterien für eine gültige Einwilligung erfüllt haben.[295]

### b) Informationspflichten und Umsetzung

787 Unter datenschutzrechtlichen Gesichtspunkten ist bei der Einholung von Einwilligungserklärungen und der damit verbundenen Erhebung personenbezogener Daten stets zu beachten, dass neben der datenschutzrechtlich sauberen Abbildung einer Einwilligung als solcher auch die dem Verantwortlichen im Übrigen obliegenden Informationspflichten (vgl. Art. 13 DS-GVO) realisiert werden.

788 Eine schon geplante oder in Betracht kommende Verarbeitung oder Nutzung der Daten für Zwecke der Direktwerbung ist der betroffenen Person von Anfang an transparent darzulegen; bei einer nachträglichen Änderung der Verarbeitung auch für Zwecke der Direktwerbung schreibt Art. 13 Abs. 3 DS-GVO eine vorherige Information vor.[296]

789 Beim Online-Geschäft bzw. bei Online-Erklärungen lassen sich entsprechende Informationen vergleichsweise einfach über einen Verweis auf die allgemeine Datenschutzerklärung für die Website oder – zusätzlich – besondere Datenschutzerklärungen für bestimmte Produkt- und Serviceangebote realisieren. Eine unmittelbar erreichbare und gut als solche identifizierbare Rubrik „Datenschutz" auf einer Website – regelmäßig im Bereich der Fußzeile von Websites vorzufinden – dürfte insoweit als übliche Praxis zu bewerten sein.

790 Höchst vorsorglich sollte zudem ein zusätzlicher Link bzw. Verweis in den Kontext des Datenerhebungsprozesses eingebunden werden, um die klare Zuordnung der Datenschutzhinweise deutlich zu machen. Überflüssig und eher fragwürdig erscheint hingegen die ebenfalls vorzufindende Praxis, wonach sich betroffene Personen mittels Opt-in mit der Geltung der Datenschutzhinweise einverstanden erklären sollen. Bei reinen Datenschutzhinweisen besteht kein Bedürfnis für eine Einverständniserklärung bzw. eine Zustimmung. Die Einholung einer Zustimmung könnte sogar gefährlich sein, da damit der Eindruck erweckt werden könnte, dass der untaugliche Versuch unternommen wird, etwaige Einwilligungen durch Akzeptanz der Datenschutzerklärung einholen zu wollen. Vor diesem Hintergrund sollte von „Ankreuzvarianten" für Datenschutzhinweise als solche eher abgesehen werden und „nur" dafür Sorge getragen werden, dass die Hinweise für die betroffene Person gut wahrnehmbar sind. Es ist allenfalls unter Nachweisgesichtspunkten eine denkbare Gangart, sich die Kenntnisnahme der Datenschutzhinweise mittels „Häkchen" bestätigen zu lassen.

791 In diesem Zusammenhang ist anzumerken, dass Entsprechendes auch für die Einbeziehung von Allgemeinen Geschäftsbedingungen gilt. Insoweit besteht schlicht und ergreifend gemäß § 305 Abs. 3 BGB die Anforderung, dass auf die AGB hinzuweisen und für eine zumutbare Kenntnisnahme zu sorgen ist. Hierfür ist allerdings – ebenso wie für die daten-

---

[294] EDSA, Leitlinien Einwilligung, Rn. 107.
[295] EDSA, Leitlinien Einwilligung, Rn. 107.
[296] DSK, Orientierungshilfe Direktwerbung, Ziff. 2.1.

schutzrechtlichen Hinweise gemäß Art. 13 DS-GVO – keine aktive Zustimmung im Sinne eines Opt-in-Verfahrens erforderlich. Ausreichend ist vielmehr ein klarer und gut erkennbarer Hinweis innerhalb des Prozesses zur Begründung des Vertragsverhältnisses bzw. zur Erhebung von Daten. So wäre im Online-Bereich der Hinweis „Es gelten unsere AGB" mit entsprechender Verlinkung der AGB vollkommen ausreichend. Ankreuzverfahren sind auch in diesem Kontext allenfalls für die Protokollierung und den Nachweis einer tatsächlichen Kenntnisnahme zielführend – rechtlich erforderlich ist dies hingegen nicht.

### 4. Widerruf und Widerspruch

Gerade im werblichen Kontext spielen die Möglichkeiten der Betroffenen eine erhebliche Rolle, mit denen einer werblichen Nutzung ihrer Daten bzw. einer Direktansprache entgegengewirkt werden kann. **792**

#### a) Widerruf

Hat eine betroffene Person eine Einwilligung für werbliche Maßnahmen bzw. Maßnahmen des Direktmarketings erteilt, steht der betroffenen Person jederzeit das Recht zu, diese Einwilligung mit Wirkung für die Zukunft gegenüber dem Einwilligungsberechtigten zu widerrufen (Art. 7 Abs. 3 S. 1 DS-GVO). **793**

Dabei stellt Art. 7 Abs. 3 S. 2 DS-GVO klar, dass durch den Widerruf der Einwilligung die Rechtmäßigkeit der aufgrund der Einwilligung bis zum Widerruf erfolgten Verarbeitung nicht berührt wird. Mit anderen Worten: Der Widerruf wirkt nur für die Zukunft und lässt die auf Grundlage einer Einwilligung bis zum Widerruf erfolgte Datenverarbeitung unberührt. Das ist eigentlich eine rechtliche Selbstverständlichkeit, sorgt für den Einwilligungsempfänger allerdings für entsprechende Rechtssicherheit, da er keinen rückwirkenden Fortfall einer legitimierenden Einwilligung zu befürchten hat; dies gilt jedenfalls für den Fall, dass die Einwilligung den rechtlichen Anforderungen entspricht und sich der Einwilligungsempfänger im Rahmen der Einwilligung bewegt hat. **794**

Für die Praxis und insbesondere bereits die Verfahren für die Einholung von Einwilligungserklärungen ist vor allem Art. 7 Abs. 3 S. 3 DS-GVO von Bedeutung. Hiernach wird die betroffene Person vor Abgabe der Einwilligung von ihrem Widerrufsrecht in Kenntnis gesetzt. Es besteht also eine zwingende Informationspflicht dahingehend, die betroffenen Person bereits vor Abgabe der Einwilligung – damit also unmittelbar im für die Einholung der Einwilligung vorgesehenen Prozess – über das Bestehen eines jederzeitigen Widerrufsrechts und den Umstand, dass durch einen Widerruf die Rechtmäßigkeit der aufgrund der Einwilligung bis zum Widerruf erfolgten Verarbeitung nicht berührt wird, aufzuklären. Dass die Hinweispflicht sowohl das Widerrufsrecht gemäß Art. 7 Abs. 3 S. 1 DS-GVO als auch dessen Folgen gemäß Art. 7 Abs. 3 S. 2 DS-GVO umfasst, ergibt sich aus der allgemeinen Bezugnahme in der Regelung über die Hinweispflicht gemäß Art. 7 Abs. 3 S. 3 DS-GVO, wonach die betroffene Person „hiervon" – also die vorstehenden Regelungen gemäß Art. 7 Abs. 3 S. 1 und 2 DS-GVO – in Kenntnis zu setzen ist. **795**

Im Zusammenhang mit dem Widerrufsrecht der betroffenen Person sollte dabei tunlichst davon abgesehen werden, es der betroffenen Person bei der Ausübung des Widerrufsrechts schwer zu machen und diese faktisch bei der Ausübung ihrer Rechte zu behindern. Es sind zumindest die Erklärungsmittel anzubieten, über die auch die Einwilligung erteilt wurde.[297] So wäre es sicherlich nicht zielführend, die betroffene Person auf einen postalischen Widerruf zu verweisen, wenn die Einwilligungserklärung online abgegeben wird. Entsprechendes gilt für Versuche, den Widerruf von der Einhaltung sonstiger Modalitäten abhängig zu machen, zB einer Begründungspflicht, etc. Der Widerruf muss vielmehr und im wahrsten Sinne des Wortes „jederzeit" und grundsätzlich ohne Restriktionen möglich **796**

---

[297] Gola/Heckmann, DS-GVO/BDSG, DS-GVO Art. 7 Rn. 56.

sein. In diese Richtung ist auch Art. 7 Abs. 3 S. 4 DS-GVO zu verstehen, wonach der Widerruf der Einwilligung so einfach sein muss wie die Erteilung der Einwilligung.

797 Damit wird dem Grundgedanken Rechnung getragen, dass das eine Einwilligung einholende Unternehmen keine höheren Anforderungen an einen Widerruf stellen darf wie an die Einwilligung selbst. Wird eine Einwilligung etwa über eine dienstleistungsspezifische Nutzerschnittfläche (beispielsweise über eine Website, eine App, ein Konto, in das sich der Nutzer einloggt, die Schnittstelle eines Gerätes des Internet der Dinge oder eine E-Mail) erteilt, muss die betroffene Person nach Ansicht des EDSA ohne jeden Zweifel die Möglichkeit haben, ihre Einwilligung über dieselbe elektronische Schnittstelle zu widerrufen, da das Wechseln zu einer anderen Schnittstelle nur um die Einwilligung zu widerrufen, eine unangemessene Anstrengung erforderlich machen würde.[298] So erschiene es zB auch höchst bedenklich, wenn ein Unternehmen, welches ohne besondere Identitätsnachweise die Abgabe einer Einwilligungserklärung akzeptiert, für den Fall eines Widerrufs hingegen Bedarf für eine Identitätsprüfung, schlimmstenfalls mit der Vorgabe zur Übersendung einer vollständigen Ausweiskopie, sieht. Gleichwohl muss der Verantwortliche sicherstellen können, dass es sich beim Erklärenden um die betroffene Person handelt. So kann nach Ansicht der DSK beispielsweise bei einer Erklärung des Widerrufs über ein Online-Kontaktformular eine Bestätigung über die dem Verantwortlichen bekannte E-Mail-Adresse verlangt werden, entsprechend einer Art „Double-Opt-Out"-Verfahren.[299]

798 Mit Eingang des Widerrufs beim Verantwortlichen entfällt die Rechtsgrundlage für die weitere, einwilligungsgestützte Verarbeitung der personenbezogenen Daten. Dabei ist allerdings zu beachten, dass der Verantwortliche auch nach einem Widerruf und der Löschung der personenbezogenen Daten aus den für die Direktwerbung relevanten Datenbeständen in der Lage sein muss, die Einwilligung nachweisen zu können. Als maßgebliche Rechtsgrundlage für die (auch fortgesetzte) Aufbewahrung der Einwilligung erachtet die DSK Art. 6 Abs. 1 Buchstabe c iVm Art. 5 Abs. 1 Buchstabe a, Abs. 2, Art. 7 Abs. 1 DS-GVO und Art. 6 Abs. 1 Buchstabe f DS-GVO.[300]

### b) Widerspruch

799 Werbliche Maßnahmen, auch im Bereich des Direktmarketings, sind wie bereits ausgeführt zum Teil auch ohne Einwilligung der betroffenen Person darstellbar. Datenschutzrechtlich lassen sich entsprechende Datenverarbeitungen über berechtigte Interessen gemäß Art. 6 Abs. 1 S. 1 Buchstabe f DS-GVO rechtfertigen. Dies gilt etwa für die postalische werbliche Ansprache oder auch die Auswertung des Einkaufsverhaltens – detailliertes Profiling einmal ausgenommen – zum Zwecke der Optimierung des Waren- oder Dienstleistungsangebots.

### aa) Marketing allgemein

800 Eine betroffene Person muss eine werbliche Verarbeitung personenbezogener Daten hingegen nicht hinnehmen, sondern kann dieser widersprechen. Werden personenbezogene Daten verarbeitet, um Direktwerbung zu betreiben, so hat die betroffene Person gemäß Art. 21 Abs. 2 DS-GVO das Recht, jederzeit Widerspruch gegen die Verarbeitung sie betreffender personenbezogener Daten zum Zwecke derartiger Werbung einzulegen; dies gilt auch für das Profiling, soweit es mit solcher Direktwerbung in Verbindung steht. Folge eines solchen Widerspruchs ist gemäß Art. 21 Abs. 3 DS-GVO, dass die personenbezogenen Daten nicht mehr für diese Zwecke verarbeitet werden dürfen. Das uneingeschränkte Widerspruchsrecht der betroffenen Person gegen Maßnahmen des Direktmarketings bildet dabei im Ergebnis einen Ausgleich für die Anerkennung von Maßnahmen des Direktmar-

---

[298] EDSA, Leitlinien Einwilligung, Rn. 114.
[299] DSK, Orientierungshilfe Direktwerbung, Ziff. 3.7.
[300] DSK, Orientierungshilfe Direktwerbung, Ziff. 3.7.

ketings als Maßnahmen, die von der DS-GVO grundsätzlich als durch berechtigte Interessen legitimiert eingestuft werden.

Es ist zu beachten, dass – ähnlich den Vorgaben für das Widerrufsrecht – ein Unternehmen, welches auf Grundlage berechtigter Interessen werbliche Datenverarbeitung bzw. Maßnahmen des Direktmarketings betreibt, die betroffene Person aktiv auf ihr Widerspruchsrecht hinzuweisen hat. So sieht Art. 21 Abs. 4 DS-GVO vor, dass die betroffene Person spätestens zum Zeitpunkt der ersten Kommunikation mit ihr ausdrücklich auf das in Art. 21 Abs. 2 DS-GVO genannte Recht hingewiesen werden muss; dieser Hinweis hat in einer verständlichen und von anderen Informationen getrennten Form zu erfolgen. Es dürfte weitgehend anerkannt sein, dass der Hinweis auf ein Widerspruchsrecht gemäß Art. 21 Abs. 4 DS-GVO grundsätzlich im Rahmen allgemeiner Datenschutzhinweise, zB einer Datenschutzerklärung einer Website, erfolgen darf.[301] Dies gilt allerdings nur für den Fall, dass der Hinweis – Art. 21 Abs. 4 DS-GVO folgend – in einer „von anderen Informationen getrennten Form" erfolgt. Als mögliche Darstellungsform hat sich in der Praxis etwa die Hervorhebung des Widerspruchshinweises in Fettdruck, mittels Rahmen oder sonstige optische Abgrenzungen innerhalb einer Datenschutzerklärung etabliert. Die Art der optischen Abgrenzung ist dabei zweitrangig, der Hinweis auf das Widerspruchsrecht darf jedenfalls nicht „untergehen" oder gar versteckt werden. Das „Verstecken" der Information in langen AGB oder in umfangreichen Werbematerialien stellt jedenfalls keinen rechtskonformen Hinweis im Sinne von Art. 21 Abs. 4 DS-GVO dar.[302] Eine Opt-out-Checkbox ist rechtlich nicht zwingend, dem Transparenzgedanken jedoch sicherlich nicht abträglich.[303]

**801**

Kritisch ist eine Begrenzung der Widerspruchsmöglichkeit mittels Beschränkungen auf bestimmte Kommunikationswege. Es ist zwar grundsätzlich zulässig, betroffene Personen vorrangig auf bestimmte Kontaktwege, etwa die Nutzung einer speziellen E-Mail-Adresse für Datenschutzbelange, zu verweisen. Diese dürfen jedoch nach Ansicht der DSK nicht darauf beschränkt werden, vielmehr dürfe ein vorrangiger Kontaktweg nicht dazu führen, dass Datenschutzbelange, die auf anderen Kommunikationswegen an einen Verantwortlichen herangetragen werden, unbearbeitet bleiben.[304]

**802**

### bb) E-Mail-Marketing

Ein sehr ähnliches Konzept verfolgt – wie vorstehend bereits angesprochen – die Regelung gemäß § 7 Abs. 3 Nr. 4 UWG. Auch im Kontext der Ausnahmebestimmung für einwilligungsloses E-Mail-Marketing bildet der Hinweis auf ein Widerspruchsrecht der betroffenen Person eine wesentliche der insgesamt kumulativ zu erfüllenden Voraussetzungen von § 7 Abs. 3 UWG. Im Unterschied zu Art. 21 Abs. 4 DS-GVO, der sich mit der Anforderung eines verständlichen und von anderen Informationen getrennten Hinweises begnügt, sind die Anforderungen von § 7 Abs. 3 UWG und das Erfordernis eines „klaren und deutlichen" Hinweises graduell schärfer.

**803**

Wenn bei der Erhebung einer Adresse elektronischer Post die Möglichkeiten für eine werbliche Ansprache gemäß § 7 Abs. 3 UWG genutzt werden sollen, bedarf dies nach wohl herrschender Ansicht einer besonders deutlichen Kenntlichmachung des speziellen Widerspruchsrechts gemäß § 7 Abs. 3 Nr. 4 UWG. So soll es nach wohl herrschender Ansicht gerade nicht zulässig sein, einen solchen Hinweis schlicht in AGB oder eine allgemeine Datenschutzerklärung aufzunehmen,[305] vielmehr soll es eines unmittelbar im Kontext der Erhebung der Adresse elektronischer Post zu verortenden Hinweises bedürfen. Dies kann zum einen dergestalt umgesetzt werden, dass der Hinweis auf das Widerspruchs-

**804**

---

[301] Gola/Heckmann, DS-GVO/BDSG, DS-GVO Art. 21 Rn. 28.
[302] DSK, Orientierungshilfe Direktwerbung, Ziff. 5.2.
[303] Gola/Heckmann, DS-GVO/BDSG, DS-GVO Art. 21 Rn. 28.
[304] DSK, Orientierungshilfe Direktwerbung, Ziff. 5.3. Gola/Heckmann, DS-GVO/BDSG, DS-GVO Art. 21 Rn. 31.
[305] Vgl. Köhler/Bornkamm/Feddersen/Köhler UWG § 7 Rn. 277.

recht unmittelbar in den Prozess für die Datenerhebung integriert wird, zB als erläuternder Hinweis unterhalb des Feldes, mit welchem die E-Mail-Adresse abgefragt wird, oder alternativ durch spezifischen Verweis bzw. Link auf den entsprechenden Teil der Datenschutzerklärung, in welcher der Hinweis dann (ebenfalls) aufzunehmen ist.

### 5. Folgen bei Verstößen

805 Die rechtlichen Konsequenzen bei unrechtmäßigen Maßnahmen im Bereich des Direktmarketings, insbesondere bei werblicher Ansprache ohne bestehende Rechtsgrundlage, können erheblich sein. Dabei können vor allem Verstöße gegen das UWG, die DS-GVO bzw. Persönlichkeitsrechte in Rede stehen.

#### a) Lauterkeitsrecht

806 Verstöße gegen die im Fokus stehenden Bestimmungen gemäß § 7 UWG können vor allem Unterlassungs- (vgl. § 8 UWG), aber auch weitergehend Auskunfts- und Schadensersatzansprüche (vgl. § 9 UWG) begründen. Verstöße gegen das UWG und daraus abzuleitende Unterlassungsansprüche können dabei nur von den gemäß § 8 Abs. 3 UWG aktivlegitimierten Parteien verfolgt werden. Dies sind vor allem Mitbewerber, aber auch – und das ist bei verbraucherschutzwidrigen Praktiken relevant – Verbraucher- und sonstige Interessenverbände. Gerade die Verbraucherzentralen nehmen Mehrfachverstöße bzw. grundsätzlich beanstandungswürdige Praktiken zum Anlass, gegen diese vorzugehen und Präzedenzfälle zu schaffen. Der Kreis der Anspruchsberechtigten für Auskunfts- und Schadensersatzansprüche ist weiter gefasst. Hier sind grundsätzlich auch Verbraucher selbst aktivlegitimiert, sofern diese durch die unlautere Geschäftspraktik zu einer geschäftlichen Entscheidung veranlasst werden, die sie andernfalls nicht getroffen hätten (vgl. § 9 Abs. 2 UWG).

807 Speziell für den Bereich der unlauteren Telefonwerbung sieht § 20 UWG spezifische Bußgeldbestimmungen vor. So begeht gemäß § 20 Abs. 1 Nr. 1 UWG eine Ordnungswidrigkeit, wer entgegen § 7 Abs. 2 Nr. 1 UWG mit einem Telefonanruf oder unter Verwendung einer automatischen Anrufmaschine gegenüber einem Verbraucher ohne dessen vorherige ausdrückliche Einwilligung wirbt. § 20 Abs. 3 S. 1 UWG sieht für solche Verstöße ein Ordnungsgeld von bis zu 300.000,00 EUR vor, mithin eine Sanktion in einer durchaus relevanten Größenordnung. Dass der Gesetzgeber gerade der unlauteren Telefonwerbung Einhalt gebieten möchte, wird durch die flankierende Bußgeldregelung gemäß § 20 Abs. 3 S. 2 UWG deutlich, wonach auch Verstöße gegen § 7a UWG, also eine unzureichende Einwilligungsdokumentation, mit einem Bußgeld belegt werden können, wenn auch nur in einer Höhe von bis zu 50.000,00 EUR. Dass die Bundesnetzagentur als zuständige Verfolgungsbehörde (vgl. § 20 Abs. 3 UWG) von diesen Möglichkeiten Gebrauch macht, wird durch regelmäßige Berichterstattung und statistische Veröffentlichungen bestätigt.[306] Im Übrigen ist klarzustellen, dass die Einstufung von UWG-Verstößen als Ordnungswidrigkeiten eine Ausnahme darstellt, die sich auf den Bereich der Telefonwerbung beschränkt und nicht etwa auch das Segment E-Mail-Marketing erfasst.

#### b) Allgemeines Zivilrecht

808 Verstöße gegen die Regelungen des § 7 UWG sind auch außerhalb des originären UWG-Anwendungsbereichs von Relevanz, da die normativen Vorgaben des UWG gleichzeitig die Basis für die Frage bilden, ob insoweit auch eine Persönlichkeitsrechtsverletzung bzw. ein Eingriff in das Recht am eingerichteten und ausgeübten Gewerbebetrieb vorliegen.[307]

---

[306] https://www.bundesnetzagentur.de/DE/Vportal/TK/Aerger/Faelle/UEW/start.html (5.10.2023).
[307] Köhler/Bornkamm/Feddersen/Köhler UWG § 7 Rn. 23.

Verbraucher können unzulässige Direktwerbung als Persönlichkeitsrechtsverletzung über § 1004 BGB iVm § 823 Abs. 2 BGB verfolgen und Unterlassungs- sowie Schadensersatz- und Auskunftsansprüche geltend machen. Für betroffene Unternehmen können entsprechende Ansprüche ebenfalls über § 1004 BGB iVm § 823 Abs. 2 BGB unter dem Gesichtspunkt eines Eingriffs in den ausgeübten und eingerichteten Gewerbebetrieb verfolgt werden.

**c) Datenschutzrecht**

Vergleichsweise komplex gestaltet sich die Frage nach den insgesamt in Rede stehenden Sanktionsmöglichkeiten bei Verstößen gegen die DS-GVO. Im Unterschied zur Rechtslage bei UWG-Verstößen verfolgt die DS-GVO primär ein aufsichtsrechtliches Sanktionsregime. So steht den zuständigen Datenschutzbehörden bei Verstößen gegen Bestimmungen der DS-GVO, insbesondere auch den Vorschriften, welche unmittelbar das Direktmarketing betreffen, wie zB Art. 6 und 7 DS-GVO sowie Art. 21 DS-GVO, ein breites Spektrum an Eingriffs- und Sanktionsmöglichkeiten zur Verfügung (vgl. Art. 58 DS-GVO), welches von reinen Hinweisen bzw. Verwarnungen bis hin zur Verhängung empfindlicher Bußgelder reicht. **809**

Dabei haben es vor allem die Bußgeldregeln gemäß Art. 83 DS-GVO in sich. So sieht Art. 83 Abs. 5 DS-GVO namentlich in Bezug auf Verstöße gegen die für das Direktmarketing höchst relevanten Vorschriften der Art. 6, 7 und 21 DS-GVO vor, dass bei entsprechenden Verstößen Geldbußen von bis zu 20.000.000,00 EUR oder im Fall eines Unternehmens von bis zu 4 % seines gesamten weltweit erzielten Jahresumsatzes des vorangegangenen Geschäftsjahrs verhängt werden können, je nachdem, welcher der Beträge höher ist. Auch wenn der Höchstrahmen der Bußgelder in der bisherigen Praxis bislang nicht ansatzweise ausgereizt wurde, ist gleichwohl zu konstatieren, dass die zuständigen Datenschutzbehörden durchaus Bußgelder in relevanter Größenordnung verhängen. Mit Blick auf die sich erst langsam etablierende Praxis sind DS-GVO-motivierte Bußgeldverfahren für Unternehmen jedenfalls ein recht schwer kalkulierbares Risiko,[308] da stets damit zu rechnen ist, dass eine Aufsichtsbehörde möglicherweise sehr empfindliche Bußgelder verhängt. **810**

Neben aufsichtsrechtlichen Maßnahmen sieht die DS-GVO vor, dass auch weitere Akteure Verstöße gegen die DS-GVO verfolgen können. Dies gilt insbesondere für die betroffenen Personen selbst, welchen insoweit vor allem ein Schadensersatzanspruch an die Hand gegeben wird (vgl. Art. 82 Abs. 1 DS-GVO). In Kombination mit weitreichenden Auskunftsansprüchen (vgl. Art. 15 DS-GVO) haben sich Schadensersatzansprüche durchaus als ernst zu nehmende Gefahr bei Datenschutzverletzungen erwiesen. Dies gilt vor allem mit Blick auf den Umstand, dass die oftmals geringe Schadenshöhe im Einzelfall keineswegs ein Hindernis für eine Anspruchsverfolgung darstellen muss. Als Ursache hierfür sind vor allem Stellvertreterverfahren durch Verbraucherschutzverbände (vgl. Art. 80 DS-GVO)[309] und sog. „Massenverfahren" zu nennen, wobei Letztere mit dem zunehmenden Angebot niederschwelliger und teilautomatisierter Verfahren bereits einen eigenen Markt erschlossen haben. **811**

Ob auch Wettbewerber Rechtsverstöße anderer Unternehmen unter der DS-GVO zum Anlass nehmen können, gegen solche Verstöße UWG-rechtlich vorzugehen und insbesondere Unterlassungsansprüche geltend zu machen, ist bislang ungeklärt und hoch umstritten. Anhängige Vorlageverfahren vor dem EuGH werden hierzu hoffentlich Klarheit schaffen.[310] Tendenziell spricht einiges dafür, dass Wettbewerber jedenfalls Verstöße gegen materielle Datenschutzbestimmungen, insbesondere solche, welche das Marketing bzw. **812**

---

[308] Eine gewisse Orientierung bieten zumindest die im Mai 2022 vom EDSA verabschiedeten Leitlinien zur Berechnung von Bußgeldern bei DS-GVO-Verstößen.
[309] Zur Klagebefugnis von Verbänden vgl. auch EuGH 28.4.2022 – C-319/20, GRUR 2022, 920.
[310] Der BGH dem EuGH hat in zwei Verfahren entsprechende Fragen vorgelegt, vgl. BGH 12.1.2023 – I ZR 222/19, I ZR 223/19, GRUR 2023, 264.

eine werbliche Datenverarbeitung betreffen, unter dem UWG verfolgen dürfen, so dass auch von dieser Seite bei Datenschutzverstößen, gerade im werblichen Bereich, Ungemach drohen dürfte.

## XIII. (Vertriebs-)Kartellrechtliche Besonderheiten

**Literatur:**
BeckOK Kartellrecht, Bacher/Hempel/Wagner-von Papp, 7. Edition, 1.1.2023; Paschke/Berlit/Meyer/Kröner, Hamburger Kommentar Gesamtes Medienrecht, 4. Aufl. 2021; Käseberg/v.Kalben, Herausforderungen der Künstlichen Intelligenz für die Wettbewerbspolitik, WuW 2018, 2; Künstner, Preissetzung durch Algorithmen als Herausforderung des Kartellrechts, GRUR 2019, 36; Loewenheim/Meessen/Riesenkampff/Kersting/Meyer-Lindemann, Kartellrecht, 4. Aufl. 2020 (zitiert als: Loewenheim/Meessen/Riesenkampff/Kersting/Meyer-Lindemann/Bearbeiter); Münchner Kommentar zum Wettbewerbsrecht, Bd. 1 Europäisches Wettbewerbsrecht, hrsg. v. Säcker, Franz Jürgen et al., 3. Aufl. München 2020 (zitiert als: MüKoWettbR/Bearbeiter); Ylinen, Digital Pricing und Kartellrecht, NZKart 2018, 19.

### 1. Grundlagen

813 Für **Preisänderungen** gelten **grundsätzlich dieselben Regeln** wie für Preissetzungen. Denn die (vertriebs-)kartellrechtlichen Grenzen unterscheiden nicht nach Preissetzung oder Preisänderung. Entscheidend ist vielmehr, ob man sich im Verhältnis zwischen Anbieter und Abnehmer (vertikal) oder im Verhältnis zweier oder mehrerer Wettbewerber (horizontal) befindet:

814 Im **Vertikalverhältnis** sanktioniert das Kartellrecht an preisbezogenen Verhaltensweisen insbesondere (i) den Missbrauch einer marktbeherrschenden oder zumindest marktstarken Stellung und (ii) die Preisbindung zweiter Hand.

815 Im **Horizontalverhältnis** sanktioniert das Kartellrecht insbesondere Preisabsprachen bzw. darauf zielende abgestimmte Verhaltensweisen. Wesentlich ist, dass sowohl entsprechende direkte als auch indirekte Maßnahmen verboten sind.

816 **Speziell bei Preisänderungen** ist vor allem die Grenze zwischen zulässigem **Informationsaustausch** und abgestimmtem Verhalten zwischen Wettbewerbern zu beachten. So kann ein öffentlich bekannt gemachtes Preiserhöhungsschreiben ein verbotenes **Signalling** enthalten (dazu b). Das Risiko unerlaubter Preisabsprachen besteht zudem auch beim Einsatz von **Algorithmen** zwecks Preisänderungen (dazu c).

### 2. Zulässige Preiserhöhungsschreiben versus verbotenes Signalling

817 Die **Abgrenzung** zwischen zulässigen Preiserhöhungsschreiben und verbotener einseitiger Preisoffenlegung gegenüber Wettbewerbern (sog. Signalling[311]) verläuft **oft fließend**.

818 In den in **2023 neuen Horizontalleitlinien**[312] – sie enthalten ein ganzes Kapitel 6 zum Informationsaustausch – bestätigte die Kommission, dass eine **einseitige öffentliche Bekanntgabe** an sich *grundsätzlich* **keine abgestimmte Verhaltensweise** und daher kein verbotenes Signalling darstellt. Dies soll **jedoch nicht** gelten, **wenn** durch die Veröffentlichung **bezweckt** ist, die Marktsituation vor einer Preiserhöhung zu testen. Wann die Schwelle zum verbotenen Signalling überschritten ist, beurteilt sich stets nach den Umständen des Einzelfalls. Anhaltspunkte hierfür bestehen etwa, wenn auf die eigene Veröffent-

---

[311] Vgl. Loewenheim/Meessen/Riesenkampff/Kersting/Meyer-Lindemann/Grave/Nyberg AEUV Art. 101 Rn. 309.
[312] Die überarbeiteten Horizontalleitlinien, wurden von der Kommission am 1.6.2023 gebilligt. Die überarbeiteten Horizontalleitlinien treten nach ihrer Verabschiedung und nach der Veröffentlichung im Amtsblatt der EU in Kraft, Entwurf abrufbar unter: https://competition-policy.ec.europa.eu/antitrust/legislation/horizontal-block-exemptions_en#:~:text=The%20Horizontal%20Block%20Exemption%20Regulations%20are%20two%20Commission%20regulations%20that,(1)%20of%20the%20Treaty.

lichung eine Bekanntgabe von Wettbewerbern erfolgt, die sich als Bestätigung der vorangegangenen Bekanntgabe verstehen lässt. Dies gilt insbesondere, wenn durch die Bekanntgabe Ungewissheit über die künftige strategische Ausrichtung eines Wettbewerbers abgebaut wird und sich hieraus ein bestimmtes Verhaltensmuster erkennen lässt. Als **Maßstab** gilt: Je größer die Ungewissheit über die künftige Strategieausrichtung ist, desto eher liegt eine unerlaubte Preisabsprache durch verbotenes Signalling vor.[313]

Eine unerlaubte Absprache hat die Kommission beispielsweise im **Fall Container Shipping**[314] angenommen. Hierbei **kündigte** eine Reederei **regelmäßig und systematisch** die geplante **Erhöhung der Seefrachtraten** wenige Wochen vor der Erhöhung **auf ihrer Website an,** woraufhin ein Großteil der Konkurrenten stets ähnliche Erhöhungen für dieselben Routen und ähnliche Zeiträume ankündigten. Die Europäische Kommission ging hierbei davon aus, dass die Parteien auf diese Weise die Preisplanung der jeweils anderen Parteien sondierten und ihr Verhalten abstimmten, um zu testen, ob eine Preiserhöhung ohne die Gefahr eines Kundenverlustes realistisch sei. Dieses Verhalten sollte demnach zum Abbau von Ungewissheit hinsichtlich des strategischen Verhaltens dienen und qualifizierte die Europäische Kommission als zuständige Kartellbehörde als unzulässige Preisabsprache.[315]

### 3. Preisänderungen durch KI/Algorithmen/Digital Pricing: Kollusionsrisiko

Bei Preisänderungen sind – wie schon bei der Preissetzung (s. oben) – Absprachen zwischen Wettbewerbern zu vermeiden[316]. Eine verbotene Preisabsprache kann sich auch aus der Verwendung von „Digital Pricing Tools" ergeben, also aus Tools, die anhand von künstlicher Intelligenz bzw. Algorithmen marktrelevante Informationen sammeln, auswerten und das Preisverhalten anpassen[317].

**Kartellrechtswidrig** wird die Nutzung von Digital Pricing Tools gemäß Art. 101 Abs. 1 AEUV **erst bei** sogenannter **expliziter Kollusion.**[318] Unter Kollusion wird in der Ökonomie ein Marktergebnis verstanden, bei dem Wettbewerber durch Absprachen höhere Gewinne erzielen als durch Wettbewerb. Explizit ist diese, wenn die Absprache – im **Gegensatz zur kartellrechtlich erlaubten impliziten Kollusion** – durch direkte Kommunikation zwischen den Wettbewerbern erfolgt.[319] Besonders anschaulich zeigt sich dies am Beispiel des Kraftstoffvertriebs. Beim Verkauf dieses leicht vergleichbaren Massenguts erfolgt regelmäßig eine Preisanpassung unter Wettbewerbern, ohne dass es einer Absprache bedarf und somit als „zulässiges Parallelverhalten" eine kartellrechtlich erlaubte implizite Kollusion darstellt. Eine **Preisänderung** durch Algorithmen ist demnach **kartellrechtlich zulässig, solange** die Schwelle zur expliziten Kollusion nicht überschritten wird.

**Unstreitig überschritten ist die Schwelle** indes beispielsweise, wenn nach vorangegangener Absprache Algorithmen derart programmiert werden, dass diese Absprache umgesetzt wird und so etwa ein abgesprochenes Preislevel gehalten wird.

Kartellrechtlich **interessant** ist die Beurteilung von Fällen, in denen zwar keine vorherige Absprache stattfand, durch den Einsatz von Algorithmen jedoch eine **umfassende Verwertung von Marktanalysedaten** erfolgt und hierdurch infolge Preisvergleichs eine Preisanpassung nahezu in Echtzeit ermöglicht wird. Dies kann zwar zur Entstehung eines Quasi-Oligopolmarkts und somit durch das faktische Zusammenwirken zu erhöhten Preisen führen – was indes das Kartellrecht grundsätzlich verhindern will. Maßgebliches **Ab-**

---
[313] BeckOK KartellR/Müller, 7. Ed 1.1.2023, AEUV Art. 101 Rn. 304.
[314] Europäische Kommission 6.9.2016 2022/C 164/01, ABl. 2016 C 327, 4 – Container Shipping.
[315] Europäische Kommission 6.9.2016 2022/C 164/01, ABl. 2016 C 327, 4 – Container Shipping; MüKoWettbR/Paschke AEUV Art. 101 Rn. 170.
[316] EuGH 6.1.2004 – C-2/01 P, EuZW 2004, 309 (314) – Adalt.
[317] MüKoWettbR/Paschke AEUV Art. 101 Rn. 182; Ylinen NZKart 2018, 19.
[318] BGH 22.3.1994 – KVR 23/93, NJW 1994, 1728; Künstner GRUR 2019, 36 (38) bei Fn. 25.
[319] Monopolkommission, XII. Hauptgutachten 2018, Rn. 173; abrufbar unter http://monopolkommission.de/images/HG22/HGXXII_Kap1_Algorithmen.pdf.

**grenzungskriterium** ist jedoch weiterhin, ob eine Absprache erfolgte, sodass dieses Vorgehen mangels erfolgter Absprache an sich zulässig ist.[320] Etwas anderes kann sich nur daraus ergeben, wenn über den Vertrag mit dem Preisalgorithmus-Anbieter ein hinreichender Kontakt zwischen den Wettbewerbern untereinander hergestellt wird, der sodann die zur Kartellrechtswidrigkeit nötige Absprache darstellt. Dieser Ansatz wurde zwar in der Rechtsprechung entwickelt,[321] bislang jedoch noch nicht abschließend entschieden.[322] Um möglichst risikoarm zu agieren, ist es **ratsam, die Preisänderung durch Algorithmen so weit zu beschränken,** dass daraus nicht auf eine Absprache geschlossen werden kann. Andernfalls ist ein Kartellrechtsverstoß zwar unwahrscheinlich, jedoch nicht auszuschließen.

824 In der **Praxis noch unklar** sind dahingegen die Fälle, in denen zwar keine menschliche Absprache erfolgte, durch die **Nutzung von künstlicher Intelligenz** (KI) jedoch eine vergleichbare Situation wie bei einer menschlichen Absprache geschaffen wird. Denkbar wäre es nach herkömmlichen Kriterien einen vorsätzlich kartellrechtswidrigen Einsatz dem Verantwortlichen zuzuordnen.[323] Sofern jedoch keine vorsätzliche Herbeiführung erfolgte, sondern die faktische Absprache vollständig autonom stattfand, fehlt es nach der aktuellen Rechtslage an einem kartellrechtswidrigen Verhalten. Hier bleibt die zukünftige Entwicklung jedoch abzuwarten; maßgeblich dürfte es darauf ankommen, was der hinter der KI stehende Mensch/die dahinterstehenden Menschen programmiert haben.

## XIV. Fallbeispiele zu Änderungsklauseln aus Rechtsprechung und Praxis

825 Während im Nachgang zum BGH-Urteil vom 27.4.2021[324] teilweise von einem „Paukenschlag"[325] die Rede war, ist doch festzuhalten, dass es sowohl in der Rechtsprechung als auch in der Literatur schon vor der Entscheidung aus 2021 Zweifel an (jedenfalls zu weitreichenden) Zustimmungsfiktionsklauseln gab.

826 Im Folgenden sollen daher zunächst die Entscheidungen des BGH als Beispiele dargestellt werden, die sich schon vor der Entscheidung vom 27.4.2021[326] mit Zustimmungsfiktionsklauseln beschäftigt haben. Kurz erwähnt wird auch die Entscheidung des EuGH, auf welche der BGH im Urteil vom 27.4.2021 Bezug nimmt. Im Anschluss wird dann auf Praxisbeispiele aus der Zeit nach dem 27.4.2021 eingegangen, die trotz der Einschränkungen der Verwendbarkeit der Zustimmungsfiktionsklausel durch den BGH häufig noch AGB- und Preisänderungen hierüber bewerkstelligen wollen.

827 **1. Änderungsklausel bei Internetprovider.** Bereits im Oktober 2007 hatte der BGH bei Zustimmungsfiktionsklauseln in Internet-Provider-Verträgen die AGB-rechtliche Unwirksamkeit festgestellt. Konkret ging es dort um die folgenden Klauseln:

„*Die X AG behält sich das Recht vor, den Inhalt dieser AGB oder der jeweiligen LB/PL [= Leistungsbeschreibungen und Preislisten], Sondervereinbarungen und Online-Anzeigen anzupassen, soweit dies dem Kunden zumutbar ist.*

*Die X AG ist des Weiteren berechtigt, diese AGB oder die jeweilige Leistungs- und Produktbeschreibung mit einer Frist von sechs Wochen im Voraus zu ändern. Die jeweilige Änderung wird die X AG dem Kunden per E-Mail oder schriftlich bekannt geben. Gleichzeitig wird der Kunde ausdrücklich darauf hingewiesen, dass die jeweilige Änderung Gegenstand des zwischen den Vertrags-*

---

[320] Käseberg/v. Kalben, Herausforderungen der Künstlichen Intelligenz für die Wettbewerbspolitik, WuW 2018, 2 (5).
[321] EuGH 21.1.2016 – C-74/14, EuZW 2016, 435.
[322] HmbKommMedienR/Paschke Art. 101 AEUV, GWB §§ 1 ff. Rn. 23, MüKoWettbR/Paschke AEUV Art. 101 Rn. 184.
[323] Ylinen, Digital Pricing und Kartellrecht, NZKart 2018, 19.
[324] BGH 27.4.2021 – XI ZR 26/20, BGHZ 226, 344.
[325] Rodi WM 2021, 1310 (1311).
[326] BGH 27.4.2021 – XI ZR 26/20, BGHZ 226, 344.

XIV. Fallbeispiele zu Änderungsklauseln aus Rechtsprechung und Praxis  **Kapitel 5**

*parteien bestehen- den Vertrages wird, wenn der Kunde dieser Änderung nicht innerhalb einer Frist von sechs Wochen ab Bekanntgabe der Änderung per E-Mail oder schriftlich widerspricht. Widerspricht der Kunde, hat jede Partei das Recht, den Vertrag mit der für eine ordentliche Kündigung geltenden Frist per E-Mail oder schriftlich zu kündigen".*[327]

Diese Klauseln hielt der III. Zivilsenat des BGH für AGB-rechtswidrig, was wie folgt begründet wurde: **828**

### a) Äquivalenzverhältnis muss gewahrt bleiben

Die Klausel berechtige den Verwender zu einer Änderung auch des Äquivalenzverhältnisses, was sich nach der Rechtsprechung des IV. Zivilsenats zu Versicherungsverträgen nach den gemäß § 307 Abs. 1 BGB zu berücksichtigenden Interessen beider Vertragsparteien nur rechtfertigen lasse, wenn durch unvorhersehbare Änderungen, die der Verwender nicht veranlasst und auf die er auch keinen Einfluss hat, das bei Vertragsschluss bestehende Äquivalenzverhältnis in nicht unbedeutendem Maße gestört wird.[328] Diese Voraussetzung an eine wirksame Anpassungsklausel sei hier aber nicht erfüllt. Jedenfalls müsse sich die Reichweite der Anpassungsbefugnis des Verwenders aus Transparenzgründen (§ 307 Abs. 1 S. 2 BGB) aus der Klausel selbst ergeben, was hier auch nicht der Fall sei.[329] **829**

### b) Unwirksamer Leistungsänderungsvorbehalt

Nach § 308 Nr. 4 BGB sind zwar Klauseln, die das Recht des Verwenders enthalten, die versprochene Leistung zu ändern oder von ihr abzuweichen, grundsätzlich zulässig, soweit dies unter Berücksichtigung der Interessen des Verwenders für den anderen Vertragsteil zumutbar ist. Diese Bedingung ist aber nur erfüllt, wenn für die Änderung ein triftiger Grund vorliegt[330] und die Klausel – im Hinblick auf die gebotene Klarheit und Verständlichkeit von AGB nach § 307 Abs. 1 S. 2 BGB – die triftigen Gründe für das einseitige Leistungsbestimmungsrecht nennt, so dass für den anderen Vertragsteil zumindest ein gewisses Maß an Kalkulierbarkeit der möglichen Leistungsänderungen besteht.[331] Da die Klausel im konkreten Fall auch diese Voraussetzungen nicht erfüllte, war sie auch unter diesem Gesichtspunkt als unwirksam einzustufen. **830**

### c) Unangemessene Benachteiligung des Kunden

Wie der BGH unter Bezugnahme auf ständige Rechtsprechung ausführt, sind in AGB enthaltene Preisanpassungsklauseln zwar nicht grundsätzlich unwirksam. Sie sind ein geeignetes und anerkanntes Instrument zur Bewahrung des Gleichgewichts von Preis und Leistung bei langfristigen Lieferverträgen und dienen dazu, einerseits dem Verwender das Risiko langfristiger Kalkulation abzunehmen und ihm seine Gewinnspanne trotz nachträglicher ihn belastender Kostensteigerungen zu sichern, und andererseits den Vertragspartner davor zu bewahren, dass der Verwender mögliche künftige Kostenerhöhungen vorsorglich schon bei Vertragsschluss durch Risikozuschläge aufzufangen versucht.[332] **831**

Die Schranke des § 307 BGB wird allerdings nicht eingehalten, wenn die Preisanpassungsklausel es dem Verwender ermöglicht, über die Abwälzung konkreter Kostensteigerungen hinaus den zunächst vereinbarten Preis ohne Begrenzung anzuheben und so nicht nur eine Gewinnschmälerung zu vermeiden, sondern einen zusätzlichen Gewinn zu erzie- **832**

---

[327] BGH 11.10.2007 – III ZR 63/07, NJW-RR 2008, 134.
[328] BGH 17.3.1999 – IV ZR 218/97, BGHZ 141, 153 (155).
[329] BGH 11.10.2007 – III ZR 63/07, NJW-RR 2008, 134.
[330] BGH 23.6.2005 – VII ZR 200/04, NJW 2005, 3420 (3421) mwN.
[331] Siehe dazu auch BGH 21.9.2005 – VIII ZR 284/04, NJW 2005, 3567 (3569).
[332] So schon BGH 13.12.2006 – VIII ZR 25/06, NJW 2007, 1054 Rn. 20 und BGH 13.6.2007 – VIII ZR 36/03, NJW 2007, 2540 Rn. 22.

len. Dies wäre eine Verletzung des Äquivalenzprinzips. Dementsprechend sind Preisanpassungsklauseln nur zulässig, wenn die Befugnis des Verwenders zu Preisanhebungen von Kostenerhöhungen abhängig gemacht wird und die einzelnen Kostenelemente sowie deren Gewichtung bei der Kalkulation des Gesamtpreises offengelegt werden.[333]

833   Denn jedenfalls wäre es nach dem BGH möglich und damit auch erforderlich, die Anpassungsbefugnis des Verwenders auf die Fälle, in denen sich die Marktverhältnisse nach Vertragsschluss in technischer oder kalkulatorischer Hinsicht verändert haben, zu beschränken. Dem genügt die hier verwendete Klausel nach Auffassung des BGH nicht, da nach dem Wortlaut der Klausel eine Veränderung der Vertragsbedingungen, der Leistungen und der Preise auch unabhängig hiervon möglich ist. So eröffnet die fragliche Bestimmung nach der maßgebenden kundenfeindlichsten Auslegung[334] dem Verwender auch die Möglichkeit, ihm vor Vertragsschluss unterlaufene Kalkulationsfehler oder andere Fehleinschätzungen der Marktlage zu seinen Gunsten zu korrigieren oder sonstige Anpassungen auch ohne Veränderungen der Marktlage vorzunehmen, etwa um seine Gewinnmarge zu verbessern. Daher war die Klausel auch aus diesem Gesichtspunkt heraus als unwirksam anzusehen.

834   Die hier streitgegenständliche Klausel benachteiligt die Kunden entgegen den Geboten von Treu und Glauben unangemessen (§ 307 Abs. 1 S. 1 BGB). Nach der maßgeblichen kundenfeindlichsten Auslegung der Klausel sind Anpassungen nicht nur von einzelnen Details der vertraglichen Beziehungen der Parteien mittels der fingierten Zustimmung zulässig. Vielmehr soll insbesondere „die jeweilige Leistungs- und Produktbeschreibung" angepasst werden können. Hieraus ergibt sich, dass im Wege der Zustimmungsfiktion auch Änderungen von Essentialia des Vertrages, insbesondere aller vom Verwender geschuldeten Leistungen, unter Einschluss der Hauptleistungen, möglich sind, ohne dass eine Einschränkung besteht. Der Beklagte erhält damit eine Handhabe, das Vertragsgefüge insgesamt umzugestalten, insbesondere das Äquivalenzverhältnis von Leistungen und Gegenleistungen erheblich zu seinen Gunsten zu verschieben und damit die Position seines Vertragspartners zu entwerten.

835   Für solche weitreichenden, die Grundlagen der rechtlichen Beziehungen der Parteien betreffenden Änderungen ist ein den Erfordernissen der §§ 145 ff. BGB genügender Änderungsvertrag notwendig. Dieses Erfordernis erfüllt die Klausel nicht, so dass sie auch aus diesem Gesichtspinkt heraus als unwirksam anzusehen war.

### aa) Änderungsklausel bei Pay-TV-Anbieter

836   Bereits kurz nach der unter a) dargestellten Entscheidung, im November 2007, hatte der BGH zu wiederum sinngemäß gestalteten Zustimmungsfiktionsklauseln zu entscheiden und ließ auch diese an der AGB-Kontrolle scheitern. Konkret ging es um folgende Formulierungen:
„*Die X GmbH Co. KG kann die vom Abonnenten monatlich zu zahlenden Beträge erhöhen, wenn sich die Kosten für die Bereitstellung des Programms erhöhen.*

*Der Abonnent ist berechtigt, den Vertrag auf den Zeitpunkt des Wirksamwerdens der Erhöhung zu kündigen, wenn die Erhöhung 5 % oder mehr des ursprünglichen Abonnementpreises ausmacht.*

*Ab der Verlängerung gelten die Tarife für die jeweils verlängerte Laufzeit.*

*Die X GmbH & Co. KG behält sich vor, bei einer Änderung/Umstrukturierung des Programmangebots die Abonnementbeiträge zu ändern. In diesem Fall ist... die X GmbH & Co. KG berechtigt, das Abonnement zum Zeitpunkt des Wirksamwerdens der geplanten Änderung schriftlich zu kündigen.*

*Stimmt der Abonnent der Leistungsänderung zu, kann die X GmbH & Co. KG die Preisstruktur anpassen, ohne dass dies ein Kündigungsrecht des Abonnenten auslöst".*[335]

---

[333] BGH 11.10.2007 – III ZR 63/07, NJW-RR 2008, 134 mit Verweis auf ältere Rechtsprechung.
[334] BGH 23.1.2003 – III ZR 54/02, NJW 2003, 1237 (1238).
[335] BGH 15.11.2007 – III ZR 247/06, NJW 2008, 360.

XIV. Fallbeispiele zu Änderungsklauseln aus Rechtsprechung und Praxis **Kapitel 5**

Selbst der weitere Vorbehalt, *„das Programmangebot, die einzelnen Kanäle, die Nutzung der* 837 *einzelnen Kanäle sowie die Zusammensetzung der Programmpakete zum Vorteil der Abonnenten zu ergänzen, zu erweitern oder in sonstiger Weise zu verändern"* ist vom BGH als unzulässig verworfen worden, weil der Kunde nicht einzuschätzen vermag, welche Änderungen *„zum Vorteil des Abonnenten"* sind.[336]

Zunächst hat der BGH auf das nur wenige Wochen und hier unter a) referierte Urteil 838 vom 11.10.2007 abgestellt. Preisanpassungsklauseln seien demnach nur zulässig, wenn die Befugnis des Verwenders zu Preisanhebungen von Kostenerhöhungen abhängig gemacht wird und die einzelnen Kostenelemente sowie deren Gewichtung bei der Kalkulation des Gesamtpreises offengelegt werden, so dass der andere Vertragsteil bei Vertragsschluss die auf ihn zukommenden Preissteigerungen einschätzen kann.[337]

**(1) Verstoß gegen das Transparenzgebot.** Den sich aus dem Verweis auf die Ent- 839 scheidung vom 11.10.2007[338] ergebenden Anforderungen werde die streitgegenständliche Preisanpassungsklausel nicht gerecht. Sie verstoße zum einen gegen das aus § 307 Abs. 1 S. 2 BGB folgende Transparenzgebot. Sie ist deshalb zu unbestimmt, weil sie ganz allgemein an eine Erhöhung der nicht näher umschriebenen Bereitstellungskosten anknüpft und weder die Voraussetzungen noch den Umfang einer Preiserhöhung näher regelt. Insbesondere werden die Kostenelemente und deren Gewichtung im Hinblick auf ihre Bedeutung für die Kalkulation des Abonnementpreises nicht offengelegt. Für den Abonnenten ist deshalb weder vorhersehbar, in welchen Bereichen Kostenänderungen auftreten können, noch hat er eine realistische Möglichkeit, etwaige Preiserhöhungen anhand der Klausel auf ihre Berechtigung hin zu überprüfen.

**(2) Unangemessene Benachteiligung des Kunden.** Zum anderen führe die Klausel 840 auch nach ihrem Inhalt zu einer unangemessenen Benachteiligung des Abonnenten, weil sie Preiserhöhungen nicht auf den Umfang der Kostensteigerung begrenzt und sogar dann gestattet, wenn der Anstieg eines Kostenfaktors durch rückläufige Kosten in anderen Bereichen ausgeglichen wird. Somit ermöglicht die Bestimmung dem Verwender, die Abonnementpreise ohne jede Begrenzung zu erhöhen und nicht nur insgesamt gestiegene Kosten an die Kunden weiterzugeben, sondern auch einen zusätzlichen Gewinn zu erzielen. Gerade eine solche Verschiebung des vertraglichen Gleichgewichts und damit eine Änderung des Äquivalenzverhältnisses durch einen praktisch unkontrollierbaren Preiserhöhungsspielraum will § 307 BGB verhindern.

Weiterhin liege in der Klausel nach dem BGH auch eine unangemessene Benachteiligung 841 nach § 307 Abs. 1 S. 1 BGB, da die Klausel eine einseitige Preisänderung durch den Verwender ermöglicht, ohne dass der Abonnent aus der Formulierung der Klausel ersehen kann, in welchem Umfang Preiserhöhungen auf ihn zukommen können und nach welchen Maßstäben die Preise erhöht werden. Dies benachteilige die Abonnenten entgegen den Geboten von Treu und Glauben unangemessen im Sinne von § 307 Abs. 1 S. 1 BGB. Denn die Bestimmung weiche vom Grundsatz der Vertragsbindung ab, ohne eine Preisänderung auf Fälle zu beschränken, bei denen Anlass und Ausmaß der Preiserhöhung vom Gebot des angemessenen Interessenausgleichs beherrscht werden. Die Klausel ermögliche somit eine unzulässige Verschiebung des vertraglichen Äquivalenzverhältnisses.[339] Die Formulierung der Klausel ermögliche dem Verwender sogar im Rahmen einer kostensenkenden Umstrukturierung der Programme, die Preise in beliebigem Umfang zu erhöhen. Eine unangemessene Benachteiligung liege daher bereits darin, dass die Klausel eine einseitige Preiserhöhung allein von einer Änderung oder Umstrukturierung des Programmangebots

---

[336] BGH 15.11.2007 – III ZR 247/06, NJW 2008, 360 Rn. 24.
[337] BGH 11.10.12007 – III ZR 63/07, NJW-RR 2008, 134 unter Verweis auf ältere Rechtsprechung, namentlich BGH 11.6.1980 – VIII ZR 174/79, NJW 1980, 2518 (2519) sowie BGH 19.11.2002 – X ZR 253/01, NJW 2003, 746 (747).
[338] BGH 11.10.12007 – III ZR 63/07, NJW-RR 2008, 134.
[339] BGH 17.2.2004 – XI ZR 140/03, BGHZ 158, 149.

abhängig macht und damit Anlass und Ausmaß einer Preiserhöhung in das Belieben des Verwenders stellt.

842 **(3) Kündigungsrecht heilt die AGB-rechtlichen Mängel nicht.** Ein Recht des Kunden zur Lösung vom Vertrag vermag nicht stets zu einem angemessenen Interessenausgleich zu führen. Dies hängt von der konkreten Ausgestaltung des Lösungsrechts ab. Dabei sind unter anderem die Art des jeweiligen Vertrags und die typischen Interessen der Vertragsschließenden zu berücksichtigen.[340]

843 Der BGH geht also davon aus, dass ein eingeräumtes Kündigungsrecht keinen angemessenen Ausgleich für ein unwirksame Änderungsklausel schafft. Es gibt nach dem BGH keinen ausnahmslos gültigen Grundsatz, dass ein unangemessen benachteiligendes Preisanpassungsrecht stets durch eine Vertragslösungsmöglichkeit kompensiert werden kann. Insbesondere darf sich der Verwender kein Recht zu willkürlichen Preisanhebungen einräumen, um auf diese Weise Kunden zu zwingen, entweder einen überhöhten Preis zu akzeptieren oder von der Lösungsmöglichkeit Gebrauch zu machen. Schon deswegen war auch die konkrete Klausel als unwirksam anzusehen.

844 **(4) Leistungsbeschreibung unterfallen nicht der AGB-Kontrolle.** Der BGH führt in der Entscheidung vom 15.11.2007 weiter aus, dass nur solche Bestimmungen in AGB einer Inhaltskontrolle nach den §§ 307–309 BGB zugänglich sind, durch die von Rechtsvorschriften abweichende oder diese ergänzende Regelungen vereinbart werden. Dadurch sind bloße Leistungsbeschreibungen einer Inhaltskontrolle entzogen. Denn Abreden, die Art, Umfang und Güte der geschuldeten Leistungen beschreiben, unterliegen nicht der Regelung durch Rechtsvorschriften, sondern sind von der den Parteien eingeräumten Vertragsfreiheit umfasst. Der kontrollfreie Raum ist allerdings auf den engen Bereich der Leistungsbezeichnungen beschränkt, ohne deren Vorliegen mangels Bestimmtheit oder Bestimmbarkeit des wesentlichen Vertragsinhalts ein wirksamer Vertrag nicht mehr angenommen werden kann. Hingegen sind Klauseln, die das Hauptleistungsversprechen abweichend vom Gesetz oder der nach Treu und Glauben und nach der Verkehrssitte geschuldeten Leistung einschränken, ausgestalten oder modifizieren, inhaltlich zu kontrollieren.[341]

845 **(5) Unwirksamer Leistungsänderungsvorbehalt.** Weiterhin hat der BGH die streitgegenständliche Klausel einer Überprüfung nach § 308 Nr. 4 BGB unterzogen und kommt zum Ergebnis, dass die Vereinbarung dieses umfassenden Leistungsänderungsvorbehalts nach § 308 Nr. 4 BGB unwirksam ist, weil sie unter Berücksichtigung der Interessen der Beklagten für die Abonnenten nicht zumutbar sei.

846 Zwar gelte, dass aufgrund von Leistungsänderungsvorbehalten der andere Vertragsteil unter Umständen eine andere als die vereinbarte Leistung als vertragsgemäß gelten lassen müsse, obwohl er sich mit der geänderten Leistung nicht einverstanden erklärt hat. Gegen solche Bestimmungen spricht – wie sich aus der Fassung des § 308 Nr. 4 BGB sowie aus dem das Vertragsrecht beherrschenden Rechtsgrundsatz der Bindung beider Vertragspartner an die von ihnen getroffene Vereinbarung ergibt – die Vermutung der Unwirksamkeit. Es sei daher Sache des Verwenders, diese Vermutung durch die Darlegung und gegebenenfalls den Nachweis der Voraussetzungen der Zumutbarkeit des Änderungsvorbehalts für den anderen Vertragsteil zu entkräften

847 Da sich der Verwender hier vorbehalte, auch grundlos die Zusammensetzung, Beschaffenheit oder Quantität der angebotenen Programmpakete oder einzelner Kanäle zu ändern, sei von einem zu weit gehenden Änderungsvorbehalt auszugehen, der bereits deshalb unzulässig sei, weil er sich nicht auf hinreichend konkretisierte und triftige Änderungsgründe beschränke, die dem Interesse des Verwenders an einer derart weit reichenden

---

[340] BGH 15.11.2007 – III ZR 247/06, NJW 2008, 360.
[341] BGH 15.11.2007 – III ZR 247/06, NJW 2008, 360 unter Bezugnahme auf BGH 12.3.1987 – VII ZR 37/86, BGHZ 100, 157.

Änderungsbefugnis den Vorrang vor dem Interesse der Abonnenten an der Beibehaltung des abonnierten Programmpakets geben könnten.

Zwar könne eine Beschränkung der Klausel auf Änderungen, die für den Kunden 848 vorteilhaft sind, eine solche Änderungsklausel wirksam erscheinen lassen. Im konkreten Fall gelinge aber auch dies nach Auffassung des BGH nicht, da die Beschränkung der Leistungsänderungen „zum Vorteil der Abonnenten" für den Kunden nicht das erforderliche Mindestmaß an Kalkulierbarkeit und Transparenz gewährleistet und insbesondere nicht ausschließt, dass der Änderungsvorbehalt auch zur Rechtfertigung unzumutbarer Änderungen dienen kann. Der Abonnent, der aus dem breiten Angebot des Verwenders ein seinen individuellen Wünschen und Bedürfnissen entsprechendes, nach Inhalt und Umfang konkretisiertes Programmpaket auswählt, kann anhand der beanstandeten Klauseln bei Vertragsschluss nicht absehen, welche Programmänderungen er nach Vertragsbeginn ohne seine Zustimmung hinzunehmen hätte. Insbesondere vermag der Kunde nicht einzuschätzen, welche Leistungsänderungen „zum Vorteil der Abonnenten" gereichen. Der Begriff des Vorteils ist ebenso wie der der Zumutbarkeit nicht hinreichend bestimmt.[342] Welche Programmänderung dem Vorteil der Abonnenten dient, lässt sich nicht objektivieren, zumal die Belange und Interessen verschiedener Gruppen von Pay-TV-Abonnenten unterschiedlich sein können. Für die Zumutbarkeit des Leistungsänderungsvorbehalts genügt es nach dem BGH nicht, dass sich eine Programmänderung im Sinne einer typisierenden Betrachtung für die Mehrheit der Abonnenten vorteilhaft auswirkt. Bei einer solchen generalisierenden Betrachtungsweise bleiben nämlich die Interessen derjenigen Abonnenten außer Betracht, die ein Programmpaket gerade wegen eines von einer Änderung betroffenen Inhalts gewählt haben.

### bb) Änderungsklausel bei Netflix

Anfang 2021 hatte der BGH (im Gewand einer Nichtzulassungsbeschwerde und dort im 849 Wesentlichen im Rahmen der Streitwertfestsetzung) über die Preiserhöhungsklausel von Netflix zu entscheiden.

Diese lautete: 850

„*Unser Abo-Angebot und die Preise für den Netflix-Dienst können sich gelegentlich ändern. Sie werden jedoch mindestens 30 Tage vor deren Inkrafttreten über jegliche Änderungen an Preisen und unserem Abo-Angebot informiert.*"

Der BGH hatte die Streitwertbeschwerde zurückgewiesen und dabei in einem obiter 851 dictum zu erkennen gegeben, dass er die materiellrechtliche Auffassung des Berufungsgerichts teile.

Wesentlich für die Zurückweisung durch den BGH war demnach, dass das Berufungs- 852 gericht Preisanpassungsklauseln wie die hier verwendete nicht generell für unzulässig erachtet hat, sondern nur insoweit, als sie es der Verwenderin ermöglichen, über die Abwälzung konkreter Kostensteigerungen hinaus den zunächst vereinbarten Preis ohne Begrenzung anzuheben und so nicht nur eine Gewinnschmälerung zu vermeiden, sondern einen zusätzlichen Gewinn zu erzielen. Preisanpassungsklauseln seien (nur) zulässig, wenn die Befugnis der Verwenderin zu Preisanhebungen von Kostenerhöhungen abhängig gemacht werde und die einzelnen Kostenelemente sowie deren Gewichtung bei der Kalkulation des Gesamtpreises offengelegt würden. Demnach ist es der Beklagten nach Einschätzung des Berufungsgerichts unbenommen, auf die vorgetragenen erheblichen Preisschwankungen zu reagieren, indem sie eine Preisanpassungsklausel verwendet, die den genannten Vorgaben genügt.[343]

---

[342] Dazu schon BGH 11.10.12007 – III ZR 63/07, NJW-RR 2008, 134.
[343] BGH 15.4.2021 – I ZR 23/20, MMR 2021, 812.

### cc) Änderungsklausel bei Banken und Sparkassen

**853** **(1) Historie der Änderungsklausel in der Kreditwirtschaft.** AGB-Klauseln der Kreditwirtschaft zur Änderung von Bedingungen und Entgelten bzw. Zinsen haben eine wechselvolle Geschichte hinter sich. In der Vergangenheit wurde § 315 BGB (Bestimmung der Leistung durch eine Partei nach billigem Ermessen) als Grundlage für Änderungen (der vereinbarten Zinsen) herangezogen. Dies wurde 1986 vom BGH noch akzeptiert.[344]

**854** Im Jahr 2009 hatte der BGH diese weitreichende Klausel aber wegen Verstoßes gegen die AGB-Vorschriften für unwirksam erklärt.[345] Dies führte dann zum Mechanismus in den AGB der Banken und Sparkassen, der auch auf den Vorgaben des (europäischen) Zahlungsdienstrechts, in Deutschland umgesetzt in § 675g BGB, beruhte.

**855** In der Entscheidung des III. Zivilsenats aus 2007 zu den Klauseln eines Internetproviders wurde in der Begründung Bezug auf die vergleichbare Regelung in Nr. 1 Abs. 2 der AGB-Banken genommen: Zu dieser hatte der III. Zivilsenat festgestellt, dass gegen die Wirksamkeit dieser Klausel „bislang keine Bedenken erhoben wurden".[346]

**856** Auch im Urteil zur Kündbarkeit von Prämiensparverträgen hat der XI. Zivilsenat die gemäß Nr. 26 AGB-Sparkassen ausgesprochene Kündigung als wirksam erachtet.[347] Hierbei ist zu beachten, dass die Kündigungsklausel in Nr. 26 AGB-Sparkassen im Hinblick auf eine Entscheidung des BGH zur bisherigen (unwirksamen) Kündigungsregel über den AGB-Änderungsmechanismus eingeführt wurde.[348] All dies wurde daher als Argument dafür herangezogen, dass Zustimmungsfiktionsklauseln, wie von der Kreditwirtschaft verwendet, keinen AGB-rechtlichen Bedenken unterliegen würden.[349]

**857** Mit Entscheidung („Denizbank") vom 11.11.2020 hatte der EuGH[350] auf Vorlage des österreichischen obersten Gerichtshofs (OGH) eine Entscheidung getroffen, die der BGH in seiner Entscheidung vom 27.4.2021 zur Begründung herangezogen hat. Während es in der Sache um verschiedene zahlungsverkehrsrechtliche Fragen ging, war die erste Vorlagefrage des OGH, ob Klauseln, die bei isolierter Betrachtung zahlungsverkehrsrechtlich zulässig sind, im Verhältnis zu Verbrauchern auch einer Überprüfung im Lichte der Klauselrichtlinie 93/13 unterliegen. Diese Frage hat der EuGH bejaht. Damit war das Tor zu AGB-rechtlichen Beurteilung neben der zahlungsverkehrsrechtlich verankerten Zustimmungsfiktionsklausel geöffnet.

**858** **(2) Entscheidung des BGH zur Zustimmungsfiktionsklausel.** Der BGH hat mit der Entscheidung vom 27.4.2021[351] seine Sichtweise geändert. Während das LG Bonn und das OLG Köln die Zustimmungsfiktionsklausel noch für wirksam hielten, da sie zahlungsverkehrsrechtlich zugelassen sei und daher auch für die nicht-zahlungsverkehrsrechtlichen Aspekte des Bankrechts nicht anderes gelten könne, wurde das Verfahren in der Literatur durch kritische Stimmen begleitet.[352]

**859** Die von einer Bank für eine Vielzahl von Vertragsverhältnissen vorformulierten Klauseln sind im Verkehr mit Verbrauchern gemäß § 307 Abs. 1 S. 1, Abs. 2 Nr. 1 BGB unwirksam, so der BGH:

„Künftige Änderungen dieser Geschäftsbedingungen und der besonderen Bedingungen werden dem Kunden spätestens zwei Monate vor dem vorgeschlagenen Zeitpunkt ihres Wirksamwerdens in Textform angeboten. Hat der Kunde mit der Bank im Rahmen der Geschäftsbeziehung einen

---
[344] BGH 6.3.1986 – III ZR 195/84, BGHZ 97, 212.
[345] BGH 21.4.2009 – XI ZR 78/08, WM 2009, 1077.
[346] BGH 11.10.2007 – III ZR 63/07, WM 2007, 2202.
[347] BGH 14.5.2019 – XI ZR 345/18, BGHZ 222, 74.
[348] BGH 5.5.2015 – XI ZR 214/14, BGHZ 205, 220.
[349] Siehe hierzu etwa Simon ZIP 2022, 13 mwN.
[350] EuGH 11.11.2020 – C-287/19, WM 2020, 2218 – Denizbank.
[351] BGH 27.4.2021 – XI ZR 26/20, BKR 2021, 488 mAnm Artz, dazu auch Rösler/Jordans BankPraktiker 2021, 420 ff. und ausführlich Lang/Rösler ZIP 2022, 504 ff. Eine kritische Auseinandersetzung mit dem Urteil findet sich bei Langner WM 2021, 1869.
[352] Feldhusen WM 2020, 397 (397 ff. sowie 441 ff.).

XIV. Fallbeispiele zu Änderungsklauseln aus Rechtsprechung und Praxis **Kapitel 5**

*elektronischen Kommunikationsweg vereinbart (z. B. [...] Online-Banking), können die Änderungen auch auf diesem Wege angeboten werden. Die Zustimmung des Kunden gilt als erteilt, wenn er seine Ablehnung nicht vor dem vorgeschlagenen Zeitpunkt des Wirksamwerdens der Änderungen angezeigt hat. Auf diese Genehmigungswirkung wird ihn die Bank in ihrem Angebot besonders hinweisen. Werden dem Kunden Änderungen von Bedingungen zu Zahlungsdiensten (z. B. Überweisungsbedingungen) angeboten, kann er den von der Änderung betroffenen Zahlungsdiensterahmenvertrag vor dem vorgeschlagenen Zeitpunkt des Wirksamwerdens der Änderungen auch fristlos und kostenfrei kündigen. Auf dieses Kündigungsrecht wird ihn die Bank in ihrem Angebot besonders hinweisen.*

*Änderungen von Entgelten für Bankleistungen, die von Kunden im Rahmen der Geschäftsverbindung typischerweise dauerhaft in Anspruch genommen werden (zum Beispiel Konto- und Depotführung), werden dem Kunden spätestens zwei Monate vor dem vorgeschlagenen Zeitpunkt ihres Wirksamwerdens in Textform angeboten. Hat der Kunde mit der Bank im Rahmen der Geschäftsbeziehung einen elektronischen Kommunikationsweg vereinbart (z. B. das Online-Banking), können die Änderungen auch auf diesem Wege angeboten werden. Die Zustimmung des Kunden gilt als erteilt, wenn er seine Ablehnung nicht vor dem vorgeschlagenen Zeitpunkt des Wirksamwerdens der Änderung angezeigt hat. Auf diese Genehmigungswirkung wird ihn die Bank in ihrem Angebot besonders hinweisen. Werden dem Kunden die Änderungen angeboten, kann er den von der Änderung betroffenen Vertrag vor dem vorgeschlagenen Zeitpunkt des Wirksamwerdens der Änderungen auch fristlos und kostenfrei kündigen. Auf dieses Kündigungsrecht wird ihn die Bank in ihrem Angebot besonders hinweisen. Kündigt der Kunde, wird das geänderte Entgelt für die gekündigte Geschäftsbeziehung nicht zugrunde gelegt. Die vorstehende Vereinbarung gilt gegenüber Verbrauchern nur dann, wenn die Bank Entgelte für die Hauptleistungen ändern will, die vom Verbraucher im Rahmen der Geschäftsverbindung typischerweise dauerhaft in Anspruch genommen werden. Eine Vereinbarung über die Änderung eines Entgelts, das auf eine über die Hauptleistung hinausgehende Zahlung des Verbrauchers gerichtet ist, kann die Bank mit dem Verbraucher nur ausdrücklich vereinbaren."*

Der BGH hat sich insbesondere auf die nach Erlass der Entscheidung des OLG Köln in **860** der Berufungsinstanz ergangene Entscheidung des EuGH gestützt. Der EuGH hat in der Entscheidung „Deniz-Bank"[353] auf Vorlage des österreichischen OGH in einem Verfahren des Vereins für Konsumenteninformation (VKI, in etwa mit den deutschen Verbraucherzentralen vergleichbar) gegen die Deniz-Bank zu einer zahlungsverkehrsrechtlichen Frage entschieden, dass die verbraucherschützenden Vorgaben der Klauselrichtlinie im Falle von Verbraucherverträgen neben den zahlungsverkehrsrechtlichen Vorgaben zur Anwendung kommen. Eine isoliert zahlungsverkehrsrechtliche zulässige Klausel kann daher bei Verbraucherbeteiligung gleichwohl unwirksam sein, wenn sie die Vorgaben der Klauselrichtlinie verletzt.[354]

Mit Urteil vom 27.4.2021[355] hat der BGH entschieden, dass Klauseln in AGB einer Bank **861** unwirksam sind, die ohne inhaltliche Einschränkung die Zustimmung des Kunden zu Änderungen der AGB[356] und Sonderbedingungen fingieren. Mit dieser Entscheidung hat der Bundesgerichtshof „eine jahrzehntelange Rechtsprechung zum im Bankvertragsrecht millionenfach verwendeten AGB-Änderungsmechanismus[357] völlig unerwartet geändert".[358] Der Grund für diese grundlegende Änderung seiner bisherigen Rechtsprechung

---
[353] Urteil des Gerichtshofs (Erste Kammer) 11.11.2020 – C-287/19, WM 2020, 2218.
[354] Dazu ausführlich und auch rechtsvergleichend Faber ÖBA 2021, 305 ff., denn in Österreich existiert schon seit 2013 eine zum BGH-Urteil vom 27.4.2021 vergleichbare Rechtsprechung des OGH.
[355] BGH 27.4.2021 – XI ZR 26/20, BKR 2021, 488 mAnm Artz, dazu auch Rösler/Jordans BankPraktiker 2021, 420 ff. und ausführlich Lang/Rösler ZIP 2022, 504 ff. Eine kritische Auseinandersetzung mit dem Urteil findet sich bei Langner WM 2021, 1869.
[356] Zur Einbeziehung siehe auch BGH 11.11.2009 – VIII ZR 12/08, NJW 2010, 864 Rn. 37 ff. – Happy Digits.
[357] Siehe zuletzt noch BGH 20.7.2010 – XI ZR 236/07, NJW 2010, 3510.
[358] Omlor NJW 2021, 2243 Rn. 1.

wird u. a. in der oben angesprochenen Entscheidung des EuGH „Deniz-Bank" vom 11.11.2020[359] gesehen.[360]

862 Die Zustimmungsfiktionsklausel ist am AGB-Recht zu messen und insbesondere daraufhin zu prüfen, ob sie eine unangemessene Benachteiligung des Vertragspartners darstellt und damit nach § 307 BGB unwirksam ist. Genau das hat der BGH bejaht. Die zur Prüfung stehende Klausel war sehr umfassend und hat alle Geschäfte der Bank mit dem Kunden betroffen. Mit einer solchen Klausel könnte die Bank also jedes Vertragsverhältnis eines jeden Kunden in jeder Hinsicht einseitig ändern, das Schweigen würde schon genügen. Sie könne damit auch massiv in das Vertragsverhältnis und die Hauptleistungspflichten eingreifen. Außerdem könnte sie beliebig alle Entgelte erhöhen, auch hier würde das Schweigen des Kunden auf die Information nach der bisherigen Praxis ausreichen.

863 Das widerspricht dem Grundgedanken der gesetzlichen Regelung nach §§ 145 ff. BGB, wonach Schweigen allein grundsätzlich keine Annahme begründet. Auf diese Abweichung von vom gesetzlichen Leitbild stützt der BGH die Annahme der unangemessenen Benachteiligung.

864 Denn nach ständiger Rechtsprechung wird die unangemessene Benachteiligung widerleglich vermutet, wenn die Klausel von wesentlichen Grundgedanken der gesetzlichen Regelung abweicht.[361] Da allein der Verbraucher durch die Regelung belastet wird, völlig unabhängig davon, warum er schweigt, war für den BGH kein Grund ersichtlich, diese Vermutung als widerlegt anzusehen. Der BGH führt hier ausdrücklich Gründe wie Desinteresse, Lethargie, intellektuelle Überforderung, Unbeholfenheit und Krankheit auf, die ebenfalls Möglichkeiten wären, warum der Verbraucher nicht reagiert und die dazu führen, dass gerade ungewandte Verbraucher von der Klausel unangemessen benachteiligt werden.

865 Der BGH hat in dieser Entscheidung aber angedeutet, dass er sich zulässige Ausnahmen zur Anwendbarkeit der Zustimmungsfiktion vorstellen kann. Soweit sich die Zustimmungsfiktion zB lediglich auf die Anpassung an eine veränderte Rechtslage bezieht, dürfte sie nicht zu beanstanden sein. Derartige Änderungen liegen außerhalb des Einflussbereichs der Bank und häufig zieht diese eine entsprechende Anpassung der AGB zwingend nach sich.[362] Soweit die Änderung von höchstrichterlicher Rechtsprechung, vom Gesetzgeber oder durch eine Verordnung der Exekutive ausgelöst wird, dürfte dies unproblematisch sein.

866 Unproblematisch dürfte auch die – eher seltene – Konstellationen sein, in welcher die Änderung für den Kunden keinerlei Nachteile nach sich zieht. Denkbar sind etwa erweiterte Leistungen oder eine Anpassung von Kündigungsrechten zu Gunsten des Kunden.[363] Auch die Weiterentwicklung technischer Standards dürfte für den Kunden ausschließlich von Vorteil sein, so dass auch hier eine Zustimmungsfiktion denkbar ist.[364] In allen anderen Fällen ist die Zustimmungsfiktion jedoch ausgeschlossen.

867 Das Vorgehen der Bank hat der BGH darum für unzulässig erklärt. Er erwartet, dass die Bank künftig zumindest für weitreichende Änderungen eines Vertrages eine Änderungsvereinbarung mit dem Kunden abschließt, wenn sie Vereinbarungen (auch AGB zählen dazu) ändern oder Entgelte erhöhen will.

868 Die Rechtsprechung des BGH stellt mithin seit 2007 hohe Anforderungen an die Gestaltung von Zustimmungsfiktionsklauseln, wenn sie denn überhaupt möglich sind. Vor diesem Hintergrund erstaunt, dass nach wie vor – insbesondere auch nach dem Urteil vom

---

[359] EuGH 11.11.2020 – C-287/19, BKR 2021, 234 – DenizBank.
[360] Lang/Rösler ZIP 2022, 504 ff.; Omlor NJW 2021, 2243, vgl. auch Edelmann Banken-Times 2021, abrufbar unter https://www.fch-gruppe.de/Beitrag/18214/bghdonnerschlag-zu-unwirksamkeit-saemtlicher-fiktionsaenderungsklauseln.
[361] Siehe zB BGH 13.5.2014 – XI ZR 405/12, BGHZ 201, 168 und BGH 13.3.2018 – XI ZR 291/16, ZiP 2018, 1123.
[362] Lang/Rösler ZIP 2022, 504 ff.; Rösler ÖBA 2021, 685 (688); siehe auch Dieckmann BKR 2021, 657 (664).
[363] Lang/Rösler ZIP 2022, 504 ff.; Rösler ÖBA 2021, 685 (688).
[364] Lang/Rösler ZIP 2022, 504 ff.; Rösler ÖBA 2021, 685 (688).

XIV. Fallbeispiele zu Änderungsklauseln aus Rechtsprechung und Praxis **Kapitel 5**

27.4.2021 – noch Anbieter aus den verschiedensten Branchen AGB-Änderungen über Zustimmungsfiktionsklauseln herbeizuführen versuchen. Einige Beispiele werden im Folgenden aufgegriffen.

### dd) Änderungsklausel bei Amazon Prime

Amazon ist als Onlineversandhändler bekannt, bietet aber mit Amazon Prime auch einen Liefer- und Streaming-Dienst an.[365] Laut einer im Juli 2019 veröffentlichten Studie des deutschen Handelsforschungsinstituts IFH hatte Amazon damals 17,3 Millionen deutsche Prime-Kunden.[366] Diese Zahl dürfte sich in der Pandemie noch deutlich erhöht haben, weltweit sind über 200 Mio. Menschen Kunden des Abodienstes. Amazon Prime richtet sich an Endkunden, von daher werden die Masse der Kunden Verbraucher iSd § 13 BGB sein.

**869**

Amazon hat auf das Urteil des BGH v. 27.4.2021 zur Zustimmungsfiktionsklausel reagiert. Um den 10.6.2022 wurden Amazon-Prime-Kunden mit der folgend auszugsweise wiedergegebenen E-Mail darauf hingewiesen, dass die Amazon-Prime-Teilnahmebedingungen aktualisiert werden:
„Zusammenfassung der Änderungen:
*Ziffer 5.1 enthält zusätzliche Informationen darüber, unter welchen Voraussetzungen wir diese Bedingungen oder den Prime-Service ändern können.*
*Ziffer 5.2 ist neu eingeführt und beschreibt nun, unter welchen Voraussetzungen wir die Mitgliedsgebühr für die Prime- Mitgliedschaft anpassen können.*
*Ziffer 5.3 enthält ausführlichere Informationen darüber, wann und wie Änderungen der Bedingungen, des Prime-Services oder der Mitgliedgebühr erfolgen können und in Kraft treten. Ziffer 5.3 informiert dich ferner darüber, welche Rechte du im Falle einer solchen Änderung hast.*
*Bitte lies dir die aktualisierten Bedingungen hier durch. Hier findest du außerdem eine Version der aktualisierten Bedingungen, in der alle Änderungen im Vergleich zur bisherigen Version kenntlich gemacht sind.*
*Die aktualisierten Bedingungen treten mit Wirkung ab dem 11.7.2022 in Kraft und gelten ab diesem Zeitpunkt für deine Prime-Mitgliedschaft.*
*Du kannst diese Änderungen ablehnen, indem du deine Prime-Mitgliedschaft innerhalb von 30 Tagen kostenfrei nach Erhalt dieser E-Mail, z. B. über dein Mitgliedskonto oder über den Amazon Kundenservice kündigst. Nach deiner Kündigung läuft deine Prime-Mitgliedschaft bis zum Ende des aktuellen Zahlungszeitraums unter Geltung der bisherigen Bedingungen weiter.*
*Wenn du diese Änderungen nicht ablehnst, gehen wir davon aus, dass du mit den aktualisierten Bedingungen einverstanden bist."*

**870**

Um den 26.7.2022 bekamen Prime-Mitglieder dann die folgende E-Mail:
„Liebes Prime-Mitglied,
*vielen Dank, dass du Prime-Mitglied bist. Wir kontaktieren dich, um dich über eine bevorstehende Änderung deiner Prime-Mitgliedschaft zu informieren.*
*Ab dem 15. September 2022 erhöht sich die Gebühr der Prime-Mitgliedschaft von 7,99€ auf 8,99€ (inkl. MwSt.) bei monatlicher Zahlung und von 69,00€ auf 89,90€ (inkl. MwSt.) bei jährlicher Zahlung. Die Änderung wird für dich frühestens mit Fälligkeit deiner nächsten Zahlung, am oder nach dem 15. September 2022 wirksam. Deinen nächsten Zahlungszeitraum kannst du in deinem Amazon-Konto einsehen.*
*Die Anpassung erfolgt gemäß Ziffer 5.2 und 5.3 der Amazon Prime Teilnahmebedingungen. Wir nehmen diese Änderung in Anbetracht von generellen und wesentlichen Kostenänderungen aufgrund von Inflation vor. Diese führen zu einer Steigerung der Kosten des Prime-Services in deinem Land und beruhen auf von uns nicht beeinflussbaren äußeren Umständen.*
*Du kannst diese Änderung ablehnen, indem du deine Prime-Mitgliedschaft innerhalb von 30 Tagen kostenfrei nach Erhalt dieser E-Mail kündigst, z. B. über dein Mitgliedskonto oder über den*

**871**

---

[365] https://de.wikipedia.org/wiki/Amazon.
[366] https://de.wikipedia.org/wiki/Amazon.

*Amazon Kundenservice. Nach deiner Kündigung läuft deine Prime-Mitgliedschaft bis zum Ende deines aktuellen Zahlungszeitraums weiter. Lehnst du diese Änderung nicht ab, gehen wir davon aus, dass du mit den aktualisierten Mitgliedsgebühren einverstanden bist.*"

872   Die in den E-Mails in Bezug genommenen AGB-Regelungen[367] hierzu lauten seit dem 10.6.2022:

„*5.2. Änderungen der Mitgliedsgebühren*

*Wir sind berechtigt, die Mitgliedsgebühr nach billigem Ermessen und sachlich gerechtfertigten sowie objektiven Kriterien anzupassen. Soweit Sie in Deutschland leben oder deutsches Recht Anwendung findet, bleibt § 315 BGB unberührt. Eine Erhöhung der Mitgliedsgebühr kommt in Betracht und eine Ermäßigung der Mitgliedsgebühr ist vorzunehmen (insgesamt: „Änderung der Mitgliedsgebühr"), um die uns entstehenden Kostensteigerungen und/oder Kostenersparnisse weiterzugeben, die auf von uns nicht beeinflussbaren äußeren Umständen beruhen und die sich auf die konkreten Kosten des Prime-Services in Ihrem Land auswirken, wie etwa Gesetzesänderungen, behördliche Verfügungen, allgemeine Preisänderungen für die erforderliche Hard- und/oder Software, Produktion und Lizensierung, sonstige allgemeine Kosten wie etwa Kosten externer Dienstleister, Lohnerhöhungen und/oder Änderungen von Steuern und Gebühren und/oder generelle und wesentliche Kostenänderungen aufgrund von Inflation oder Deflation. Eine Änderung der Mitgliedsgebühr wird nur in dem Ausmaß erfolgen, in dem sich unsere eigenen Kosten und/oder die Steuern und/oder Abgaben insgesamt reduzieren oder erhöhen. Somit werden wir Kostensteigerungen nur an Sie weitergeben, wenn und soweit diese nicht durch anderweitige Kostenreduzierungen ausgeglichen werden.*

*Wir werden keine Änderungen der Mitgliedsgebühr vornehmen, die sich auf das vertragliche Gleichgewicht zwischen dem Prime-Service und der von Ihnen dafür erbrachten Mitgliedsgebühr auswirken.*

*5.3. Wirksamwerden von allgemeinen Änderungen und Änderungen der Mitgliedsgebühr*

*Wenn wir allgemeine Änderungen oder Änderungen der Mitgliedsgebühr (zusammen: „Änderung" oder „Änderungen") vornehmen, setzen wir Sie über die Änderungen und die Gründe für diese innerhalb einer angemessenen Frist von mindestens 30 Tagen vor Inkrafttreten der Änderungen in Textform (etwa per E-Mail) in Kenntnis. Sie können die Änderungen ablehnen. Ihre Zustimmung gilt als erteilt, wenn Sie die Änderungen nicht innerhalb einer Frist von 30 Tagen nach Zugang der Information über die Änderungen abgelehnt haben. Die Änderungen werden dann ab dem Datum wirksam, das wir Ihnen in Textform (z. B. per E-Mail) mitgeteilt haben. Eine Änderung der Mitgliedsgebühr wird jedoch nicht vor Fälligkeit der nächsten Mitgliedsgebühr wirksam.*

*Sie haben die Möglichkeit, Ihre Prime Mitgliedschaft nach Ziff. 3.3 dieser Teilnahmebedingungen unentgeltlich zu kündigen. Wir werden Sie zu Beginn der Frist von mindestens 30 Tagen auf die Genehmigungswirkung bei fehlender Ablehnung, auf die für die Ablehnung geltende Frist und auf Ihre Kündigungsmöglichkeit hinweisen.*

*Etwaige, auch sonstige, Änderungen, die auf Ihrer ausdrücklichen vorherigen Zustimmung beruhen, bleiben von der Regelung in dieser Ziff. 5 unberührt. Erweist sich eine Änderung als ungültig, nichtig oder aus irgendeinem Grund nicht durchsetzbar, wird hierdurch die Gültigkeit und Durchsetzbarkeit der übrigen Änderungen oder Bedingungen nicht berührt."*

873   Ergänzend regelt 5.1 der AGB:

„*5.1. Allgemeine Änderungen*

*Wir sind berechtigt, diese Bedingungen, den Prime-Service oder Teile davon zu ändern, soweit diese Änderungen geringfügig oder sachlich gerechtfertigt sind oder dies aus notwendigen rechtlichen oder regulatorischen Gründen erfolgt („allgemeine Änderungen"). Sachlich gerechtfertigte allgemeine Änderungen können vorgenommen werden aus Sicherheitsgründen (etwa im Falle technischer Entwicklungen oder bei Umständen, die die vertragskonforme Bereitstellung unserer Leistungen oder Systeme beeinträchtigen oder gefährden können); um existierende Merkmale des Prime-Services zu verbessern oder um zusätzliche Merkmale hinzuzufügen; um dem technischen Fortschritt Rechnung zu tragen und um die künftige Funktionsfähigkeit des Prime-Services sicherzustellen."*

---

[367] https://www.amazon.de/gp/help/customer/display.html?nodeId=G2B9L3YR7LR8J4XP&&ref_=pe_46523611_703010061.

XIV. Fallbeispiele zu Änderungsklauseln aus Rechtsprechung und Praxis **Kapitel 5**

874  Die vorherigen Teilnahmebedingungen von Amazon Prime (gültig ab dem 12.12.2019) lauteten:
*„5. Änderungen der Vereinbarung*
*Wir sind berechtigt, diese Bedingungen, den Prime-Service oder Teile davon zu ändern, soweit dies aus: rechtlichen oder regulatorischen Gründen erfolgt; aus Sicherheitsgründen; um existierende Merkmale des Prime Services weiterzuentwickeln oder zu optimieren sowie um zusätzliche Merkmale hinzuzufügen; um dem technischen Fortschritt Rechnung zu tragen und technische Anpassungen vorzunehmen und um die künftige Funktionsfähigkeit des Prime Services sicherzustellen.*
*Wenn wir Änderungen vornehmen, setzen wir Sie hierüber in der vorgeschriebenen Form und mit angemessener Frist in Kenntnis und weisen Sie auf die Ihnen zustehende Rechte hin. Sie können diese Änderungen ablehnen und Sie haben jederzeit die Möglichkeit, Ihre Amazon Prime Mitgliedschaft zu beenden.*
*Ungeachtet jeglicher Änderungen an diesen Bedingungen oder am Prime-Service tritt eine Erhöhung der Mitgliedsgebühr tritt erst bei Fälligkeit des nächsten Mitgliedsbeitrages in Kraft.*
*Erweist sich eine Änderung als ungültig, nichtig oder aus irgendeinem Grund nicht durchsetzbar, wird hierdurch die Gültigkeit und Durchsetzbarkeit der übrigen Änderungen oder Bedingungen nicht berührt."*[368]

875  Die aktuelle Änderung vom 10.6.2022 ist also offensichtlich im Vorgriff auf die Preiserhöhung erfolgt. Und dies wohl auch als Reaktion auf das BGH-Urteil zur Zustimmungsfiktion vom 27.4.2021.

876  **(1) Vereinbarkeit der Vorgehensweise mit den Amazon-AGB und dem AGB-Recht.** Damit stellt sich für den Sachverhalt die Frage, ob die Klausel und die Vorgehensweise den Anforderungen des AGB-Rechts standhält.

877  Mit der E-Mail vom 10.6. änderte Amazon die Bedingungen des Prime-Dienstes. Damit stellt sich zunächst die Frage, ob es sich dabei um eine formal korrekte Vorgehensweise gehandelt hat.

878  Bereits in formaler Hinsicht ist Amazon hier nicht konsequent. Während sowohl Klausel 5 der alten AGB als auch Klausel 5.2 der neuen AGB vorsieht, dass der Kunde die vorgeschlagene Änderung ablehnen kann, bietet die E-Mail vom 10.6.2022 dem Kunden nur seine eigene Kündigung als Ablehnungsmöglichkeit an. Die in den eigenen AGB (alt wie neu) vorgesehene Information des Kunden (über die Möglichkeit der Ablehnung der Änderung) erfolgt also nicht bzw. fehlerhaft.

879  Amazon hält sich bei der Änderung der AGB damit nicht an den von Amazon selbst in den AGB vorgegebenen Änderungsmechanismus und damit an den bestehenden Vertrag zwischen Amazon und Kunde. Das Vorgehen selbst widerspricht also schon den eigenen Vertragsregeln und kann damit nicht zum gewünschten Ergebnis der AGB-Änderung führen.

880  Sodann stellt sich die Frage, ob die Vorgehensweise materiell korrekt war. Es erfolgt zwar eine inhaltliche Anpassung der AGB an die Anforderungen des BGH-Urteils vom 27.4.2021. Und die Änderung und Einbeziehung in den Vertrag geht wie vor sich? Durch eine Zustimmungsfiktionsklausel, denn *„wenn du diese Änderungen nicht ablehnst, gehen wir davon aus, dass du mit den aktualisierten Bedingungen einverstanden bist."* Die AGB-Änderung soll also genau mit dem Werkzeug herbeigeführt werden, welches der BGH davor als AGB-rechtlich grundsätzlich unzulässig angesehen hat und welches die AGB-Änderung provoziert hat. Damit ist die Vertragsänderung also AGB-rechtlich im Grundsatz fehlgeschlagen.

881  Es bleibt die Frage, ob sich Amazon auf einer der vom BGH angedeuteten Ausnahmen der Zulässigkeit solcher Klauseln berufen kann, namentlich Umsetzung von Gesetzesänderungen oder Vorgaben höchstrichterlicher Rechtsprechung. Das ist ersichtlich nicht der

---

[368] https://m.media-amazon.com/images/G/03/legal/Previous_versions_Legal_policies/Prime_Terms_and_Conditions/Amazon.de_Amazon_Prime_Teilnahmebedingungen_12_Dezember_2019.pdf

882 Fall. Um diese Ausnahme ziehen zu können, müsste bereits eine Zustimmungsfiktionsklausel vorliegen, welche die Ausnahmen exakt und transparent beschreibt. Die unwirksame Zustimmungsfiktionsklausel gibt dieses aber gerade nicht her.

882 Im Ergebnis dürfte also bereits diese Änderung der AGB nicht wirksam herbeigeführt worden sein und die alten AGB gelten fort.

883 Mit E-Mail vom 26.7. erhöht Amazon die Preise. Auch hier stellt sich die Frage, ob das eine formal korrekte Vorgehensweise war. Die E-Mail an den Kunden enthält entgegen der Vorgaben in den eigenen Amazon-AGB (alt wie neu) gerade nicht die Information, dass er die vorgeschlagene Änderung auch ablehnen könne.

884 Amazon geht davon aus, dass der Kunde die Änderung dann annimmt, wenn er sie nicht ablehnt. Und die Ablehnung soll (ausweislich der E-Mail und insofern abweichend von den eigenen AGB) nur über eine Kündigung der Prime-Mitgliedschaft durch den Kunden möglich sein. Amazon hält sich bei der Preiserhöhung also auch nicht an den von Amazon selbst in den AGB vorgegebenen Änderungsmechanismus und damit an den bestehenden Vertrag zwischen Amazon und Kunde. Das Vorgehen selbst widerspricht also schon den eigenen Vertragsregeln und kann damit nicht zum gewünschten Ergebnis der Preiserhöhung führen.

885 Weiterhin kommt es auch hier zur Folgefrage, ob das materiell eine korrekte Vorgehensweise war. Aufsetzend auf diese AGB-Änderung wird mit der folgenden E-Mail der eingeführte Mechanismus zur Preisänderung genutzt und dem Kunden selbige mitgeteilt. Es wird Bezug genommen auf die AGB-Regelungen, welche – siehe oben – nicht Vertragsbestandteil geworden sind. Die E-Mail enthält konsequenterweise keine offene Zustimmungsfiktionsklausel mehr, allerdings ist sie versteckt dennoch enthalten. Amazon geht davon aus, dass der Kunde die Änderung dann annimmt, wenn er sie nicht ablehnt. Und die Ablehnung ist nur möglich durch eine Kündigung der Prime-Mitgliedschaft durch den Kunden (!).

886 Am Ende ist die Regelung also noch ungünstiger für den Kunden als die Zustimmungsfiktionsklausel, in welcher der Kunde wenigstens seinen Vertrag erst mal behält und nur die Änderung ablehnt. Dann müsste immerhin Amazon als Anbieter den Vertrag mit dem Kunden kündigen.

887 **(2) Wirksamkeit der neuen AGB.** Betrachtet man die neuen AGB isoliert von der Frage, dass ihre Einbeziehung in die Geschäftsbeziehung gescheitert ist, sind die folgenden Komplexe kritisch zu betrachten.

888 Zunächst wird in 5.1. der AGB eine Regelung eingeführt, die sich relativ nahe an den Vorgaben des BGH zur ausnahmsweisen Geltung der Zustimmungsfiktionsklausel entlanghangelt. Hier wird Amazon berechtigt, die Hauptleistung anzupassen, wenn die Änderung geringfügig oder sachlich gerechtfertigt ist. Die Geringfügigkeit wird nicht weiter erläutert, meint jedoch wohl eine solche Änderung, welche das Gleichgewicht aus Leistung und Gegenleistung in diesem Vertragsverhältnis nur unwesentlich ändert. Im Einzelfall wäre also genau zu untersuchen, was darunter gefasst wird, sofern man die Klausel nicht direkt nach dem Grundsatz der kundenfeindlichsten Auslegung oder wegen Intransparenz als unwirksam ansieht.

889 In 5.2. wird dann die Anpassung der Gegenleistung, das Aboentgelt (die AGB sprechen von „Gebühren") für Amazon Prime geregelt. Im Kern behält sich Amazon das Recht vor und gibt sich die Pflicht auf, Kostensteigerungen und Kostenersparnisse an den Kunden weiterzugeben. Obwohl die Einschränkung gemacht wird, dass nur solche Kosten weitergereicht werden, die von Amazon nicht beeinflussbar sind, wird diese Klausel den Grundsätzen der BGH-Entscheidung vom 27.4.2021 nicht gerecht. Die internen oder externen Kosten des Verwenders sind sein spezifisches Risiko, das er nicht über eine solche Klausel auf den Kunden abwälzen kann.

890 Das lässt sich am konkreten Beispiel auch sehr anschaulich verifizieren. Amazon begründet die Kostensteigerung und damit die Erhöhung der Aboentgelte mit „Kostenänderungen

aufgrund von Inflation". Es werden aber gleichzeitig die Entgelte unterschiedlich erhöht, die monatlichen Preise steigen um ca. 12 %, die jährlichen um ca. 30 %. Der Monatsabokunde zahlt 12 Euro pro Jahr mehr, der Jahresabokunde 20,90 Euro pro Jahr mehr. Offen ist also, warum sich die Inflation (die immerhin zu dem Zeitpunkt unter 10 % lag) auf die Abomodelle derart unterschiedlich auswirken. Das wäre zumindest erklärungsbedürftig, sehen doch die AGB ausdrücklich vor, dass *„eine Änderung der Mitgliedsgebühr (…) nur in dem Ausmaß erfolgen (wird), in dem sich unsere eigenen Kosten (…) insgesamt (…) erhöhen."*

Auch die Ausführungen des I. Senats des BGH aus der Entscheidung zur Netflix-Klausel 891 vom 15.4.2021 sind hier fruchtbar zu machen: Aus Sicht des Berufungsgerichts (und vom BGH nicht beanstandet) sind Preisanpassungsklauseln nur zulässig, wenn die Befugnis der Verwenderin zu Preisanhebungen von Kostenerhöhungen abhängig gemacht werde und die einzelnen Kostenelemente sowie deren Gewichtung bei der Kalkulation des Gesamtpreises offengelegt würden.

Wenn man also, insofern weitergehend als der XI. Zivilsenat und mit dem I. Zivilsenat, 892 Preissteigerungen über den Weg der Zustimmungsfiktionsklausel in engen Grenzen zulassen wollte, dann wären hierfür aber jedenfalls deutlich dezidiertere Angaben zu den eigenen weiterzugebenden Kosten und den Berechnungsgrundlagen anzugeben gewesen.

Am Ende wird man davon ausgehen müssen, dass Amazon mehr als nur Kostensteigerun- 893 gen mit der Preiserhöhung umsetzen will. Im Ergebnis wird die Klausel intransparent sein und den Kunden unangemessen benachteiligen und darum AGB-rechtlich unwirksam sein. Gegen die Weitergabe von Kostensteigerungen ist im Grundsatz nichts einzuwenden, das Vorgehen über eine Zustimmungsfiktionsklausel ist jedoch in der Weise nicht mehr möglich.

Wie dargestellt, ist nach der Rechtsprechung des BGH eine Zustimmungsfiktionsklausel 894 bei Vertragsanpassungen nur noch in engen Grenzen möglich. Preiserhöhungsklauseln fallen im Grundsatz nicht mehr unter die im Wege der Zustimmungsfiktion zulässigen Klauseln, sofern nicht vorab vereinbarte Mechanismen wie etwa eine Bezugnahme auf einen Referenzzinssatz oder etwa eine Indexierung an einen Lebenshaltungskostenindex zum Tragen kommen oder möglicherweise – insoweit divergieren die Rechtsprechung von I. und XI. Senat des BGH – der Anbieter die konkret weiterzugebenden Kosten samt Berechnungsgrundlage explizit benennt.

**ee) Änderungsklausel bei PayPal**

PayPal ist insbesondere als Online-Bezahl-Lösung bekannt und hat nach eigenen Angaben 895 PayPal mehr als 277 Millionen aktive Nutzer in über 200 Märkten mit der Möglichkeit von Zahlungen in über 100 Währungen.[369]

**(1) Inhalt der AGB von PayPal.** PayPal verwendet Nutzungsbedingungen, die online 896 abrufbar sind. Die Nutzungsbedingungen von PayPal[370] sind in verschiedene Rubriken aufgeteilt. In den „Nutzungsbedingungen" findet sich eine Passage zu
*„Gebühren*
*Wenn Sie für Ihre Zahlung eine Gebühr an uns zahlen müssen, können wir Ihnen diese bei der Übermittlung Ihrer Zahlungsanweisung mitteilen. Sie können keine Beträge von unseren Gebühren verrechnen oder abziehen."*

Dies dürfte zwar einen Verstoß gegen die Vorgabe des § 309 Nr. 3 BGB darstellen, 897 wonach es untersagt ist, Klauseln zu verwenden, durch die dem Vertragspartner des Verwenders die Befugnis genommen wird, mit einer unbestrittenen oder rechtskräftig festgestellten Forderung aufzurechnen. Eine explizite Klausel zu den Voraussetzungen, unter denen die Nutzungsbedingungen geändert werden können, findet sich dort allerdings nicht.

---
[369] Stand März 2020, siehe https://de.wikipedia.org/wiki/PayPal.
[370] https://www.paypal.com/de/webapps/mpp/u.a./legalhub-full?locale.x=de_DE.

898 Vielmehr geht PayPal offensichtlich davon, Änderungen einfach durchsetzen zu können – und die jeweils gültige Fassung der AGB ist dann online abrufbar. Bei „wichtigeren" Änderungen erfolgt aber offenbar eine vorherige Information des Kunden per E-Mail. Ein Zustimmungserfordernis oder eine Ablehnungsmöglichkeit gibt es aber nicht. Der Kunde kann seine Mitgliedschaft bei PayPal vor Inkrafttreten der neuen Regelungen kündigen, das stellt ihm PayPal frei.

899 Wenn der Kunde sich nicht rührt, geht PayPal also davon aus, dass seine Weiternutzung der Dienste eine konkludente Zustimmung zu den vorgenommenen Änderungen darstellt. So ergibt es sich jedenfalls aus der E-Mail, die Kunden um den 29.8.2022 (dazu unten) erhalten haben, eine korrespondierende Regelung in den Nutzungsbedingungen findet sich nicht.

900 **(2) Ankündigung der Änderung per E-Mail.** Mit einer E-Mail, die PayPal-Nutzer um den 29.8.2022 erhalten haben, will PayPal verschiedene Änderungen der Nutzungsbedingungen herbeiführen. Der Inhalt der E-Mail lautet auszugsweise wie folgt:

„*Ankündigung von Änderungen der PayPal-Nutzungsbedingungen für Deutschland*[371]

.... *wir nehmen mit Wirkung zum 31.10.2022 Änderungen an unseren AGB vor.*

*Diese Änderungen betreffen nur Nutzer, die keine Verbraucher sind, mit Ausnahme einiger Klarstellungen ohne inhaltliche Änderungen, die alle PayPal-Kontoinhaber betreffen.*

*Die Änderungen können Sie in einer Übersicht auf unserer* **Seite zu den anstehenden Aktualisierungen der Richtlinien** *einsehen. Die geänderten Dokumente sind in dieser E-Mail im Volltext enthalten.*

*Bitte prüfen Sie die nachstehend aufgeführten Einzelheiten dieser Änderungen sorgfältig. Indem Sie unsere Services nach den genannten Daten weiterhin nutzen, erklären Sie sich mit den Änderungen einverstanden.*

*Darüber hinaus gibt es keinen weiteren Handlungsbedarf von Ihrer Seite, um diese Änderungen zu akzeptieren. Wenn Sie die Änderungen ablehnen möchten, müssen Sie Ihr PayPal-Konto vor dem Inkrafttreten der Änderungen schließen; folgen Sie dazu bitte den im Abschnitt „Kontoschließung" der PayPal-Nutzungsbedingungen beschriebenen Schritten.*

*Die Änderungen finden Sie auch, indem Sie auf PayPal.de in der Fußzeile auf den Link „AGB" und dann auf „Anstehende Aktualisierungen der Richtlinien" oder in der PayPal-App in Ihrem Profil auf den Link „AGB" klicken.*

*Wenn Sie Fragen zu den anstehenden Änderungen oder Ihrem PayPal-Konto haben,* **kontaktieren Sie uns.**

*Wir möchten die Gelegenheit auch nutzen, um Verbraucher über das ihnen zustehende Widerrufsrecht aufklären. Weiteres dazu finden Sie nachstehend.*

*Vielen Dank, dass Sie PayPal nutzen!*

*Viele Grüße*

*Ihr PayPal-Team"*

901 Auf der in der E-Mail verlinkten Seite mit den Nutzungsbedingungen findet sich Folgendes:

„*Veröffentlicht: 9. August 2022*

**Über diese Seite**

*Auf dieser Seite werden PayPal-Kunden über Änderungen der PayPal-Nutzungsbedingungen für Deutschland oder sonstiger Online-Bedingungen, Richtlinien oder Erklärungen informiert, bei denen eine Ankündigung erforderlich ist.* **Sie können auch frühere Aktualisierungshinweise einsehen.** *Beachten Sie, dass weitere Änderungen an angezeigten Bedingungen vor oder nach dem angegebenen Startdatum vorgenommen werden können, sofern die maßgeblichen Ankündigungserfordernisse erfüllt sind."*

902 Außerdem diese Passage:

„*Wir können diese Nutzungsbedingungen und alle oben genannten Richtlinien von Zeit zu Zeit überarbeiten. Sofern nicht anders angegeben, wird die überarbeitete Fassung wirksam, sobald sie*

---

[371] https://www.paypal.com/de/webapps/mpp/u.a./upcoming-policies-full?locale.x=de_DE.

veröffentlicht wird. Wenn die von uns vorgenommenen Änderungen Ihre Rechte einschränken oder Ihre Verantwortlichkeiten erhöhen, veröffentlichen wir einen Hinweis auf der Seite **Aktualisierte PayPal-Richtlinien** auf unserer Website und informieren Sie mindestens zwei Monate im Voraus. Indem Sie unsere Dienste nach einer Änderung dieser Nutzungsbedingungen weiterhin nutzen, stimmen Sie den Änderungen zu. Wenn Sie mit den Änderungen nicht einverstanden sind, können Sie Ihr Konto schließen, bevor die Änderungen wirksam werden."

Auf der Gebührenseite für Privatkunden[372] findet sich sodann ein Hinweis darauf, dass diese Bedingungen zuletzt am 1.8.2022 aktualisiert wurden. Dies bedeutet wohl, dass Änderungen oder Aktualisierungen vorgenommen wurden, ohne dass in den AGB des Unternehmens eine Klausel als Grundlage hierfür genannt wird und jedenfalls ohne Kunden hierüber zu informieren.

Auf der Seite „Überblick über Gebühren für Privatkunden"[373] findet sich dann der Hinweis, dass diese zuletzt am 31.10.2022 aktualisiert wurden. [374]

Diese Seite beinhaltet keine Synopse zu den Änderungen, es hat offenbar auch keine vorherige Mitteilung an die Kunden gegeben und wie dargestellt findet sich – soweit ersichtlich – in den Nutzungsbedingungen keine Klausel, die dies ermöglicht.

**(3) Wie ist dieses Vorgehen von PayPal AGB-rechtlich zu bewerten?** Zunächst stellt sich die Frage nach der Differenzierung nach Verbrauchern und Nicht-Verbrauchern.

Gelten die Vorgaben der BGH-Entscheidung vom 27.4.2021 auch für Nicht-Verbraucher? Hier sind offensichtlich beide Sichtweisen vertretbar. Aufgrund der Begründung über die Klausel-Richtlinie 93/13 lässt sich vertreten, dass die Entscheidung nur das Verhältnis zu Verbrauchern betrifft. Aufgrund der AGB-rechtlichen Herleitung lässt sich ebenfalls vertreten, dass auch Nicht-Verbraucher erfasst sind.

Im Hinblick auf die Änderung der Nutzungsbedingungen durch PayPal bekommt man aufgrund der Formulierung der E-Mail zunächst den Eindruck, dass die beabsichtigte Änderung nur gegenüber Nicht-Verbrauchern herbeigeführt werden soll. Allerdings zeigt der Blick auf die jüngst geänderten Entgelte, dass auch gegenüber Verbrauchern der beschriebene Änderungsmechanismus verwendet wird. Von daher kann die Unterscheidung zur rechtlichen Einordnung dahinstehen.

Insbesondere aufgrund der recht langen und in viele Teile unterteilten Nutzungsbedingungen von PayPal kann man die Frage aufwerfen, ob die formalen AGB-rechtlichen Voraussetzungen erfüllt sind, wie etwa Möglichkeit zumutbarer Kenntnisnahme, Angemessenheit und Transparenz der Klauseln.

Das OLG Köln[375] kam hierzu vor einiger Zeit zu dem Ergebnis, dass die Nutzungsbedingungen von PayPal ausreichend transparent seien, obwohl sie einen Umfang von seinerzeit über 80 Seiten hatten. Es sei für die Beurteilung der Transparenz zu berücksichtigen, dass es viel Regelungsmaterie gebe, unter anderem Zahlungen in verschiedene Richtungen und unter Nutzung verschiedener Zahlungsinstrumente. Die Länge der Regelungen allein bedeute daher nicht, dass die Regelungen intransparent seien.

Auch wenn der Umfang allein nicht das Kriterium für eine Intransparenz sein kann, die konkrete Ausgestaltung des AGB-Konvoluts kann es sehr wohl. In dem Regelwerk wird nicht klar, für wen (Verbraucher – Unternehmer) denn nun was gilt, warum welche Regeln geändert werden, wann der Kunde informiert wird und wann nicht etc. In einer Gesamtschau kann man also hier durchaus zu dem Ergebnis kommen, dass die nicht konsistenten Regelungen dazu führen, dass sie sehr schwer oder gar nicht verständlich und damit intransparent und unwirksam sind.

---

[372] https://www.paypal.com/de/webapps/mpp/paypal-fees?locale.x=de_DE&utm_source=epsilon&utm_campaign=A_OW_EM_AH_HR_NI_NI_202202_207217_EMEA_UA_Updates_2022_DE2_Rest_DE_de_DE&utm_medium=email.
[373] https://www.paypalobjects.com/marketing/u.a./pdf/DE/de/consumer-fee-103122.pdf?locale.x=de_DE.
[374] Dies wurde abgerufen am 8.9.2022 (!).
[375] OLG Köln 19.2.2020 – 6 U 184/19, WM 2020, 1016.

912  Seit 2007 haben mehrere Senate des BGH AGB-Änderungsmechanismen verworfen, die mit einer Zustimmungsfiktionsklausel gearbeitet haben. In den bisher entschiedenen Fällen wurde in den AGB eine entsprechende Klausel vereinbart und bei der jeweiligen AGB-Änderung der Kunde auf die anstehende Änderung, den zugrunde liegenden vereinbarten Mechanismus und die Folgen seines Schweigens sowie die Möglichkeit zu Widerspruch und Kündigung hingewiesen.

913  Soweit ersichtlich, fehlt es bei PayPal an all diesen Voraussetzungen: Keine AGB-Klausel, keine ausdrückliche Nachricht an den Kunden, keine Hinweise, kein eingeräumtes Widerspruchsrecht.

914  Ausweislich der E-Mail geht PayPal davon aus, dass die weitere Nutzung des Kunden eine konkludente Zustimmung zu den geänderten Regelungen bedeutet. Es macht über § 306a BGB keinen Unterschied in der AGB-rechtlichen Beurteilung, wenn eine solche Klausel zwar nicht in den AGB enthalten ist, sich der Verwender aber faktisch so verhält. Denn mit diesem Verhalten soll eine Zustimmungsfiktionswirkung herbeigeführt werden. Dies ist nach der Rechtsprechung nur noch in engen Grenzen möglich.[376] Die Voraussetzungen für eine Ausnahme sind hier nicht erfüllt. Damit ist die Änderung der AGB durch PayPal am AGB-Recht gescheitert und die geänderten Bedingungen wurden nicht Vertragsbestandteil.

915  Dies erstaunt (wie auch schon im Falle Amazon), da es sich bei PayPal – anders als bei klassischen Kreditinstituten – um ein rein online tätiges Unternehmen handelt. Die erforderliche, ausdrücklich erklärte Zustimmung des Kunden könnte hier also deutlich leichter auf digitalem Weg eingeholt werden als im analogen Massengeschäft.

**ff) Änderungsklausel bei RTL+**

916  Die RTL interactive GmbH bietet unter dem Namen TV Now bzw. RTL+ mit mehreren Produkten zahlungspflichtige Streamingdienste an. Es ist mit rund 4 Millionen zahlenden Nutzern das nach eigenen Angaben führende deutsche Streaming-Angebot. Die Änderungsklausel in den AGB[377] lautet wie folgt:
„*Preisanpassung*
*RTL interactive behält sich vor, den Preis für ein Abonnement nach den folgenden Bestimmungen nach billigem Ermessen anzupassen, wenn sich die auf das jeweilige Abonnement entfallenden Gesamtkosten nach Vertragsschluss ändern und die Änderung bei Vertragsschluss nicht vorhersehbar war. Zur Klarstellung: Eine Preisanpassung erfolgt nicht, soweit die Änderung der Gesamtkosten auf eine Erweiterung der Inhalte zurückzuführen ist. Zu den Gesamtkosten zählen folgende Kostenarten: (i) Kosten für die Produktion und die Lizenzierung unserer Inhalte, soweit es sich um eine allgemeine Änderung der Kosten für Inhalte vergleichbarer Art und Güte handelt, (ii) Betriebskosten, einschließlich Kosten für die Aufrechterhaltung des technischen Betriebes unserer Plattformen und Kosten im Bereich von Personal und Infrastruktur (z. B. erhöhte Mietkosten) und (iii) staatliche Abgaben. Gestiegene Kosten bei einer Kostenart dürfen nur für die Preisanpassung herangezogen werden, wenn und soweit die Gesamtkosten nicht durch geringere Kosten in anderen Kostenarten ausgeglichen werden. Im Falle von Kostensenkungen ist der Preis für das Abonnement zu verringern, soweit die Gesamtkosten sinken, die Kostensenkung bei einer Kostenart also nicht durch gestiegene Kosten in einer oder mehreren anderen Kostenarten ausgeglichen wird.*
*RTL interactive wird die betroffenen Kunden mindestens vier Wochen vor Inkrafttreten der Preisanpassung über die Preisanpassung informieren. Die Information erfolgt per E-Mail an die vom Kunden zuletzt hinterlegte E-Mail-Adresse. Der Kunde kann der Preisanpassung bis zum Ablauf des Tages (24:00 Uhr), an dem die Preisanpassung in Kraft treten soll, in Textform (z. B. per E-Mail, Telefax oder Brief) widersprechen. RTL interactive wird den Kunden über dieses Widerspruchs-*

---

[376] Siehe zur Reichweite der Rechtsprechung, insbesondere zu den Unterschieden in der Sichtweise des I. Zivilsenat und des XI. Zivilsenat Jordans/Rösler ZIP 2022, 1677.
[377] https://www.tvnow.at/agb, abgerufen am 16.4.2023.

recht, die Widerspruchsfrist und die Folgen eines nicht fristgerechten Widerspruchs in der E-Mail zur Mitteilung der Preisanpassung informieren. Wird der Preisanpassung nicht oder nicht fristgerecht widersprochen, wird der Vertrag nach Inkrafttreten der Preisanpassung zu dem angepassten Preis fortgesetzt. Wird der Preisanpassung fristgerecht widersprochen, wird der Vertrag zu dem ursprünglichen Preis fortgesetzt. Wir behalten uns für diesen Fall vor, den Vertrag zum Ende der Laufzeit (vgl. Ziffer 3.2) ordentlich zu kündigen (vgl. Ziffer 3.3)."

Auch in dieser Klausel wird also im zweiten Absatz mit einer Zustimmungsfiktionsklausel gearbeitet. Diese wird aber im ersten Absatz eingeschränkt auf die auf das jeweilige Abonnement entfallenden Gesamtkosten, welche sich nach Vertragsschluss ändern, sofern diese Änderung bei Vertragsschluss nicht vorhersehbar war. Für die Gesamtkosten werden dann Beispiele aufgeführt, die jedoch so weitreichend sind, dass praktisch alle Kostenerhöhungen zu einer Preisänderung führen können. 917

Diese Klausel genügt nicht den Anforderungen des BGH aus dem Urteil vom 27.4.2021.[378] Es sind keine Ausnahmetatbestände ersichtlich, auf welche sich die Zustimmungsfiktionsklausel stützen könnte. Aber auch der früheren und insoweit weniger strengen „Streaming-Rechtsprechung" des BGH aus 2007[379] genügt die Klausel nicht. Denn danach sind Preisanpassungsklauseln nur zulässig, wenn die Befugnis des Verwenders zu Preisanhebungen von Kostenerhöhungen abhängig gemacht werden und (!) die einzelnen Kostenelemente sowie deren Gewichtung bei der Kalkulation des Gesamtpreises offengelegt werden. Die einzelnen Kostenelemente werden in dieser Klausel zwar angesprochen, dem Kunden ist aber nicht klar, was eine Erhöhung einer einzelnen Position für Auswirkungen auf seinen Preis haben würde, weil die Gewichtung nicht erläutert ist. Von daher dürfte auch diese Klausel einer AGB-rechtliche Prüfung durch den BGH nicht standhalten. 918

### gg) Änderungsklausel bei Ebay

Ebay ist als Online-Auktionshaus bekannt und hat für seine Privatkunden Anfang 2023 verkündet, dass die Verkaufsgebühren wegfallen. 919

Eine entsprechende E-Mail, die am oder um den 3.3.2023 an Kunden versandt wurde, lautet wie folgt 920

„Hallo (Kunde),

am 3. April 2023 tritt eine neue Fassung der Allgemeinen Geschäftsbedingungen (AGB) in Kraft. Bis dahin gelten weiterhin die Ihnen bekannten Bedingungen, die Sie hier einsehen können.

Die Änderungen der eBay-AGB haben einen erfreulichen Grund: Das Verkaufen ist bereits seit dem 1. März 2023 für private Verkäufer*innen kostenlos. Dies gilt auch für alle bereits eingestellten Artikel. Zum vollständigen Text der neuen AGB

Vergleichsseite zu den AGB-Änderungen

Auch wenn sich nur wenig geändert hat, haben wir für Sie die alten und die neuen AGB gegenübergestellt und Änderungen farblich markiert. Zur Vergleichsversion

Sollten Sie mit den geänderten Bedingungen nicht einverstanden sein, können Sie Ihr Vertragsverhältnis mit eBay beenden, indem Sie Ihr eBay-Konto kündigen.

Herzliche Grüße

Ihr eBay-Team"

Auf der Internetseite, welche in der email verlinkt wurde, ließ sich eine Synopse der alten und neuen AGB-Regelung abrufen.[380] Eine explizite Klausel zu den Änderungen von AGB findet sich nicht. Soweit hier von Interesse, finden sich folgenden Klauseln: 921

---

[378] BGH 27.4.2021 – XI ZR 26/20, BKR 2021, 488 mAnm Artz, dazu auch Rösler/Jordans BankPraktiker 2021, 420 ff. und ausführlich Lang/Rösler ZIP 2022, 504 ff.
[379] BGH 15.11.2007 – III ZR 247/06, NJW 2008, 360.
[380] https://pages.ebay.de/policies/aenderung-agb.html?
mkevt=1&mkpid=2&emsid=0&mkcid=8&bu=43141431458&osub=43f3e10fead55999d8a7edce74519e-a0%257EALL_T&segname=1677834288810_ALL_T&crd=20230303000000&ch=osgood.

*„§ 6 Gebühren*
*Für das Anbieten von Artikeln und für die Nutzung von Zusatzoptionen erhebt eBay von dem Verkäufer Gebühren. Wird ein Artikel verkauft, haben private Verkäufer mit Wohnsitz außerhalb des Europäischen Wirtschaftsraumes sowie alle gewerblichen Verkäufer an eBay eine Verkaufsprovision zu zahlen. Die Höhe der einzelnen Gebühren sowie der Verkaufsprovision richtet sich nach der jeweils aktuellen Gebührenordnung."*

922 Unter 8. Findet sich so dann (insofern unverändert):
*„eBay kann die Gebühren und Verkaufsprovisionen jederzeit ändern. Preisänderungen werden den Nutzern rechtzeitig vor dem Inkrafttreten mitgeteilt."*

923 Eine explizite Klausel in den AGB zu den bei Änderungen der AGB einzuhaltenden Vorgaben findet sich wie ausgeführt nicht.

924 Unter § 11 Schlussbestimmungen findet sich dann:
*„eBay kann dem Nutzer jederzeit eine Änderung dieser eBay-AGB vorschlagen. Änderungen dieser eBay-AGB werden dem Nutzer spätestens 30 Tage vor dem vorgeschlagenen Zeitpunkt ihres Wirksamwerdens in Textform (z. B. per E-Mail) angeboten. Die Zustimmung durch den Nutzer gilt als erteilt, wenn die Ablehnung nicht vor dem vorgeschlagenen Zeitpunkt des Wirksamwerdens der Änderungen gegenüber eBay in Textform angezeigt wird. Wenn der Nutzer mit den Änderungen nicht einverstanden ist, steht ihm bis zu dem vorgeschlagenen Zeitpunkt des Wirksamwerdens der Änderungen ein fristloses und kostenfreies Kündigungsrecht zu (siehe § 5 Abs. 3 dieser eBay-AGB). eBay weist den Nutzer in der Nachricht, mit der die Änderungen angeboten werden, auch noch einmal besonders auf das Ablehnungsrecht, die Frist dafür und die Möglichkeit zur Kündigung hin. Die geänderten eBay-AGB werden zusätzlich auf der eBay-Website veröffentlicht."*

925 Losgelöst von der Frage, ob ein „Verstecken" einer AGB-Änderungsklausel in den Schlussbestimmungen eine transparente Gestaltung darstellte, stellt sich im Hinblick auf die materielle Frage nach der zulässigen Gestaltung der Klausel die Frage, ob eine einschränkungslose Zustimmungsfiktionsklausel, die nach der BGH-Entscheidung vom 27.4.2021[381] grundsätzlich nicht mehr wirksam ist, dennoch wirksam sein kann, wenn sie – wie hier – eine Änderung herbeiführen soll, die zunächst für den Kunden nur vorteilhaft erschient.

926 Anhand der Vorgaben aus der BGH-Entscheidung kann eine Zustimmungsfiktionsklausel nur noch unter recht engen Vorgaben gestaltet werden, die insbesondere die Kreditwirtschaft in der Folge auch umgesetzt hat.

927 Dazu zählt wohl auch die genaue Auflistung der Kriterien, die erfüllt sein müssen, damit es zu einer AGB-Änderung auf Basis der Zustimmungsfiktionsklausel kommen kann.

928 Daran fehlt es hier, da hier sozusagen eine einschränkungslose Zustimmungsfiktionsklausel aus der Zeit vor dem BGH-Urteil vom 27.4.2021[382] vorliegt.

929 Aus der Entscheidung des BGH vom 15.11.2007[383] lässt sich jedenfalls ableiten, dass eine Zustimmungsfiktionsklausel schon nicht ohne weiteres zulässig ist, wenn sie Leistungsänderungen auf solche Änderungen beschränkt, die „zum Vorteil der Abonnenten" bzw. allgemeiner zum „Vorteil des Kunden" sind. Voraussetzung aus Sicht des BGH ist, dass ein Mindestmaß an Kalkulierbarkeit und Transparenz gegeben ist und sichergestellt ist, dass die Klausel nur zur Durchsetzung zumutbarer Änderungen herangezogen werden kann. Diesen Anforderungen genügt die von ebay verwendete Klausel nicht und wird an der AGB-Kontrolle scheitern.

### hh) Änderungsklausel beim Handelsblatt

930 Auch außerhalb der bisher dargestellten reinen Online-Angebote finden sich Beispiele für Änderungen, die über Zustimmungsfiktionsklauseln herbeigeführt werden sollen.

---
[381] BGH 27.4.2021 – XI ZR 26/20, BGHZ 226, 344.
[382] BGH 27.4.2021 – XI ZR 26/20, BKR 2021, 488 mAnm Artz, dazu auch Rösler/Jordans BankPraktiker 2021, 420 ff. und ausführlich Lang/Rösler ZIP 2022, 504 ff.
[383] BGH 15.11.2007 – III ZR 247/06, WM 2008, 308.

XIV. Fallbeispiele zu Änderungsklauseln aus Rechtsprechung und Praxis **Kapitel 5**

So findet sich etwa in den Bedingungen des Handelsblatts folgende Passage: 931
„*Wir erlauben uns, diese Bedingungen von Zeit zu Zeit zu* **überarbeiten**. *Wenn Sie ein registrierter Kunde sind, erhalten Sie von uns darüber eine Nachricht per E-Mail. Ansonsten informieren wir Sie bei einer Bestellung. Sofern Sie der Änderung nicht innerhalb von vier Wochen* **widersprechen,** *geltend die jeweils neuesten Regelungen von Ihnen als genehmigt. Wir werden Sie zusammen mit der Übermittlung der geänderten Regelung auf die Folgen eines rechtzeitigen Widerspruchs hinweisen.*"[384]

Diese Bedingungen gelten für das gesamte Angebot des Handelsblattes, also sowohl 932
online-Angebote auch als die Papier-Zeitung. Auch hierbei handelt es sich um eine einschränkungslose Zustimmungsfiktionsklausel, die nach aktueller BGH-Rechtsprechung unwirksam ist.

### 2. Fazit zu den Fallbeispielen aus Rechtsprechung und Praxis

Zustimmungsfiktionsklauseln sind nach ständiger Rechtsprechung verschiedener Senate des 933
BGH seit 2007 einer AGB-Kontrolle unterzogen. Dabei sind insbesondere die Klauselkontrollen des § 308 Nr. 4 BGB und § 308 Nr. 5 BGB sowie die Inhaltskontrolle und Transparenzkontrolle nach § 307 BGB relevant.

§ 308 Nr. 4 BGB war in den vom BGH entschiedenen Fällen regelmäßig verletzt, da die 934
in der jeweils überprüften Klausel vorgesehene Reichweite des Änderungsvorbehalts als den Kunden des Verwenders unangemessen benachteiligend angesehen wurde.

Auch wenn die jeweiligen Klauseln die Vorgaben des § 308 Nr. 5 BGB (insbesondere 935
Einräumung einer angemessenen Frist zur Abgabe eine ausdrückliche Erklärung und Hinweis des Verwenders auf die damit verbundenen Konsequenzen) einhielten, hat der BGH dort klargestellt, dass die Inhaltskontrolle und Transparenzkontrolle nach § 307 BGB daneben stattfindet.

Dieser Kontrolle haben die vom BGH überprüften Zustimmungsfiktionsklauseln jeweils 936
nicht standgehalten, da sie Verletzungen des Äquivalenzprinzips ermöglichen.

Hinzu kommt – vorgegeben durch die Rechtsprechung des EuGH –, dass auch dann, 937
wenn spezialgesetzliche Regelungen, wie etwa das Zahlungsdienstrecht, Zustimmungsfiktionsklauseln grundsätzlich zulassen, daneben die AGB-Kontrolle und insbesondere die zusätzliche Kontrolle der Einhaltung der verbraucherschützenden Vorgaben der Klauselrichtlinie 93/13 statt zu finden haben.

Eine Änderung „zum Vorteil des Kunden" wird zwar wohl auch über eine Zustim- 938
mungsfiktionsklausel herbeigeführt werden können, dafür wäre aber die genaue Definition des für den Kunden herbei geführten Vorteils erforderlich – der bloße Verweis auf einen „Vorteil für den Kunden" reicht nach Auffassung des BGH nicht aus.

Vor diesem Hintergrund erstaunt, dass viele Anbieter aus den verschiedensten Bereichen 939
auch nach April 2021 noch AGB-Änderungen über (weitreichende) Zustimmungsfiktionsklauseln herbeiführen wollen. Noch mehr erstaunt, dass dies auch bei reinen Online-Geschäftsmodellen der Fall ist, wären diese doch in der Lage, die Zustimmung des Kunden ohne viel Aufwand über eine Klickstrecke auf der Webseite zu realisieren.

Überhaupt keine Regelung zu Möglichkeiten der Änderung der AGB in den jeweiligen 940
AGB vorzusehen hilft den Verwendern übrigens auch nicht weiter, auch wenn dieses Vorgehen bei einigen Anbietern festgestellt werden kann. In dem Fall bedarf jede Änderung des Vertrages der ausdrücklichen Zustimmung des Kunden, da Vertragsänderungen nach den Grundsätzen des Vertragsschlusses ablaufen müssen und es damit zweier übereinstimmender Willenserklärungen der Vertragsparteien bedarf, damit die Änderung wirksam wird.

---

[384] https://handelsblattgroup.com/agb/

## Kapitel 6. Konsequenzen der Rechtsprechung für betroffene Anbieter

Die Entwicklung in der Rechtsprechung des BGH zur Zulässigkeit von Preisänderungsklauseln hat erhebliche Auswirkungen für Anbieter, die in Dauerschuldverhältnissen und insbesondere im Massengeschäft Vertragsänderungen durchsetzen wollen. Statt einer Zustimmungsfiktion müssen andere praktikable Lösungen gefunden werden.[1] Sieht ein Vertrag unwirksame Regelungen vor, besteht für Kunden die Möglichkeit, rechtsgrundlos gezahlte Entgelte zurückzufordern. Ob entstandene Ansprüche durch Verjährung, oder Überlegungen im Zusammenhang mit Treu und Glauben (Stichwort: „Drei-Jahres-Rechtsprechung" des BGH zu Energielieferungsverträgen) einzuschränken sind, ob eine Rückforderung von über Jahre gezahlten Entgelten rechtsmissbräuchlich sein könnte, wird im Folgenden untersucht. 941

### I. Unwirksame Klauseln

Bereits im Jahr 2007 befasste sich der BGH vertieft mit der Wirksamkeit von Zustimmungsfiktionsklauseln im Rechtsverkehr. In seinen Entscheidungen vom 11.10.2007[2] und 15.11.2007[3] entschied der III. Zivilsenat, dass im Zusammenhang mit Internetprovider- und Pay-TV-Verträgen verwendete Zustimmungsfiktionsklauseln wegen der Schrankenlosigkeit möglicher Vertragsänderungen zu Lasten des Kunden unwirksam seien. 942

Nachdem es um das Thema in der jüngeren Vergangenheit ruhig geworden war, setzte der XI. Zivilsenat mit Urteil vom 27.4.2021[4] ein Ausrufezeichen, in dem er die seit Langem genutzten Zustimmungsfiktionsklauseln in der Kreditwirtschaft für unzulässig erklärte. Diese kreditwirtschaftliche Praxis war zuvor jahrzehntelang auch vom BGH unbeanstandet geblieben.[5] 943

Die Entscheidungsgründe der Urteile verschiedener Zivilsenate zu Zustimmungsfiktionsklauseln zeigen, dass der BGH solche Klauseln nur in engen Grenzen unbeanstandet lässt und für zulässig erachtet. Selbst wenn derartige Klauseln spezialgesetzlich zugelassen sind – wie beispielsweise in Regelungen im Versicherungsrecht,[6] oder bei Änderungen von Zahlungsdienstrahmenverträgen gem. § 675g BGB – unterliegen sie zusätzlich in formeller und materieller Hinsicht der Inhaltskontrolle nach dem AGB-Recht.[7] 944

Im Geschäftsverkehr mit Verbrauchern können Zustimmungsfiktionsklauseln zudem gegen europarechtliche Regelungen im Sinne der Klauselrichtlinie 93/13/EWG[8] verstoßen. Nach Art. 3 ist eine Vertragsklausel, die nicht im Einzelnen ausgehandelt wurde, missbräuchlich, wenn sie entgegen dem Gebot von Treu und Glauben zum Nachteil des Verbrauchers ein erhebliches und ungerechtfertigtes Missverhältnis der vertraglichen Rechte und Pflichten der Vertragspartner verursacht. 945

---
[1] Hierzu bei → Rn. 474 ff., 987 ff., 1002 ff.
[2] BGH 11.10.2007 – III ZR 63/07, WRP 2008, 112 (112–116); Hierzu bei → Rn. 757.
[3] BGH 15.11.2007 – III ZR 247/06, NJW 2008, 360; Hierzu bei → Rn. 766.
[4] BGH 27.4.2021 – XI ZR 26/20, NJW 2021, 2273; Hierzu bei → Rn. 788.
[5] Etwa: BGH 20.7.2010 – XI ZR 236/07, NJW 2010, 3510, in einer Entscheidung zur Insolvenzfestigkeit einer Zahlung mittels SEPA-Lastschriftverfahren, und BGH 14.5.2019 – XI ZR 345/18, NJW 2019, 2920 im Zuge einer Entscheidung zur Kündigung von Prämiensparverträgen.
[6] Hierzu bei → Rn. 546 ff.
[7] BGH 27.4.2021 – XI ZR 26/20, NJW 2021, 2273.
[8] Richtlinie 93/13/EWG des Rates vom 5.4.1993 über missbräuchliche Klauseln in Verbraucherverträgen (ABl. L 95 vom 21.4.1993, 29), zul. geändert durch Art. 1 RL (EU) 2019/2161 vom 27.11.2019 (ABl. L 328 vom 21.11.2019, 7).

**946** Im Rahmen des nationalen AGB-Rechts wird in formeller Hinsicht vorausgesetzt, dass dem Kunden die Möglichkeit verschafft wird, in zumutbarer Weise von den geänderten Vertragsbedingungen Kenntnis zu nehmen (vgl. § 305 Abs. 2 Nr. 2 BGB) und die betreffenden AGB keine überraschenden und mehrdeutigen Klauseln enthalten, mit denen der Vertragspartner des Verwenders nicht zu rechnen braucht (vgl. § 305c BGB).

**947** Nach dem materiellen Prüfungsmaßstab ist eine Klausel wirksam, wenn sie nicht gegen eines der in §§ 308, 309 BGB normierten Klauselverbote verstößt und sie einer Inhaltskontrolle nach § 307 BGB standhält.[9]

**948** Im konkreten Zusammenhang von Entgelt- und Preiserhöhungen sind kurzfristige Preiserhöhungen nach § 309 Nr. 1 BGB und Bestimmungen gem. § 308 Nr. 5 BGB, nach denen die Erklärung des Vertragspartners des Verwenders bei Vornahme oder Unterlassung einer bestimmten Handlung als von ihm abgegeben oder nicht abgegeben gilt, verboten. Derartige Klauseln sind unwirksam, weil sie Kunden in ihrem Recht beschneiden, rechtzeitig eine ausdrückliche Erklärung zu den angebotenen Vertragsänderungen abgeben zu können.

**949** Im Zuge der Inhaltskontrolle gem. § 307 BGB von Entgelt- und Preiserhöhungsklauseln ist im Einzelfall festzustellen, ob die jeweilige Klausel dem Transparenzgebot nach § 307 Abs. 2 BGB gerecht wird. Demnach ist der Klauselverwender verpflichtet, die Rechte und Pflichten seines Vertragspartners möglichst klar, verständlich und überschaubar darzustellen. Eine Klausel ist unwirksam, wenn sie weder die Voraussetzungen, noch den Umfang einer Preiserhöhung näher regelt und dem Kunden insoweit nicht das erforderliche Mindestmaß an Kalkulierbarkeit und Transparenz im Rechtsverkehr bietet.

**950** Ferner dürfen die verwendeten Klauseln gem. § 307 Abs. 1 S. 1 BGB ihrem Inhalt nach nicht zu einer unangemessenen Benachteiligung des Vertragspartners führen. Dies ist nach der höchstrichterlichen Rechtsprechung des III. und XI. Zivilsenats des BGH für Klauseln anzunehmen, die derart ausgestaltet sind, dass sie dem Anwender die Möglichkeit bieten, jedes Vertragsverhältnis mit Kunden in jeglicher Hinsicht einseitig zu ändern und damit das Äquivalenzverhältnis zwischen Leistung und Gegenleistung zu seinen Gunsten zu verschieben und die Position des Vertragspartners einseitig zu entwerten.[10] Für derartig grundlegende vertragliche Änderungen, die die rechtlichen Beziehungen der Parteien vergleichbar mit dem Abschluss eines neuen Vertrages umgestalten, ist nach Auffassung der Senate ein Änderungsvertrag notwendig, der den Erfordernissen der §§ 305 Abs. 2, 311 Abs. 1, 145 ff. BGB gerecht wird.

**951** Eine unangemessene Benachteiligung gem. § 307 Abs. 1 S. 1, Abs. 2 S. 1 BGB kann auch nicht durch eine Regelung vermieden werden, die dem Kunden die Möglichkeit gibt, als Reaktion auf die Vertragsänderung von einem außerordentlichen Kündigungsrecht Gebrauch zu machen. Dies begründet der XI. Zivilsenat in seiner Entscheidung damit, dass das „außerordentliche Kündigungsrecht [...] gegenüber der Ablehnung der Änderung für den am Fortbestand des Vertrages interessierten Kunde keine Vorteile" biete.[11]

**952** Ergibt die AGB-Kontrolle nach §§ 305 ff. BGB, dass Klauseln ganz oder teilweise nicht Vertragsbestandteil geworden oder unwirksam sind, bleibt der Vertrag im Übrigen gem. § 306 Abs. 1 BGB wirksam. Die durch den Wegfall der Anpassungsklausel entstandene Vertragslücke ist nach Maßgabe des § 306 Abs. 2 BGB ihrem Inhalt nach durch die gesetzlichen Vorschriften zu schließen. Die Wertungsfrage, ob im konkreten Fall eine schließungsbedürftige Vertragslücke besteht, sei anhand des Sinn und Zwecks der vereinbarten Vertragsabreden unter Berücksichtigung der Interessen der Vertragsparteien und dem Schutzzweck der §§ 305 ff. BGB zu ermitteln.[12] Soweit das dispositive Recht keine passenden Regelungen bietet, um die entstandene Vertragslücke angemessen auszufüllen

---

[9] Hierzu bei → Rn. 455 ff.
[10] BGH 11.10.2007 – III ZR 63/07, WRP 2008, 112 (115) (112–116); 15.11.2007 – III ZR 247/06, NJW 2008, 360; 27.4.2021 – XI ZR 26/20, NJW 2021, 2273.
[11] BGH 27.4.2021 – XI ZR 26/20, NJW 2021, 2273.
[12] MüKoBGB/Fornasier, § 306 Rn. 16.

und die weggefallene Klausel nicht ersatzlos bleiben kann, ist es im Ausnahmefall – entgegen des grundsätzlichen Verbots der geltungserhaltenen Reduktion[13] – möglich, diese Lücke im Wege der ergänzenden Vertragsauslegung gem. §§ 133, 157 BGB unter sachgerechter, objektiv-generalisierender Auslegung der Interessen der Parteien zu schließen.[14] Darüber hinaus ist der Vertrag ausnahmsweise in seiner Gesamtheit gem. § 306 Abs. 3 BGB nichtig, wenn ein Festhalten unter Berücksichtigung der nach § 306 Abs. 2 BGB beabsichtigten Änderung eine unzumutbare Härte für eine Vertragspartei darstellen würde. Dies ist beispielsweise anzunehmen, wenn die Modifizierung der AGB durch dispositives Recht zu einer grundlegenden Störung des Äquivalenzverhältnisses von Leistung und Gegenleistung führte.[15]

953 Bei der Klauselkontrolle ist stets zu beachten, dass im Unternehmerverkehr verwendete Klauseln einem anderen Prüfungsmaßstab als im Verkehr mit Verbrauchern, unterliegen.[16] Nach § 310 Abs. 1 S. 1 BGB finden § 305 Abs. 2 und 3 BGB sowie die Vorschriften §§ 308, 309 BGB keine Anwendung auf AGB, die gegenüber einem Unternehmer, einer juristischen Person des öffentlichen Rechts oder einem öffentlich-rechtlichen Sondervermögen verwendet werden. Gleichwohl fließen die Wertungen der §§ 308, 309 BGB auch im Rahmen der Inhaltskontrolle einer im Unternehmerverkehr verwendeten Klausel gem. § 307 Abs. 1 und 2 BGB, unter Berücksichtigung der Gepflogenheiten des Handelsverkehrs und der kaufmännischen Verkehrssitte, ein.

954 Kontrovers diskutiert[17] wird in diesem Zusammenhang die Frage, inwieweit die Entscheidung des XI. Zivilsenats vom 27.4.2021, die sich ausdrücklich nur mit AGB-Änderungen im Geschäftsverkehr mit Verbrauchern auseinandersetzt, auch auf den unternehmerischen Verkehr anzuwenden ist.[18]

955 Abgesehen von den allgemeinen rechtlichen Abwägungskriterien ist anzumerken, dass der BGH früherer Zeit, beispielsweise bezogen auf die Unwirksamkeit von Kreditbearbeitungsgebühren,[19] dazu tendiert, seine für Verbraucherverträge entwickelte Rechtsprechung auch auf den Unternehmerverkehr zu übertragen.[20]

## II. Rückforderung unwirksam erhöhter/eingeführter Entgelte

956 Die BGH-Entscheidung vom 27.4.2021 zur Unwirksamkeit einer Zustimmungsfiktion – auch mit Wirkung für die Vergangenheit – eröffnete für betroffene Kunden die Möglichkeit, unwirksam eingeführte bzw. erhöhte Entgelte von den jeweiligen Anbietern zurückzufordern.

### 1. Kondiktionsansprüche nach § 812 Abs. 1 S. 1 Alt. 1 BGB

957 Alle Anbieter, die im Laufe der Geschäftsbeziehungen Entgelterhöhungen bewirkt haben, ohne die explizite Zustimmung ihrer Kunden einzuholen, sehen sich grundsätzlich Kon-

---

[13] Prinzip des Verbots der geltungserhaltenen Reduktion nach gefestigter EuGH und BGH-Rechtsprechung: u. a.: BGH 23.1.2013 – VIII ZR 80/12, NJW 2013, 991; EuGH 14.6.2012 – C-618/10, NJW 2012, 2257 – Banco Espanol de Credtio SA/Joaquin Calderon Camino.
[14] MüKoBGB/Fornasier, § 306 Rn. 33 und BeckOK BGB/Schmidt, 66. Edition Stand: 1.5.2023, § 306 Rn. 58.
[15] BGH 22.2.2022 – V ZR 26/01, NJW 2002, 1136.
[16] Hierzu bei → Rn. 465.
[17] Bejahend: Simon ZIP 2022, 13 (14); Rodi WM 2021, 1357 (1365), der betont, dass die Entscheidung des BGH „universeller Natur sei"; Graf von Westphalen NJW 2021, 3145 (3148) (3148–3150); Verneinend: Rodi WM 1365; Casper ZIP 2021, 2361 (2365) (2361–2373); Mäsch JuS 2021, 1184: der zumindest über eine mildere Handhabe im unternehmerischen Verkehr spekuliert.
[18] Hierzu bei → Rn. 497.
[19] BGH 13.5.2014 – XI ZR 405/12, NJW 2014, 2420.
[20] BGH 4.7.2017 – XI ZR 562/15, NJW 2017, 2986 mAnm Tröger.

diktionsansprüchen ihrer Kunden gem. § 812 Abs. 1 S. 1 Alt. 1 BGB in Höhe der rechtsgrundlos vereinnahmten Erhöhungsbeträge ausgesetzt.

958 Dies gilt gleichermaßen für Kontoführungsgebühren, Liefergebühren von Essenslieferdiensten, Mitgliedsgebühren von Fitnessstudios, Gebühren für Streamingdienste, Internetproviderverträge und alle weiteren Dauerschuldverhältnisse, bei denen Entgelte und Nutzungsgebühren durch unwirksame Zustimmungsfiktionsklauseln erhöht oder gar eingeführt wurden.

959 Die Rückzahlungsansprüche der Kunden belaufen sich auf die Herausgabe der Zuvielzahlung, also der Differenz zwischen den anfänglich wirksam vereinbarten und den später unwirksam angepassten Entgelten. Dementsprechend wird im Einzelfall individuell zu ermitteln sein, welche Nutzungsgebühr zuletzt wirksam vereinbart wurde und dem Vertragsverhältnis schlussendlich zugrunde liegt.[21] Im Zweifel wird hier auf das vereinbarte Leistungsentgelt im Zeitpunkt des Vertragsschlusses abzustellen sein, weil rückblickend bis zur Entscheidung des BGH vom 27.4.2021 die Mehrheit der Entgelterhöhungen auf Grundlage der Zustimmungsfiktionspraxis bewirkt wurden und es dementsprechend regelmäßig an einer ausdrücklichen Zustimmung des Verbrauchers zu späteren Vertragsänderungen mangelt. Lässt sich im Laufe der Zeit indes eine Vertragsänderung ermitteln, zu der der Kunde den aktuellen AGB und Preisen zugestimmt hat, stellt dies eine Zäsur und die Basis des vereinbarten Preises dar.

960 Mögliche Kondiktionsansprüche summieren sich auch bei nur geringen monatlichen Erhöhungen im betroffenen Massengeschäft schnell zu einem nur schwer kalkulierbaren Gesamtschaden und entsprechenden Rückstellungsverpflichtungen. Die BGH-Rechtsprechung vom 27.4.2021 stellt Anbieter vor zweierlei Herausforderungen: Einerseits wird zukünftig die Einholung der Zustimmungen zu Vertragsänderungen von der aktiven Mitwirkungsbereitschaft der Kunden abhängig. Und andererseits bemisst sich die Höhe des zu erwartenden Gesamtschadens für den einzelnen Anbieter danach, in welchem Umfang rechtsgrundlos gezahlte Entgelte tatsächlich und erfolgreich zurückverlangt werden.

961 Über die berechtigten Rückforderungsansprüche hinaus werden Anbieter regelmäßig dazu verpflichtet sein, auf die zu Unrecht vereinnahmten Preiserhöhungen einen Nutzungsersatz nach § 818 Abs. 1 BGB zu leisten. Grundsätzlich können Anbieter und Kunden eine Vereinbarung über den Verzicht auf Kondiktionsansprüche gem. § 812 Abs. 1 S. 1 Alt. 1 BGB schließen. Diese muss allerdings hinreichend konkret für beide Seiten erkennbar machen, welche Rechtsfolge von den Parteien gewollt ist. So entschied das LG Berlin,[22] dass vom Verwender vorgefertigte Formulierungen, in denen Kunden den Verzicht bezüglich sämtlicher gegenwärtiger Ansprüche, die ihnen „infolge des Urteils des Bundesgerichtshofes (27. April 2021, Az. XI ZR 26/20) zustehen", erklären, gegen das Transparenzgebot gem. § 307 BGB verstoßen und unwirksam sind. Das Gericht begründete seine Entscheidung damit, dass die betreffende Verzichtserklärung zu undurchsichtig wäre, da weder aus dem Formular noch aus dem beigefügten Anschreiben ersichtlich sei, worauf sich die zitierte Rechtsprechung beziehe, auf welche konkreten Ansprüche Kunden verzichten sollen und welchen Umfang der Verzicht habe. Die Verwendung solcher Formulare müsse unterbunden werden, um Anbietern die Möglichkeit zu nehmen, ihre Kunden zu undurchsichtigen Verzichtserklärungen zu drängen und dadurch auf intransparente Weise eine Umgehung der Rechtsprechung zu bewirken.

---

[21] Besonderheit im bankrechtlichen Kontext: Hat eine Bank im Kontokorrent ohne Rechtsgrund Kontoführungsgebühren eingezogen oder andere Entgelte in die Verrechnung eingestellt, so kann sich der Anspruch allein auf die nachträgliche Neutralisierung dieses Rechnungspostens durch Einstellung eines egalisierenden Rechnungspostens zu Gunsten der Inhaber darstellen. Ein Leistungsanspruch in Form der Zahlung eines Geldbetrags kommt angesichts der Kontokorrentabrede nicht in Betracht.

[22] LG Berlin 9.3.2023 - 52 O 103/22 – nicht rechtskräftig, abrufbar unter: https://www.vzbv.de/sites/default/files/2023-05/Urteil%20des%20LG%20Berlin%20vom%2009.03.2023_nicht%20rechtskr%C3%A4ftig.pdf.

## 2. Darlegungs- und Beweislast

Der Kunde ist für alle anspruchsbegründenden Voraussetzungen der geltend gemachten 962
Konditionsansprüche nach § 812 Abs. 1 S. 1 Alt. 1 BGB darlegungs- und beweisbelastet.[23]
Er muss darlegen und beweisen, welche AGB und welche Entgelte und/oder Preise für die
geltend gemachten Forderungen maßgeblich sind. Er muss dementsprechend die Höhe der
Forderung nachvollziehbar beziffern und die Differenz zwischen den gezahlten und den
zugrundeliegenden wirksam vereinbarten Entgelten und Preisen unter Vorlage der übersandten Rechnungen, Rechnungsabschlüsse und Kontoauszüge nachweisen.[24]

Ob den Kunden über die allgemeinen Regelungen zur Darlegungs- und Beweislast 963
hinaus ein Informations- und Auskunftsanspruch gegen den Verwender unwirksamer AGB
mit Hinblick auf die unwirksam erhobenen Entgelte zusteht, ist im Einzelfall zu prüfen.
Ein allgemeiner Auskunfts- und Rechenschaftsanspruch kann sich aus §§ 242, 666 BGB,
oder branchenspezifisch aus einer spezialgesetzlichen Sonderregelungen, ergeben.

Nach §§ 242, 666 BGB kann der Anspruchsinhaber, solange ein berechtigtes Interesse an 964
der Auskunftserteilung besteht, vor, während und nach Beendigung der Geschäftsbeziehung Informationen und Erläuterungen zum Vertragsverhältnis von seinem Vertragspartner
verlangen.[25] Ein berechtigtes Interesse besteht nach dem Grundsatz von Treu und Glauben
gem. § 242 BGB bei jedem Rechtsverhältnis, *„dessen Wesen es mit sich bringt, dass der
Berechtigte in entschuldbarer Weise über das Bestehen oder den Umfang seines Rechts im Ungewissen
ist, er sich die zur Vorbereitung und Durchsetzung seines Anspruchs notwendigen Auskünfte nicht in
zumutbarer Weise selbst beschaffen kann und der Verpflichtete unschwer die zur Beseitigung dieser
Ungewissheit erforderlichen Auskünfte zu geben vermag".*[26]

Spezialgesetzliche Regelungen für Informations- und Auskunftsansprüche bestehen bei- 965
spielsweise in bankrechtlichen Sachverhalten für Zahlungsdienstrahmenverträge. Nach § 10
S. 1, S. 2 ZKG sind Zahlungsdienstleister verpflichtet, einem Verbraucher Informationen
über sämtliche Entgelte, die für mit dem Zahlungskonto verbundene Dienste angefallen
sind, sowie gegebenenfalls über den Sollzinssatz bei Überziehungen und den Zinssatz für
Einlagen für dieses Zahlungskonto, mindestens jährlich und bei Beendigung des Vertragsverhältnisses, zur Verfügung zu stellen.

Darüber hinaus kann der Zahlungsdienstnutzer gem. Art. 248 EGBGB § 5 während der 966
Vertragslaufzeit jederzeit die Übermittlung der Vertragsbedingungen sowie die vorvertraglichen Informationen nach Art. 248 EGBGB § 4 in Papierform oder auf einem anderen
dauerhaften Datenträge verlangen.

Der Informations- und Auskunftsanspruch des Kunden gegen den Anbieter ist grund- 967
sätzlich abtretbar gem. §§ 398 ff. BGB. Dabei ist zu beachten, dass der Anspruchsgegner
dem Zessionar selbst dann zur Auskunft verpflichtet sein kann, wenn er die begehrten
Informationen dem Zedenten bereits zu einem früheren Zeitpunkt mitgeteilt hatte. Die
Regelungen in Art. 248 § 5 EGBGB sowie § 10 ZKG sehen eine abschließende Erfüllung
der jeweils niedergelegten Ansprüche bzw. eine abschließende Erteilung der in Bezug
genommenen Informationen nicht vor,[27] sodass ein erneutes Auskunftsbegehren dem
Abtretungsempfänger nur in Ausnahmefällen versagt werden kann.[28]

Nach Ansicht einiger Gerichte soll die Abtretung der Auskunftsansprüche an gewinn- 968
orientierte Unternehmen nichtig sein und dem Auskunftsbegehren der Abtretungsempfänger wegen Rechtsmissbrauchs entgegenstehen.[29] Die Gesellschaften waren nach Auffassung

---

[23] BGH 11.3.2014 – X ZR 150/11, NJW 2014, 2275 Rn. 11; MüKoBGB/Schwab, 8. Auflage 2020, § 812 Rn. 457.
[24] LG Stuttgart 24.3.2022 – 35 O 135/21 KfH, WM 2022, 1534; Simon ZIP 2022, 13 (19).
[25] MüKoBGB/F. Schäfer § 666 Rn. 24–26.
[26] Simon ZIP 2022, 13 (19).
[27] OLG Schleswig 24.2.2000 – 5 U 116/98, NJW-RR 2001, 1270.
[28] Ellenberger/Bunte BankR-HdB/Schmieder § 26, Rn. 24d.
[29] LG Bonn 11.4.2023 – 5 S 75/22, BeckRS 2023, 12880; AG Duisburg 4.7.2022 – 505 C 2948/21, BeckRS 2022, 27038; Amtsgericht Frankfurt am Main 22.11.2022 – 29 C 2873/22, WM 2023, 879.

der Gerichte einzig gegründet worden, um im Nachgang zur Fiktionsentscheidung vom 27.04.2021 Profit aus der Rechtsprechungsänderung des BGH zu ziehen. Sie hätten sich die Auskunfts- und Entgeltrückforderungsansprüche der Bankkunden abtreten lassen, um diese in einem zweiten Schritt im eigenen Namen großflächig gegen die Kreditinstitute einzuklagen. Dabei sei es ihnen schon nicht möglich gewesen, die abgetretenen Entgeltrückforderungsansprüche näher zu spezifizieren, da sie weder den Bankkunden bereits vorliegende Informationen eingeholt, noch ansatzweise eine rechtliche Prüfung über das Bestehen der zu erwerbenden Ansprüche vorgenommen hätten.

969 Ein solches „Gewinnmaximierungsmodell" sei rechtsmissbräuchlich und verstoße zudem gegen das Abtretungsverbot gem. § 399 BGB.[30] Dies deshalb, weil das Auskunftsbegehren in diesem Fall – entgegen dem Zweck des ZKG – nicht länger dem Verbraucherschutz und der Transparenz im Kundenverkehr, sondern ausschließlich dem Gewinnstreben der Beteiligungsgesellschaften, diene. Die gewinnorientierte Zession der (möglicherweise bestehenden) Ansprüche gegen die Bank bewirke eine Inhaltsänderung der Auskunftsansprüche, die wiederum zu einem Verstoß gegen das Abtretungsverbot nach § 399 BGB führe. Der Nichtigkeit der Abtretung des Auskunftsteils folge gem. § 139 BGB die Gesamtnichtigkeit der Abtretung, was die fehlende Aktivlegitimation zur Folge habe.[31]

### 3. Aufrechenbare Gegenansprüche

970 In einigen Fällen werden Anbietern eigene Vergütungsansprüche entstanden sein, welche sie mit etwaigen Kondiktionsansprüchen gem. § 812 Abs. 1 S. 1 Alt. 1 BGB ihrer Kunden aufrechnen können.[32] Denkbar ist das, wenn sie zB ihr Leistungsangebot erweitert haben und die zusätzlichen Leistungen in der Folgezeit von den Kunden aktiv in Anspruch genommen wurden.

### 4. Verfassungsrechtlicher Vertrauensschutz

971 Im Schrifttum wird die Ansicht vertreten, dass die Kondiktionsansprüche gem. § 812 Abs. 1 S. 1 Alt. 1 BGB ihrem Umfang nach auf den Zeitraum nach der BGH-Entscheidung vom 27.4.2021 einzuschränken seien, da der BGH bis dato (vermeintlich) in ständiger Rechtsprechung[33] die Wirksamkeit des AGB-Änderungsmechanismus mittels Zustimmungsfiktionsklauseln nicht in Frage gestellt und stets seinen Entscheidungen zugrunde gelegt habe.[34] Dadurch sei ein verfassungsrechtlich geschütztes Vertrauen des Rechtsverkehrs in den Fortbestand der BGH-Rechtsprechung begründet worden, welches verletzt werde, wenn sich die Wirkung der Rechtsprechungsänderung auch auf die Vergangenheit erstrecke.[35] Diese Erwägung stützt sich unter anderem auf die Wertung des BAG in seiner Entscheidung vom 29.3.1984[36], wonach eine Partei, die sich auf eine Rechtsprechung eingestellt hat, durch eine Rechtsprechungsänderung keinen Nachteil erleiden dürfe.

972 Dieser Grundgedanke soll auch auf die Klauselrechtsprechung des BGH vom 27.4.2021 zu übertragen sein – insbesondere, weil der XI. Zivilsenat sich in seiner Entscheidung gegen die ganz herrschende Meinung im Schrifttum gestellt habe.[37] Es bestehe ein grundsätzliches

---

[30] AG Duisburg 4.7.2022 – 505 C 2948/21, BeckRS 2022, 27038; dem folgend auch: LG Bonn 11.4.2023 – 5 S 75/22, BeckRS 2023, 12880; Amtsgericht Frankfurt am Main 22.11.2022 – 29 C 2873/22, WM 2023, 879.
[31] LG Bonn 11.4.2023 – 5 S 75/22, BeckRS 2023, 12880; Amtsgericht Frankfurt am Main 22.11.2022 – 29 C 2873/22, WM 2023, 879.
[32] Herresthal ZHR 186 (2022), 373 (411); Simon ZIP 2022, 13 (18).
[33] Etwa: BGH 20.7.2010 – XI ZR 236/07, NJW 2010, 3510, in einer Entscheidung zur Insolvenzfestigkeit einer Zahlung mittels SEPA-Lastschriftverfahren, und BGH 14.5.2019 – XI ZR 345/18, NJW 2019, 2920 im Zuge einer Entscheidung zur Kündigung von Prämiensparverträgen.
[34] Omlor NJW 2021, 2243 (2246 f.); Casper ZIP 2021, 2361 (2370 ff.).
[35] Omlor NJW 2021, 2243 (2246 f.); im Ergebnis auch: Casper ZIP 2021, 2361 (2370 ff.).
[36] BAG 29.3.1984 – 2 AZR 429/83, NJW 1984, 2374 (2376), zitiert von: Omlor NJW 2021, 2243 (2246).
[37] Omlor NJW 2021, 2243 (2246).

Bedürfnis, einen interessengerechten Ausgleich dadurch zu schaffen, die Rechtswirkung der neuen, geänderten Rechtsprechung auf die Zukunft zu beschränken.[38]

Diese Auffassung trägt letztlich nicht. Sie scheitert an den hohen Hürden des Verfassungsrechts.[39]

Nach einhelliger Auffassung des BVerfG[40] gehört „es zu den anerkannten Aufgaben der Rechtsprechung, im Rahmen der Gesetze von ihr als rechtsgrundsätzliche aufgestellte Rechtssätze zu überprüfen und sie, wenn erforderlich, weiterzuentwickeln". Dies könne im Einzelfall auch dazu führen, dass „ein früher richtig angesehenes Normverständnis aufgegeben und abweichend entschieden wird".[41] „Der Umstand, dass ein im Wege richterlicher Rechtsfindung gewonnener Rechtssatz über einen langen Zeitraum Beachtung fand, mag in die Entscheidung einfließen, ob es gerechtfertigt ist, einen abweichenden Rechtssatz aufzustellen; er verleiht indes dem bisherigen Rechtssatz keine höhere Wertigkeit oder gar eine verfassungsrechtliche Bestandsgarantie."[42] Ein schutzwürdiges Vertrauen könne daher in der Regel nur bei Hinzutreten weiterer Umstände, insbesondere einer gefestigten und langjährigen Rechtsprechung entstehen.[43]

Auch wenn die Verwendung von Zustimmungsfiktionsklauseln über viele Jahre hinweg gängige Praxis war, kann den bisherigen höchstrichterlichen Urteilen zu dieser Thematik keine mit dem Gesetzesrecht vergleichbare Rechtsbindung zugesprochen werden. Der XI. Zivilsenat hat in seiner Entscheidung vom 27.4.2021 darauf hingewiesen, dass er die Zustimmungsfiktionsklauseln in der Vergangenheit zu keinem Zeitpunkt ausdrücklich gebilligt habe. Zuvor hatte der III. Zivilsenat in seiner Entscheidung zu Internetproviderverträgen im Jahr 2007 ähnliche Vertragsänderungsklauseln für unwirksam erklärt. Insofern fehlt es bereits an einer langjährigen gefestigten Rechtsprechungslinie, die geeignet wäre, ein solches verfassungsrechtlich zu schützendes Vertrauen in die Wirksamkeit und den Fortbestand der Zustimmungsfiktionspraxis zu begründen. Letztlich standen Preisanpassungsklauseln auch vor der BGH-Entscheidung bereits länger im Streit und trägt das Unwirksamkeitsrisiko von vorformulierten Klauseln der Verwender.

## III. Verjährung

Besondere Bedeutung im Rahmen der Rückforderung rechtsgrundlos gezahlter Entgelte wird regelmäßig der Verjährungsfrage zukommen, denn eine Vielzahl der Vertragsänderungen in Dauerschuldverhältnissen im Massengeschäft werden lange zurückliegen und zu verschiedenen Zeiten erfolgt sein.

### 1. Regelverjährung gem. §§ 195, 199 BGB

Die Entgeltrückforderungsansprüche des Kunden gem. § 812 Abs. 1 S. 1 Alt. 1 BGB unterliegen der dreijährigen Regelverjährung nach § 195 BGB. Die Verjährungsfrist beginnt gem. § 199 Abs. 1 BGB, soweit nicht ein anderer Verjährungsbeginn vertraglich wirksam bestimmt ist, mit dem Schluss des Jahres zu laufen, in dem der Anspruch entstanden ist (objektives Element) und der Gläubiger von den anspruchsbegründenden Umständen und der Person des Schuldners Kenntnis erlangt hat oder ohne grobe Fahrlässigkeit hätte erlangen müssen (subjektives Element). Darüber hinaus verjähren Ansprüche ohne Rücksicht auf die Kenntnis oder grob fahrlässige Unkenntnis nach der gesetzlichen Höchstfrist gem. § 199 Abs. 4 BGB in zehn Jahren von ihrer Entstehung an.

---

[38] Casper ZIP 2021, 2361 (2371).
[39] im Ergebnis wohl auch: Lang BKR 2022, 78.
[40] BVerfG 5.11.2015 – 1 BvR 1667/15, NZG 2016, 61 Rn. 11.
[41] BVerfG 5.11.2015 – 1 BvR 1667/15, NZG 2016, 61 Rn. 11.
[42] BVerfG 5.11.2015 – 1 BvR 1667/15, NZG 2016, 61 Rn. 11.
[43] BVerfG 5.11.2015 – 1 BvR 1667/15, NZG 2016, 61 Rn. 11.

978  Ein Gläubiger, der einen Bereicherungsanspruch nach § 812 Abs. 1 S. 1 Alt. 1 BGB verfolgt, hat Kenntnis von den anspruchsbegründenden Umständen, wenn er von der Leistung und den Tatsachen weiß, aus denen sich das Fehlen des Rechtsgrundes ergibt.[44] Darüber hinaus ist es nach den Regelungen des nationalen Verjährungsrechts nicht erforderlich, dass er aus den ihm bekannten Tatsachen die zutreffenden rechtlichen Schlüsse zieht.[45] Es wird also nicht vorausgesetzt, dass der Anspruchsinhaber die Rechtswidrigkeit des Geschehens und den in Betracht kommenden Kausalverlauf zutreffend einschätzt,[46] solange er den zugrundeliegenden Sachverhalt kennt und erkennt, dass erhebliche Anhaltspunkte für die Entstehung seines Anspruches bestehen, welchen er durch die Erhebung einer Klage, sei es nur in Form einer Feststellungsklage, erfolgversprechend verfolgen kann.[47]

979  Grob fahrlässige Unkenntnis iSd § 199 Abs. 1 Nr. 2 BGB liegt vor, wenn dem Gläubiger die anspruchsbegründenden Umstände nur deshalb nicht bekannt sind, weil er die im Verkehr erforderliche Sorgfalt in ungewöhnlichem Maße verletzt hat.[48] Dies ist anzunehmen, wenn der Gläubiger Überlegungen nicht angestellt hat, die jedem hätten einleuchten müssen.[49] Ihm muss ein persönlich schwerwiegender Obliegenheitsverstoß in seiner eigenen Angelegenheit der Anspruchsverfolgung vorgeworfen werden können, wie etwa dann, wenn sich ihm die anspruchsbegründenden Umstände nahezu aufgedrängt haben, er davor aber die Augen verschlossen hat.[50]

980  Für Rückzahlungsansprüche des Versicherungsnehmers in der privaten Krankenversicherung wird für den Verjährungsbeginn nach ständiger Rechtsprechung[51] entscheidend auf den Zugang der Erhöhungsmitteilung nach § 203 Abs. 5 VVG im Vorfeld der Prämienerhöhung abgestellt.

981  Dies lässt sich auch auf sonstige Rückforderungsansprüche wegen unwirksamen Preiserhöhungen im Massengeschäft, beispielsweise gegenüber Streaminganbietern, Onlinehändlern wie Amazon und eBay, oder auf Fitnessstudioverträge, übertragen. Auch in diesen Fällen wird die Anspruchsverjährung ab dem Zeitpunkt der Preismitteilung respektive der Buchung des rechtsgrundlos vereinnahmten Erhöhungsbetrages zu laufen beginnen.

982  In bankrechtlichen Konstellationen wird die Kenntnis des Bankkunden von den anspruchsbegründenden Tatsachen ab dem Zeitpunkt der Kontobelastung durch die Bank und der Informationsmitteilung nach § 675g Abs. 1 BGB anzunehmen sein. Auch Kondiktionsansprüche eines Saldoanerkenntnisses bei Bankkonten, die im Kontokorrent geführt werden, unterliegen der dreijährige Regelverjährung gem. §§ 195, 199 BGB.[52] Die Verjährung der Kondiktion des Anerkenntnisses der quartalsmäßigen Rechnungsabschlüsse beginnt mit Ende der entsprechenden Rechnungsperiode zu laufen.[53]

### 2. Hinausschieben des Verjährungsbeginns

983  Eine Abweichung von der dreijährigen Regelverjährung nach §§ 195, 199 BGB ist in engen Ausnahmefällen denkbar, wenn dem Anspruchsinhaber die Klageerhebung wegen einer „unsicheren und zweifelhaften" Rechtslage, oder aufgrund einer dem Anspruch entgegenstehenden höchstrichterlichen Rechtsprechung, nicht zumutbar war.[54] In diesen Fällen führt die fehlende Rechtskenntnis bzw. falsche rechtliche Würdigung des Kunden

---

[44] BGH 4.7.2017 – XI ZR 562/15, NJW 2017, 2986 Rn. 85.
[45] BGH 15.6.2010 – XI ZR 309/09, NJW-RR 2010, 1574 Rn. 12.
[46] BGH 26.2.2013 – XI ZR 498/11, BKR 2013, 205 mAnm Wigand.
[47] MüKoBGB/Grothe § 199 Rn. 28.
[48] MüKoBGB/Grothe § 199 Rn. 31.
[49] MüKoBGB/Grothe § 199 Rn. 31.
[50] BGH 15.3.2016 – XI ZR 122/14, NJW-RR 2016, 1187 Rn. 34.
[51] BGH 17.11.2021 – VI ZR 113/20, r+s 2022, 30 Rn. 42, 47.
[52] Ellenberger/Bunte BankR-HdB/Schmieder § 26 Girovertrag und Kontokorrent Rn. 82.
[53] BGH 17.2.1969 – II ZR 30/65, NJW 1969, 879.
[54] BGH 28.10.2014 – XI ZR 348/13, NJW 2014, 3713 Rn. 34 ff.

nach Auffassung des BGH ausnahmsweise zum Hinausschieben des Verjährungsbeginns bis zur objektiven Klärung der Rechtslage bzw. bis zur Änderung der entgegenstehenden BGH-Rechtsprechung.

Darüber hinaus wird die europarechtliche Konformität der nationalen Verjährungsregeln des BGB mit Art. 6 Abs. 1 RL 93/13/EWG diskutiert und insoweit erwogen, ob der Verjährungsbeginn für Rückforderungsansprüche im Sinne des Gläubigerschutzes vom Zeitpunkt der Tatsachenkenntnis auf den Zeitpunkt der Rechtskenntnis verlagert werden sollte. 984

### a) Unsichere und zweifelhafte Rechtslage

Vom Grundsatz der dreijährigen Regelverjährung soll – entgegen des klaren Wortlauts des § 199 Abs. 1 Nr. 2 BGB – nach der anerkannten Rechtsprechung in sehr eng begrenzten Ausnahmefällen dann eine Abweichung geboten sein, wenn eine „unsichere und zweifelhafte" Rechtslage vorliegt, die selbst ein rechtskundiger Dritter nicht zuverlässig einzuschätzen vermag.[55] Auch wenn der Verjährungsbeginn nach objektiven Kriterien ermittelt wird und ausdrücklich nicht davon abhängt, ob der Anspruchsinhaber die anspruchsbegründenden Tatsachen zutreffend rechtlich würdigt, soll es dem Gläubiger nicht zumutbar sein, sich auf einen Rechtsstreit mit völlig offenem Ausgang einzulassen.[56] Der Grundgedanke für die Verjährungshemmung aufgrund einer „unsicheren oder zweifelhaften" Rechtslage liegt darin, dass dem Gläubiger in der Abwägung mit den Interessen des Schuldners eine faire und umfassende Chance garantiert werden soll, seine Ansprüche geltend zu machen, wofür ihm auch die hinreichende Möglichkeit geboten werden müsse, das Bestehen seiner Forderung überhaupt zu erkennen.[57] 985

Ein Indiz für das Vorliegen einer „unsicheren und zweifelhaften" Rechtslage soll etwa ein ernsthafter Meinungsstreit zwischen den Gerichten, zwischen Rechtsprechung und Literatur, oder eine vertiefte Befassung des BGH mit der in Streit stehenden Frage, sein.[58] Dahingegen führen etwaige Differenzen zwischen der obergerichtlichen Rechtsprechung allein nicht zu einer Unzumutbarkeit der Rechtsverfolgung.[59] 986

Grundsätzlich werden sich Anspruchsinhaber jedoch nur in seltenen Ausnahmekonstellationen auf ein Hinausschieben des Verjährungsbeginns wegen einer „unsicheren oder zweifelhaften" Rechtslage berufen können. Die Zumutbarkeit der Klageerhebung ist im Regelfall nicht erst dann anzunehmen, wenn die Rechtsverfolgung für den Kläger risikolos möglich wäre, oder die Rechtslage bereits höchstrichterlich geklärt ist.[60] Denn für unklare Sachverhalte ist gerade der Instanzenzug und gegebenenfalls die Klärung durch den BGH notwendig.[61] So hat der IV. Zivilsenat in seiner Entscheidung vom 17.11.2011[62] das Hinausschieben des Verjährungsbeginns wegen einer „unsicheren oder zweifelhaften" Rechtslage mit der Begründung abgelehnt, dass die Geltendmachung der Ansprüche durch den Kläger gerade unter Beweis stellen würde, dass die Klageerhebung nicht unzumutbar war, auch wenn die Rechtsfrage bei Klageerhebung noch nicht höchstrichterlich entschieden war. 987

Für die Beurteilung, ob im konkreten Fall eine „unsichere und zweifelhafte" Rechtslage vorliegt, ist nach Rechtsprechung des BGH entscheidend auf den Zeitpunkt der An- 988

---

[55] BGH 15.6.2010 – XI ZR 309/09, NJW-RR 2010, 1575 Rn. 12; 28.10.2014 – XI ZR 348/13, NJW 2014, 3713 Rn. 35.
[56] BeckOGK/Piekenbrock, Stand: 1.2.2023, § 199 Rn. 136.
[57] BeckOGK/Piekenbrock, Stand: 1.2.2023, § 199 Rn. 136.
[58] LG Trier 25.11.2022 – 1 S 69/22, BeckRS 2022, 42353.
[59] BeckOGK/Piekenbrock, Stand: 1.2.2023, § 199 Rn. 141.
[60] BGH 4.7.2017 – XI ZR 562/15, NJW 2017, 2994 Rn. 85.
[61] BeckOGK/Piekenbrock, Stand: 1.2.2023, § 199 Rn. 140; LG Münster 16.8.2021 – 12 O 306/20, BeckRS 2021, 25492 Rn. 63.
[62] BGH 17.11.2011 – IV ZR 113/20, NJW 2022, 389.

spruchsentstehung abzustellen.[63] War die Rechtsverfolgung zunächst unzumutbar, beginnt die Verjährung mit Abschluss des Jahres zu laufen, in dem die Rechtsfrage durch eine höchstrichterliche Entscheidung geklärt worden ist.[64] Ob die Zumutbarkeitsrechtsprechung einschlägig ist, muss im Einzelfall anhand des konkreten Sachverhaltes festgestellt werden – eine einheitliche Handhabung der Rechtsanwendung anhand objektiver Merkmale ist insoweit nicht möglich.

989 Für Sachverhaltskonstellationen, in denen Kondiktionsansprüche gem. § 812 Abs. 1 S. 1 Alt. 1 BGB wegen rechtsgrundlos gezahlter Entgelte aufgrund unwirksamer Preisänderungen geltend gemacht werden, die ausschließlich auf die Unwirksamkeit des AGB-Änderungsmechanismus mittels Genehmigungsfiktion zurückzuführen sind, wird das Hinausschieben der Verjährung wegen einer „unsicheren und zweifelhaften" Rechtslage in der Regel abzulehnen sein.

990 Auch wenn der BGH den Zustimmungsfiktionsmechanismus in seiner Rechtsprechungshistorie zu keinem Zeitpunkt ausdrücklich gebilligt hatte, lässt sich nicht von der Hand weisen, dass Vertragsänderungen mittels Genehmigungsfiktion in der Vergangenheit meist unbeanstandet blieben, obwohl sie im Geschäftsbetrieb jahrzehntelang die gängige Praxis darstellten. Bis zum Urteil des XI. Zivilsenats vom 27.4.2021 bestand weit überwiegend Einigkeit zwischen der gefestigten herrschenden Meinung im Schrifttum und der Mehrheit der Instanzgerichte über die AGB-rechtliche Wirksamkeit der entsprechenden Klauseln. Insoweit war die Rechtslage zu keinem Zeitpunkt derart „unsicher oder zweifelhaft", dass selbst ein rechtskundiger Dritter diese nicht zuverlässig einzuschätzen vermochte und dem Gläubiger daher eine Klageerhebung unzumutbar war.[65]

991 Dass der BGH nunmehr die zuvor gängige Praxis mit seiner Entscheidung für unwirksam erklärt hat, genügt nicht, um aus ex-post Perspektive eine „unsichere und zweifelhafte" Rechtslage herbeizuführen. Denn der XI. Zivilsenat hat die Zustimmungsfiktionspraxis für unwirksam erklärt, nicht, weil die Rechtslage „unsicher oder zweifelhaft" war – sondern, obwohl sie es nicht war.

### b) Entgegenstehende höchstrichterliche Rechtsprechung

992 Darüber hinaus wird diskutiert, ob der Verjährungsbeginn der entstandenen Rückforderungsansprüche wegen einer entgegenstehenden höchstrichterlichen Rechtsprechung hinauszuschieben ist. Dies setzt grundsätzlich voraus, dass die Rechtslage aufgrund der gegenwärtigen Rechtsprechungslinie des BGH so klar wirkt, dass die Erfolgsaussichten einer Klage nahezu aussichtslos erscheinen.[66] Der BGH hat in einer Entscheidung zur Kondiktion rechtsgrundlos entrichteter Bearbeitungsentgelte entschieden, dass dem Anspruchsinhaber die Klageerhebung nicht zugemutet werden kann, wenn den Ansprüchen im Zeitpunkt der Geltendmachung eine einheitliche anspruchsfeindliche Rechtsprechung entgegenstehe, die bei streitgegenständlicher Normauslegung regelmäßig zu einem dem Klageziel abweichenden Ergebnis gelange.[67] Denn gerade dann, wenn niemand die Geltendmachung eines bestimmten Anspruches ernsthaft in Erwägung ziehe, solle die Geltendmachung der Ansprüche erst nach Änderung der Rechtsprechung zumutbar sein.[68] Dies wird indes nur bei einer völlig überraschenden Abkehr von der früheren Rechtsprechung anzunehmen sein, die auch aus Sicht eines rechtskundigen Dritten nicht abzusehen war.[69]

---

[63] BGH 9.2.2022 – 5 AZR 368/21, NJW 2022, 2491; 28.10.2014 – XI ZR 348/13, NJW 2014, 3713 Rn. 34 ff.
[64] BGH 23.9.2008 – XI ZR 262/07, NJW-RR 2009, 547 (548).
[65] Edelmann/Schultheiss/Weil BB 2022, 1548 (1549); Omlor NJW 2021, 2243 (2248); Herresthal ZHR 186 (2022), 373 (407).
[66] BGH 28.10.2014 – XI ZR 348/13, NJW 2014, 3713 Rn. 34 ff.
[67] BGH 28.10.2014 – XI ZR 348/13, NJW 2014, 3713 Rn. 34 ff.
[68] BGH 28.10.2014 – XI ZR 348/13, NJW 2014, 3713 Rn. 34 ff.
[69] BeckOGK/Piekenbrock, Stand: 1.2.2023, § 199 Rn. 139.

Wie bereits dargestellt, hat der XI. Zivilsenat in seiner Grundsatzentscheidung vom 27.4.2021 ausdrücklich hervorgehoben, dass er in seiner bisherigen Rechtsprechungslinie die in Streit stehenden zustimmungsfingierenden Klauseln zu keinem Zeitpunkt ausdrücklich gebilligt habe. Auch, wenn das (bankrechtliche) Schrifttum und die Mehrheit der Instanzgerichte in der Vergangenheit gleichwohl von der Wirksamkeit derartiger Klauseln ausgegangen waren, existiert bis heute keine BGH-Entscheidung, welche die Zustimmungsfiktionspraxis explizit legitimierte. Das bloße Fehlen einer entsprechenden Rechtsprechung für die konkrete Streitfrage reicht indes nicht aus, um die Unzumutbarkeit der Klageerhebung zu begründen – ansonsten würde das Hinausschieben des Verjährungsbeginns contra legem nicht mehr die Ausnahme, sondern den Regelfall darstellen.[70] **993**

Im Gegensatz dazu hatte der III. Zivilsenat bereits im Vorfeld in seinen Entscheidungen vom 11.10.2007 und 15.11.2007 vergleichbare Zustimmungsfiktionsklauseln in Internetprovider-Verträgen und von Pay-TV-Anbietern für unwirksam erklärt, da sie dem Verwender die Handhabe boten, das Vertragsgefüge insgesamt umzugestalten, insbesondere das Äquivalenzverhältnis von Leistung und Gegenleistungen erheblich zu seinen Gunsten zu verschieben und damit die Position ihres Vertragspartners zu entwerten.[71] Diese Wertung – die sich letztlich auch in der Entscheidung vom 27.4.2021 widerspiegelte – ist im Ergebnis auf die meisten Anwendungen von Zustimmungsfiktionsklauseln in Dauerschuldverhältnissen im Massengeschäft übertragbar. Demzufolge sprechen gute Gründe dafür, die Unzumutbarkeit der Klageerhebung bereits mangels einer, den Konditionsansprüchen gem. § 812 Abs. 1 S. 1 Alt. 1 BGB, entgegenstehenden höchstrichterlichen Rechtsprechung abzulehnen. **994**

Besonders im bankrechtlichen Kontext wird das Hinausschieben der Verjährung wegen entgegenstehender höchstrichterlicher Rechtsprechung diskutiert – die überwiegende Mehrheit der Stimmen in Rechtsprechung[72] und Schrifttum[73] geht auch im Nachgang der Grundsatzentscheidung vom 27.4.2021 weiter von einer vollständigen Ablehnung der Verjährungshemmung wegen Unzumutbarkeit der Klageerhebung – aus den zuvor dargestellten Gründen – aus. **995**

Allein das LG Trier ist mit Entscheidung vom 25.11.2022[74] der Rechtsauffassung eines Klägers gefolgt und hat für ein Hinausschieben der Verjährung bis zur Kenntniserlangung von der Fiktionsentscheidung des BGH vom 27.4.2021 entschieden. Dies allerdings nicht aufgrund einer unsicheren bzw. zweifelhaften Rechtslage, oder einer entgegenstehenden höchstrichterlichen Rechtsprechung, sondern unter Verweis auf den Einfluss der EuGH-Rechtsprechung zur Effektivität von nationalen Verjährungsregeln.[75] Die Entscheidung des LG Trier ist nicht rechtskräftig. In dem Verfahren wurde die Revision zugelassen und ist derzeit beim BGH unter dem Aktenzeichen XI ZR 336/22 anhängig. Der BGH wird diese Streitfrage in naher Zukunft zu entscheiden haben. **996**

### c) Effektivitätsgrundsatz EuGH – Europarechtskonformität der Verjährungsregeln

Im Lichte der EuGH-Rechtsprechung[76] zum Verjährungsbeginn wird diskutiert, ob die nationalen Verjährungsregelungen des BGB gegen den Effektivitätsgrundsatz verstoßen, da **997**

---

[70] BGH 17.11.2021 – IV ZR 113/20, r+s 2022, 30; Schultess NJW 2022, 431 Rn. 43; Herresthal ZHR 186 (2022), 373 (408).
[71] BGH 11.10.2007 – III ZR 63/07, WRP 2008, 114; 15.11.2007 – III ZR 247/06, NJW 2008, 360.
[72] So u. a.: AG Neuss 24.2.2022 – 75 C 2027/21, VersR 2022, 822 (824); AG Steinfurt 4.5.2022 – 21 C 825/21, NJW 2022, 2284.
[73] So u. a.: Herresthal ZHR 186 (2022), 373 (408); Omlor NJW 2021, 2243 (2248); Simon ZIP 2022, 13 (17); Schultess NJW 2022, 431 (437); aA: Casper ZIP 2021, 2361 (2369); im Ergebnis auch: Rodi WM Heft 28/2021, 1361.
[74] LG Trier 25.11.2022 – 1 S 69/22, BeckRS 2022, 42353.
[75] Dazu siehe: 3. b) cc) Effektivitätsgrundsatz EuGH – Europarechtskonformität der Verjährungsregeln.
[76] EuGH 10.6.2021 – C-776/19, C-777/19, C-778/19, C-779/19, C-780/19, C-781/19, C-782/19, WM 2021, 1882 – BNP Paribas; EuGH 22.4.2021 – C-485/19, BKR 2021, 629 – Credit Slovakia mAnm Schultheiss; EuGH 16.7.2020 – C-224/19, C-259/19, WM 2020, 1477 – Caixabank.

sie Verbrauchern mit fehlender Rechtskenntnis systematisch die Möglichkeit nähmen, die Erstattung von Zahlungen zu verlangen, die aufgrund europarechtswidriger Klauseln geleistet wurden.

998 In seiner Entscheidung vom 10.6.2021[77] stellt der EuGH zunächst klar, dass Verjährungsfristen von drei bis fünf Jahren für Rückzahlungsansprüche von Verbrauchern, die wegen missbräuchlicher Klauseln nach Art. 6 Abs. 1 RL 93/13/EWG rechtsgrundlos Beiträge gezahlt haben, grundsätzlich keine europarechtlichen Bedenken entgegenstehen, sofern sie „im Voraus festgelegt und bekannt sind".

999 Allerdings sei ein Verstoß gegen den Effektivitätsgrundsatz anzunehmen, wenn die Verjährungsfrist unabhängig von der Kenntnis der Missbräuchlichkeit der Klausel zu laufen beginne oder bereits vor Kenntniserlangung abgelaufen sei. Denn maßgebliche Fristen dürfen – insbesondere bei Dauerschuldverhältnissen – nicht derart ausgestaltet sein, dass sie die „Ausübung der durch die Unionsrechtsordnung verliehenen Rechte praktisch unmöglich machen oder übermäßig erschweren", weil dem Verbraucher insofern die Möglichkeit genommen werde, vor Fristablauf den ihm obliegenden Rechtsbehelf vorzubereiten und einzureichen.[78]

1000 Vor dem Hintergrund dieser Grundsätze des EuGH wird im Kontext der deutschen Verjährungsregeln des BGB die Frage aufgeworfen, ob für den Verjährungsbeginn neben der Kenntnis der anspruchsbegründenden Tatsachen auch deren rechtliche Würdigung vorausgesetzt werden soll, um eine effektive Rechtsdurchsetzung durch den Gläubiger gewährleisten zu können.

1001 Dieser Erwägung kann im Ergebnis nicht gefolgt werden.[79] Grundgedanke der EuGH-Rechtsprechung ist es, dem Gläubiger eine faire Chance zu bieten, das Bestehen seines Anspruches zu erkennen und die Durchsetzung seiner Rechte zu ermöglichen. Diesem Bedürfnis ist vom deutschen Gesetzgeber bereits nach § 199 Abs. 1 BGB in ausreichendem Maße Sorge getragen, wonach dem Gläubiger zur Verfolgung seiner Ansprüche in objektiver Weise eine dreijährige Frist eingeräumt wird und in subjektiver Hinsicht der Verjährungsbeginn von der Kenntnis der anspruchsbegründenden Tatsachen abhängig gemacht wird.[80] Darüber hinaus besteht im Ausnahmefall die Möglichkeit, dass der Verjährungsbeginn bei „unklarer und zweifelhafter" Rechtslage im Sinne der Zumutbarkeitsrechtsprechung des BGH[81] hinauszuschieben ist. Wenn die Rechtslage nicht unklar oder nicht zweifelhaft ist, kann dem Gläubiger aufgrund der Kenntnis von den anspruchsbegründenden Tatsachen dagegen ohne weiteres zugemutet werden, seine Ansprüche auf dem Klageweg zu verfolgen.

1002 Dementsprechend bieten die nationalen Verjährungsregelungen bereits einen angemessenen Ausgleich zwischen den vom EuGH gestellten Anforderungen an den Schutz der Verteidigungsrechte des Anspruchsberechtigten und dem Schuldnerinteresse an Rechtssicherheit und Rechtsfrieden im Rechtsverkehr.[82]

1003 Eine Ausweitung des Gläubigerschutzes durch Verlagerung des Verjährungsbeginns auf den Zeitpunkt der Rechtskenntnis wäre deshalb bereits nicht zielführend. Denn insoweit würde die Verjährung contra legem von dem zufälligen Umstand abhängig gemacht werden, ob und wann der Gläubiger eine rechtlich zutreffende Würdigung der ihn bekannten Tatsachen vornimmt, wozu er in der Regel ohne eine Rechtsberatung ohnehin nicht in der Lage sein wird.[83] Dies läuft dem zentralen Ziel des Verjährungsrechts des BGB entgegen, den Verjährungsbeginn in einer Zweifel möglichst ausschließenden Weise objektiv

---

[77] EuGH 10.6.2021 – C-776/19, C-777/19, C-778/19, C-779/19, C-780/19, C-781/19, C-782/19, WM 2021, 1882 – BNP Paribas.
[78] EuGH 16.7.2020 – C-224/19, C-259/19, WM 2020, 1477 – Caixabank.
[79] Edelmann, Schultheiss, Weil BB 27/2022, 1548 (1549); aA: LG Trier 25.11.2022 – 1 S 69/22, BeckRS 2022, 42353.
[80] Edelmann, Schultheiss, Weil BB 27/2022, 1548 (1550).
[81] BGH 28.10.2014 – XI ZR 348/13, NJW 2014, 3713 Rn. 34 ff.
[82] Edelmann, Schultheiss, Weil BB 27/2022, 1548 (1550).
[83] Edelmann, Schultheiss, Weil BB 27/2022, 1548 (1551).

IV. Einwände gegen die geltend gemachten Rückzahlungsansprüche **Kapitel 6**

bestimmbar zu machen und würde letztlich für erhebliche Beweisschwierigkeiten und Unsicherheit im Rechtsverkehr sorgen – was es gerade zu vermeiden gilt.

**d) Fazit**

Im Ergebnis ist festzuhalten, dass das Hinausschieben des Verjährungsbeginns wegen der Unzumutbarkeit der Klageerhebung in jedem Fall nur als ultima ratio anzunehmen ist, da ansonsten die Gefahr bestünde, die gesetzgeberischen Verjährungsregeln des BGB zu konterkarieren. In der Regel liegt (fast) jedem Rechtsstreit eine unsichere und zweifelhafte Rechtslage zu Grunde. Andernfalls würde nicht geklagt. Würde die Zumutbarkeitsrechtsprechung des BGH inflationär eingesetzt, bestünde die Gefahr, die allgemeinen Verjährungsregelungen auszuhöhlen und im Vergleich zum gesetzlichen Regelverjährungsbeginn den Ausnahmecharakter zu entziehen. Sie würde dann unzutreffend zur Regel gemacht, was im Gesetz keinerlei Stütze findet.[84] 1004

Zur Wahrung von Rechtssicherheit und Rechtsfrieden sollte deshalb garantiert werden, dass es den Parteien stets möglich ist, den Beginn der Verjährung zweifelsfrei festzustellen. Darüber hinaus haben die Schuldner ein schützenswertes Interesse, im Rechtsverkehr darauf vertrauen zu dürfen, dass berechtigte Ansprüche nach Ablauf einer gewissen Zeit nicht mehr gegen sie geltend gemacht werden können.[85] 1005

Auch aus rechtspolitischen Aspekten wäre eine Ablehnung der Zumutbarkeitsrechtsprechung für die Rückforderung rechtsgrundlos gezahlter Entgelte wegen unwirksamer Zustimmungsfiktionsklauseln angezeigt. Die Verjährungsfrist zur Geltendmachung der Rückforderungsansprüche könnte sich ansonsten bis zur gesetzlichen Höchstfrist von zehn Jahren gem. § 199 Abs. 4 BGB verlängern. Dadurch drohen den Klauselanwendern deutlich längere Haftungs- und Rückzahlungspflichten, mit denen erhebliche wirtschaftliche Belastungen einhergehen, die für einige Anbieter ein existenzgefährdendes Niveau erreichen könnten.[86] 1006

## IV. Einwände gegen die geltend gemachten Rückzahlungsansprüche

Auf Anbieterseite ist zu diskutieren, ob die Rückforderung der rechtsgrundlos gezahlten Entgelte gem. § 812 Abs. 1 S. 1 Alt. 1 BGB durch den Kunden rechtsmissbräuchlich ist, oder die geltend gemachten Ansprüche aufgrund des Verhaltens der Vertragspartner verwirkt sind, wenn den Anbietern durch die Geltendmachung der Forderung ein unzumutbarer Nachteil entsteht. 1007

Ferner könnten Rückforderungsansprüche im Einzelfall dann nicht mehr bestehen, wenn Kunden die angebotenen Vertragsänderungen konkludent angenommen haben, indem sie das verlangte Entgelt jahrelang widerspruchslos gezahlt und die dahinterstehende Leistung beanstandungsfrei in Anspruch genommen haben. 1008

### 1. Verwirkung

Zu diskutieren wird sein, ob die Rückforderung über zT jahrelanger vorbehaltlos gezahlter Entgelte treuwidrig ist und Konditionsansprüche deshalb verwirkt sind. 1009

Ein Recht ist verwirkt, wenn sich der Schuldner wegen der Untätigkeit des Gläubigers über einen gewissen Zeitraum hin bei objektiver Beurteilung darauf einrichten darf und eingerichtet hat, dieser werde sein Recht nicht mehr geltend machen, so dass die verspätete Geltendmachung gegen Treu und Glauben verstößt („Zeitmoment"). Zu dem Zeitablauf 1010

---

[84] So auch: Herresthal ZHR 186 (2022), 373 (409).
[85] Edelmann, Schultheiss, Weil BB 27/2022, 1548 (1551).
[86] Herresthal ZHR 186 (2022), 373 (409).

müssen besondere, auf dem Verhalten des Berechtigten beruhende Umstände hinzutreten, die das Vertrauen des Verpflichteten rechtfertigen, der Berechtigte werde sein Recht nicht mehr geltend machen („Umstandsmoment").[87] Nach ständiger Rechtsprechung werden Zeit- und Umstandsmoment in Wechselwirkung zueinander betrachtet.[88] Der Anspruchsgegner wird in seinem Vertrauen schutzwürdiger, je länger der Inhaber von seinem Recht nicht Gebrauch macht.[89]

1011 In der Praxis wird es hier – trotz der jahrelang unbeanstandeten Beitragszahlung durch den Kunden – regelmäßig an dem für die Verwirkung der Ansprüche unerlässlichen Umstandsmoment fehlen.[90] Denn es ist bereits anzunehmen, dass die Anbieter in der Zeit bis zur Bekanntgabe des BGH Urteils am 27.4.2021 davon ausgingen, dass die von ihnen angebotenen Entgelterhöhungen aufgrund der Zustimmungsfiktionspraxis üblicherweise auch ohne die aktive Mitwirkung ihrer Kunden wirksam zustande kamen. Es wäre unredlich, wenn sie sich im Nachgang ebendieser Entscheidung darauf berufen könnten, dass der Gläubiger durch seine Untätigkeit einen Vertrauenstatbestand geschaffen habe, der eine Verwirkung seines Rückforderungsanspruches der nunmehr rechtsgrundlos gezahlten Entgelte wegen widersprüchlichen Verhaltens rechtfertige.[91] Anhaltspunkte, die es entgegen der allgemeinen Wertung erforderlich machen, eine unzulässige Rechtsausübung wegen widersprüchlichen Verhaltens des Kunden bereits vor Ablauf der regelmäßigen Verjährungsfrist anzunehmen, gibt es im Kern nicht.

1012 In Fällen von Darlehenswiderrufen hat der BGH allerdings die Beendigung der Geschäftsbeziehung und die einvernehmliche Abwicklung des Vertragsverhältnis als verwirkendes Umstandsmoment angesehen.[92] Nach der Rechtsprechung des XI. Zivilsenates stehe der Verwirkung auch nicht entgegen, dass der Verbraucher im Zeitpunkt der Abwicklung der Geschäftsbeziehung keine Kenntnis vom Fortbestand des Widerrufsrechts erlangt hatte. Überträgt man diese Wertung, kommt der Verwirkung in Konstellationen Bedeutung zu, in denen das Geschäftsverhältnis wirksam beendet wurde. Das Umstandsmoment könnte mit dem BGH auch hier anzunehmen sein, unabhängig davon, ob der Kunde Kenntnis vom Bestehen etwaiger Rückforderungsansprüche hatte oder nicht. Denn in diesen Fällen besteht ein schützenswertes Interesse der Klauselverwender darin, ein geschlossenes Vertragsverhältnis als abschließend abgewickelt anzusehen, solange sich die Kunden die Rückforderung etwaig zuviel gezahlter Entgelte im Rahmen der Abwicklung nicht vorbehalten haben.

1013 In zukünftigen Rechtsstreitigkeiten könnte der Verwirkungseinwand zudem an Relevanz gewinnen, wenn ein Kunde Konditionsansprüche geltend macht, obwohl er in Kenntnis der Rechtsprechung des BGH vom 27.4.2021 ohne Vorbehalt die fälligen Entgelte beanstandungsfrei weitergezahlt hat. Für die nach Kenntnis der Rechtsprechung fortwährend gezahlten erhöhten Entgelte steht einer Rückforderung ohnehin § 814 BGB entgegen.

## 2. Rechtsmissbrauch wegen widersprüchlichen Verhaltens

1014 Die Erwägungen zur Verwirkung lassen sich im Ergebnis auch auf den möglichen Rechtsmissbrauchseinwand wegen widersprüchlichen Verhaltens übertragen. Die Rückforderung von Entgelten kann nach den Grundsätzen von Treu und Glauben gem. § 242 BGB rechtsmissbräuchlich sein, wenn für den Vertragspartner durch das Verhalten des Gläubigers ein Vertrauenstatbestand geschaffen worden ist oder andere besondere Umstände die

---

[87] MüKoBGB/Schubert, § 242, Rn. 456.
[88] BGH 16.10.2018 – XI ZR 69/18, NJW 2019, 66; 10.10.2017 – XI ZR 393/16, VuR 2018, 62.
[89] BGH 10.9.2019 – XI ZR 169/17, BeckRS 2019, 28974.
[90] Casper ZIP 2021, 2361 (2364); Schultess NJW 2022, 431 (436) mit Hinweis auf: LG Berlin 10.1.2018 – 23 O 78/16, NJW 2018, 1176. (Rechtsgedanke zur Verwirkung bei Krankenversicherungsverträgen übertragbar)
[91] Casper ZIP 2021, 2361 (2364).
[92] BGH 15.10.2019 – XI ZR 759/17, NJW 2020, 148.

Rechtsausübung als treuwidrig erscheinen lassen.[93] Dies ist nach der Rechtsprechung des BGH anzunehmen, wenn sich objektiv das Gesamtbild eines widersprüchlichen Verhaltens ergibt. Widersprüchliches Verhalten ist rechtsmissbräuchlich, wenn das frühere Verhalten mit dem späteren sachlich unvereinbar ist.[94] Durch das Verhalten des Rechtsinhabers muss im Rahmen der umfassenden Abwägung aller Umstände des Einzelfalles ein ihm erkennbares, schutzwürdiges Vertrauen der Gegenseite auf eine bestimmte Sach- oder Rechtslage hervorgerufen worden sein.[95] Für den aus widersprüchlichem Verhalten hergeleiteten Einwand des Rechtsmissbrauchs sind unredliche Absichten oder ein Verschulden der Klagepartei nicht erforderlich.[96]

Die Schutzwürdigkeit des Gegners ist hingegen zu verneinen, wenn er Kenntnis von den Absichten des anderen Teils hat und ihm aufgrund der tatsächlichen Gegebenheiten kein Vertrauenstatbestand in ein bestimmtes zukünftiges Verhalten erwachsen durfte.[97]

Wie in den Ausführungen zum Verwirkungseinwand dargestellt, fehlt es auch hier an der Schutzwürdigkeit der Anbieter, da ihnen in der Regel kein Vertrauenstatbestand entstanden ist, aufgrund dessen die Rückforderung zeitlich weit zurückliegender Entgelte und Preise durch den Kunden als rechtsmissbräuchlich zu erachten wäre.

Denkbar sind – auch hier analog zum Widerrufsrecht – Fälle, in denen Kunden mögliche Rückforderungsansprüche im Vertragsverhältnis zweckwidrig einsetzen.[98] Dies hat das OLG Köln etwa angenommen, in einem Fall, in dem ein Kunde mit der Ausübung eines Widerrufs drohte, für den Fall, dass das Institut einer für ihn günstigeren Kondition nicht zustimmte.

### 3. Konkludente Annahme durch Weiterzahlung

Komplexer stellt sich die Frage, ob Rückforderungsansprüche bereits dann nicht mehr bestehen, wenn der Kunde jahrelang fortlaufend die erhöhten Entgelte gezahlt und die dahinterstehende Leistung beanstandungsfrei in Anspruch genommen hat und dieses Verhalten als wirksame konkludente Annahmeerklärung zum Änderungsangebot zu verstehen ist. Hier ist im Einzelfall eine genaue Differenzierung erforderlich.

Während teilweise neue Zustimmungsfiktionsklauseln formuliert werden, gibt es seit der BGH-Entscheidung vom 27.4.2021 auch Tendenzen, eine konkludente Annahme durch die widerspruchslose Hinnahme der Gebührenerhöhung herbeizuführen, indem Kunden darüber informiert werden, dass sie die Fortsetzung der Geschäftsbeziehung als Einverständnis zur Vertragsänderung mit den aktuellen Bedingungen und Entgelten verstehen werden.

Diese Praxis erscheint nicht aussichtsreich und wird von Rechtsprechung[99] und Literatur[100] weitgehend abgelehnt.

Zwar besteht grundsätzlich die Möglichkeit, dass ein Antrag auf Änderung des bestehenden Vertragsverhältnisses auch konkludent angenommen wird, wenn der Erklärungsempfänger durch (aktive) schlüssige Handlungen aus Sicht des Antragenden seinen Annahmewillen zum Ausdruck bringt.[101] Dafür müsste das Verhalten nach §§ 133, 157 BGB unter Berücksichtigung des objektiven Empfängerhorizont dahingehend auszulegen sein, dass der Erklärungsempfänger berechtigterweise auf einen Annahmewillen des Erklärenden schlie-

---

[93] MüKoBGB/Schubert, § 242 Rn. 364.
[94] vgl. BGH 12.7.2016 – XI ZR 501/15, NJW 2016, 3518; 14.7.2015 – VI ZR 326/14, NJW 2015, 2965.
[95] BGH 16.7.2014 – IV ZR 73/13, NJW 2014, 2723.
[96] MüKoBGB/Schubert, § 242 Rn. 370.
[97] BeckOK BGB/Sutschet, 66. Edition, Stand: 1.5.2023, § 242 Rn. 113.
[98] Vgl. zu ähnlichen Konstellationen bei Widerrufsfällen: OLG Köln 19.6.2019 – 13 U 8/18, n. v. (nicht öffentlich).
[99] So etwa: AG Neuss 24.2.2022 – 75 C 2027/21, BKR 2022, 389; LG Hannover 28.11.2022 – 13 O 173/22, ZIP 2022, 2599.
[100] Rodi WM 2021, 1357 (1358); Artz BKR 2021, 488; Wittmann MDR 2021, 1431 (1434); Schultess NJW 2022, 431 (432); Casper ZIP 2021, 2361 (2362); Rodi ZIP 2022, 1583 (1584); zweifelnd: Omlor NJW 2021, 2243 (2247), aA Simon ZIP 2022, 13 (15).
[101] MüKoBGB/Busche BGB § 147 Rn. 4.

ßen darf.¹⁰² Die Rechtsprechung fordert insoweit, dass *„der Erklärende annehmen dürfe, dass der andere Vertragsteil seinen abweichenden Willen äußern und der Vertragsänderung widersprechen würde, wenn er ihr nicht zustimmen wollte".*¹⁰³

**1022** Die Auslegung des Kundenverhaltens als Annahme erscheint aber bereits deshalb problematisch, als eine fortgeführte Nutzung – etwa durch weitere regelmäßige Fitnessstudiobesuche, Weiternutzung des Streamingangebotes, oder Tätigen einer Überweisung – nicht zwangsläufig in Zusammenhang zu der veranschlagten Erhöhung der Nutzungsentgelte steht, sondern zumeist lediglich eine Wahrnehmung der bestehenden Nutzungsrechte aus dem laufenden Vertragsverhältnis darstellt.¹⁰⁴ Die Nutzungsbefugnis der vertraglich geschuldeten Leistungen durch den Kunden ist bereits vom bisherigen Vertrag erfasst und besteht unabhängig davon, ob eine einseitig eingeführte Preiserhöhung des Anbieters wirksam ist oder nicht.¹⁰⁵ Dementsprechend dürfte regelmäßig gerade nicht darauf zu schließen sein, dass in der Vertragsfortsetzung eine von einem bindenden Annahmewillen getragene Erklärung des Kunden zu sehen ist, mit der er sein Einverständnis mit der angebotenen Entgelterhöhung durch schlüssiges Verhalten nach außen trägt. Die fortgeführte Nutzung des vereinbarten Leistungsangebotes durch den Kunden wird deshalb für sich genommen keine ausreichende Anknüpfungstatsache für eine Zustimmung zu Erhöhungen des Entgeltes darstellen.

**1023** Darüber hinaus führe die Auslegung des Kundenverhaltens als konkludente Zustimmung zu den geänderten AGB durch Fortsetzung der Geschäftsbeziehung nach Auffassung des LG Hannover zu einer unzulässigen Umgehung der Leitgedanken der BGH-Rechtsprechung vom 27.4.2021 und verstieße somit gegen den Rechtsgedanken des § 306a BGB.¹⁰⁶ Der XI. Zivilsenat hat Zustimmungsfiktionsklauseln für unwirksam erklärt, die den Kunden „stets (rechtswidrig) an seinem „Schweigen" festhalten und ihn dazu zwingen sollen, nicht für, sondern gegen die von der Bank gewünschte Vertragsänderung aktiv zu werden, was schon für sich ein hinreichender Makel i. S. d. § 307 Abs. 2 Nr. 1 BGB nach Maßgabe der §§ 145 ff. BGB sei".¹⁰⁷ Insofern wäre es widersprüchlich, wenn die Vertragsänderung einerseits einer Inhaltskontrolle nach § 307 BGB nicht standhält, weil sie die Zustimmung des Kunden durch bloßes Schweigen fingiert, im Nachgang aber der Umstand, dass die mithin unwirksamen Gebühren widerspruchlos entrichtet werden, eine stillschweigende Annahme legitimiert.¹⁰⁸ Es sei vielmehr davon auszugehen, dass der Fortsetzung der Geschäftsbeziehung bereits kein Erklärungswert beizumessen ist, da die Parteien von einer Annahme des Änderungsangebotes durch Schweigen ausgegangen waren und der Kunde sich darauf verlassen durfte, dass es auf seine (konkludente) Annahme des Vertragsänderungsangebotes nicht (mehr) ankommen werde.¹⁰⁹ Die Fiktion der Annahmeerklärung des Kunden durch Auslegung seines Verhaltens soll dementsprechend auch nur dann möglich sein, wenn der Kunde in dem Bewusstsein handelte, für das Zustandekommen des Vertrages sei möglicherweise noch eine Erklärung erforderlich.¹¹⁰ Unter Berücksichtigung der aufgezeigten Erwägungen wird es in der Regel an dem für die wirksame Annahme des Änderungsangebots erforderlichen objektiven Rechtsbindungswillen fehlen.

**1024** Möglicherweise anders zu bewerten ist der Fall, in dem objektiv begünstigende Vertragsänderungen durch ausschließlich vorteilhafte Vertragsklauseln, oder Klauseln, die lediglich gesetzlichen Vorgaben abbilden, angeboten werden. Denn durch die Fortführung und Inanspruchnahme der neuen, günstigen vertraglichen Leistung, läge seitens der Klausel-

---

¹⁰² MüKoBGB/Busche BGB § 147 Rn. 4.
¹⁰³ BAG 30.7.1985 – 3 AZR 405/83, NZA 1986, 474; Rodi WM 2021, 1357 (1359).
¹⁰⁴ Rodi WM 2021, 1357 (1359).
¹⁰⁵ Rodi ZIP 2022, 1583 (1584).
¹⁰⁶ LG Hannover 28.11.2022 – 13 O 173/22, ZIP 2022, 2599.
¹⁰⁷ Graf von Westphalen EWiR 2023, 67.
¹⁰⁸ LG Hannover 28.11.2022 – 13 O 173/22, ZIP 2022, 2599; Casper ZIP 2021, 2361 (2362).
¹⁰⁹ AG Neuss 24.2.2022 – 75 C 2027/21, BKR 2022, 389; Casper ZIP 2021, 2361 (2362).
¹¹⁰ Rodi WM 2021, 1357 (1359).

verwender ein berechtigtes Vertrauen vor, dass der Kunde, die günstigeren Konditionen mitsamt den geänderten AGB als für sich verbindlich ansieht.[111]

Eine konkludente Annahmeerklärung des Kunden kommt darüber hinaus in Fällen in Betracht, in denen völlig neue Produkte in das Vertragsverhältnis eingeführt werden, die der Kunde widerspruchslos benutzt. Als mögliche Anwendungsfälle sind dafür die Erweiterung des Streamingkatalogs, die zusätzliche Möglichkeit des Saunabetriebs über das bestehende Angebot im Fitnessstudio hinaus, oder die Bereitstellung von Debitkarten mit NFC-Funktion[112], denkbar. Solche Leistungen waren nicht vom bisherigen Vertragsverhältnis und vom angebotenen Leistungsspektrum erfasst und können folglich vom Kunden nur beansprucht werden, wenn er die angebotene Vertragsänderung auch tatsächlich annimmt. In dieser Konstellation dürfe der Kunde nicht darauf vertrauen, dass die neuen Leistungen ohne eine Anpassung der Vertragsbedingungen zur Verfügung gestellt werden.[113] Umstritten ist allerdings auch hier, ob die Inanspruchnahme der neuen Leistung aus Sicht des objektiven Empfängerhorizonts mit dem erforderlichen Rechtsbindungswillen des Kunden erfolgt und dieses Verhalten überhaupt als rechtsgeschäftliche Annahmeerklärung gewertet werden kann.[114]

Indes könnte der Fall anders zu beurteilen sein, wenn der Kunde nach wirksamer Änderungskündigung die Geschäftsbeziehung wiederaufleben lässt, indem er aktiv und in Kenntnis der wirksamen Kündigung die Leistungen weiter in Anspruch nimmt. Insoweit würde einer konkludenten Annahme des Änderungsangebotes nach den zuvor dargestellten Grundsätzen nichts entgegenstehen, da bei einer fortgesetzten Nutzung der angebotenen Leistung trotz Kündigung berechtigterweise auf den Rechtsbindungswillen des Erklärenden geschlossen werden kann.[115]

Anhand der verschiedenen Varianten der dargestellten Fallkonstellationen zeigt sich, dass eine konkludente Annahme des Vertragsänderungsangebots durch schlüssiges Verhalten im Einzelfall durchaus möglich ist – zumeist allerdings aufgrund des fehlenden Rechtsbindungswillens bzw. des Umgehungsverbots gem. § 306a BGB abzulehnen sein wird. Deshalb werden die Anbieter in der Praxis zukünftig nicht umhinkommen, eine ausdrückliche Zustimmung ihrer Kunden zu den angebotenen Entgelterhöhungen und Vertragsänderungen einzuholen.

## V. Drei-Jahres-Rechtsprechung bei Energielieferungsverträgen

Als ein weiterer zentraler Einwand gegen Rückzahlungsbegehren kommt die zu Energielieferungsverträgen entwickelte „Drei-Jahres-Rechtsprechung" in Betracht. Diese könnte auch auf andere Dauerschuldverhältnisse im Massengeschäft erstreckt werden.

### 1. Inhalt

Der VIII. Zivilsenat nimmt in ständiger Rechtsprechung an, dass den Kunden eines Energielieferungsunternehmens grundsätzlich Kondiktionsansprüche gegen den Versorger wegen unwirksamer Preisanpassungsklauseln zustehen, die jedoch in ihrer zeitlichen Reichweite durch die „Drei-Jahres-Lösung" einzuschränken sind.[116] Diese Rechtsfortbildung

---

[111] Hierzu bei → Rn. 490; Casper ZIP 2021, 2361 (2362).
[112] Rodi WM 2021, 1357 (1359); Casper ZIP 2021, 2361 (2363).
[113] So: Herresthal ZHR 186 (2022), 373; Casper ZIP 2021, 2361 (2363); Wittmann MDR 2021, 1431 (1434).
[114] Pro: Wittmann MDR 2021, 1431 (1434); Herresthal ZHR 186 (2022), 373; iE auch: Casper ZIP 2021, 2361 (2363); Omlor NJW 2021, 2243; Contra: Rodi WM 2021, 1357 (1359).
[115] Rodi ZIP 2022, 1583 (1584 ff.).
[116] u. a.: BGH 14.3.2012 – VIII ZR 93/11, BeckRS 2012, 7986; 14.3.2012 – VIII ZR 113/11, NJW 2012, 1865; 28.10.2015 – VIII ZR 158/11, NJW 2016, 1718.

bewirkt, dass der Kunde die Unwirksamkeit einer Preiserhöhung nicht (mehr) geltend machen kann, wenn er sie nicht innerhalb eines Zeitraumes von drei Jahren nach Zugang der jeweiligen Jahresabrechnung beanstandet hat. Im Energieversorgungsverhältnis hinterlassen Preisanpassungsklauseln, die einer Inhaltskontrolle nach dem über Art. 229 § 5 S. 2 EGBGB maßgeblichen § 307 BGB nicht standhalten, nach Wertung des BGH eine Vertragslücke, die durch die ergänzende Vertragsauslegung gem. §§ 133, 157 BGB zu schließen ist. Dadurch wird nicht nur der Rückforderungsanspruch zeitlich begrenzt, sondern auch die Beitragshöhe für die Zukunft festgeschrieben. Das hat zur Folge, dass trotz Unwirksamkeit der Preiserhöhungsklausel oder trotz unwirksamer Einbeziehung anstelle des bei Vertragsschluss vereinbarten Anfangspreises die letzte Preiserhöhung des Energieversorgers tritt, welcher der Kunde nicht rechtzeitig widersprochen hat. Die Rechtsprechung des BGH legt die über einen längeren Zeitraum ohne Widerspruch erfolgte Fortzahlung der Energiebeiträge als eine unausgesprochene Vereinbarung aus, dass das Vertragsverhältnis trotz Unwirksamkeit der Preisänderung drei Jahre nach Zugang der ersten Jahresabrechnung zu den angepassten Konditionen fortgeführt werden soll.

**1030** Sinn und Zweck der Rechtsfortbildung ist, das subjektive Äquivalenzverhältnis der Parteien bei langfristigen Versorgungsverträgen im beiderseitigen Interesse zur Wahrung des Rechtsfriedens im Gleichgewicht zu halten.[117] Dieser Gedanke würde konterkariert, wenn der Kunde die Möglichkeit hätte, die im Zuge der Schwankungen ausgelösten Erhöhungsbeträge rückwirkend ohne zeitliche Einschränkung zurückzufordern, selbst wenn diese durch unwirksame Preisanpassungsklauseln eingeführt wurden.[118] Gerade bei Energieversorgungsverträgen ist es schon aufgrund der Natur der Sache zu erwarten, dass Preisänderungen im Laufe des Vertragsverhältnisses erforderlich werden, um auf Veränderungen von Versorgungs- und Lohnkosten, ausgelöst durch üblicher Weise stark schwankende Weltmarktpreise bei Gas, Öl und Strom, reagieren zu können.[119] Insofern wird nach den Gepflogenheiten der Geschäftssitte dem Kunden das Preisänderungsrisiko auferlegt, um die drohende Äquivalenzstörung zwischen Leistung und Gegenleistung im Laufe der Geschäftsbeziehung interessengerecht auszugleichen. Energielieferanten sind demzufolge einerseits dazu berechtigt, Kostensteigerungen während der Vertragslaufzeit an den Kunden weiterzugeben, müssen ihre Forderungen im Gegenzug auch mit etwaigen Kostensenkungen verrechnen, die aufgrund einer günstigeren Marktlage entstanden sind.[120]

**1031** Nach Auffassung des VIII. Zivilsenates sei ein Preisanpassungsrecht des Unternehmers notwendig, um ein stabiles Versorgungssystem zu ermöglichen und den Fortbestand des Vertrages garantieren zu können. Ansonsten würde sich das Vertragsgefüge derart einseitig zugunsten der Kunden verschieben, dass der Vertrag ohne die Vermittlung der ergänzenden Vertragsauslegung in seiner Gesamtheit keinen Bestand hätte.[121] Ein redlicher Kunde könne ohnehin nicht erwarten, dass die Energieversorgung auf Dauer zu unveränderten Preisen möglich ist, wenn die Unterhalts- und Betriebskosten des Energielieferers kontinuierlich steigen.[122]

**1032** Der VIII. Zivilsenat sieht eine gravierende Störung des Äquivalenzverhältnisses bereits darin, dass der Kunde die Preiserhöhungen in der Vergangenheit unbeanstandet lies und dadurch dem Versorger keine Veranlassung gab, frühzeitig von seinem außerordentlichen Kündigungsrecht Gebrauch zu machen.[123] Aufgrund der Unwirksamkeit der Preiserhöhungsklauseln wäre der Energieversorger in der Konsequenz an den ursprünglich vereinbarten Lieferpreis gebunden und mit Blick auf die gesamte Vertragslaufzeit daran gehindert,

---

[117] BGH 28.10.2015 – VIII ZR 158/11, NJW 2016, 1718; 14.3.2012 – VIII ZR 93/11, BeckRS 2012, 7986.
[118] BGH 14.3.2012 – VIII ZR 113/11, NJW 2012, 1865.
[119] BGH 14.3.2012 – VIII ZR 113/11, NJW 2012, 1865.
[120] BGH 14.3.2012 – VIII ZR 113/11, NJW 2012, 1865.
[121] BGH 6.4.2016 – VIII ZR 79/15, NJW 2017, 320.
[122] BGH 6.4.2016 – VIII ZR 79/15, NJW 2017, 320.
[123] BGH 15.4.2015 – VIII ZR 59/14, NJW 2015, 2566.

in einer anderen Weise auf Schwankungen seiner eigenen Bezugspreise zu reagieren. Das würde zwangsläufig zu einer ungerechtfertigten Bevorteilung des Kunden führen, die es zu vermeiden gilt.

Ohne die vertragliche Preisänderungsmöglichkeit wären die Versorger im Umkehrschluss 1033 gezwungen, immer dann, wenn ein gravierendes Ungleichgewicht zwischen Leistung und Gegenleistung zu entstehen droht, das Vertragsverhältnis zu kündigen, obwohl beide Parteien grundsätzlich am Fortbestand des Sonderkundenvertrages interessiert sind. Die Kunden des Energieversorgers würden dann in das Grundversorgungsverhältnis zu regelmäßig schlechteren Konditionen zurückfallen. Diese Vorgehensweise wäre für beide Seiten nicht praktikabel und im Massengeschäft ineffizient.

### 2. Erforderlichkeit und Europarechtskonformität

Kritische Stimmen diskutieren,[124] ob überhaupt eine Notwendigkeit für die Übertragung 1034 der „Drei-Jahres-Rechtsprechung" auf Rückforderungsansprüche wegen unwirksamer Preis- und Entgelterhöhungen durch Zustimmungsfiktionsklauseln in anderen Dauerschuldverhältnissen außerhalb der Energiewirtschaft besteht, da solche Ansprüche ohnehin der dreijährigen Regelverjährung nach §§ 195, 199 BGB unterliegen und die „Drei-Jahres-Rechtsprechung" aus europarechtlichen Gesichtspunkten ohnehin nicht unumstritten ist.

### a) Erforderlichkeit der „Drei-Jahres-Rechtsprechung" trotz Regelverjährung

Sinn und Zweck beider Regelungen ist, die Anspruchsverfolgung auf einen Zeitraum von 1035 drei Jahren zu beschränken, um dem Gläubiger im Sinne des Schuldnerschutzes einen Anreiz zur zeitnahen Anspruchsgeltendmachung zu geben und für Rechtsfrieden und Sicherheit im Rechtsverkehr zu sorgen.[125]

Dieser Gleichlauf reicht allerdings nicht aus, um der „Drei-Jahres-Rechtsprechung" eine 1036 eigenständige Bedeutung neben den gesetzlichen Verjährungsregeln abzusprechen.

Denn anders als das Verjährungsrecht bewirkt die „Drei-Jahres-Lösung", dass jegliche 1037 Preiserhöhungen, die der Kunde nicht innerhalb eines Zeitraumes von drei Jahren beanstandet hat, als zugestanden gelten und somit dem Vertragsverhältnis für die Zukunft zugrunde liegen. Dadurch sind die Rückforderungsansprüche nach Ablauf der dreijährigen Frist „quasi präkludiert" und die Rechtswidrigkeit der Preisänderung „geheilt". Der Kunde kann die Unwirksamkeit der Erhöhungen über diesen Zeitraum hinaus nicht mehr geltend machen und ist in seinem Rückzahlungsbegehren der Höhe nach auf die rechtzeitig gerügten Beträge beschränkt. Demgegenüber wird die Unwirksamkeit einzelner Entgelterhöhungen durch das Verjährungsrecht nicht berührt. Das hat zur Folge, dass der Anspruchsinhaber sämtliche unwirksame Entgelterhöhungen in der Vergangenheit rügen und jegliche rechtsgrundlos gezahlten Erhöhungsbeträge zurückfordern kann, solange diese nicht verjährt sind. Im Unterschied zur „Drei-Jahres-Lösung" wird für nicht verjährte Rückforderungsansprüche im Regelfall der Anfangspreis ausschlaggebend zugrunde zu legen sein.

Ein weiterer Unterschied zwischen der „Drei-Jahres-Rechtsprechung" und der Regel- 1038 verjährung liegt in dem für den Fristbeginn maßgeblichen Zeitpunkt. Während die Verjährungsfrist nach §§ 195, 199 S. 1 Nr. 2 BGB erst mit Schluss des Jahres zu laufen beginnt, in dem die Entstehung des Anspruchs und die Kenntnis der anspruchsbegründenden Umstände zusammenfallen, wird für den Fristbeginn nach der „Drei-Jahres-Rechtsprechung" auf den Zugang der Jahresrechnung unabhängig von der tatsächlichen Kenntnisnahme des Anspruchsinhabers abgestellt.

---

[124] Fervers/Gsell NJW 2019, 2569; Schultess NJW 2022, 431.
[125] Schultess NJW 2022, 431.

1039 Aufgrund der dargestellten systematischen und effektiven Unterschiede ist es nicht möglich, die Übertragbarkeit der „Drei-Jahres-Rechtsprechung" auf Kondiktionsansprüche in anderen Dauerschuldverhältnissen pauschal unter Verweis auf die dreijährige Regelverjährung nach §§ 195, 199 BGB abzulehnen.

### b) Unionsrechtliche Bedenken, Verstoß gegen Effektivitätsgrundsatz

1040 Auch wenn die deutschen Regelungen zum Verjährungsrecht die „Drei-Jahres-Rechtsprechung" dogmatisch nicht zu verdrängen mag, ist sie aus europarechtlichen Gesichtspunkten nicht unumstritten[126] – obwohl der BGH bereits mehrfach die unionsrechtliche Konformität seiner Rechtsfortbildung bestätigt hat.[127] Im Schrifttum wird insbesondere die (fehlende) Vereinbarkeit der „Drei-Jahres-Lösung" mit der einschlägigen EuGH-Rechtsprechung[128] zu Verjährungsregelungen im Hinblick auf den Effektivitätsgrundsatz angezweifelt und kritisiert.[129]

1041 Nach Rechtsauffassung des EuGH wird im Sinne des Effektivitätsgrundsatzes für den Verjährungsbeginn vorausgesetzt, dass der Kunde Kenntnis von der Unwirksamkeit der vorgenommenen Preiserhöhung hat, damit er seine Rückforderungsansprüche effektiv durchsetzen könne. Dieser Wertung würde es widersprechen, wenn man die kenntnisabhängige Verjährung der Rückforderungsansprüche durch die „Drei-Jahres-Rechtsprechung" ersetzen könnte und dadurch eine kenntnisunabhängige Verjährungsregelung schaffte.[130]

### 3. Übertragbarkeit auf andere Branchen

1042 Mit der „Drei-Jahres-Lösung" manifestiert der BGH das grundsätzliche Bedürfnis an einem ausgeglichenen Äquivalenzverhältnis zwischen Leistung und Gegenleistung im dauerhaften Energieversorgungsverhältnis. Im Ergebnis liegt ein solches Bedürfnis jedem Dauerschuldverhältnis zu Grunde. Deshalb ist zu erwägen, ob dieser Rechtsgedanke auch auf Rückforderungsansprüche bei Zahlungsdienstrahmenverträgen, Versicherungsverträgen, Streamingangeboten, etc übertragen werden kann, in denen Preis- und Entgelterhöhungen durch unwirksame Änderungsklauseln im Massengeschäft bewirkt wurden.

1043 Unter Verweis auf die zuvor dargestellte Kritik[131] wenden ablehnende Stimmen ein, dass eine Übertragbarkeit der „Drei-Jahres-Lösung" auf andere Dauerschuldverhältnisse schon im Kern nicht vertretbar sei, wenn der Rechtsfortbildung bereits in seinem angestammten Bereich grundsätzliche systematische europarechtliche Bedenken entgegenstünden.[132]

### a) Krankenversicherungsverträge

1044 In der Sachverhaltskonstellation von unwirksamen Beitragserhöhungen in der privaten Krankenversicherung hat der BGH mit Entscheidung vom 19.12.2018 eine Übertragbarkeit der „Drei-Jahres-Rechtsprechung" ausdrücklich abgelehnt.[133]

1045 In dem streitgegenständlichen Verfahren machte der klagende Versicherungsnehmer Kondiktionsansprüche gegen seine private Krankenversicherung wegen vermeintlich

---

[126] Fervers/Gsell NJW 2019, 2569; Graf von Westphalen ZIP 1885, 1891; Schultess NJW 2022, 431.
[127] BGH 23.1.2013 – VIII ZR 80/12, NJW 2013, 911; 6.4.2016 – VIII ZR 79/15, NJW 2017, 320; BGH 5.10.2016 – VIII ZR 241/15, NJW-RR, 557.
[128] EuGH 10.6.2021 – C-776/19, C-777/19, C-778/19, C-779/19, C-780/19, C-781/19, C-782/19, WM 2021, 1882 – BNP Paribas; EuGH 22.4.2021 – C-485/19, BKR 2021, 629 – Credit Slovakia mAnm Schultheiss; EuGH 16.7.2020 – C-224/19, C-259/19, WM 2020, 1477 – Caixabank.
[129] Fervers/Gsell NJW 2019, 2569; Schultess NJW 2022, 431.
[130] Schultess NJW 2022, 431.
[131] Siehe 5. b) bb) Unionsrechtliche Bedenken, Verstoß gegen Effektivitätsgrundsatz.
[132] Schultess NJW 2022, 431.
[133] BGH 19.12.2018 – IV ZR 255/17, NJW 2019, 919.

rechtsgrundlos vereinnahmter Versicherungsprämien geltend, nachdem die beklagte Versicherung die monatlichen Beiträge einseitig erhöht hatte. Der Krankenversicherer hielt dem Klagebegehren in der Berufung entgegen, dass die geltend gemachten Ansprüche bereits verwirkt seien und plädierte für eine Übertragbarkeit der „Drei-Jahres-Rechtsprechung" auf Versicherungsverhältnisse.[134] Denn ähnlich wie im Energielieferungsverhältnis sei auch in der privaten Krankenversicherung das Verhältnis von Leistung und Gegenleistung über den Vertragszeitraum durch einseitige Vertragsanpassungen im Gleichgewicht zu halten.

Dem hat der IV. Zivilsenat eine Absage erteilt. Nach Auffassung des Senats drohe – anders als bei Energielieferungsverträgen – im Falle der Rückforderung unwirksam erhöhter Versicherungsprämien keine „derartige Gesamtnichtigkeit des Vertrages". Außerdem habe die unwirksame Beitragserhöhung keine Lücke im Versicherungsvertrag hinterlassen, die es im Wege der ergänzenden Vertragsauslegung zu schließen gelte.[135] **1046**

Schon das LG Potsdam als Ausgangsinstanz hatte die Anwendbarkeit der BGH-Rechtsprechung zu Energielieferungsverträgen auf Versicherungsverträge mit der Begründung abgelehnt, dass bei ihnen kein ständiger vollwertiger Austausch von Leistungen erfolge, da die Versicherungsbeiträge, im Gegensatz zum Energieversorgungsverhältnis, nicht davon abhingen, „ob und in welchem Umfang der Versicherungsnehmer in dem jeweiligen Geschäftsjahr Leistungen der Versicherung in Anspruch nimmt".[136] **1047**

### b) Girokontenverträge

Auch bezogen auf Girokonten spielt die Anwendbarkeit der „Drei-Jahres-Rechtsprechung" des BGH zu unwirksamen Preisanpassungsklauseln in Energielieferverträgen eine praktische Rolle. Bislang gibt es eine gefestigte Rechtsprechung der Instanzgerichte hierzu noch nicht. Auch das bankrechtliche Schrifttum ist gespalten. **1048**

Die Ambivalenz des Meinungsbildes von Literatur und Rechtsprechung ist unter anderem darauf zurückzuführen, dass sich der XI. Zivilsenat zu dieser Streitfrage bis dato nicht geäußert hat. Eine abschließende höchstrichterliche Klärung wird aller Voraussicht nach erst durch die Entscheidung in dem Verfahren Az. XI ZR 336/22, das seit Dezember 2022 am XI. Zivilsenat des BGH anhängig ist, erfolgen. Das LG Trier hatte in der Vorinstanz mit Urteil vom 25.11.2022 – 1 S 69/22, die Übertragbarkeit der energiewirtschaftlichen Rechtsfortbildung auf das Kreditwesen abgelehnt.[137] **1049**

Befürwortende Stimmen argumentieren,[138] dass Zahlungsdiensterahmenverträge, ähnlich wie Energieversorgungsverträge, einen langfristigen Charakter aufweisen und im Tagesgeschäft mit einer Vielzahl von Kunden abgeschlossen werden. Auch in der Kreditwirtschaft soll ein ersichtlich nicht gewollter vertragsloser Zustand vermieden werden. Deshalb soll die Rechtsprechung des BGH zur ergänzenden Vertragsauslegung bei unwirksamen Preiserhöhungen von Energielieferungsverträgen dahingehend zu übertragen sein, dass die Wirksamkeit einer Vertragsänderung des Girokontovertrages rückwirkend mit Ablauf von drei Jahren nach Zugang der letzten unwidersprochenen Jahresabrechnung mit den angepassten Konditionen fingiert wird. **1050**

Ferner bestehe im Bankgeschäft ein mit der Energiewirtschaft vergleichbares Interesse an einem stabilen Finanzsystem, größtmöglicher Rechtssicherheit im Massenverkehr und Versorgungssicherheit für die Bevölkerung.[139] Dies nicht zuletzt deshalb, damit die Kredit- **1051**

---

[134] LG Potsdam 27.9.2017 – 6 S 80/16, r+s 2018, 24.
[135] BGH 19.12.2018 – IV ZR 255/17, NJW 2019, 919.
[136] LG Potsdam 27.9.2017 – 6 S 80/16, r+s 2018, 24; auch: LG Berlin 10.1.2018 – 23 O 78/16, NJW 2018, 1176.
[137] LG Trier 25.11.2022 – 1 S 69/22, ZIP 2023, 295.
[138] AG Hamburg 14.10.2022 – 12 C 30/22, BeckRS 2022, 3010; AG Weimar 9.6.2022 – 10 C 477/21, BeckRS 2022, 13972; AG Steinfurt 4.5.2022 – 21 C 825/21, NJW 2022, 2284; Omlor NJW 2021, 2243; Herresthal ZHR 186 (2022), 373; Simon ZIP 2022, 13 (17).
[139] u. a.: AG Gießen 7.4.2022 – 38 C 337/21, BeckRS 2022, 13976; Omlor NJW 2021, 2243 (2247).

institute in der Lage sind, den ihnen obliegenden gesetzlichen Kontrahierungspflichten mit Verbrauchern nach § 31 ZKG nachkommen zu können.

1052 Darüber hinaus seien Banken und Sparkassen in zunehmendem Maße aufsichtsrechtlichen Regulierungen und weiteren externen Faktoren unterworfen, die zu Preisschwankungen und steigenden Kosten- und Nutzungsstrukturen führen können.[140] Deshalb brauche es einer judikativen Vertragsergänzung, um das Äquivalenzverhältnis zwischen Leistung und Gegenleistung durch Weitergabe von Kostensteigerungen der Bank an den Kunden auszugleichen.[141] Dieses Bedürfnis wurde nicht zuletzt dadurch gesteigert, dass der BGH durch seine Rechtsprechung vom 27.4.2021 den gesetzlichen Anwendungsbereich des § 675g Abs. 2 BGB für die Streitfrage ausgeschlossen hat.[142]

1053 Ablehnende Stimmen in Rechtsprechung[143] und Literatur[144] ziehen in ihrer Argumentation gegen eine Übertragbarkeit auf bankrechtliche Konstellationen Parallelen zu der bereits oben dargestellten BGH-Rechtsprechung zu Entgelterhöhungen bei Krankenversicherungsverträgen.

1054 Insoweit finde auch bei Zahlungsdienstrahmenverträgen kein mit der Natur der Energielieferungsverträge vergleichbarer vollwertiger Leistungsaustausch zwischen dem Kreditinstitut und seinen Kunden statt, weil die Höhe der monatlich zu entrichtenden Kontoführungsgebühr sich – anders als beim Energieliefervertrag – nicht nach dem Umfang der Kontoinanspruchnahme des Kunden bemesse.[145]

1055 Darüber hinaus sei die Bereitstellung eines Kontos im Unterschied zur Energieversorgung nicht von vergleichbar stark schwankenden Weltmarktpreisen abhängig und insoweit bedürfe es keiner stetigen Anpassung der Kontoführungsgebühren, um eine einseitige Benachteiligung des Kreditinstitutes zu verhindern.[146]

1056 Auch sei im bankrechtlichen Kontext nicht ersichtlich, dass die Versorgungssicherheit der Bevölkerung dadurch bedroht wäre, dass Kreditinstitute nicht (mehr) in der Lage sind, die Kontoführungsgebühren einseitig erhöhen zu können, da diese nicht die einzige oder hauptsächliche Einnahmequelle von Banken darstellt.[147]

1057 Abgesehen davon würden Zustimmungsfiktionsklauseln keinen materiellen Regelungsgehalt, wie die Anpassungsrechte im Energiesektor, beinhalten, sondern allein der Verfahrenserleichterung von Vertragsänderungen im Massenverkehr dienen. Dementsprechend könne die Unwirksamkeit der Zustimmungsfiktionsklauseln bereits keine Vertragslücke hinterlassen, die es im Wege der ergänzenden Vertragsauslegung nach §§ 133, 157 BGB zu schließen gelte.[148] Schließlich zielen die Gebührenrückforderungsansprüche wegen unwirksamer Zustimmungsfiktionsklauseln allein auf die Erstattung der rechtsgrundlos gezahlten Erhöhungsbeträge ab – eine Gesamtnichtigkeit des Zahlungsdienstrahmenvertrages sei indes nicht zu befürchten.[149]

1058 Im Ergebnis sprechen nachvollziehbare und gut vertretbare Gründe für und gegen die Übertragbarkeit der „Drei-Jahres-Rechtsprechung" auf bankrechtliche Sachverhalte. Eine Klärung wird der BGH in seiner angekündigten Entscheidung herbeiführen. Es ist durchaus wahrscheinlich, dass er sich dem Versicherungssenat in der Sichtweise anschließt.

---

[140] Lang BKR 2022, 78 (81).
[141] u. a.: AG Weimar 9.6.2022 – 10 C 477/21, BeckRS 2022, 13972.
[142] Herresthal ZHR 186 (2022), 373.
[143] AG Köln 8.9.2022 – 140 C 353/21, BeckRS 2022, 31158; AG Neuss 24.2.2022 – 75 C 2027/21, BKR 2022, 389; LG Trier 25.11.2022 – 1 S 69/22, BeckRS 2022, 42353.
[144] Casper ZIP 2021, 2361 (2363); Schultess NJW 2022, 431.
[145] u. a.: AG Neuss 24.2.2022 – 75 C 2027/21, BKR 2022, 389.
[146] u. a.: AG Köln 8.9.2022 – 140 C 353/21, BeckRS 2022, 31158.
[147] u. a.: AG Neuss 24.2.2022 – 75 C 2027/21, BKR 2022, 389.
[148] Rodi WM 2021, 1357.
[149] u. a.: AG Neuss 24.2.2022 – 75 C 2027/21, BKR 2022, 389.

## c) Übertragbarkeit auf weitere Branchen

Für Anbieter in weiteren Branchen wird die Übertragbarkeit der BGH-Rechtsprechung zu Energieversorgungsverträgen indes in der Regel abzulehnen sein. Selbst wenn man beachtet, dass auch hier ein grundsätzliches Bedürfnis an einem ausgeglichenen Äquivalenzverhältnis zwischen Leistung und Gegenleistung in den auf Dauer angelegten Geschäftsbeziehungen im Massengeschäft besteht, in denen ein vertragsloser Zustand nicht gewollt ist, wird dieses nicht im Wege der ergänzenden Vertragsauslegung nach §§ 133, 157 BGB auszugleichen sein. Denn anders als in der Energie- und Kreditwirtschaft, können sich sonstige Anbieter, wie beispielsweise Streamingdienste oder Fitnessstudios, nicht darauf berufen, dass ihr Angebot einer allgemeinen Daseinsvorsorge dient, welches über die Verjährungsregelung des BGB hinaus in einem besonderen Maße schützenswert ist. **1059**

## VI. Einholung ausdrücklicher Kundenzustimmung

Als Konsequenz der Rechtsprechungslinie des BGH zur Unwirksamkeit von Zustimmungsfiktionsklauseln im Rechtsverkehr stehen Anbieter vor der Herausforderung, eine rechtsprechungskonforme Neugestaltung ihrer AGB vorzunehmen und bei sämtlichen Kunden die ausdrückliche Zustimmung zu den neuen allgemeinverbindlich geltenden Vertragsbedingungen einzuholen, um sich ihrer Handlungsfähigkeit zu bewahren. **1060**

Die Verwender sind nunmehr auf die aktive Mitwirkung ihrer Kunden angewiesen, um eine Vertrags- oder Preisänderung wirksam in das Geschäftsverhältnis einzubeziehen. Bleibt diese aus, oder widerspricht der Kunde den neuen AGB, steht dem Anbieter frei, den Vertrag nach Ablauf einer angemessenen Frist ordentlich zu kündigen.[150] In der alltäglichen Geschäftspraxis stehen den Verwendern verschiedene Wege offen, um ihre Kunden zu einer Reaktion – im besten Falle einer Zustimmung – auf das Angebot der aktuell geltenden AGB einschließlich der für sie relevanten Sonderbedingungen zu motivieren. **1061**

Im Massengeschäft bedarf es allerdings möglichst einfacher und leicht verständlicher Lösungen, die für Anbieter und Kunden mit einem geringen Mehraufwand umsetzbar sind. Eine digitale Lösung wird dabei wohl immer zu bevorzugen sein. In jedem Fall sollten, auch wo kein Schriftformerfordernis besteht, die ausdrücklich erteilten Kundenzustimmungen – nicht zuletzt aus Beweiszwecken – durch die Anbieter gründlich dokumentiert werden. **1062**

Im internetbasierten Geschäft kann die Zustimmung zu den aktuell geltenden AGB über eine sog. Klickstrecke im Rahmen des Registrierungs- oder Login-Prozesses eingeholt werden. Dabei kann der Kunde auf der Website des Anbieters, oder über die entsprechende App, sein Einverständnis zum aktuellen Vertragsstand, welcher beispielsweise über ein verlinktes PDF zum Abruf bereitgestellt wird, durch einen Klick auf das zugewiesene Dialogfeld erklären. Diese Vorgehensweise verbindet die Abfrage der Kundenerklärung mit der regulären Nutzung der vertraglichen Leistung, wodurch die aktive Mitwirkung des Kunden auf ein notwendiges Minimum beschränkt werden kann. Wichtig ist allerdings ein für die Kunden transparenter Prozess. **1063**

Im analogen Geschäftsbetrieb oder in Geschäftsbeziehungen mit Kunden, die nicht über einen Online-Zugriff verfügen, kann die Zustimmung auch postalisch oder persönlich eingeholt werden. Auf diesem Wege können die Geschäftskunden über die Änderungen der Vertragsbedingungen und die Entgeltanpassungen informiert und um schriftliche Zustimmung per Brief oder durch Unterschrift im Geschäft vor Ort gebeten werden. Der analoge Weg ist rechtlich zwar unproblematisch, in der Praxis allerdings mit einem erheblichen Mehraufwand verbunden. **1064**

---

[150] Hierzu bei → Rn. 517 ff., zu beachten sind aber insbesondere die besonderen Anforderungen an die Kündigung für Sparkassen, (vgl. bspw. § 5 SpkG NRW).

**1065** Bei der Einholung der ausdrücklichen Zustimmung ist stets zu beachten, dass die Anwender ihren Kunden sowohl auf dem analogen, als auch dem digitalen Weg dazu verpflichtet sind, den Grund und Umfang für die angebotene Vertragsänderung klar und verständlich offenzulegen, um dem AGB-rechtlichen Transparenzgebot nach § 307 Abs. 1 S. 2 BGB gerecht zu werden.[151]

**1066** Neben weiteren AGB-rechtlichen Anforderungen sollten bei der Einholung der ausdrücklichen Kundenzustimmung auch wettbewerbsrechtliche Vorschriften im Blick behalten werden. So wertete das LG Dessau-Roßlau[152] die auf einem Überweisungsträger hinzugefügte Zustimmungserklärung zu geänderten AGB sowie dem Preis- und Leistungsverzeichnis als „untergeschoben". Das Gericht begründete seine Entscheidung damit, dass das Unterschieben der Zustimmungserklärung die Verwender der Überweisungsträger erheblich in ihrer Entscheidungsfreiheit beeinträchtigte und an der Ausübung ihrer Rechte hinderte. Durch die Handhabe würden sie ungerechtfertigter Weise in eine Zwangslage versetzt, den Änderungen zustimmen zu müssen, um eine Überweisung tätigen zu können. Dies stelle eine nicht wettbewerbskonforme aggressive geschäftliche Handlung nach § 4a UWG dar.

### 1. Ausdrückliche Zustimmung bei Abschluss neuer Produkte

**1067** Eine weitere Möglichkeit, die ausdrückliche Kundenzustimmung zu den aktuellen Geschäftsbedingungen im Alltagsgeschäft einzuholen, bietet sich bei Verwendung neuer Produkte bzw. Leistungen. So können die Parteien vereinbaren, dass beispielsweise bei Erweiterung des Streamingangebotes auf zusätzliche Pakete, oder bei Abschluss eines Depot- oder Sparvertrages im Bankgeschäft, die neuen AGB über eine Klausel im Antragsformular in das bestehende Geschäftsverhältnis einbezogen werden.[153] Auch hier sind die AGB-rechtlichen Voraussetzungen an die Wirksamkeit der Änderungsklauseln zu beachten.

### 2. Ausnahmsweise zulässige Zustimmungsfiktionsklauseln

**1068** Abweichend von dem grundsätzlichen Erfordernis, die ausdrückliche Zustimmung der Kunden einholen zu müssen, wird es zukünftig in wenigen Ausnahmefällen auch weiterhin möglich sein, Vertragsänderungen mittels „einschränkend-konkreten" Zustimmungsfiktionsklauseln im Rechtsverkehr durchzusetzen.

**1069** Davon umfasst sind Änderungen der Vertragsbedingungen, die eine geänderte Gesetzgebung oder Rechtsprechung abbilden,[154] sowie solche Änderungen, die für den Kunden aus objektiver Sicht rein vorteilhaft bzw. neutral wirken.[155] Darüber hinaus könnte das Zustimmungserfordernis durch die Verwendung von Klauseln ersetzt werden, über die eine jährliche Anpassung der Entgelte und Preise in Abhängigkeit des Verbraucherindex (VPI) ermöglicht wird.[156]

**1070** Weiterhin wirksam bleiben Änderungsklauseln mit Zustimmungsfiktion, die spezialgesetzlich zugelassen sind – allerdings nur, soweit sie dem Regelungsgehalt der Norm entsprechen und inhaltlich rein deklaratorisch den Gesetzestext wiedergeben. Dies gilt beispielsweise für Vertragsänderungen von Zahlungsdiensterahmenverträgen nach § 675g Abs. 2 BGB. Davon zu unterscheiden sind Klauseln, die nicht nur den Mechanismus der Änderung mittels Zustimmungsfiktion, sondern auch deren Reichweite regeln und damit geeignet sind, tiefgreifend in das Vertragsgefüge einzugreifen. Solche Klauseln sind unwirksam.

---

[151] Lang/Rößler ZIP 2022, 504 (506).
[152] (siehe hierzu: https://www.vzbv.de/urteile/sparkasse-darf-zustimmung-zu-agb-nicht-unterschieben).
[153] Omlor NJW 2021, 2243; Herresthal ZHR 186 (2022), 373.
[154] Hierzu bei → Rn. 485.
[155] Hierzu bei → Rn. 490.
[156] Hierzu bei → Rn. 495.

## VI. Einholung ausdrücklicher Kundenzustimmung

Abgesehen davon kommt die Verwendung von Zustimmungsfiktionsklauseln im unternehmerischen Verkehr weiterhin in Betracht. Da sich das BGH-Urteil vom 27.4.2021 ausschließlich auf den Rechtsverkehr mit Verbrauchern bezieht, wird diskutiert, ob die Zustimmungsfiktionspraxis gegenüber Unternehmern von der Entscheidung unberührt und auch zukünftig wirksam bleibt.[157] Dafür spricht, dass Schweigen unter Kaufleuten nach der Verkehrssitte schon gewohnheitsrechtlich eher als Zustimmung gedeutet werden kann. Im Handelsbrauch wird insbesondere bei der Verwendung eines kaufmännischen Bestätigungsschreibens das Schweigen des Erklärungsempfängers als Zustimmung gewertet, sodass der Vertrag mit dem Inhalt des Bestätigungsschreibens zustande kommt bzw. geändert wird. Dies gilt grundsätzlich auch bei der Einbeziehung von AGB in das Vertragsverhältnis.[158] Darüber hinaus kann Unternehmern aufgrund ihrer Expertise im Rechtsverkehr leichter zugemutet werden, den Inhalt einer Vertragsänderung korrekt zu erfassen und innerhalb der vorgeschriebenen Frist auf diese zu reagieren. **1071**

Auch heute berufen sich noch einige Anbieter im Rechtsverkehr mit Kaufleuten auf die Zustimmungsfiktionspraxis. Als Beispiel ist hier u. a. die Deutsche Bank zu nennen, die in ihren Geschäftsbeziehungen mit „Kunden, die nicht Verbraucher sind" weiterhin Zustimmungsfiktionsklauseln einsetzt, um Änderungen der Geschäftsbedingungen und der Sonderbedingungen zu ermöglichen.[159] **1072**

---

[157] Hierzu bei → Rn. 497.
[158] MüKoBGB/Fornasier, § 305 Rn. 115.
[159] https://www.deutsche-bank.de/dam/deutschebank/de/shared/pdf/ser-agb-bedingungen-agb_ag.pdf.

## Kapitel 7. Folgen für die Kautelarpraxis

### I. Einleitung

Wie an anderer Stelle bereits ausführlich dargelegt wurde, hat der BGH mit Urteil vom 27.4.2021[1] entschieden, dass Klauseln in AGB unwirksam sind, die ohne inhaltliche Einschränkung die Zustimmung des Kunden zu Änderungen der AGB[2] und Sonderbedingungen fingieren. Mit dieser Entscheidung hat der BGH „eine jahrzehntelange Rechtsprechung zum im Bankvertragsrecht millionenfach verwendeten AGB-Änderungsmechanismus[3] völlig unerwartet geändert".[4] Der Grund für diese grundlegende Änderung seiner bisherigen Rechtsprechung wird u. a. in der Entscheidung des EuGH vom 11.11.2020[5] gesehen.[6]

1073

Nunmehr stellt sich die Frage, wie die Entscheidung vom 27.4.2021 in der Praxis umzusetzen ist. Fest steht, dass die Praxis nunmehr gehalten ist, eine Überarbeitung sämtlicher einschlägiger AGB vorzunehmen und die Zustimmung ihrer Kunden einzuholen.[7] Hier sind grundsätzlich mehrere Möglichkeiten denkbar.[8]

1074

---

[1] BGH 27.4.2021 – XI ZR 26/20, BKR 2021, 488 mAnm Artz. Inhalt und Umsetzungsmöglichkeiten sind im Schrifttum eingehend erörtert worden (siehe ohne Anspruch auf Vollständigkeit Dieckmann BKR 2021, 657; Zahrte BKR 2022, 69; Klanten BKR 2022, 211; Rodi WM 2021, 1310; Rodi BKR 2022, 419; Kupfer/Weiß VuR 2021, 411; Casper ZIP 2021, 2361; Langner WM 2021, 1869; Omlor NJW 2021, 2243; Simon ZIP 2022, 13; Vogel ZBB 2021, 312; Vogel ZIP 2022, 312; Rösler/Jordans Bank-Praktiker 2021, 420 ff.; Rösler ÖBA 2021, 685; Wittmann MDR 2021, 1431; Edelmann Banken-Times 2021, abrufbar unter https://www.fch-gruppe.de/Beitrag/18214/bghdonnerschlag-zu-unwirksamkeit-saemtlicher-fiktionsaenderungsklauseln; Bunte/Zahrte/Bunte/Zahrte, AGB-Sparkassen, 6. Auflage 2023, Nr. 1 AGB-Banken Rn. 36e ff.; Lang/Rösler ZIP 2022, 504; Lang BKR 2022, 78 (zur Frage der Verjährung von Rückforderungsansprüchen); Lang/Kühler NJW 2022, 2145 (zur Übertragbarkeit der Entscheidung auf Unternehmer).
[2] Zur Einbeziehung siehe auch BGH 11.11.2009 – VIII ZR 12/08, NJW 2010, 864 Rn. 37 ff. – Happy Digits.
[3] Siehe zuletzt noch BGH 20.7.2010 – XI ZR 236/07, NJW 2010, 3510.
[4] Omlor NJW 2021, 2243 Rn. 1; siehe auch Zahrte BKR 2022, 69; Zahrte BKR 2021, 79 (82 f.); MüKoBGB/Casper § 675g Rn. 8 f.; Staudinger/Piekenbrock/Rodi, 2019, Anhang §§ 305-31 Rn. F116a; Baumbach/Hopt/Hopt, 40. Aufl. 2021, (8) Nr. 1 AGB-Banken Rn. 7; Grundmann, Bankvertragsrecht, 2020, Bd. 1, 2. Teil Rn. 292; Langenbucher/Bliesener/Spindler/Herresthal, 3. Auflage 2020, BGB § 675g Rn. 14 ff.; Edelmann WuB 2020, 451 (452); Habersack BKR 2020, 53 (56 f.); Hölldampf WuB 2021, 105 (108); Linardatos EWiR 2020, 353 (354); Piekenbrock ÖBA 2016, 91; Piekenbrock/Rodi RdZ 2020, 172 (175 f.); Schmidt-Kessel/Rank GPR 2018, 266 (271).
[5] EuGH 11.11.2020 – C-287/19, BKR 2021, 234 – DenizBank.
[6] Omlor NJW 2021, 2243 Rn. 1, vgl. auch Edelmann Banken-Times 2021, abrufbar unter https://www.fch-gruppe.de/Beitrag/18214/bghdonnerschlag-zu-unwirksamkeit-saemtlicher-fiktionsaenderungsklauseln. Zahrte (BKR 2022, 69 (71)) weist darauf hin, dass dem Kunden kein Nachteil aus der Reichweite der Klausel erwachse. „Ob [...] eine Änderung nachteilig oder gar unzumutbar ist, hängt maßgeblich nicht vom Änderungsmodus ab, sondern vom Inhalt der Änderung, der für sich genommen der Inhaltskontrolle unterliegt und ein ausreichendes sowie präziseres Korrektiv darstellt [...] Gänzlich außer Acht gelassen habe der BGH in seiner Urteilsbegründung auch die Vorteile für den Kunden. „Neben der Rationalisierung, die Kostenvorteile für beide Vertragsparteien zeitigt, gestattet es der bisherige Vertragsänderungsmechanismus dem Vertragspartner, sich »um nichts kümmern« zu müssen. Der Kunde hat also ein Wahlrecht, passiv zu bleiben und seine Lebenszeit nicht für die Lektüre von und die Zustimmung zu Bankverträgen aufzuwenden. Ein allgemeiner Kundenwunsch, regelmäßig AGB-Änderungsangebote einzeln »freizugeben« und aufgrund der zunehmenden Verfahrenskomplexität perspektivisch auch noch höhere Entgelte dafür entrichten zu müssen, ist jedenfalls nicht anzunehmen." Siehe auch Bunte/Zahrte/Bunte/Zahrte, AGB-Sparkassen, 6. Auflage 2023, Nr. 1 AGB-Banken Rn. 36g.
[7] Dieckmann BKR 2021, 657.
[8] Siehe hierzu bereits Dieckmann BKR 2021, 657 ff.; Rösler ÖBA 2021, 685 ff.; Lang/Rösler ZIP 2022, 504 ff.

## II. Gestaltung neuer Preisklauseln, ohne Zustimmung(sfiktion) des Kunden

**1075** Eine Möglichkeit, um das grundsätzliche Erfordernis einer Zustimmung des Kunden bei Preisanpassungen zu umschiffen, ist die Neugestaltung von Preisklauseln. Ziel muss es sein, dem Unternehmen eine Preiserhöhung oder Preissenkung auch ohne Zustimmung des Kunden auf direktem Wege oder über eine (bei Preiserhöhungen ohnehin unzulässige) Zustimmungsfiktionsklausel zu ermöglichen.

### 1. Verlängerungsklauseln

**1076** Möglich wäre eine Vereinbarung, in deren Rahmen der Vertrag einer Befristung unterliegt (vgl. zB § 675h Abs. 1 S. 1 BGB). Hierbei wird indessen aus Praktikabilitätsgründen eine Fortsetzung des zunächst auf eine bestimmte Zeit abgeschlossenen Vertragsverhältnisses vorzusehen sein, sofern ein Vertragsteil nicht rechtzeitig kündigt.[9] Mit einer solchen automatischen Verlängerungsklausel weichen die Parteien im Rahmen einer vertraglichen Vereinbarung von dem allgemeinen Grundsatz ab, dass dem Schweigen als solchem kein Erklärungswert zukommt und es ohne Rechtsfolgen bleibt.[10]

**1077** Bei der Verwendung einer solchen Klausel gegenüber Verbrauchern gilt die Sondernorm des § 309 Nr. 9 BGB. Hiernach ist bei bestimmten Dauerschuldverhältnissen eine durch den Verwender vorformulierte Erstlaufzeit von mehr als zwei Jahren unwirksam (§ 309 Nr. 9 lit. a BGB). Gleiches gilt nach § 309 Nr. 9 lit. b BGB für „eine den anderen Vertragsteil bindende stillschweigende Verlängerung des Vertragsverhältnisses um jeweils mehr als ein Jahr". Nach § 309 Nr. 9 lit. c BGB wird die Länge der Kündigungsfrist für den Kunden auf einen Monat begrenzt.

**1078** § 309 Nr. 9 lit. b BGB will verhindern, dass es zu einer unverhältnismäßigen Verlängerung kommt, für deren Eintritt der Vertragspartner sich nicht am Ende der vorherigen Laufzeit entschieden hat, sondern die zu diesem Zeitpunkt ohne sein Zutun eintritt. Erfasst sind *Verträge über die regelmäßige Lieferung von Waren* oder die regelmäßige *Erbringung von Dienst- oder Werkleistungen* durch den Verwender.

**1079** Eine regelmäßige Lieferung bzw. Leistungserbringung setzt voraus, dass der Verwender die geschuldete Leistung entweder **dauerhaft** oder **mehrfach in bestimmten Zeitabständen** zu erbringen hat.[11] Die Zeitabstände können variieren.[12] Für das Tatbestandsmerkmal „regelmäßig" wird es als ausreichend angesehen, wenn der Dienstberechtigte verpflichtet ist, die Leistungen immer wieder in Anspruch zu nehmen. Exemplarisch sind Wartungsverträge, Steuerberatungsverträge und sonstige vergleichbare Betreuungsverträge zu nennen.[13] Nicht als regelmäßige Leistung gilt die bloße Möglichkeit, dass es während der Laufzeit des Vertrages zu einer Leistung kommen wird. Nicht erfasst sind daher Verträge, bei denen es vom Zufall abhängt, ob es zur Warenlieferung oder der Erbringung einer Dienstleistung kommt.

**1080** Gleiches gilt für Rahmenverträge, die dem Vertragspartner lediglich die Möglichkeit bieten, während der Laufzeit einen Vertrag über die Lieferung von Waren oder die Erbringung einer Dienstleistung abzuschließen.[14]

**1081** In seiner Bahncard-Entscheidung vom 15.4.2010[15] hat der BGH dann auch entschieden, dass eine Klausel in AGB, nach der sich die Laufzeit eines anlässlich eines Sportereignisses

---

[9] Lang/Rösler ZIP 2022, 504 (509).
[10] Grüneberg/Ellenberger, BGB, 81. Auflage 2022, Einf. V. § 116 Rn. 7; Müller/Schmidt NJW 2017, 1991.
[11] BeckOGK/Weiler, Stand: 1.1.2023, § 309 Nr. 9 Rn. 77.
[12] BGH 9.6.2005 – III ZR 436/04, NZBau 2005, 509 (510 f.).
[13] BGH 9.6.2005 – III ZR 436/04, NZBau 2005, 509 (510 f.).
[14] BGH 15.4.2010 – Xa ZR 89/09, NJW 2010, 2942 (Bahncard).
[15] BGH 15.4.2010 – Xa ZR 89/09, NJW 2010, 2942 (Bahncard).

II. Gestaltung neuer Preisklauseln, ohne Zustimmung(sfiktion) des Kunden **Kapitel 7**

(hier: Fußball-Europameisterschaft) angebotenen Vertrags über eine Rabattberechtigung (hier: „Fan BahnCard 25"-Abonnement) über die ursprüngliche Laufzeit von drei Monaten hinaus um (jeweils) ein Jahr verlängert, wenn der Vertrag nicht innerhalb bestimmter Frist vor Laufzeitende gekündigt wird, weder nach § 309 Nr. 9 BGB noch nach § 308 Nr. 5 BGB unwirksam sei und den Verbraucher auch nicht entgegen den Geboten von Treu und Glauben unangemessen benachteilige.

Fraglich ist, ob Unternehmen Verlängerungsklauseln über das Problem der Unzulässigkeit von Zustimmungsfiktionsklauseln weiterhelfen würden. Selbst wenn man die Übertragbarkeit der einschlägigen Rechtsprechung[16] unterstellt, hilft sie dem Verwender am Ende zum Thema Zustimmungsfiktion nicht weiter. 1082

Denn in der Konstellation läuft derselbe Vertrag mit demselben Vertragsinhalt automatisch weiter.[17] Die Vertragsparteien haben die Möglichkeit, diesen Automatismus mit einer Kündigung zu beseitigen und den Vertrag zu beenden. Tun sie dies nicht, läuft der Vertrag wie vereinbart weiter. Eine Änderung des Vertrages ist damit aber in keiner Weise verbunden oder möglich. Die Befristung mit automatischer Verlängerung berechtigt den Verwender genau so wenig zu einer Anpassung der Konditionen oder Bedingungen wie dies während der Laufzeit eines unbefristeten Vertrages der Fall ist. Denn auch dieser kann vom Kunden unter Einhaltung der Kündigungsfristen praktisch jederzeit zu Fall gebracht und beendet werden. Damit bestehen hinsichtlich des Erfordernisses an einer grundsätzlichen ausdrücklichen Zustimmung zu einer Vertragsänderung keine anderen Voraussetzungen bei befristeten Verträgen mit Verlängerungsvereinbarung.[18] 1083

Anders wäre dies nur, wenn der Vertrag ohne Verlängerungsvereinbarung vereinbart würde. In diesen Fällen wäre jedoch eine neue Vereinbarung zwischen Unternehmen und Kunde erforderlich, hier jedoch dann über den gesamten Vertrag und nicht nur über den Teil der Bedingungen oder der Entgelte, welche der Verwender anpassen will. Letztlich ist diese Lösung genau das, was das Unternehmen durch sämtliche Spielarten der Vertragsverlängerung vermeiden will: Der Kunde soll sich nicht erneut über den kompletten Vertrag Gedanken machen, durch das Dauerschuldverhältnis soll er möglichst lang und möglichst stabil an das Unternehmen als Kunde gebunden werden. Dieses Ziel ist ja völlig legitim, hat aber eben dort seine Grenze, wo sich Leistung und Gegenleistung einseitig zu Gunsten des AGB-Verwenders verschieben würden. 1084

### 2. Indexierung mit einem Referenzwert

Möglich ist ferner, etwaige Preisanpassungen an einen Referenzwert, etwa den Verbraucherpreisindex,[19] zu koppeln. Mit der Aufnahme eines Referenzwertes wird sichergestellt, dass das Äquivalenzverhältnis von Leistung und Gegenleistung,[20] das verhindern soll, dass dieses Verhältnis einseitig zu Gunsten des Verwenders verschoben wird, gewahrt wird.[21] Im Zahlungsverkehrsrecht ist dies nach Maßgabe des § 675g Abs. 3 BGB explizit geregelt und möglich.[22] 1085

Hier finden sich gewisse Parallelen zum Zinsanpassungsrecht im Darlehensbereich und im Bereich der Geldanlage auf einem Konto. Zinsanpassungsklauseln im Darlehensbereich 1086

---

[16] BGH 9.6.2005 – III ZR 436/04, NZBau 2005, 509 (510); 15.4.2010 – Xa ZR 89/09, NJW 2010, 2942 (Bahncard).
[17] Lang/Rösler ZIP 2022, 504 (510).
[18] Lang/Rösler ZIP 2022, 504 (510).
[19] Rösler ÖBA 2021, 685 (688).
[20] BGH 27.4.2021 – XI ZR 26/20, BKR 2021, 488 Rn. 35; 15.4.2015 – VIII ZR 59/14, NJW 2015, 2566 Rn. 21; 14.3.2012 – VIII ZR 113/11, NJW 2012, 1865; 28.10.2015 – VIII ZR 158/11, NJW 2016, 1718 Rn. 66 ff.; 11.10.2007 – III ZR 63/07, NJW-RR 2008, 134 Rn. 31; OLG Koblenz 30.9.2010 – 2 U 1388/09, MMR 2010, 815; EuGH 26.3.2020 – C-779/18, NJW 2020, 1349 – Mikrokasa S. A. u. a./ XO; EuGH 9.7.2020 – C-452/18, BeckRS 2020, 15214 – Ibercaja Banco SA/XZ; BGH 25.5.2020 – VI ZR 252/19, NJW 2020, 1962 Rn. 24.
[21] Dieckmann BKR 2021, 657 (664).
[22] Dieckmann BKR 2021, 657 (664); Rösler ÖBA 2021, 685 (688); Lang/Rösler ZIP 2022, 504 (509).

sind Vereinbarungen in Darlehensverträgen, nach denen die Bank berechtigt ist, den *Vertragszinssatz durch eine einseitige Willenserklärung zu ändern*. Enthält die Zinsanpassungsklausel ein **Preisanpassungs- und Zinsänderungsrecht**, handelt es sich um eine **Preisnebenabrede**, die der AGB-Inhaltskontrolle unterliegt.[23] Zinsanpassungsklauseln im **Sparbereich** der Banken müssen sich an § 308 Nr. 4 BGB messen lassen.[24] Zinsanpassungsklauseln im **Darlehensgeschäft** müssen einer Überprüfung anhand der Generalnorm des § 307 Abs. 1 S. 1, Abs. 2 Nr. 1 BGB standhalten.[25]

1087 In seiner Entscheidung vom 21.4.2009[26] hat der BGH unter Aufgabe seiner bisherigen Rechtsprechung[27] die Zinsanpassungsklausel im Wege einer ergänzenden Vertragsauslegung einschränkend dahingehend ausgelegt, dass sie den darlehensgebenden Banken Änderungen des Zinssatzes nicht schrankenlos, sondern nur nach Maßgabe der kapitalmarktbedingten Veränderungen ihrer Refinanzierungskonditionen gestattet und die Bank bei sinkendem Zinsniveau auch zur Herabsetzung des dem Kunden berechneten Zinssatzes verpflichtet ist.[28]

1088 Für Preisanpassungen bei anderen Dauerschuldverhältnisse, die an einen geeigneten Referenzwert gekoppelt wären, dürften die gleichen Grundsätze gelten. Der Verwender müsste damit eine Anpassung „nach unten" ebenso wie „nach oben" vornehmen, wenn sich der zugrunde gelegte Referenzwert entsprechend ändert.[29]

1089 Bei Darlehen mit veränderlichem oder variablem Zinssatz ist umstritten, wie genau eine Zinsänderungsklausel auszusehen hat, um einer AGB-rechtlichen Prüfung standzuhalten. Prüfungsmaßstab sind §§ 308 Nr. 4 und 307 BGB. Die tragenden Gründe des Urteils vom 21.4.2009 sind durch weitere Entscheidungen ausdifferenziert worden. So wurde etwa wiederholt entschieden, dass im Falle einer unwirksamen Zinsanpassungsklausel nicht der im Vertrag genannte variable Zins für die gesamte Laufzeit des Vertrages gilt, da die Entscheidung für Zinsvariabilität kontrollfrei wirksam ist und dass sie durch die Unwirksamkeit der Zinsanpassungsklausel entstandene Lücke ist durch eine ergänzende Vertragsauslegung zu schließen ist.[30]

1090 Mit Entscheidung vom 6.10.2021 hat der BGH die für die Praxis relevanten Vorgaben an die vorzunehmende ergänzende Vertragsauslegung konkretisiert, allerdings die Frage nach dem anzuwendenden Referenzzinssatz weiterhin offen gelassen.[31] Die Details sind daher nach wie vor nicht abschließend geklärt.[32]

1091 Zu unterscheiden ist jedenfalls zwischen Zinsgleitklauseln und Zinsanpassungsklauseln. Selbst diese Unterscheidung ist nicht einheitlich, zum Teil werden Zinsgleitklauseln nur als solche angesehen, bei denen der Vertragszins direkt mit dem Referenzzins (täglich) schwankt und eine versetzte Anpassung bereits als Zinsanpassungsklausel definiert wird. Richtigerweise wird eine Zinsgleitklausel jedoch jede Klausel erfassen, die eine „vollautomatische" Änderung des Vertragszinses nach dem Referenzzins bewirkt, während bei einer Zinsanpassungsklausel der Bank ein Ermessen für die Parameter der Anpassung des Zinssatzes verbleibt.

1092 Zinsgleitklauseln passen den Zins automatisch nach einem Referenzzins an. Dabei werden meist Schwellenwerte definiert, bei deren „Reißen" der Zins nachgezogen wird.

---

[23] BGH 21.4.2009 – XI ZR 78/08, NJW 2009, 2051 Rn. 17.
[24] Vgl. BGH 13.4.2020 – XI ZR 197/09, NJW 2010, 1742 Rn. 15; 17.2.2004 – XI ZR 140/03, NJW 2004, 1588; Ellenberger/Bunte BankR-HdB/von Spannenberg § 53 Rn. 78.
[25] BGH 21.4.2009 – XI ZR 78/08, NJW 2009, 2051.
[26] BGH 21.4.2009 – XI ZR 78/08, BKR 2009, 345 mAnm Reimer/Kiethe.
[27] BGH 6.3.1986 – III ZR 195/84, NJW 1986, 1803; 4.12.1990 – XI ZR 340/89, NJW 1991, 832; 12.10.1993 – XI ZR 11/93, NJW 1993, 3257.
[28] BGH 21.4.2009 – XI ZR 78/08, BKR 2009, 345 mAnm Reimer/Kiethe.
[29] Dieckmann BKR 2021, 657 (664); Rodi WM 2021, 1357 (1364); siehe auch BGH 21.4.2009 – XI ZR 78/08, BKR 2009, 345 mAnm Reimer/Kiethe.
[30] BGH 14.3.2017 – XI ZR 508/15, WM 2017, 80.
[31] BGH 6.10.2021 – XI ZR 234/20, WM 2021, 2234.
[32] Ausführlich dazu Ellenberger/Bunte BankR-HdB/von Spannenberg § 53 Rn. 71 ff.

Außerdem können Zeiträume vereinbart werden, nach denen der Zins angepasst wird. Dies dient der Praktikabilität, damit der Zinssatz nicht ständig (im extremen Fall täglich) angepasst werden muss. So lange diese Mechanismen gleich in beiden Richtungen zu Gunsten und zu Lasten des Kunden wirken, sind sie rechtlich unproblematisch. Denn nach dem Äquivalenzprinzip müssen Zinsänderungen sowohl nach unten als auch nach oben nach den gleichen Maßstäben erfolgen, eine Benachteiligung des Kunden darf dabei nicht eintreten.

**1093** Allerding muss stets ein geeigneter Referenzzins herangezogen werden. Dieser muss öffentlich zugänglich sein, aus einer für Bank und Kunde unabhängigen Stelle stammen und nach einem genau festgelegten Verfahren ermittelt werden, damit keine Manipulationsmöglichkeit besteht. Deshalb sollten also Zinssätze aus einer amtlichen Statistik (zB Bundesbank-/EZB-Statistik) oder aus ähnlichen neutralen Quellen Verwendung finden.

**1094** Bei den ebenfalls immer noch vorzufindenden Zinsanpassungsklauseln behält sich das Kreditinstitut in der Regel einen Ermessensspielraum (nach § 315 BGB) vor, wie es den Zinssatz anhand des Referenzzinses anpasst.[33] Da Zinsanpassungsklauseln einen Ermessensspielraum der Bank enthalten, können sie dazu verwendet werden, den Kreditnehmer unangemessen zu benachteiligen und sind AGB-rechtlich nach § 308 Nr. 4 BGB unwirksam.

**1095** Nach dem vom BGH vertretenen Äquivalenzprinzip müssen Anpassungen in „beide Richtungen" symmetrisch erfolgen; eine späte Anpassung zu Lasten des Kunden und eine frühe zu Gunsten der Bank oder umgekehrt wäre also unzulässig. Ebenso unzulässig ist eine Margenerhöhung während der Laufzeit des Vertrages. Dies muss bereits in der Zinsklausel ausgeschlossen werden; der Kunde muss sich nicht auf ein redliches Verhalten der Bank verlassen.

**1096** Diese Grundsätze bei Darlehen sind ohne weiteres auf andere Dauerschuldverhältnisse übertragbar, bei denen sich die Gegenleistung, also der Preis, laufend anhand eines Referenzwertes ändern soll. Insbesondere bei Änderung der Entgelte kann die Koppelung an einen Referenzindex ein gangbarer Weg sein, die Höhe der laufenden Entgelte über eine Preisänderungsklausel in den AGB zu regeln.[34]

**1097** AGB-Klauseln, die eine Änderung der Entgelthöhe ermöglichen, sind an den strengen Anforderungen auszurichten, die von der Rechtsprechung an einseitige Preisanpassungsklauseln gestellt werden.[35] Nach den Grundsätzen des AGB-Rechts, bei denen stets die kundenfeindlichste Auslegung bei der Klauselkontrolle angenommen wird und außerdem Unklarheiten nach der Unklarheitenregel immer zu Lasten des Verwenders wirken, müssen die Klauseln so formuliert sein, dass eine nachteilige Handhabung zu Lasten des Kunden ausscheidet. Dies wird bei allen Entgeltanpassungsklauseln nicht möglich sein, die ein (Rest-)Ermessen des Unternehmens beinhalten und sich nicht fest an einen Referenzzins anlehnen.

**1098** Um dem Kunden die Mechanismen der Preisanpassung vor Augen zu führen, wird darum auch im allgemeinen Geschäftsverkehr die Koppelung der Entgelte an einen Referenzzins bzw. Referenzindex empfohlen.[36] Denkbar wäre zB eine Koppelung an den vom Statistischen Bundesamt regelmäßig veröffentlichten Verbraucherpreisindex.[37]

**1099** Als Grundgedanke einer Regelung kann dabei der Bereich des Zahlungsverkehrs herangezogen werden. Nach § 675g Abs. 3 BGB werden *„Änderungen von Zinssätzen oder Wechselkursen [...] unmittelbar und ohne vorherige Benachrichtigung wirksam, soweit dies im Zahlungsdiensterahmenvertrag vereinbart wurde und die Änderungen auf den dort vereinbarten*

---

[33] Nobbe/Lange § 488 Rn. 46.
[34] Dieckmann BKR 2021, 657 (663).
[35] Dieckmann BKR 2021, 657 (663) unter Hinweis auf BGH 15.7.2009 – VIII ZR 56/08, NJW 2009, 2667 Rn. 26; 19.11.2008 – VIII ZR 138/07, NJW 2009, 502 Rn. 25; Wolf/Lindacher/Pfeiffer/Dammann, AGB-Recht, 7. Aufl. 2020, BGB § 309 Nr. 1 Rn. 100, 115–128; Ulmer/Brandner/Hensen/Fuchs, AGB-Recht, 12. Aufl. 2016, BGB § 309 Nr. 1 Rn. 35.
[36] Dieckmann BKR 2021, 657 (663); Lang/Rösler ZIP 2022, 504 (509); Rösler ÖBA 2021, 685 (688).
[37] https://www.destatis.de/DE/Themen/Wirtschaft/Konjunkturindikatoren/Basisdaten/vpi041j.html (abgerufen am 18.4.2023).

*Referenzzinssätzen oder Referenzwechselkursen beruhen. Referenzzinssatz ist der Zinssatz, der bei der Zinsberechnung zugrunde gelegt wird und aus einer öffentlich zugänglichen und für beide Parteien eines Zahlungsdienstevertrags überprüfbaren Quelle stammt."*

1100  Die Änderung von Zinssätzen und Wechselkursen durch den Zahlungsdienstleister ist gegenüber dem Zahlungsdienstnutzer unmittelbar ohne vorherige Benachrichtigung gem. Abs. § 675g Abs. 3 S. 1 BGB 1 unter folgenden *Voraussetzungen* wirksam:[38]

(1) Die *unmittelbare Wirksamkeit* einer Änderung von Zinssätzen oder Wechselkursen ohne vorherige Benachrichtigung muss im Zahlungsdiensterahmenvertrag klar und eindeutig *vereinbart* sein.

(2) Die *Änderung* muss sich auf die Entwicklung von im Zahlungsdiensterahmenvertrag vereinbarten Referenzzinssätzen oder Referenzwechselkursen beziehen. Dabei muss eine vereinbarte *Schwelle* über- oder unterschritten werden.[39]

1101  Nach Art. 248 § 9 Nr. 2 EGBGB ist der Zahlungsdienstenutzer über Änderungen von Zinssätzen, die zum Nachteil des Zahlungsdienstnutzers wirksam geworden sind, unverzüglich über die Änderung zu unterrichten.[40]

1102  *Der Referenzzinssatz* ist der Zinssatz, der bei der Zinsberechnung zugrunde gelegt wird und aus einer öffentlich zugänglichen und für beide Parteien eines Zahlungsdienstevertrags überprüfbaren Quelle stammt.[41]

1103  Nach § 675g Abs. 4 BGB, bei dem es sich inhaltlich eigentlich um Satz 4 des § 675g Abs. 3 BGB handelt,[42] dürfen Vereinbarungen zur unmittelbaren Wirksamkeit der Änderung von Zinssätzen oder Wechselkursen den Zahlungsdienstnutzer *nicht benachteiligen*. Eine Anpassung muss daher *symmetrisch* zugunsten und zulasten des Zahlungsdienstnutzers erfolgen.[43]

1104  Diese Grundsätze können für alle Dauerschuldverhältnisse als (AGB-rechtlich relevantes) Leitbild des Gesetzgebers herangezogen werden.

1105  Bei der Bestimmung eines Referenzwertes (Referenzzins bzw. Referenzindex) gilt allerdings auch hier das in § 307 Abs. 1 S. 2 BGB niedergelegte Transparenzgebot.[44] Das Transparenzgebot verpflichtet den Verwender, die Rechte und Pflichten seines Vertragspartners möglichst klar, einfach und präzise darzustellen.[45]

1106  Für die Bewertung der Transparenz einer Klausel kommt es auf die Erwartungen und Erkenntnismöglichkeiten eines *durchschnittlichen Vertragspartners* des Verwenders zum *Zeitpunkt des Vertragsschlusses* an.[46] Der durchschnittliche Vertragspartner ist in der Regel rechtlich[47] und kaufmännisch[48] nicht vorgebildet und sein Schutzniveau ist unter Berücksichtigung der jeweiligen Vertragsart zu ermitteln.[49] Abzustellen ist nicht auf den flüchtigen Betrachter, sondern auf den „aufmerksamen und sorgfältigen Teilnehmer am Wirtschaftsverkehr",[50] der um Verständnis bemüht ist.[51] Darüber hinaus kann erwartet werden, dass

---

[38] BeckOGK/Foerster, Stand: 15.2.2023, § 675g Rn. 44; MüKoBGB/Casper § 675g Rn. 20.
[39] BeckOGK/Foerster, Stand: 15.2.2023, § 675g Rn. 44; MüKoBGB/Casper § 675g Rn. 20.
[40] BeckOGK/Foerster, Stand: 15.2.2023, § 675g Rn. 45.
[41] BeckOGK/Foerster, Stand: 15.2.2023, § 675g Rn. 46.
[42] BeckOGK/Foerster, Stand: 15.2.2023, § 675g Rn. 48.
[43] BeckOGK/Foerster, Stand: 15.2.2023, § 675g Rn. 48; MüKoBGB/Casper § 675g Rn. 23; Lang/Rösler ZIP 2022, 504 (509).
[44] IErg auch Dieckmann BKR 2021, 657 (660); Artz Anm. zu BGH 27.4.2021 – XI ZR 26/20, BKR 2021, 492 (494).
[45] Dieckmann BKR 2021, 657 (660); Ellenberger/Bunte BankR-HdB/Bunte/Artz § 2 AGB-Banken und das Recht der AGB Rn. 108.
[46] BGH 18.2.2020 – VI ZR 135/19, BeckRS 2020, 6441 Rn. 8; 16.3.2016 – V ZR 306/16, BeckRS 2018, 13731 Rn. 15; 23.2.2011 – XII ZR 101/09, NJW-RR 2011, 1144 Rn. 10.
[47] BGH 15.2.2017 – IV ZR 91/16, NJW 2017, 2346 Rn. 17; 13.9.2017 – IV ZR 302/16, BeckRS 2017, 126331 Rn. 13.
[48] BGH 17.1.1989 – XI ZR 54/88, NJW 1989, 582.
[49] Vgl. BGH 13.9.2017 – IV ZR 302/16, BeckRS 2017, 126331 Rn. 13; BeckOGK/Eckelt, Stand: 1.7.2022, § 307 Rn. 136.
[50] Grüneberg/Grüneberg, 81. Aufl. 2022, § 307 Rn. 23; BeckOGK/Eckelt, Stand: 1.7.2022, § 307 Rn. 136.
[51] BGH 20.11.2019 – IV ZR 159/18, NJW-RR 2020, 92 Rn. 8.

II. Gestaltung neuer Preisklauseln, ohne Zustimmung(sfiktion) des Kunden  **Kapitel 7**

der Kunde die AGB aufmerksam durchsieht und sie unter Berücksichtigung ihres erkennbaren *Sinnzusammenhangs* verständig würdigt.[52] Die Rechtsprechung formuliert gelegentlich, dass „dem Kunden eigenes Nachdenken nicht erspart bleiben kann".

Es stellt sich also die Frage, welcher Index für die Anpassung entsprechender Entgelte in Betracht kommt. Der vom Statistischen Bundesamt regelmäßig veröffentlichten Verbraucherpreisindex[53] scheint hierzu grundsätzlich geeignet. Allerdings ist dieser Index auch für den „aufmerksamen und sorgfältigen Teilnehmer am Wirtschaftsverkehr"[54] nicht einfach nachzuvollziehen. Zwar ist dieser Index nur im Internet abrufbar. Dies dürfte für die Transparenzbetrachtung jedoch genügen, da inzwischen nur geringe Teile der Bevölkerung kein Internet nutzen. Laut Statistischem Bundesamt waren dies in Deutschland 2021 lediglich 6 %.[55]  1107

Als Ergebnis lässt sich zusammenfassen:  1108
- Der Preis und damit die Gegenleistung kann an einen geeigneten, nicht manipulierbaren und öffentlich zugänglichen Referenzwert angehängt werden.
- Der Preis kann sich entweder analog des Referenzwertes verändern oder – vor allem bei sich schnell ändernden Referenzwerten – in bestimmten Intervallen und einer bestimmten Überschreitung einer Schwelle verändert werden. Dies muss im Vertrag exakt vereinbart bzw. in den Vertrags-AGB klar geregelt werden.
- Der Verwender darf durch die Preisanpassung keine Margenerhöhung erzielen können. Ist das auch nur theoretisch anhand der Klausel möglich, ist sie unwirksam. Auch ein Restermessen bei der Anpassung führt zu einer unwirksamen Klausel.

### 3. Gestaffelte Preiserhöhung

Denkbar ist eine Art Automatismus vor allem im Hinblick auf den Grundpreis. So kann ein Unternehmen mit seinen Kunden vereinbaren, dass sich der Grundpreis in periodischen Abständen, etwa einmal pro Jahr zu einem bestimmten Datum, um einen gewissen Prozentsatz – exemplarisch mögen hier 5 % genannt werden – erhöht. Wenn und soweit dies bei Vertragsschluss vereinbart wird, handelt es sich um eine vertragliche Abrede, die mit einer Zustimmungsfiktion nichts zu tun hat. Der Kunde hat es in der Hand, das Angebot des Unternehmens anzunehmen oder abzulehnen.  1109

All diese Umstände sind bei der Kalkulation des Entgeltes zu berücksichtigen. Vor diesem Hintergrund erscheint ein Automatismus der Preisanpassung in erster Linie bei dem Grundpreis sinnvoll. Nun mag dies eine gewisse kalkulatorische Weitsicht voraussetzen. Denkbar wäre hier, aus der Vergangenheit zu lernen. Das Unternehmen könnte analysieren, in welchen periodischen Zeitabschnitten in der Vergangenheit eine Entgeltanpassung erfolgt ist und dies dann auf die Zukunft „hochrechnen". Völlig offen ist dabei, ob die Kunden ein solches Staffelentgelt akzeptieren.  1110

Üblich und von den Gerichten auch mit klaren Vorgaben versehen, sind Staffelentgelte in Mietverträgen. Diese sind in Mietverträgen (vor allem im gewerblichen Bereich) durchaus an der Tagesordnung und rechtlich in aller Regel nicht zu beanstanden. Im Bereich Wohnraummiete (also in der Regel Vermietung an Verbraucher) setzen die Gerichte jedoch Grenzen. So darf die Erhöhung nur jährlich erfolgen und ein %-Satz als Staffel ist unzulässig; tatsächlich muss der exakte Betrag von vornherein im Mietvertrag festgeschrieben werden.  1111

---

[52] BGH 13.9.2017 – IV ZR 302/16, BeckRS 2017, 126331 Rn. 13; 23.2.2005 – IV ZR 273/03, NJW-RR 2005, 902 (903); 9.7.2003 – IV ZR 74/02, NJW-RR 2003, 1247.
[53] https://www.destatis.de/DE/Themen/Wirtschaft/Konjunkturindikatoren/Basisdaten/vpi041j.html (abgerufen am 18.4.2023).
[54] Grüneberg/Grüneberg, 81. Aufl. 2022, § 307 Rn. 23; BeckOGK/Eckelt, Stand: 1.7.2022, § 307 Rn. 136.
[55] https://www.destatis.de/DE/Themen/Laender-Regionen/Internationales/Thema/wissenschaft-technologie-digitales/Internetnutzung.html (abgerufen am 18.4.2023).

**1112** Es dürfte daher Sinn machen, sich diese Rechtsprechung zum Mietrecht analog der Rechtsprechung zum Bankrecht bei den Referenzwert-Anpassungsklauseln als AGB-rechtliches Leitbild herzunehmen und Staffeln nur unter diesen Vorgaben zu vereinbaren, zumindest, wenn Verträge mit Verbrauchern geschlossen werden.

## III. Gestaltung neuer Klauseln zur Änderung von Bedingungen und Preisen

**1113** Vor der Gestaltung neuer Klauseln sind einige Vorüberlegungen anzustellen. Es gibt mehrere Möglichkeiten, mit den Vorgaben des BGH in der Kautelarpraxis umzugehen. Die Chancen und (rechtlichen) Risiken dieser Optionen sind sorgfältig abzuwägen.

### 1. Beschränkung auf Nichtverbraucher

**1114** Einige Banken haben kurz nach der Veröffentlichung der BGH-Entscheidung vom 27.4.2021 die betroffenen Klauseln kurzfristig so geändert, dass deren Anwendung ausschließlich auf Nicht-Verbraucher eingeschränkt wurde,[56] da die besagte BGH-Entscheidung in Zusammenhang mit einem Verbraucher ergangen ist.

**1115** Die Beibehaltung der Zustimmungsfiktion im Geschäftsverkehr mit Nicht-Verbrauchern ist jedoch mit Risiken behaftet. Nach § 310 Abs. 1 S. 1 BGB finden zwar die §§ 305 Abs. 2 und 3, 308 Nr. 1, 2–8 und 309 BGB keine Anwendung auf AGB, die gegenüber einem Unternehmer, einer juristischen Person des öffentlichen Rechts oder einem öffentlich-rechtlichen Sondervermögen verwendet werden.

**1116** Allerdings gilt dies nicht für die Vorschrift des § 307 BGB. § 307 Abs. 1 und 2 BGB finden auch insoweit Anwendung, als dies zur Unwirksamkeit von in §§ 308 Nr. 1, 2–8 und 309 BGB genannten Vertragsbestimmungen führt. Die Prüfung nach § 307 Abs. 1 und 2 BGB ist also auch für Unternehmer relevant.[57]

**1117** Im Grundsatz gilt auch im unternehmerischen Rechtsverkehr, dass durch eine Preisanpassungsklausel das **Äquivalenzverhältnis** von Leistung- und Gegenleistung **nicht verändert** werden darf, die Klausel also dem Verwender keinen zusätzlichen Gewinn verschaffen darf.[58] Denn auch im Rechtsverkehr zwischen Unternehmern kann mit einer derartigen Klausel ohne eine Benachteiligung des Vertragspartners nur eine Wahrung des Gleichgewichts von Leistung und Gegenleistung geregelt werden, nicht jedoch eine Mehrung des Gewinns des Verwenders. Unzulässig sind daher auch im unternehmerischen Rechtsverkehr Klauselgestaltungen, die dem Verwender die Möglichkeit eröffnen, durch Preisänderungen den Gewinn zulasten des Vertragspartners zu erhöhen.[59] Damit sind auch im unternehmerischen Rechtsverkehr Anpassungsklauseln unwirksam, die eine Vertragsänderung **ohne Einschränkungen** in das **Belieben des Verwenders** stellen.[60] Dies gilt insbesondere für Preisanpassungsklauseln. Auch hier wird verlangt, dass Preisanpassungen durch eine Offenlegung der maßgeblichen Kriterien für den Vertragspartner **kalkulierbar** sind.[61]

---

[56] https://www.faz.net/aktuell/finanzen/nach-bgh-Urteil-erste-banken-wollen-geld-an-kunden-zurueck-zahlen-17369038-p2.html (abgerufen am 18.4.2023).
[57] Siehe zB BGH 19.9.2007 – VIII ZR 141/96, BeckRS 2007, 18417; 30.6.2009 – XI ZR 364/08, NJW 2009, 1641 (1643); BeckOGK/Richters/Friesen, Stand: 1.2.2023, § 310 Rn. 53; Rösler/Jordans Bank-Praktiker 2021, 420 ff.
[58] BeckOGK/Zschieschack, Stand: 1.12.2022, § 307 Preisanpassungsklausel Rn. 37 ff. mit weiteren Nachweisen.
[59] OLG Frankfurt a. M. 26.2.2010 – 2 U 178/09, BKR 2011, 154 (157).
[60] BGH 8.10.1997 – IV ZR 220/96, NJW 1998, 454 (456); 13.12.2001 – I ZR 41/99, NJW 2002, 1713 (1715); BeckOGK/Zschieschack, Stand: 1.12.2022, § 307 Änderungs- und Anpassungsklausel Rn. 16.
[61] OLG Frankfurt a. M. 26.2.2010 – 2 U 178/09, BKR 2011, 154 (157).

Tatsächlich hat gerade der XI. Zivilsenat in zahlreichen Fällen Unternehmergeschäfte Verbrauchergeschäften gleichgesetzt. Durch Urteil vom 13.5.2014[62] erklärte der BGH das Bearbeitungsentgelt in Verbraucherdarlehensverträgen für unwirksam. Drei Jahre später hat der BGH in seiner Entscheidung vom 4.7.2017[63] festgestellt, dass die in Darlehensverträgen eines Kreditinstitutes mit Unternehmern enthaltene formularmäßige Klausel, wonach der Unternehmer eine Bearbeitungsentgelt für den Vertragsschluss schulde, ebenfalls nach § 307 Abs. 3 S. 1 BGB der richterlichen Inhaltskontrolle unterliege und gem. § 307 Abs. 1 S. 1, Abs. 2 Nr. 1 BGB unwirksam sei. Die Gründe, die zu diesem Ergebnis führten – (1) die Vermutungsregel des § 307 Abs. 2 Nr. 1 BGB, die in Anlehnung an die Entscheidung vom 4.7.2017[64] auch für Verträge mit Unternehmern gilt, (2) kein Vorliegen eines Handelsbrauchs,[65] (3) keine Rechtfertigung mit Besonderheiten des kaufmännischen Geschäftsverkehrs,[66] (4) Wahrung des Grundsatzes der Vertragsgerechtigkeit[67] und (5) die Irrelevanz bankbetriebswirtschaftlicher Erwägungen,[68] werden auch für die Grundsätze der Entscheidung zur Zustimmungsfiktion vom 27.4.2021 gelten.[69]

Die Beibehaltung der Zustimmungsfiktion bei Nicht-Verbrauchern ist daher – wie dargelegt – nicht frei von Risiken.[70] Einige Autoren haben die Übertragbarkeit der Entscheidung vom 27.4.2021 auf Nicht-Verbraucher mit belastbaren Argumenten bereits bejaht.[71]

Hinzu kommt, dass in den AGB dieser Unternehmen dann getrennte Hinweise für Geschäfte mit Verbrauchern und Unternehmern enthalten sein müssten. Sollte die Regelung nur für Unternehmer gelten in den AGB, muss auf Basis der Entscheidung vom 27.4.2021[72] bei Änderungen von AGB, insbesondere bei Preisanpassungen, stets die Zustimmung des Verbrauchers eingeholt werden.

In dieser Konstellation ist allerdings nicht geregelt, was dann bei „notwendigen" – und in einer Zustimmungsfiktion zulässigen – Änderungen, etwa bei der Änderung der Gesetzeslage, der Rechtsprechung oder im Rahmen behördlicher Maßnahmen gilt. Ohne eine Regelung der Zustimmungsfiktion in den AGB dürften diese vom BGH als positive Ausnahme der Zulässigkeit einer Zustimmungsfiktionsklausel aber nicht anwendbar sein. Denn es bleibt ein einseitiger Eingriff in das Vertragsverhältnis, der dann völlig ohne Rechtsgrundlage erfolgen würde.

## 2. Differenzierte Zustimmungsfiktion

Möglich ist auch, detaillierte Differenzierungen vorzunehmen. So wird zwischen Fällen der Annahme der geänderten AGB durch den Kunden im Wege der Zustimmungsfiktion und dem Ausschluss der Zustimmungsfiktion und damit der ausdrücklichen Annahme durch den Kunden unterschieden.

Die Zustimmungsfiktion kann für die vom BGH erlaubten Ausnahmefälle erhalten bleiben. Dann muss das Änderungsangebot des Verwenders erfolgen, um die Übereinstim-

---

[62] BGH 13.5.2014 – XI ZR 405/12, NJW 2014, 2420.
[63] BGH 4.7.2017 – XI ZR 562/15, BKR 2017, 453 = NJW 2017, 2986 mAnm Servais.
[64] BGH 4.7.2017 – XI ZR 562/15, BKR 2017, 453 = NJW 2017, 2986 Rn. 22.
[65] Vgl. BGH 4.7.2017 – XI ZR 562/15, BKR 2017, 453 = NJW 2017, 2986 Rn. 58 unter Hinweis auf BGH 17.1.1989 – XI ZR 54/88, BGHZ 106, 259 (267).
[66] BGH 4.7.2017 – XI ZR 562/15, BKR 2017, 453 = NJW 2017, 2986 Rn. 63.
[67] BGH 4.7.2017 – XI ZR 562/15, BKR 2017, 453 = NJW 2017, 2986 Rn. 64 unter Hinweis auf BGH 19.11.2009 – III ZR 108/08, BGHZ 183, 220 Rn. 13, BGH 10.10.2013 – VII ZR 19/12, NJW 2014, 206 Rn. 27 und BGH 13.5.2014 – XI ZR 405/12, NJW 2014, 2420 Rn. 60.
[68] BGH 4.7.2017 – XI ZR 562/15, BKR 2017, 453 = NJW 2017, 2986 Rn. 72.
[69] Eingehend Lang/Kühler NJW 2022, 2145 (2148 ff.).
[70] Lang/Rösler ZIP 2022, 504 (506).
[71] Rösler ÖBA 2021, 685 (688); Dieckmann BKR 2021, 657 (659); Rösler/Jordans BankPraktiker 2021, 420 ff.; Lang/Kühler NJW 2022, 2145; aA Ellenberger/Bunte BankR-HdB/Bunte/Artz § 3 AGB-Banken 1 Rn. 21.
[72] BGH 27.4.2021 – XI ZR 26/20, BKR 2021, 488 mAnm Artz.

**Kapitel 7**

mung der vertraglichen Bestimmungen mit einer veränderten Rechtslage, sei es durch Gesetz, Rechtsprechung oder durch verbindliche Verfügung einer für das Unternehmen zuständigen nationalen oder internationalen (Aufsichts-)Behörde herzustellen.

1124 In allen anderen Fällen, etwa bei Änderungen, die u. a. die Hauptleistungspflichten des Vertrages und die Entgelte für Hauptleistungen betreffen, oder bei Änderungen, die das bisher vereinbarte Verhältnis von Leistung und Gegenleistung zugunsten des AGB-Verwenders verschieben würden, muss die Zustimmungsfiktion ausgeschlossen sein, dh in diesem Fällen ist die ausdrückliche Zustimmung des Kunden erforderlich.

1125 Der AGB-Änderungsmechanismus mittels fingierter Zustimmung der Kunden wurde vom BGH nicht generell für unzulässig erklärt, sondern lediglich seine schrankenlose Ausgestaltung in den Vertragsbedingungen.[73]

1126 Soweit sich die Zustimmungsfiktion lediglich auf die Anpassung an eine veränderte Rechtslage bezieht, dürfte sie daher nicht zu beanstanden sein.[74] Derartige Änderungen liegen außerhalb des Einflussbereichs des Unternehmens; häufig ist eine entsprechende Anpassung von AGB zwingend.[75] Soweit die Änderung von höchstrichterlicher Rechtsprechung, vom Gesetzgeber oder durch eine Verordnung der Exekutive ausgelöst wird, dürfte dies unproblematisch sein. Denkbar sind auch Verwaltungsanweisungen der Aufsicht, welche für den Verwender verbindlich sind. Formal setzt eine solche Änderungsklausel zunächst die Beachtung der Anforderungen des § 308 Nr. 5 BGB aufgestellten Bedingungen voraus.[76]

1127 Offen ist, ob Maßnahmen von Behörden (Aufsichtsrecht) über Unternehmen eine Begründung gegenüber dem Kunden zur AGB-Änderung im Wege einer Zustimmungsfiktion liefern oder ob solche Anweisungen nur in der Sphäre des Unternehmens gelten. Darüber hinaus lassen die Regelungen einen gewissen Interpretationsspielraum zu, so dass im Zweifel besser die Zustimmung des Kunden eingeholt wird.[77]

1128 Unproblematisch dürfte auch die Konstellationen sein, in welcher die Änderung für den Kunden keinerlei Nachteile nach sich zieht. Exemplarisch sind etwa erweitere Leistungen des Verwenders oder eine Anpassung von Kündigungsrechten zu Gunsten des Kunden zu nennen.[78] Auch die Weiterentwicklung technischer Standards, etwa im Zusammenhang mit der Sicherheit von Transaktionen im Online-Geschäft dürfte, sofern auch hier eine Änderung von AGB erforderlich sein sollte, für den Kunden ausschließlich von Vorteil sein, so dass auch hier eine Zustimmungsfiktion denkbar ist.[79] Gleiches dürfte für die Einführung neuer Verfahren, von denen der Kunde profitiert, gelten.[80] Allerdings sollte in deutlicher Weise klargestellt werden, wie die Vorteile zugunsten des Kunden beschaffen sind, damit der Kunde klar einschätzen kann, welche Änderungen zu seinem Vorteil von der Klausel erfasst sind.[81]

1129 Ein eher theoretisches Risiko liegt darin, dass die Differenzierung zwischen der Annahme durch den Kunden im Wege der Zustimmungsfiktion bzw. dem Ausschluss der Zustimmungsfiktion ggf. dem Transparenzgebot widerspricht.[82] Auf der anderen Seite hat das Transparenzgebot auch Grenzen. Mit dem Transparenzgebot wäre es nicht zu vereinbaren,

---

73 Dieckmann BKR 2021, 657 (663).
74 Lang/Rösler ZIP 2022, 504 (506).
75 Rösler ÖBA 2021, 685 (688); siehe auch Dieckmann BKR 2021, 657 (664).
76 Dieckmann BKR 2021, 657 (663); BeckOK BGB/Becker, Stand: 1.11.2022, § 308 Nr. 5 Rn. 13 f.
77 So zutreffend Zahrte BKR 2022, 69 (71).
78 Rösler ÖBA 2021, 685 (688); Lang/Rösler ZIP 2022, 504 (507 f.).
79 Rösler ÖBA 2021, 685 (688).
80 Vgl. Bunte/Zahrte/Bunte/Zahrte, AGB-Sparkassen, 6. Auflage 2023, Nr. 1 AGB-Banken Rn. 36g sowie 36l; siehe auch Zahrte Anm. zu BGH 12.5.2022 – IX ZR 71/21, BKR 2022, 673 (677).
81 Siehe hierzu BGH 15.11.2007 – III ZR 247/06, NJW 2008, 360 (Pay-TV).
82 Vgl. BGH 11.10.2007 – III ZR 63/07, NJW-RR 2008, 134 Rn. 12; 8.10.1997 – IV ZR 220/96, NJW 1998, 545 und BGH 17.3.1999 – IV ZR 218/97, NJW 1999, 1865; siehe auch BGH 5.5.2015 – XI ZR 214/14, BKR 2015, 435 Rn. 12 unter Hinweis auf BGH 11.3.2003 – XI ZR 403/01, NJW 2003, 1658 = BKR 2003, 346 und BGH 2.12.2003 – XI ZR 397/02, BKR 2004, 160 = NJW 2004, 1031; Hadding WuB I A 1. Nr. 19 AGB-Banken 2009 1.12; Hadding FS Hopt, 2010, 1893 (1904); Goldhammer DÖV 2013, 416 (418); Linnenbrink BKR 2014, 10 (11 f.); Staudinger/Omlor, BGB, Neubearb. 2012, § 675h

III. Gestaltung neuer Klauseln zur Änderung von Bedingungen und Preisen    **Kapitel 7**

wollte man dem Klauselverwender abverlangen, in seiner Klausel so umfassend die Konsequenzen der Regelung darzulegen, dass alle denkbaren Fälle erfasst wären.[83] Für sich genommen, könnte dies die Klausel wieder unverständlich machen.[84]

So darf sich der Verwender unbestimmter Rechtsbegriffe wie „wichtiger Grund" bedienen. Die Verpflichtung, den Klauselinhalt klar und verständlich zu formulieren, besteht damit nur *im Rahmen des Möglichen*.[85] Der Verwender ist nicht verpflichtet, Unmögliches zu leisten und Regelungen zu erläutern, die so kompliziert sind, dass sie einem Durchschnittsverbraucher schlechthin nicht im Einzelnen verständlich gemacht werden können.[86] Der Verwender soll aber verpflichtet sein, bei der Formulierung von vornherein auf die Verständnismöglichkeiten des Durchschnittskunden Rücksicht zu nehmen und, wenn das ohne unangemessene Ausweitung des Textumfangs möglich ist, zwischen mehreren möglichen Klauselfassungen diejenige zu wählen, bei der die kundenbelastende Wirkung einer Regelung nicht unterdrückt, sondern deutlich gemacht wird.[87] Dabei wird sich der Klauselverwender darüber im Klaren sein müssen, dass seine AGB vom Gericht in kundenfeindlichster Auslegung geprüft werden. Er wird also gut beraten sein, die Änderungen, welche über eine Zustimmungsfiktion abgehandelt werden sollen, so exakt und konkret wie möglich zu beschreiben, damit keine Sachverhalte darunter gefasst werden können, die aus rechtlicher Sicht einer ausdrücklichen Zustimmung des Kunden bedürften. Denn sonst wäre die Klausel unwirksam.   1130

### 3. Lösung über § 308 Nr. 4 BGB (Änderung der Leistung)

Möglich wäre auch, den Änderungsmechanismus auf das Leistungsänderungsrecht des § 308 Nr. 4 BGB zu beschränken. Die Frage ist jedoch, was an Regelungsgehalt noch übrig ist nach der Entscheidung des BGH zur Zustimmungsfiktionsklausel. § 308 Nr. 4 BGB schränkt das Recht des Verwenders ein, die „versprochene Leistung" zu ändern oder von ihr abzuweichen. Bezugsobjekt des Änderungsrechts muss daher eine **Leistungspflicht** sein.[88] Die Norm ist – sofern keine gesetzlichen Ausnahmen existieren – für alle Verträge einschließlich Vorverträge und Dauerschuldverhältnisse anwendbar und betrifft alle Klauseln, in denen sich der Verwender das Recht vorbehält, die von ihm (!) versprochene Leistung zu ändern oder von ihr abzuweichen, wobei es keine Rolle spielt, ob sich der Vorbehalt auf Hauptleistungspflichten, Nebenleistungspflichten, Leistungsmodalitäten oder gesetzliche Pflichten bezieht.[89]   1131

Damit wird die Möglichkeit des Verwenders eingeschränkt, seine Bindung an den geschlossenen Vertrag zu unterminieren. Die Vorschrift will den Kunden gegen AGB-Regelungen schützen, durch die er nicht selten stärker benachteiligt wird als durch eine Klausel, mit der sich der Verwender ein Recht zur Abstandnahme vom Vertrag im Ganzen vorbehält.[90]   1132

Nicht anwendbar ist die Norm auf Klauseln, die dem Verwender ganz allgemein eine **Änderung der AGB** erlauben sollen.[91] Das gilt auch in Fällen, in denen Klauseln enthalten   1133

---

Rn. 5; Ulmer/Brandner/Hensen/A. Fuchs, AGB-Recht, 11. Aufl., Spez. AGB-Werke Teil 4 [2] Banken [Kreditinstitute] Rn. 72 am Ende; BeckOK BGB/H. Schmidt, Stand: 1.8.2021, § 307 Rn. 45.
[83] BGH 9.6.2011 – III ZR 157/10, NJW-RR 2011, 1618 Rn. 44; BeckOK BGB/H. Schmidt, Stand: 1.8.2021, § 307 Rn. 48.
[84] BeckOK BGB/H. Schmidt, Stand: 1.8.2021, § 307 Rn. 48.
[85] BGH 29.1.2019 – KZR 4/17, BeckRS 2019, 17361 Rn. 104.
[86] BeckOGK/Eckelt, Stand: 1.7.2022, § 307 Rn. 131.1.
[87] BeckOGK/Eckelt, Stand: 1.7.2022, § 307 Rn. 131.1.
[88] BeckOGK/Weiler, Stand: 1.1.2023, § 308 Nr. 4 Rn. 23; Lang/Rösler ZIP 2022, 504 (507).
[89] MüKoBGB/Wurmnest, 9. Auflage 2022, § 308 Nr. 4 Rn. 5 mwN.
[90] MüKoBGB/Wurmnest, 9. Auflage 2022, § 308 Nr. 4 Rn. 1.
[91] BGH 17.3.1999 – IV ZR 218-97, NJW 1999, 1865; OLG Schleswig 27.3.2012 – 2 U 2/11, NJW-RR 2013, 496 (497 f.); vgl. ferner BGH 11.10.2007 – III ZR 63/07 134, NJW-RR 2008, Rn. 10 ff. (Prüfung einer AGB-Änderungsklausel nur anhand § 307 Abs. 1 BGB).

sind, mit denen die Leistung des Verwenders geregelt wird. Zwar kann es durch Änderung dieser Klauseln zu einer Änderung der Leistungspflicht kommen. Allerdings ändert dies nichts daran, dass eine Klausel, die allgemein zur Änderung der AGB berechtigt, nur Vertragsbedingungen zum Gegenstand hat, nicht aber den Inhalt der Leistung oder die Leistungsmodalitäten.[92]

1134 § 308 Nr. 4 BGB ist aber anwendbar, wenn sich die Klausel explizit auf die **Änderung von Leistungsbeschreibungen** bezieht, auch wenn diese Beschreibungen formularmäßig erfolgen.[93] Gleiches gilt, wenn die Klausel ausdrücklich Bezug nimmt auf bestimmte andere AGB-Klauseln, die ihrerseits Regelungen zur Leistung enthalten.[94]

1135 Allerdings muss die entsprechende Klausel auf **zumutbare Änderungssituationen begrenzt** sein. Die Zumutbarkeit des Änderungsvorbehalts setzt neben der Nennung eines Änderungsgrundes weiter voraus, dass der besagte Grund von vornherein nur Situationen erfasst, in denen ein überwiegendes Interesse des Verwenders an einer Änderung bestehen kann. Er muss daher inhaltlich so konkretisiert sein, dass er **nicht zur Rechtfertigung unzumutbarer Änderungen** dienen kann.[95] Eine **unbestimmte Formulierung,** die eine Änderung zB bei Vorliegen „**wichtiger Gründe**" zulässt, ist nicht ausreichend, weil sie auch Gründe erfasst, die zwar für den Verwender wichtig sein mögen, die aber der Sache nach gleichwohl keine Änderung rechtfertigen, weil das Interesse des Vertragspartners an der unveränderten Leistung überwiegt. Nicht ausreichend ist auch die Formulierung „**triftige Gründe**".[96]

1136 In einem **Pay-TV-Vertrag** wurde der Vorbehalt, „das Programmangebot, die einzelnen Kanäle, die Nutzung der einzelnen Kanäle sowie die Zusammensetzung der Programmpakete zum Vorteil der Abonnenten zu ergänzen, zu erweitern oder in sonstiger Weise zu verändern" vom BGH als unzulässig verworfen worden, weil der Kunde nicht einzuschätzen vermag, welche Änderungen „zum Vorteil des Abonnenten" sind.[97] Zum Vorteil des Abonnenten wären dagegen wohl Änderungen, die das Programmangebot lediglich ausweiten.

1137 Die Beschränkung des Änderungsmechanismus auf das Leistungsänderungsrecht des § 308 Nr. 4 BGB, wonach der Verwender das Recht erhält, die „versprochene Leistung" zu ändern oder von ihr abzuweichen, erscheint allerdings kein wirklich gangbarer Weg zu sein.[98] Eine Klausel, die den Verwender berechtigen würde, die AGB jederzeit für die Zukunft zu ändern, „sofern dadurch die Hauptleistung zum Vorteil der Kunden ergänzt, erweitert oder in sonstiger Weise zu Gunsten des Kunden verändert wird,‚" dürfte vom BGH als unzulässig verworfen werden, weil der Kunde nicht einschätzen kann, welche Änderungen „zu seinem Vorteil" etabliert werden.[99]

1138 Losgelöst hiervon wären die Unternehmen bei einer derartigen Klausel in Bezug auf die Änderungsmöglichkeiten in erheblicher Weise eingeschränkt.[100] Änderungen von AGB sind bisweilen auch aus Gründen, die sich nicht unbedingt auf das Leistungsangebot und Leistungsspektrum beziehen, erforderlich. Denkbar sind Änderungen technischer Natur, etwa bei Einsatz einer aktualisierten Software. Würde man alle denkbaren Gründe, die zu einer Änderung der AGB führen könnte, in diese integrieren, würde die Klausel sehr

---

[92] BeckOGK/Weiler, Stand: 1.1.2023, § 308 Nr. 4 Rn. 36.
[93] BGH 11.10.2007 – III ZR 63/07 134, NJW-RR 2008, 134 Rn. 14 ff.; BeckOGK/Weiler, Stand: 1.1.2023, § 308 Nr. 4 Rn. 36.
[94] BGH 9.7.1991 – XI ZR 72/90, NJW 1991, 2559 (2563 f.).
[95] BGH 15.11.2007 – III ZR 247/06, NJW 2008, 360 Rn. 21; BGH 21.9.2005 – VIII ZR 284/04, NJW 2005, 3567 (3569); 16.1.2018 – X ZR 44/17, NJW 2018, 1534 Rn. 21.
[96] BeckOGK/Weiler, Stand: 1.1.2023, § 308 Nr. 4 Rn. 139 mit weiten Nachweisen.
[97] BGH 15.11.2007 – III ZR 247/06, NJW 2008, 360 Rn. 24.
[98] Lang/Rösler ZIP 2022, 504 (507 f.).
[99] Vgl. BGH 15.11.2007 – III ZR 247/06, NJW 2008, 360 Rn. 24 zum eben bereits erwähnten **Pay-TV-Vertrag**.
[100] Lang/Rösler ZIP 2022, 504 (508).

umfassend und sperrig. Darüber hinaus besteht die Gefahr, dass die Rechtsprechung eine solche Klausel als unvereinbar mit dem Transparenzgebot qualifizieren würde.[101]

Am Ende wird es kaum Sachverhalte geben, die über die vom BGH in seinem Zustimmungsfiktionsurteil hinaus von § 308 Nr. 4 BGB gedeckt sein werden. Preisanpassungen führen immer zu einer Änderung des Äquivalenzinteresses eines Vertrages, wenn sie nicht völlig unerheblich sind wie bei Rundungsfragen oÄ. Zu Änderungen der AGB hat der BGH ja auch klare Ausführungen gemacht, was zulässig sein kann. Darum wird diese Möglichkeit eher ausscheiden. **1139**

Offen ist, ob die derzeit bestehende und relativ hohe Inflation in Deutschland von 8–10 % einen Einfluss auf diese Überlegungen hat, ob also aufgrund einer Preiserhöhung unterhalb der Inflationsrate das Äquivalenzinteresse nicht geändert werden würde. Einen Freibrief für inflationsgestützte Preiserhöhungen ohne Verankerungen im Vertrag wird man allerdings eher nicht herleiten können. Würde die Inflation völlig unerwartete Höhen erreichen, müsste man wohl eher mit der Konstruktion des Wegfalls der Geschäftsgrundlage arbeiten. **1140**

## IV. Vorschlag zur Formulierung einer Änderungsklausel

Wie dargelegt,[102] erscheint die Beibehaltung der Zustimmungsfiktion unproblematisch soweit sie sich auf die Anpassung an eine veränderte Rechtslage bezieht. Gleiches gilt für die Konstellationen, in welcher die Änderung für den Kunden keinerlei Nachteile nach sich zieht wie zB erweitere Leistungen, eine Anpassung von Kündigungsrechten zu Gunsten des Kunden[103] oder die Weiterentwicklung technischer Standards, die dem Kunden zugutekommen.[104] Auf dieser Grundlage wird die nachfolgende Klausel als Anstoß zur Diskussion und den wissenschaftlichen Diskurs angeboten. **1141**

### 1. Formulierungsvorschlag neue Zustimmungsfiktionsklauel

**Änderungen von Preisen und diesen Vertragsbedingungen 1. Änderungen dieser AGB** **1142**
  Will das Unternehmen Bedingungen dieser Allgemeinen Geschäftsbedingungen ändern, wird die Änderung dem Kunden spätestens zwei Monate vor dem vorgeschlagenen Zeitpunkt ihres Wirksamwerdens in Textform angeboten. Hat der Kunde mit dem Unternehmen im Rahmen der Geschäftsbeziehung einen elektronischen Kommunikationsweg vereinbart, können die Änderungen auch auf diesem Wege angeboten werden.
**2. Annahme des Änderungsangebots durch den Kunden**
  Die vom Unternehmen angebotenen Änderungen werden nur wirksam, wenn der Kunde diese annimmt. Die Annahme kann er direkt gegenüber dem Unternehmen erklären. Oder er kann die Annahme gegenüber dem Unternehmen ablehnen. Im Ausnahmefall wird die Annahme der Änderung auch durch Schweigen bewirkt. Dies ist der Fall der unter 3. erläuterten Zustimmungsfiktion.
**3. Annahme des Änderungsangebots durch Zustimmungsfiktion**
  Das Schweigen des Kunden gilt nur dann als Annahme des Änderungsangebotes (Zustimmungsfiktion), wenn
  **a)** das Änderungsangebot des Unternehmens erfolgt, um die Übereinstimmung der vertraglichen Bestimmungen mit einer veränderten Rechtslage wiederherzustellen, weil eine Bestimmung dieser Bedingungen

---

[101] Vgl. BGH 11.10.2007 – III ZR 63/07, NJW-RR 2008, 134 Rn. 12; 8.10.1997 – IV ZR 220/96, NJW 1998, 545 und BGH 17.3.1999 – IV ZR 218/97, NJW 1999, 1865; siehe auch BGH 5.5.2015 – XI ZR 214/14, BKR 2015, 435 Rn. 12.
[102] → Rn. 1155.
[103] Rösler ÖBA 2021, 685 (688); Lang/Rösler ZIP 2022, 504 (507 f.).
[104] Vgl. Bunte/Zahrte/Bunte/Zahrte, AGB-Sparkassen, 6. Auflage 2023, Nr. 1 AGB-Banken Rn. 36g ff.; siehe auch Zahrte Anm. zu BGH 12.5.2022 – IX ZR 71/21, BKR 2022, 673 (677).

– aufgrund einer Änderung von Gesetzen, einschließlich unmittelbar geltender Rechtsvorschriften der Europäischen Union, nicht mehr der Rechtslage entspricht oder
– durch eine rechtskräftige gerichtliche Entscheidung, auch durch ein Gericht erster Instanz, unwirksam wird oder nicht mehr verwendet werden darf oder
– aufgrund einer verbindlichen Verfügung einer für das Unternehmen zuständigen nationalen oder internationalen Behörde nicht mehr mit den (aufsichts-)rechtlichen Verpflichtungen des Unternehmens in Einklang zu bringen ist oder

b) das Änderungsangebot des Unternehmens ausschließlich zugunsten des Verbrauchers erfolgt, zB im Fall der Erweiterung von Leistungen oder der Weiterentwicklung technischer Standards, etwa im Zusammenhang mit der Sicherheit von Transaktionen im Online-Geschäft ① und

c) der Kunde das Änderungsangebot des Unternehmens nicht vor dem vorgeschlagenen Zeitpunkt des Wirksamwerdens der Änderungen abgelehnt hat. Das Unternehmen wird den Kunden im Änderungsangebot auf die Folgen seines Schweigens hinweisen.

**4. Ausschluss der Zustimmungsfiktion**
Die Zustimmungsfiktion findet keine Anwendung
– bei Änderungen, welche die Hauptleistungspflichten des Vertrages ② und die Entgelte für Hauptleistungen betreffen, oder
– bei Änderungen von Entgelten, die auf eine über das vereinbarte Entgelt für die Hauptleistung hinausgehende Zahlung eines Verbrauchers ③ gerichtet sind, oder
– bei Änderungen, die dem Abschluss eines neuen Vertrages gleichkommen, oder
– bei Änderungen, die das bisher vereinbarte Verhältnis von Leistung und Gegenleistung zugunsten des Unternehmens nicht nur unerheblich ④ verschieben würden.

In diesen Fällen wird das Unternehmen die Zustimmung des Kunden zu den Änderungen auf andere Weise einholen.

**5. Kündigungsrecht des Kunden bei Zustimmungsfiktion**
Macht das Unternehmen von der Zustimmungsfiktion nach Nr. 3 Gebrauch, kann der Kunde den von der Änderung betroffenen Vertrag vor dem vorgeschlagenen Zeitpunkt des Wirksamwerdens der Änderungen fristlos und kostenfrei kündigen.

Auf dieses Kündigungsrecht wird das Unternehmen den Kunden in seinem Änderungsangebot hinweisen.

## 2. Erläuterung

1143 Zu 1. Wie dargelegt,[105] sind Konstellationen, in denen die Änderung der AGB für den Kunden keinerlei Nachteile nach sich zieht (zB erweiterte Leistungen, Anpassung von Kündigungsrechten zu Gunsten des Kunden, Weiterentwicklung technischer Standards, etwa im Zusammenhang mit der Sicherheit von Transaktionen im Online-Geschäft) bei entsprechend konkreter Formulierung unproblematisch.[106] so dass auch hier eine Zustimmungsfiktion denkbar ist.[107] Gleiches dürfte für die Einführung neuer Verfahren, die dem Kunden zugutekommen, gelten.[108] Vor diesem Hintergrund könnte auch diese Umstände in die Zustimmungsfiktion integriert werden.

1144 Zu 2. Die Klausel spricht von Änderungen, welche die Hauptleistungspflicht des Vertrages bzw. deren Entgelte betreffen. Tatsächlich ist auch dem „aufmerksamen und sorgfältigen Teilnehmer am Wirtschaftsverkehr"[109] der Unterschied zwischen Hauptleistung und Nebenleistung nicht geläufig.[110]

1145 **Hauptleistungspflichten** prägen die Eigenart des jeweiligen Schuldverhältnisses und sind für die Einordnung in die verschiedenen Typen des Schuldverhältnisses von Bedeu-

---

[105] → Rn. 1055.
[106] Rösler ÖBA 2021, 685 (688); Lang/Rösler ZIP 2022, 504 (507 f.).
[107] Rösler ÖBA 2021, 685 (688).
[108] Vgl. Zahrte Anm. zu BGH 12.5.2022 – IX ZR 71/21, BKR 2022, 673 (677).
[109] Palandt/Grüneberg, 80. Aufl. 2021, § 307 Rn. 23; BeckOGK/Eckelt, Stand: 1.7.2022, § 307 Rn. 136.
[110] Vgl. MüKoBGB/Bachmann, 9. Auflage 2022, § 241 Rn. 36.

tung.¹¹¹ **Nebenleistungspflichten** hingegen dienen der Vorbereitung, Durchführung und Sicherung der Hauptleistung und ergänzen damit die Hauptleistungspflicht.¹¹²

Nach mancher Auffassung ist die praktische Bedeutung der Unterscheidung zwischen Haupt- und Nebenleistungspflichten gering.¹¹³ Dem kann jedenfalls im Hinblick auf die komplexen Preisregelungen nicht zugestimmt werden. So ist die Unterscheidung zwischen Haupt- und Nebenleistung u. a. im Zusammenhang mit § 312a Abs. 3 BGB von Bedeutung, wonach eine Vereinbarung, die auf eine über das vereinbarte Entgelt für die Hauptleistung hinausgehende Zahlung des Verbrauchers gerichtet ist, von einem Unternehmer mit einem Verbraucher nur ausdrücklich getroffen werden kann.¹¹⁴ Der BGH wiederum unterscheidet in seiner Rechtsprechung zur AGB-rechtlich Zulässigkeit von Entgelten zwischen den Begriffen „Preishauptabrede" und „Preisnebenabrede". Vom Grundsatz her unterliegen **Preisvereinbarungen für die Hauptleistung nicht der Inhaltskontrolle nach §§ 307 ff. BGB,** soweit sie Art und Umfang der Vergütung unmittelbar regeln. Die Ausgestaltung des Entgeltes für eine Hauptleistungspflicht ist den Parteien dabei in den Grenzen von § 138 BGB freigestellt. Preise für Nebenleistungen werden dagegen vom BGH AGB-rechtlich geprüft und in aller Regel für unwirksam erklärt.¹¹⁵ 1146

Zu 3. Diese Klausel bezieht sich auf eine Vereinbarung, die auf eine über das vereinbarte Entgelt für die Hauptleistung hinausgehende Zahlung gerichtet ist. Eine solche Vereinbarung kann mit einem Verbraucher nur ausdrücklich getroffen werden, auch wenn sie im Preisaushang oder im Preis- und Leistungsverzeichnis ausgewiesen ist.¹¹⁶ Mit dieser Klausel wird § 312a Abs. 3 BGB umgesetzt.¹¹⁷ Dieser gilt nur im Verhältnis zu einem Verbraucher; Unternehmer sind durch diese Vorschrift nicht geschützt.¹¹⁸ Vor diesem Hintergrund ist bei der entsprechenden Klausel von einem Verbraucher – ansonsten wird die Formulierung „Kunde" genutzt – die Rede. 1147

Zu 4. Hier geht es um Änderungen, die das bisher vereinbarte Verhältnis von Leistung und Gegenleistung zugunsten des Unternehmens verschieben würden. 1148

Nach § 308 Nr. 4 BGB können Klauseln, die das Recht des Verwenders enthalten, die versprochene Leistung zu ändern oder von ihr abzuweichen, zwar grundsätzlich zulässig sein, soweit dies unter Berücksichtigung der Interessen des Verwenders für den anderen Vertragsteil zumutbar ist. Diese Bedingung sei aber nur erfüllt, wenn für die Änderung ein triftiger Grund vorliege¹¹⁹ und die Klausel – im Hinblick auf die gebotene Klarheit und Verständlichkeit von AGB (§ 307 Abs. 1 S. 2 BGB) – die triftigen Gründe für das einseitige Leistungsbestimmungsrecht nennt, so dass für den anderen Vertragsteil zumindest ein gewisses Maß an Kalkulierbarkeit der möglichen Leistungsänderungen bestehe.¹²⁰ Erforderlich seien nähere Bestimmungen, aus denen zu entnehmen wäre, unter welchen Voraussetzungen der Verwender Leistungen ändern können soll.¹²¹ 1149

Eine unbestimmte Formulierung, die eine Änderung zB bei Vorliegen „wichtiger Gründe" zulässt, ist nicht ausreichend, weil sie auch Gründe erfasst, die zwar für den Verwender wichtig sein mögen, die aber der Sache nach gleichwohl keine Änderung rechtfertigen, 1150

---

¹¹¹ MüKoBGB/Bachmann, 9. Auflage 2022, § 241 Rn. 35; Bunte/Zahrte/Bunte/Zahrte, AGB-Sparkassen, 6. Auflage 2023, Nr. 12 AGB-Banken Rn. 240.
¹¹² MüKoBGB/Bachmann, 9. Auflage 2022, § 241 Rn. 35; Bunte/Zahrte/Bunte/Zahrte, AGB-Sparkassen, 6. Auflage 2023, Nr. 12 AGB-Banken Rn. 240.
¹¹³ MüKoBGB/Bachmann, 9. Auflage 2022, § 241 Rn. 36.
¹¹⁴ Bunte/Zahrte/Bunte/Zahrte, AGB-Sparkassen, 6. Auflage 2023, Nr. 12 AGB-Banken Rn. 240.
¹¹⁵ Siehe dazu Rösler BankPraktiker 2019, 135 ff.
¹¹⁶ Ellenberger/Bunte BankR-HdB/Bunte/Artz § 3 AGB-Banken 12 Rn. 37; Bunte/Zahrte/Bunte/Zahrte, AGB-Sparkassen, 6. Auflage 2023, Nr. 12 AGB-Banken Rn. 245.
¹¹⁷ Bunte/Zahrte/Bunte/Zahrte, AGB-Sparkassen, 6. Auflage 2023, Nr. 12 AGB-Banken Rn. 245.
¹¹⁸ Vgl. Bunte/Zahrte/Bunte/Zahrte, AGB-Sparkassen, 6. Auflage 2023, Nr. 12 AGB-Banken Rn. 240.
¹¹⁹ BGH 11.10.2007 – III ZR 63/07, NJW-RR 2008, 134 Rn. 15 unter Hinweis auf BGH 23.6.2005 – VII ZR 200/04, NJW 2005, 3420.
¹²⁰ BGH 11.10.2007 – III ZR 63/07, NJW-RR 2008, 134 Rn. 15 unter Hinweis auf BGH 23.6.2005 – VII ZR 200/04, NJW 2005, 3420.
¹²¹ BGH 11.10.2007 – III ZR 63/07, NJW-RR 2008, 134 Rn. 15.

weil das Interesse des Vertragspartners an der unveränderten Leistung überwiegt. Nicht ausreichend ist auch die Formulierung „triftige Gründe" ohne nähere Konkretisierung.[122]

**1151** Vor diesem Hintergrund ist fraglich, wie der Begriff der „Erheblichkeit" ausgelegt werden kann. Hierzu findet sich keine explizite gesetzliche Vorschrift; die Frage, ab wann eine Erheblichkeit vorliegt bzw. die Erheblichkeitsschwelle überschritten wird, bleibt nach wie vor der Rechtsprechung überlassen.[123] Eingestandenermaßen eher theoretischer Natur ist etwa das Risiko, dass die Erheblichkeitsschwelle aufgrund einer Anpassung von AGB an eine „veränderte Rechtslage" – für die die Zustimmungsfiktion gilt – überschritten wird. Auf der anderen Seite dürften die vorangegangenen Spiegelstriche, welche die Zustimmungsfiktion für Preiserhöhungen, die auf eine über das vereinbarte Entgelt für die Hauptleistung hinausgehende Zahlung des Verbrauchers gerichtet sind sowie Änderungen, die dem Abschluss eines neuen Vertrages gleichkommen – geeignet sein, entsprechende Risiken der „Generalklausel" (weitgehend) auszuschließen.

---

[122] BeckOGK/Weiler, Stand: 1.1.2023, § 308 Nr. 4 Rn. 139 mit weiten Nachweisen.
[123] Vgl. EuGH 26.3.2020 – C-779/18, NJW 2020, 1349 – Mikrokasa S. A. u. a./XO; EuGH 9.7.2020 – C-452/18, BeckRS 2020, 15214 – Ibercaja Banco SA/XZ; BGH 25.5.2020 – VI ZR 252/19, NJW 2020, 1962 Rn. 24; zum Begriff der Erheblichkeit siehe auch Feldhusen BKR 2016, 441; Nouvertné BKR 2014, 496,

# Kapitel 8. Rechtswahl, Gerichtsstand, Schiedsgerichtsklauseln

Eigentlich immer, wenn eine Rechtsprechung von beteiligten Kreisen als „unliebsam" empfunden wird, kommt die Frage auf, wie diese Rechtsprechung dadurch umgangen werden kann, dass im betreffenden Vertrag ein anderes als das deutsche Recht gewählt wird, ggf. in Kombination mit der Vereinbarung einer anderen als der deutschen Gerichtsbarkeit oder in Kombination mit der Wahl eines Schiedsgerichts. Eine solche Diskussion war etwa im Nachgang der Entscheidung des BGH[1] zur Übertragung der Grundsätze zur Unzulässigkeit von Darlehensbearbeitungsgebühren im Rechtsverkehr mit Verbrauchern auf den Rechtsverkehr mit Unternehmern zu beobachten.[2]   1152

So hat etwa der österreichische Oberste Gerichtshof (OGH) im Jahr 2016 in Kenntnis der und unter Bezugnahme auf die Rechtsprechung des BGH zu Bearbeitungsentgelten bei Verbraucherdarlehen entschieden, dass solche – anders als im deutschen Recht – im österreichischen Recht keinen Bedenken begegnen.[3] Dies brachte dann in Deutschland eine Diskussion auf, ob eine Wahl österreichischen Rechts sinnvoll sei, um solche Entgelte gleichwohl vereinnahmen zu können. In der Praxis ist dann eine flächendeckende Wahl österreichischen Rechts – soweit ersichtlich – nicht erfolgt, weil die Hürden gemessen am damit erreichbaren Erfolg wohl doch als zu hoch angesehen wurden.   1153

Auch im vorliegenden Kontext sind solche Fragen von Relevanz: Paypal, dessen AGB-Änderung kritisch beleuchtet wurde,[4] legt in seinen Nutzungsbedingungen englisches Recht zugrunde.[5] Das wirft die Fragen auf, ob eine solche Rechtswahl möglich ist, ob hierbei zwischen Verbrauchern und Unternehmern zu differenzieren ist und welche Konsequenzen der Brexit auf die Wahl (konkret) englischen Rechts hat. Zudem sind die Möglichkeiten von Gerichtsstandsvereinbarung und Schiedsvereinbarungen zu prüfen.   1154

## I. Auswirkungen von Rechtswahl und Gerichtsstand

Lassen sich die Anforderungen des deutschen Rechts, konkret der Rechtsprechung des BGH durch Wahl eines ausländischen Rechts bzw. Wahl eines Gerichtsstands oder Schiedsgerichts umgehen?   1155

Grundsätzlich sorgt die Wahl eines anderen Rechts dafür, dass die Regelungen der eigentlich zur Anwendung kommenden Rechtsordnung nicht auf den Sachverhalt Anwendung finden. Dies ist nicht zwingend gleichlaufend mit der Vereinbarung eines separaten Gerichtsstands oder Schiedsgerichts, so dass es etwa dazu kommen kann, dass es deutsches Gericht (mangels Gerichtsstandsklausel) englisches Recht (aufgrund Rechtswahlklausel) anzuwenden hat. Bei sorgfältiger Vertragsgestaltung werden aber Rechtswahl- und Gerichtsstands- oder Schiedsgerichtsklauseln aufeinander abgestimmt.   1156

Dabei ist allerdings zu beachten, dass insbesondere der europäische Gesetzgeber bei Verbraucherbeteiligung ein höheres Schutzniveau an vielen Stellen vorsieht, nicht nur durch Schutzvorschriften wie etwa erhöhte Informationspflichten oder Widerrufsrechte sowie Schutz vor missbräuchlichen Klauseln im „Kleingedruckten", sondern auch durch prozessuale Schutzmaßnahmen. So ist es im Rechtsverkehr mit Verbrauchern nur mit   1157

---

1 BGH 4.7.2017 – XI ZR 233/16, NJW 2017, 2995.
2 Siehe zur Rechtswahl etwa Kysel WM 2018, 2266; siehe zur Wahl eines Schiedsgerichts etwa Müller/Marchant/Eilers BB 2017, 2243.
3 OGH | 6 Ob 13/16d | 30.3.2016, abrufbar unter https://www.ogh.gv.at/entscheidungen/entscheidungen-ogh/einmalige-bearbeitungsgebuehr-bei-kreditvertraegen-zulaessig/.
4 → Rn. 825.
5 https://www.paypalobjects.com/marketing/u. a./pdf/DE/de/u. a.-103122.pdf.

Einschränkungen möglich, Rechtswahlvereinbarungen zu treffen, die für einen deutschen Verbraucher die Wahl eines anderen Rechts als des deutschen Rechts vorsehen; ebenfalls ist es nur unter erschwerten Voraussetzungen möglich, einen Gerichtsstand mit einem Verbraucher zu vereinbaren, der vom allgemeinen Gerichtsstand abweicht. Ähnliches gilt für die nur unter Einhaltung erhöhter Formvorschriften mögliche Wahl eines Schiedsgerichts zur Streitbeilegung.

## II. Voraussetzungen von Rechtswahlklauseln

1158 Rechtswahlklauseln sind Vereinbarungen zwischen Parteien, die das auf einen Vertrag anwendbare Recht bestimmen. Nach europäischem Recht sind solche Klauseln zwischen Unternehmen grundsätzlich zulässig. Wenn es jedoch um Verbraucher geht, müssen bestimmte Voraussetzungen erfüllt sein, damit eine Rechtswahlklausel gültig ist.

1159 Eine solche Klausel ist nur dann zulässig, wenn der Verbraucher ausdrücklich zugestimmt hat und wenn ihm dadurch kein höherer Schutz entzogen wird, als ihm durch das ansonsten anwendbare Recht gewährt wird. Darüber hinaus muss die Klausel klar und verständlich formuliert sein und der Verbraucher muss über die Bedeutung und Tragweite der Klausel aufgeklärt werden.

1160 Sowohl auf europäischer Ebene als auch auf internationaler Ebene wird das materielle Vertragsrecht immer mehr vereinheitlicht oder zumindest angeglichen.[6] Im Verhältnis zum jeweiligen nationalen Kollisionsrecht genießt daher auf europäischer Ebene das Unionsrecht Vorrang. Dementsprechend ist auf die Angleichung durch Unionsrecht Rücksicht zu nehmen. Die insoweit einschlägige Rom I – Verordnung[7] wird von zahlreichen Richtlinien, insbesondere verbraucherschützenden Richtlinien, flankiert.[8] Hierbei ist insbesondere an die Richtlinie über missbräuchliche Klauseln in Verbraucherverträgen von 1993[9] zu denken, die vorgibt, dass dem Verbraucher nicht der in der Richtlinie vorgesehene Schutz vorenthalten werden darf, in dem das Recht eines Drittlandes vereinbart wird.

1161 Aus Sicht des deutschen Rechtsanwenders ist daher zunächst auf das vorrangig maßgeblich europäische Recht zu schauen, bevor etwaige bilaterale Abkommen in den Blick genommen werden. Abschließend wird auf Regelungen des deutschen rechts geblickt.

### 1. Europarecht

1162 Einschlägig ist hier die sog. Rom I-Verordnung[10] über das auf vertragliche Schuldverhältnisse anzuwendende Recht. Hierin ist in Art. 2 der Grundsatz der universellen Anwendung verankert: Das nach der Verordnung bezeichnete Recht ist auch dann anzuwenden, wenn es nicht das Recht eines Mitgliedsstaats ist.[11]

1163 Die Rom I – Verordnung ist auf vertragliche Schuldverhältnisse anzuwenden, nicht also auf deliktische oder gesetzliche Ansprüche. Dabei muss es sich um eine Zivil- oder Handelssache handeln.

1164 Art. 23 Rom – Verordnung regelt, dass Vorschriften des Gemeinschaftsrechts unabhängig von der Verordnung anwendbar bleiben. Dies betrifft insbesondere verbraucherschützende Regelungen, wie etwa die schon zitierte Richtlinie 93/13/EWG sowie die Rege-

---

[6] Siehe dazu Reithmann/Martiny Internationales Vertragsrecht, Handbuch 9. Aufl. 2021 § 1 Rn. 1.1 mwN.
[7] Dazu sogleich.
[8] Reithmann/Martiny Internationales Vertragsrecht, Handbuch 9. Aufl. 2021 § 1 Rn. 1.27.
[9] Richtlinie 93/13/EWG des Rates vom 5.4.1993 über mißbräuchliche Klauseln in Verbraucherverträgen, ABl. 1993 L 95, 29.
[10] Verordnung (EG) Nr. 593/2008 des Europäischen Parlaments und des Rates vom 17.6.2008 über das auf vertragliche Schuldverhältnisse anzuwendende Recht (Rom I) ABl. vom 4.7.2008 L 177, 6.
[11] Reithmann/Martiny Internationales Vertragsrecht, Handbuch 9. Aufl. 2021 § 1 Rn. 1.64 ff.

lungen über den Verbrauchsgüterkauf, den Fernabsatz von Finanzdienstleistungen, Verbraucherkredit, Verträge und Ähnliches.[12]

#### a) Grundsatz der Rechtswahlfreiheit

In Art. 3 Rom I-Verordnung ist bestimmt, dass 1165
*„der Vertrag dem von den Parteien gewählten Recht unterliegt. Die Rechtswahl muss ausdrücklich erfolgen oder sich eindeutig aus den Bestimmungen des Vertrags oder aus den Umständen des Falles ergeben. Die Parteien können die Rechtswahl für ihren ganzen Vertrag oder nur für einen Teil desselben treffen."*
Eine Rechtswahl kann grundsätzlich auch in AGB erfolgen.[13] 1166

#### b) Besonderheiten bei Verbraucherbeteiligung

Besonderheiten gelten allerdings bei Beteiligung von Verbrauchern an dem Vertrag: Nach 1167
Art. 6 Abs. 2 der Rom I-Verordnung steht es auch bei Verbraucherverträgen den Parteien frei, das Recht eines anderen Staats als das Recht des Staats zu wählen, in dem der beteiligte Verbraucher seinen gewöhnlichen Aufenthalt hat. Allerdings darf diese Rechtswahl nicht dazu führen, dass dem Verbraucher der Schutz entzogen wird, der ihm durch die zwingenden Vorschriften des Staats gewährt wird, in dem er seinen gewöhnlichen Aufenthalt hat.
**Definition zwingende Bestimmung** 1168
Damit wird bedeutsam, was sich hinter dem Begriff der zwingenden Bestimmungen verbirgt. Der Begriff der „zwingenden Bestimmungen" in Art. 6 Abs. 2 S. 2 ist derselbe wie in Art. 3 Abs. 3. Darunter kann auch „zwingendes Richterrecht" fallen.[14]
Auch die Sachnormen über den Schutz vor *missbräuchlichen AGB* (§§ 305 ff. BGB) kommen über Art. 6 zur Anwendung und können daher nicht abbedungen werden.[15] Die hier interessierenden Auswirkungen der Entscheidung des BGH vom 27.4.2021 ließen sich daher durchsetzen.
Im Falle einer fehlenden (oder auch unwirksamen) Rechtswahl unterliegen Verbraucherverträge, die unter den in Abs. 1 konkretisierten Umständen zu Stande gekommen sind, dem *Aufenthaltsrecht des Verbrauchers*.[16] Daher setzen sich die zwingenden 1218
Durch Art. 6 wird ein Günstigkeitsvergleich angeordnet.[17] Die Rechtswahl kann dem einzelnen Verbraucher-Vertragspartner nicht den Schutz der zwingenden Vorschriften desjenigen Rechts entziehen, das ohne Rechtswahl anwendbar wäre, nach Art. 6 Abs. 3 Rom I-Verordnung also des Rechts am gewöhnlichen Aufenthalt des Verbrauchers.
Theoretisch kann der Verbraucher von der Rechtswahl also nur profitieren. In der Literatur wird allerdings davon ausgegangen, dass die im Vertrag erfolgende Wahl eines fremden Rechts Verbraucher aber noch mehr von der Wahrnehmung ihrer Rechte abhalten könnte, insbesondere wenn die Rechtswahlklausel als einfache Rechtswahlklausel formuliert ist („Für diesen Vertrag gilt das Recht von X"), ohne die Verbraucher über den Günstigkeitsvergleich aus Art. 6 Abs. 2 Rom I-Verordnung zu informieren.[18]
**Wirksamkeit einer Rechtswahlklausel** 1169
Mit der Frage, ob eine einfache Rechtswahlklausel ausreicht oder ein Hinweis auf den Günstigkeitsvergleich des Art. 6 Abs. 2 erforderlich ist, hatte sich der EuGH mehrfach zu beschäftigen, soweit ersichtlich das erste Mal im Rahmen der sog. der Amazon-Recht-

---

[12] Reithmann/Martiny Internationales Vertragsrecht, Handbuch 9. Aufl. 2021 § 1 Rn. 1.132 mwN.
[13] Reithmann/Martiny Internationales Vertragsrecht, Handbuch 9. Aufl. 2021 § 2 Rn. 2.23 mwN.
[14] BGH 25.1.2005 – XI ZR 78/04, ZIP 2005, 478; siehe dazu BeckOK BGB/Spickhoff, 65. Ed. 1.5.2022, VO (EG) 593/2008 Art. 6 Rn. 32, 33.
[15] MüKoBGB/Martiny, 9. Aufl. 2021, Rom I-VO Art. 6 Rn. 59–62 sowie Reithmann/Martiny Internationales Vertragsrecht, Handbuch 9. Aufl. 2021 § 2 Rn. 2.137 mwN.
[16] BeckOK BGB/Spickhoff, 65. Ed. 1.5.2022, VO (EG) 593/2008 Art. 6 Rn. 35.
[17] Siehe dazu Mankowski NJW 2016, 2705.
[18] Mankowski NJW 2016, 2705.

sprechung.[19] Daraus wurde dann eine eigenständige unionsrechtliche Missbrauchs- und Transparenzkontrolle abgeleitet.[20]

1170 Der EuGH hatte in der Sache entschieden, dass

*„Art. 3 Abs. 1 der Richtlinie 93/13 dahin auszulegen ist, dass eine in AGB eines Gewerbetreibenden enthaltene Klausel, die nicht im Einzelnen ausgehandelt wurde und nach der auf einen auf elektronischem Weg mit einem Verbraucher geschlossenen Vertrag das Recht des Mitgliedstaats anzuwenden ist, in dem der Gewerbetreibende seinen Sitz hat, missbräuchlich ist, sofern sie den Verbraucher in die Irre führt, indem sie ihm den Eindruck vermittelt, auf den Vertrag sei nur das Recht dieses Mitgliedstaats anwendbar, ohne ihn darüber zu unterrichten, dass er nach Art. 6 Abs. 2 der Rom-I-Verordnung auch den Schutz der zwingenden Bestimmungen des Rechts genießt, das ohne diese Klausel anzuwenden wäre."*

1171 Einige Zeit später wurde dies für einen anderen Vertragstyp vom EuGH[21] nochmals bestätigt, so dass dies als gefestigte Auffassung des EuGH gelten dürfte:

1172 Dort wurde entschieden, dass

*„Art. 3 Abs. 1 der Richtlinie 93/13 dahin auszulegen ist, dass eine in einem zwischen einem Unternehmer und einem Verbraucher abgeschlossenen Treuhandvertrag über die Verwaltung einer Kommanditbeteiligung enthaltene Klausel, die nicht im Einzelnen ausgehandelt wurde und nach der das Recht des Sitzmitgliedstaats der Kommanditgesellschaft anwendbar ist, missbräuchlich im Sinne der genannten Bestimmung ist, wenn sie den Verbraucher in die Irre führt, indem sie ihm den Eindruck vermittelt, auf den Vertrag sei nur das Recht dieses Mitgliedstaats anzuwenden, ohne ihn darüber zu unterrichten, dass er nach Art. 5 II des Übereinkommens über das auf vertragliche Schuldverhältnisse anzuwendende Recht und Art. 6 II der VO Nr. 593/2008 auch den Schutz der zwingenden Bestimmungen des nationalen Rechts genießt, das ohne diese Klausel anzuwenden wäre."*

1173 Die oben aufgezeigte Rechtswahlklausel in den AGB von Paypal[22] genügt diesen Anforderungen aufgrund der Formulierung:

*„Geltendes Recht und Gerichtsstand*

*Diese Nutzungsbedingungen und die zwischen uns bestehende Rechtsbeziehung unterliegen den Gesetzen von England und Wales.*

*Machen Sie Forderungen gegen uns gerichtlich geltend, unterwerfen Sie sich der nicht ausschließlichen Zuständigkeit der Gerichte von England und Wales. Sind Sie mit uns eine Vertragsbeziehung als Verbraucher eingegangen, werden hierdurch nicht Ihre unabdingbaren gesetzlichen Rechte eingeschränkt, wie z. B. Ihre Verbraucherschutzrechte und das Recht, jedes gesetzlich zulässige Gericht anrufen zu können, z. B. das Gericht an Ihrem Wohnsitz."*

1174 Inwieweit darüber hinaus eine Rechtswahlklausel in AGB missbräuchlich sein kann, auch wenn sie auf die Anwendbarkeit zwingender Vorschriften des Heimatrechts des Verbrauchers hinweist, ist – soweit ersichtlich – noch ungeklärt.

1175 Bei Vorliegen eines Auslandsbezugs wird eine Rechtswahlklausel nicht ohne weiteres als überraschend anzusehen sein. Bei fehlendem oder zu vernachlässigendem Auslandsbezug wird bei der Vereinbarung ausländischen Rechts jedoch häufig eine überraschende Klausel und damit eine Unwirksamkeit angenommen.[23]

1176 Wesentlich ist aber, dass sich die zwingenden Vorschriften des Heimatrechts des Kunden durchsetzen, entweder über Art. 3 Abs. 3. Rom I-VO oder über Art. 6 Abs. 2 Rom I-VO bei Verbraucherbeteiligung

---

[19] EuGH 28.7.2016 – C-191/15, NJW 2016, 2727 – Verein für Konsumenteninformation/Amazon.
[20] Reithmann/Martiny Internationales Vertragsrecht, Handbuch 9. Aufl. 2021 § 2 Rn. 2.25 mwN.
[21] EuGH 3.10.2019 – C-272/18, BB 2019, 2447 – Verein für Konsumenteninformation/TVP.
[22] https://www.paypal.com/de/webapps/mpp/u.a./useragreement-full.
[23] Reithmann/Martiny Internationales Vertragsrecht, Handbuch 9. Aufl. 2021 § 2 Rn. 2.25 mwN.

### c) Besonderheiten aufgrund des Brexit

Im Rahmen des „Brexit" haben EU und Vereinigtes Königreich ein Abkommen vereinbart.[24] Dieses regelt die Beziehung zwischen EU-Mitgliedstaaten und dem Vereinigten Königreich ab dem 1.1.2021 in vielen Bereichen, enthält aber keine Vorgaben zu Zivilprozessen.

Bisher vereinbarte Rechtswahlklauseln dürften wohl auf Basis bisheriger Regelungen weiterhin gültig bleiben. Welche rechtlichen Grundlagen in Zukunft gefunden werden, bleibt abzuwarten.

### 2. Bilaterale Abkommen bzw. UN-Kaufrecht

Über das Europarecht hinaus ist dann an Staatsverträge oder bilaterale Abkommen zu denken, die hier nicht vertieft behandelt werden können. Ein Beispiel hierfür ist etwa der deutsch-amerikanische Freundschaftshandels und Schifffahrtsvertrag vom 29.10.1954.[25]

Im Bereich der internationalen Kaufverträge ist dann noch an das sogenannte UN-Kaufrecht (CISG)[26] zu denken, welches für Verträge über den internationalen Verkauf von Waren zwischen Unternehmen gilt, Verkäufe an Verbraucher aber ausnimmt. Auch dies kann hier nicht vertieft werden.

### 3. Nationalrechtliche Vorgaben

Letztlich ist noch an die Fälle zu denken, in denen der Vertrag auf Grund einer Rechtswahl nicht dem Recht eines Mitgliedstaats der EU oder eines anderen Vertragsstaats des EWR unterliegen soll, aber einen engen Zusammenhang mit dem Gebiet dieser Staaten aufweist.[27]

Hier greift dann die nationalrechtliche Vorschrift des Art. 46b EGBGB ein, wonach die im Gebiet dieses Staates geltenden Bestimmungen zur Umsetzung der Verbraucherschutzrichtlinien gleichwohl anzuwenden sind.

Ein solcher enger Zusammenhang ist insbesondere anzunehmen, wenn der Unternehmer eine berufliche oder gewerbliche Tätigkeit in dem Aufenthaltsland des Verbrauchers ausübt oder eine solche Tätigkeit auf irgendeinem Wege auf diesen Staat ausrichtet.

Die gleichwohl anzuwendenden Verbraucherschutzrichtlinien im Sinne dieser Vorschrift sind in ihrer jeweils geltenden Fassung die Richtlinie 93/13/EWG,[28] die Richtlinie 2002/65/EG[29] sowie die Richtlinie 2008/48/EG.[30]

### 4. Zwischenfazit

Damit zeigt sich, dass Rechtswahlklauseln zwar vereinbart werden können, und dies im Grundsatz sowohl mit Unternehmern als auch mit Verbrauchern. Allerdings ist gerade im Hinblick mit Verbrauchern zu beachten, dass die zwingenden Vorgaben des Heimatrechts des Verbrauchers diesem erhalten bleiben müssen. Damit schafft eine Rechtswahlklausel zum einen Unsicherheit darüber, welche Vorschriften zu den zwingenden Verbraucher-

---

[24] https://eur-lex.europa.eu/legal-content/EN/TXT/HTML/?uri=CELEX:12019W/TXT(02)&from=EN.
[25] BGBl. 1956 II 488.
[26] https://uncitral.un.org/en/texts/salegoods.
[27] MüKoBGB/Martiny, 9. Aufl. 2021, Rom I-VO Art. 6 Rn. 71.
[28] Richtlinie 93/13/EWG des Rates vom 5.4.1993 über missbräuchliche Klauseln in Verbraucherverträgen, ABl. 1993 L 95, 29.
[29] Richtlinie 2002/65/EG des Europäischen Parlaments und des Rates vom 23.9.2002 über den Fernabsatz von Finanzdienstleistungen an Verbraucher und zur Änderung der Richtlinie 90/619/EWG des Rates und der Richtlinien 97/7/EG und 98/27/EG (ABl. 2002 L 271, 16).
[30] Richtlinie 2008/48/EG des Europäischen Parlaments und des Rates vom 23.4.2008 über Verbraucherkreditverträge und zur Aufhebung der Richtlinie 87/102/EWG des Rates (ABl. 2008 L 133, 66).

schutzvorschriften des Heimatstaats des Verbrauchers gehören. Zum anderen verlieren damit Rechtswalklauseln innerhalb der EU, die wohl den relevantesten Bereich darstellen, an Bedeutung, da die (verbraucherschützenden) Vorgaben des EuGH auch bei Wahl des Rechts eines anderen EU-Mitgliedsstaats zur Anwendung kämen.

### III. Voraussetzung von Gerichtsstandsklauseln

1186   Gerichtsstandsklauseln sind Vereinbarungen zwischen Parteien, die den Gerichtsstand festlegen, an dem mögliche Streitigkeiten aus einem Vertrag vor Gericht ausgetragen werden sollen. Nach europäischem Recht sind solche Klauseln zwischen Unternehmen grundsätzlich zulässig. Wenn es jedoch um Verbraucher geht, müssen bestimmte Voraussetzungen erfüllt sein, damit eine Gerichtsstandsklausel gültig ist.

1187   Darüber hinaus ist zu beachten, dass Verbraucher in der Regel das Recht haben, eine gerichtliche Auseinandersetzung am Ort ihres Wohnsitzes anzustreben.

#### 1. Europarecht

1188   Auch hier – ähnlich wie bei den Rechtswahlklauseln – bietet sich zunächst der Blick ins Europarecht an:

##### a) Grundsatz der Freiheit der Gerichtsstandsvereinbarung

1189   Die einschlägige Regelungsmaterie war bis 2015 die erste EuGVO.[31] Diese wurde dann am 10.1.2015 von der neuen EuGVO, auch EuGVVO oder Brüssel Ia-VO ersetzt und aufgehoben.[32] Mit den Staaten in der europäischen Freihandels Assoziation (EFTA) wurde parallel hierzu das Luganer Übereinkommen[33] abgeschlossen.

1190   Nach Art. 17 EuGVO können Gerichtsstandsvereinbarungen grundsätzlich abgeschlossen werden, sofern sie schriftlich oder mündlich mit schriftlicher Bestätigung oder unter Wahrung von Gepflogenheiten bzw. Handelsbräuchen zustande gekommen sind. Die elektronische Form ist zugelassen.

1191   Ähnlich wie bei Rechtswahlklauseln ist auch anerkannt, dass solche Klauseln in AGB vereinbart werden können:

1192   Der EuGH[34] hat entschieden, dass im unternehmerischen Rechtsverkehr eine Gerichtsstandsklausel wirksam in AGB vereinbart werden kann, auf die durch Angabe des Hyperlinks zu einer Website hingewiesen wird, über die es möglich ist, diese AGB zu lesen und zu speichern.[35]

---

[31] Verordnung (EG) Nr. 44/2001 des Rates vom 22.12.2000 über die gerichtliche Zuständigkeit und die Anerkennung und Vollstreckung von Entscheidungen in Zivil- und Handelssachen, (ABl. 2001 L 12, 1, ber. 14.12.2002 L 307, 28 und 2010 L 328, 36).
[32] VO (EU) Nr. 1215/2012 des Europäischen Parlaments und des Rates vom 12.12.2012 über die gerichtliche Zuständigkeit und die Anerkennung und Vollstreckung von Entscheidungen in Zivil- und Handelssachen (ABl. 20.12.2012 L 351, 1).
[33] Übereinkommen über die gerichtliche Zuständigkeit und die Anerkennung und Vollstreckung von Entscheidungen in Zivil- und Handelssachen vom 30.10.2007 (ABl. 2009 L 147, 5, ber. 2009 L 147, 44, 2011 L 115, 31 und 2014 L 18, 70).
[34] EuGH 24.11.2022 – C-358/21, NJW 2023, 33.
[35] Das Urteil betraf die Auslegung von Art. 23 des Lugano Übereinkommens vom 30.10.2007, welcher Art. 23 der EuGVVO aF und Art. 25 nF entspricht und hat somit eine erhebliche Bedeutung im grenzüberschreitenden B2B-Geschäft.

## b) Besonderheiten bei Verbraucherbeteiligung

Auch die grenzüberschreitende Möglichkeit zur Vereinbarung eines Gerichtsstands besteht bei Verbraucherbeteiligung nur eingeschränkt. 1193

Die Zuständigkeit bei Verbrauchersachen ist in den Art. 17 und 8 EuGVVO besonders geregelt. Während Art. 17 Regelungen zu besonderen Vertragstypen vorgibt, sieht Art. 18 Abs. 1 vor, dass 1194

> „die Klage eines Verbrauchers gegen den anderen Vertragspartner entweder vor den Gerichten des Mitgliedstaats erhoben werden kann, in dessen Hoheitsgebiet dieser Vertragspartner seinen Wohnsitz hat, oder ohne Rücksicht auf den Wohnsitz des anderen Vertragspartners vor dem Gericht des Ortes, an dem der Verbraucher seinen Wohnsitz hat."

Abs. 2 regelt sodann, dass die Klage des anderen Vertragspartners gegen den Verbraucher nur vor den Gerichten des Mitgliedstaats erhoben werden, in dessen Hoheitsgebiet der Verbraucher seinen Wohnsitz hat. Aus aktueller Rechtsprechung des EuGH hierzu ergibt sich, dass der Begriff „Wohnsitz des Verbrauchers" im Sinne von Art. 18 Abs. 2 der EuGVVO dahin auszulegen ist, dass er den Wohnsitz des Verbrauchers zum Zeitpunkt der Klageerhebung bezeichnet.[36] Der ursprünglich in Deutschland ansässige und ins Ausland verziehende Verbraucher „gewinnt" also einen Gerichtsstand hinzu. 1195

Auch hier stellt sich die Frage nach der Vereinbarkeit solcher Klauseln gegenüber Verbrauchern in AGB: 1196

Der EuGH hat wiederholt entschieden, dass eine Gerichtsstandsklausel, die in einen Vertrag zwischen einem Verbraucher und einem Gewerbetreibenden aufgenommen wurde, ohne im Einzelnen ausgehandelt worden zu sein, und die eine ausschließliche Zuständigkeit dem Gericht zuweist, in dessen Bezirk der Gewerbetreibende seinen Sitz hat, als missbräuchlich im Sinne von Art. 3 Abs. 1 Klausel-Richtlinie 93/13 anzusehen ist, da sie entgegen dem Gebot von Treu und Glauben zum Nachteil des betreffenden Verbrauchers ein erhebliches und ungerechtfertigtes Missverhältnis der vertraglichen Rechte und Pflichten der Vertragspartner verursacht.[37] Eine solche Klausel gehört nämlich zu der im Anhang der Richtlinie unter Nr. 1 Buchst. q genannten Gruppe von Klauseln, die darauf abzielen oder zur Folge haben, dass die Möglichkeit genommen oder erschwert wird, Rechtsbehelfe bei Gericht einzulegen.[38]

## c) Besonderheiten aufgrund des Brexit

Wie bereits ausgeführt, haben die EU und das Vereinigte Königreich am 24.12.2020 ein Abkommen[39] vereinbart, welches als Partnerschaftsvertrag bezeichnet wird. Dieses regelt die Beziehung zwischen EU-Mitgliedstaaten und dem Vereinigten Königreich ab dem 1.1.2021 in vielen Bereichen. Regelungen zum Zivilprozess bleiben hingegen aus. Anders als bei den Rechtswahlklauseln, wo noch Unsicherheit besteht, ist es bei den Gerichtsstandsklauseln so, dass das Vereinigte Königreich am 1.4.2019 dem Haager Übereinkommen über Gerichtsstandsvereinbarungen vom 30.6.2005 (HGÜ)[40] beigetreten ist. 1197

Das HGÜ verpflichtet die Vertragsstaaten, Gerichtsstandvereinbarungen zwischen Kaufleuten anzuerkennen und die aufgrund solcher Vereinbarungen ergangenen Urteile in einem vereinfachten Verfahren anzuerkennen und zu vollstrecken, was in Deutschland im 1198

---

[36] EuGH 3.9.2020 – C–98/20, ZIP 2021, 266 – mBank S.A./PA.
[37] Siehe hierzu etwa EuGH 27.6.2000 – C–240/98 bis C–244/98 Rn. 24, NJW 2000, 2571 – Océano Grupo Editorial und Salvat Editores; 4.6.2009 – C–243/08 Rn. 40, NJW 2009, 2367 – Pannon GSM; 9.11.2010 – C–137/08 Rn. 53, EuZW 2011, 27 – VB Pénzügyi Lízing.
[38] Auch hierzu etwa EuGH 27.6.2000 – C–240/98 bis C–244/98 Rn. 22, NJW 2000, 2571 – Océano Grupo Editorial und Salvat Editores; 4.6.2009 – C–243/08 Rn. 41, NJW 2009, 2367 – Pannon GSM; 9.11.2010 – C–137/08 Rn. 54, EuZW 2011, 27 – VB Pénzügyi Lízing, siehe dazu zuletzt EuGH 18.11.2020 – C–519/19, NZV 2021, 36 – Ryanair.
[39] https://eur-lex.europa.eu/legal-content/EN/TXT/HTML/?uri=CELEX:12019W/TXT(02) &from=EN.
[40] https://assets.hcch.net/docs/45f08eb1-016d-4071-9ec4-02c30ae00d22.pdf.

Gesetz zur Ausführung zwischenstaatlicher Anerkennungs- und Vollstreckungsverträge in Zivil- und Handelssachen (AVAG) geregelt ist.

1199 Wenn die Parteien keine Kaufleute sind oder keinen Gerichtsstand vereinbart haben, muss die Vollstreckung von britischen Urteilen in Deutschland im separaten gerichtlichen Verfahren verlaufen. Ein deutsches Gericht muss die Zulässigkeit der Vollstreckung des britischen Urteils gesondert im eigenen Vollstreckungsurteil feststellen (sog. Exequatur-Verfahren), wofür die allgemeinen Regelungen der deutschen Zivilprozessordnung für die Anerkennung und Vollstreckung von Urteilen (§ 328 ZPO) anwenden sind.

## 2. Bilaterale Abkommen

1200 Hier ist wiederum für den Einzelfall zu schauen, ob es bilaterale Abkommen gibt oder die Rechtsprechung des betroffenen Landes Gerichtsstandsvereinbarungen akzeptiert. Dies wird in den meisten Staaten jedenfalls im unternehmerischen Rechtsverkehr der Fall sein.

1201 Exemplarisch diene hier etwa die Entscheidung des US Supreme Court The Bremen v. Zapata Off-Shore Co.,[41] ein Urteil zur Anerkennung von internationalen Gerichtsstandsvereinbarungen durch US-amerikanische Gerichte mit der Begründung, dass im internationalen Handelsverkehr Gerichtsstandsvereinbarungen unverzichtbar seien, um die Unsicherheiten zu beseitigen, die sich aus grenzüberschreitenden Geschäften zwangsläufig ergeben würden.

## 3. Nationalrchtlichee Vorgaben, § 38 ZPO

1202 Auch im rein innerdeutschen Recht gibt es wiederum Vorgaben zur Zulässigkeit von Gerichtsstandsklauseln. Während § 29 ZPO die Grundregel enthält, ist nach § 38 Abs. 1 ZPO die Möglichkeit einer Gerichtsstandsvereinbarung für Kaufleute, juristische Personen des öffentlichen Rechts und öffentlich-rechtliche Sondervermögen gegeben. Alle anderen Personen – also auch Verbraucher als Nicht-Kaufleute – können Gerichtsstandsvereinbarungen nur im Rahmen der Abs. 2 und 3 des § 38 ZPO vereinbaren. Nach § 38 Abs. 2 S. 1 kann eine Gerichtsstandsvereinbarung getroffen werden, wenn mindestens eine der Vertragsparteien keinen allgemeinen Gerichtsstand im Inland hat. Nach § 38 Abs. 2 S. 2, S. 3 kann, wenn eine der Parteien einen inländischen allgemeinen Gerichtsstand hat, für das Inland nur ein Gericht gewählt werden, bei dem diese Partei ihren allgemeinen Gerichtsstand hat oder ein besonderer Gerichtsstand begründet ist.

1203 Im Übrigen ist nach § 38 Abs. 3 ZPO eine Gerichtsstandsvereinbarung nur zulässig, wenn sie ausdrücklich und schriftlich nach dem Entstehen der Streitigkeit oder für den Fall geschlossen wird, dass die im Klagewege in Anspruch zu nehmende Partei nach Vertragsschluss ihren Wohnsitz oder gewöhnlichen Aufenthaltsort aus dem Geltungsbereich dieses Gesetzes verlegt oder ihr Wohnsitz oder gewöhnlicher Aufenthalt im Zeitpunkt der Klageerhebung nicht bekannt ist.

1204 Dies bedeutet, dass mit Nicht-Kaufleuten Gerichtsstandsvereinbarungen im Grundsatz nur nach Entstehen der Streitigkeit getroffen werden können.

1205 Hieran zeigt sich auch, dass die Begrifflichkeiten streng abzugrenzen sind. Zu den Kaufleuten zählen beispielsweise nicht die Freiberufler, da sie kein Gewerbe betreiben.

1206 Dies bedeutet in der Konsequenz, dass Freiberufler, wie etwa Anwälte, Patentanwälte, Steuerberater, Wirtschaftsprüfer, Architekten und viele mehr, im Grundsatz hier, da sie keine Kaufleute sind, wie Verbraucher zu behandeln sind, obwohl sie in den meisten Fällen sicherlich des Schutzes der schwächeren Vertragspartei nicht bedürfen und es in vielen Fällen sogar angezeigt sein wird, hier Gerichtsstandsvereinbarungen zu treffen.[42]

---

[41] The Bremen v. Zapata Off-Shore Co. (407 U. S. 1 (1972).
[42] Siehe hierzu Kerstges Anwaltsblatt online 2020, 496, abrufbar unter https:\\anwaltsblatt.anwaltverein.de \files\anwaltsblatt.de\anwaltsblatt-online\2020-496.pdf.

## 4. Zwischenfazit

Auch hier zeigt sich ein differenziertes Bild. Während Gerichtsstandsklauseln im unternehmerischen Rechtsverkehr recht problemlos vereinbart werden können, ist dies bei Beteiligung von Verbrauchern anders. Während im innerdeutschen Rechtsverkehr ein Gerichtsstand im Wesentlichen nur nach Entstehung eines Streits vereinbart werden kann, ist es im europäischen Rechtsrahmen zwar möglich, aber immer unter der Prämisse, dass der Verbraucher an seinem Wohnsitz zu verklagen ist und sich aussuchen kann, dort auch selbst zu klagen. Das entwertet die Vorteile einer Gerichtsstandsklausel deutlich, zumal – wie oben aufgezeigt – auch die in aller Regel damit verbundene Rechtswahlklausel im innereuropäischen Rechtsrahmen bei Verbraucherbeteiligung wenig zielführend ist, da zwingenden Verbraucherschutznormen dennoch zur Anwendung kommen.  1207

## IV. Schiedsgerichtsklauseln

Wie eingangs geschildert wurde, wird im Rahmen von Ausweichstrategien regelmäßig auch über die Einbeziehung von Schiedsgerichtsklauseln zur Umgehung der staatlichen Gerichtsbarkeit diskutiert. Gerade durch den Brexit hat diese Diskussion jedenfalls im Verhältnis zum Vereinigten Königreich an Bedeutung gewonnen, da hier das sog. New Yorker Übereinkommen für die Anerkennung und Vollstreckung von Schiedssprüchen einschlägig ist. Da das Vereinigte Königreich hier nach wie vor Partei ist, spricht das derzeit eher für die Vereinbarung eines Schiedsgerichts.  1208

### 1. Internationale Vorgaben

Die New Yorker Konvention[43] differenziert nicht nach der „Art" der Vertragspartei. Nach Artikel II Abs. 1 gilt:  1209
  1210

„*Jeder Vertragsstaat erkennt eine schriftliche Vereinbarung an, durch die sich die Parteien verpflichten, alle oder einzelne Streitigkeiten, die zwischen ihnen aus einem bestimmten Rechtsverhältnis, sei es vertraglicher oder nichtvertraglicher Art, bereits entstanden sind oder etwa künftig entstehen, einem schiedsrichterlichen Verfahren zu unterwerfen, sofern der Gegenstand des Streites auf schiedsrichterlichem Wege geregelt werden kann.*"

Damit gelten hier für Verbraucher und Unternehmer grundsätzlich die gleichen Form- und Wirksamkeitsvoraussetzungen. Das Statut der Schiedsvereinbarung entscheidet auch darüber, ob eine enthaltene Schiedsklausel Gegenstand einer Einigung zwischen den Parteien war. Eine Einbeziehungskontrolle nach den §§ 305 ff. BGB findet daher nur statt, wenn die Vereinbarung deutschem Recht unterliegt.[44] Entsprechendes gilt für eine Inhaltskontrolle.  1211

### 2. Nationalrechtliche Vorgaben

Das deutsche Recht differenziert wiederum nach der Schutzbedürftigkeit und macht daher strengere Vorgaben bei der Vereinbarung von Schiedsklauseln mit Verbrauchern.  1212

#### a) Nationale Grundsätze

Wiederum ist die Möglichkeit der Schiedsvereinbarung mit Unternehmern nach nationalem Recht problemlos gegeben: § 1031 Abs. 1 ZPO ermöglicht dies, sofern die Schieds-  1213

---

[43] New Yorker Übereinkommen über die Anerkennung und Vollstreckung ausländischer Schiedssprüche vom 10.6.1958, https://www.newyorkconvention.org/11165/web/files/original/1/5/15457.pdf.
[44] Reithmann/Martiny Internationales Vertragsrecht, Handbuch 9. Aufl. 2021 § 2 Rn. 7.306 mwN.

vereinbarung entweder in einem von den Parteien unterzeichneten Dokument oder in zwischen ihnen gewechselten Schreiben, Fernkopien, Telegrammen oder anderen Formen der Nachrichtenübermittlung, die einen Nachweis der Vereinbarung sicherstellen, enthalten ist.

### b) Möglichkeit der Schiedsvereinbarung mit Verbrauchern nach nationalem Recht

1214  Nach § 1031 Abs. 5 ZPO müssen Schiedsvereinbarungen, an denen ein Verbraucher beteiligt ist, in einer von den Parteien eigenhändig unterzeichneten Urkunde enthalten sein. Allerdings ist ein rügeloses Einlassen nach Abs. 6 der Vorschrift möglich

### 3. Besonderheiten durch Brexit

1215  Wie angedeutet, bleiben Besonderheiten hier aus, das das Vereinigte Königreich Mitglied der New Yorker Konvention bleibt.

### 4. Zwischenfazit

1216  Auch bei der Vereinbarung einer Schiedsklausel gilt, dass die Anforderungen im unternehmerischen Rechtsverkehr überschaubar sind, während bei Verbraucherbeteiligung jedenfalls das deutsche Recht höhere Formanforderungen stellt. Dies verringert die Praxistauglichkeit von Schiedsklauseln mit deutschen Verbrauchern.

## V. Zusammenfassung

1217  Auch wenn der Impuls vorhanden sein mag, als „unliebsam" empfundene Rechtsprechung des BGH durch Wahl eines ausländischen Rechts zu umgehen, zeigen die vorstehenden Ausführungen, dass dies jedenfalls im europäischen Rechtsrahmen und bei Verbraucherbeteiligung wenig zielführend ist, da dem Verbraucher sowohl zwingende Vorschriften seines „Heimatrechts" als auch sein „Heimatgerichtsstand" erhalten bleiben.

1218  Zwar sind Vereinbarungen im unternehmerischen Rechtsverkehr deutlich leichter möglich, hier kommt dann aber im Einzelfall die Herausforderung hinzu, zwischen Verbraucher iSd § 13 BGB und Unternehmer iSd § 14 BGB sauber abzugrenzen.[45]

---

[45] Siehe zu den Herausforderungen dieser Abgrenzung etwa Jordans ForderungsPraktiker 2019, 100.

# Sachverzeichnis

Die mageren Ziffern bezeichnen die Randnummern.

**Abo** 81 ff., 228 ff.
– Flexibilität für die Kunden 230
– Freemium Angebote 87
– hybride Geschäftsmodelle 87
– Komplexität in der Faktura 232
– On-Premises-Angebote 231
– Pay-as-you-go 231
– traditionelle Industrien 82
– Verlage 87
**AGB** 7, 272 ff., 1024
– Amazon Prime 806 ff.
– Anwendbarkeit des AGB-Rechts 445
– Aushandeln 450
– Begriff 446
– Einbeziehungskontrolle 452 ff.
– Gerichtsstandsklauseln 1118 f.
– Individualvereinbarung 273
– Inhaltskontrolle 275 ff., 455 ff.
– Klauselverbote 456 ff.
– Leistungsänderungsrecht 1060, 1065
– Prämienanpassungsklauseln 575 f.
– Preisanpassungen 444 ff.
– Preisklausel 269
– Preisklauseln 277
– Preisnebenabrede 276
– Preissetzung 248 f.
– Prüfungsmaßstab 465 ff.
– Rechtswahlklauseln 1093
– Transparenzkontrolle 279 ff.
– Unterlassungsklagengesetz 621, 624
– Unternehmer 465
– Verbraucher 465
– Verbrauchervertrag 282 ff.
– Werbeeinwilligungen 638; *s. auch dort*
– Zustimmungsfiktionsklauseln 460 ff., 478, 792, 876 ff.; *s. auch dort*
**AI Pricing** 163
**AKZO-Kriterien** 387
**Amazon Prime**
– AGB 806 ff.
– Zustimmungsfiktionsklauseln 799 ff.
**Angebotsstruktur** 133 ff.
**Angemessenheitsprüfung** 379
**Ankereffekt** 158 ff.
**Ausschließlichkeitsrabatte** 397

**B2B-Online-Vertrieb** 427
**Bagatellgrenze** 594 ff.
**Banken** 209 ff.
– Zustimmungsfiktionsklauseln 783 ff.

**Basiskonto** 337 ff.
– Begriff 339 ff.
– Entgeltgestaltung 343 ff., 352 ff.
– Kontrahierungszwang 342
– Kündigungsmöglichkeit 356 ff.
– Preisanpassungen 542 ff.
**Berufsunfähigkeitsversicherung** 610 ff.
**Blacklisting** 427, 430
**Brexit**
– Gerichtsstandsklauseln 1124 ff.
– Rechtswahlklauseln 1104 f.
– Schiedsgerichtsklauseln 1142
**Bücher** 325
**Buchpreisbindung** 323 ff.
– Auszüge eines Gesamtwerkes 326
– Bücher 325
– Buchpreisbindungsgesetz 324 ff.
– Datenbanken 326
– E-Books 325
– Endpreis 328
– Parallelausgaben 330
– Preisanpassungen 538 ff.
– Preiseinhaltung 334 ff.
– Preisfestsetzung 328
– Preissetzung 323 ff.
– Sammelrevers 327
– Sonderpreise 331, 336
– Taschenbuchausgabe 330
– Verzeichnis Lieferbarer Bücher 332
– Zeitungen/Zeitschriften 327
**Buchpreisbindungsgesetz** 324 ff.
**Bündelrabatte** 398 ff.
**Bundling** 50, 180

**Cookie-Einwilligungen** 709 f.
**Cost-Plus Preisfindung** 152
**Cross-Selling** 50

**Daseinsvorsorge** 312 ff.
– Drei-Jahres-Rechtsprechung 986
– Gas 314 ff.
– Strom 314 ff.
– Telekommunikation 320 ff.
– Unbundling 313
– Wasser 317 ff.
**Datenbanken** 326
**Datenschutz** 667 ff.
– berechtigte Interessen 673 ff.
– Direktwerbung 670
– DS-GVO 667 ff.
– Einwilligung 678 ff.

# Sachverzeichnis

- Einwilligung, Bestimmtheit 683 ff.
- Einwilligung, Freiwilligkeit 681 f.
- Einwilligung, Granularität 699 ff.
- Einwilligung, Gültigkeitsdauer 711 ff.
- Einwilligung, Informiertheit 688 ff.
- Einwilligung, Nachweis 715 f.
- Einwilligung, Unmissverständlichkeit 695 ff.
- Einwilligung, Widerruf 723 ff.
- Informationspflichten 717 ff.
- personenbezogene Daten 667
- Verarbeitungsgrundlagen 670 ff.
- Widerspruch 729 ff.

**Dauerschuldverhältnisse** 81
- Preisanpassungen 546

**Deeplink** 200 f.

**digitale Applikationen**
- aktive Kundeneinbindung 198
- Deeplink 200 f.
- Eskalationsstufen 197
- Kontaktdatenabgleich 196
- QR-Code 200
- technische Umsetzung 203
- Webanwendung 203
- Zugangswege für den Kunden 199 ff.

**Direktmarketing** 670
- s. auch E-Mail-Marketing

**Doppelpreissysteme** 432 ff.

**Drei-Jahres-Rechtsprechung** 955 ff.
- Äquivalenzverhältnis 957
- Äquivalenzverhältnis, gestörtes 959
- Daseinsvorsorge 986
- Effektivitätsgrundsatz 967 f.
- Erforderlichkeit 962 ff.
- Girokontenverträge 975 ff.
- Inhalt 956
- Krankenversicherung 971 ff.
- Regelverjährung 962 ff.
- Übertragbarkeit auf andere Branchen 969 ff., 986
- Unionsrecht 967 f.
- Zweck 957

**Ebay** 849 ff.

**E-Books** 325

**effektiver Preis** 404

**Effektivitätsgrundsatz**
- Drei-Jahres-Rechtsprechung 967 f.
- Hinausschieben des Verjährungsbeginns 924, 926

**Einbeziehungskontrolle** 452 ff.

**E-Mail-Marketing** 652 ff.
- Bestätigung 657
- Cookie-Einwilligungen 709 f.
- Dokumentationspflicht 655
- Einwilligung 678 ff.
- Einwilligung, Bestimmtheit 683 ff.
- Einwilligung, Freiwilligkeit 681 f.
- Einwilligung, Granularität 699 ff.

- Einwilligung, Gültigkeitsdauer 711 ff.
- Einwilligung, Informiertheit 688 ff.
- Einwilligung, Nachweis 715 f.
- Einwilligung, Unmissverständlichkeit 695 ff.
- Einwilligung, Widerruf 723 ff.
- Einwilligungserklärung 659
- Einwilligungslösung 653 ff.
- Folgen bei Verstößen, datenschutzrechtliche 739 ff.
- Folgen bei Verstößen, deliktsrechtliche 738
- Folgen bei Verstößen, lauterkeitsrechtliche 736 f.
- Informationspflichten 717 ff.
- Nachweispflichten 656
- Payback-Entscheidung 705
- Widerspruch 733 f.
- Widerspruchslösung 660 ff.

**Energielieferungsverträge** 955 ff.

**Fast-Follower** 41

**Features** 128

**Festpreismodell** 225 ff.
- Budgetsicherheit 226
- manuellen Anpassungsprozesse 227
- Preisanpassungen 227

**First-Mover** 40

**Freemium Angebote** 87

**Funnel-Analysen** 124

**Garantien** 129
- Wegfall der Geschäftsgrundlage 513 f.

**Gasversorgung** 314 ff.

**Gerichtsstand** 1079, 1082

**Gerichtsstandsklauseln** 1113 ff.
- AGB 1118 f.
- bilaterale Abkommen 1127 f.
- Brexit 1124 ff.
- EuGVVO 1116
- Europarecht 1115 ff.
- Kaufleute 1129, 1132
- nationalrechtliche Vorgaben 1129 ff.
- Unternehmerverkehr 1119
- Verbraucherbeteiligung 1120 ff., 1134

**Girokontenverträge** 975 ff.

**Handelsblatt** 860 ff.

**Hauptleistungspflichten** 1072

**Hinausschieben des Verjährungsbeginns**
- Ausweitung des Gläubigerschutzes 930
- Effektivitätsgrundsatz 924, 926
- entgegenstehende Rechtsprechung 919 ff.
- EuGH 924 ff.
- Rechtssicherheit 932
- unsichere/zweifelhafte Rechtslage 912 ff.

**Indexierung mit einem Referenzwert** 1012 ff.
- AGB 1024
- Äquivalenzprinzip 1022

## Sachverzeichnis

- Referenzzins 1019, 1029
- Transparenzgebot 1032
- Verbraucherpreisindex 1034
- Zinsanpassungsklauseln 1013 ff.
- Zinsgleitklauseln 1018 f.

**Informationsaustausch über Preise** 423 ff.
- B2B-Online-Vertrieb 427
- Blacklisting 427, 430
- im Dualvertrieb 429 ff.
- im Wettbewerbsverhältns 423 ff.
- Kartellrecht 746
- Koordinierung 426
- proaktive Maßnahmen 428
- Rechtslage 424
- Signalling 746; *s. auch dort*
- Whitlisting 430

**Inhaltskontrolle** 275 ff., 455 ff.
- Zustimmungsfiktionsklauseln 879

**Internetprovider** 757 ff.

**IT-Dienstleister** 220 ff.
- Abo 228; *s. auch dort*
- Erfolgskontrolle 243
- Festpreismodell 225; *s. auch dort*
- Inflationsbereinigung 234
- Lizenzeinheiten 240
- Lizenzierung 225 ff.
- Lock-in-Effekte 221
- Mindestabnahme 233
- Netzwerkeffekte 221
- Pay-as-you-go, verbrauchsindividuelles 233
- Preisdifferenzierung 222
- Preismodelle 224 ff.
- Preisreporting 243
- Use Cases 224 ff.
- verbrauchsabhängige Bepreisung 237 ff., 240 ff.

**Kampfpreisstrategien** 385 ff.

**Kartellrecht**
- Doppelpreissysteme 374, 432 ff.
- EU-Recht 372
- Geldbußen 373
- Horizontalverhältnis 745
- Informationsaustausch über Preise 423 ff., 746; *s. auch dort*
- Preisabsprache, unzulässige 745 ff.
- Preisabsprachen 374
- Preisanpassungen 743 ff.
- preisbezogener Behinderungsmissbrauch 374, 376; *s. auch dort*
- Preisbindung zweiter Hand 374, 413; *s. auch dort*
- Preishöhenmissbrauch 377
- Preissetzung 372 ff.
- Reputationsverlust 373
- Schadensersatz 373
- Signalling 746; *s. auch dort*
- Vertikalverhältnis 744
- Vertragsfreiheit 372

**Kollusion, explizite** 751
**Konkurrenzpreiskonzept** 382 ff.
**Kontaktdatenabgleich** 196
**Kostenelementeklauseln** 263
**Kostenkomponenten** 174 ff.
**Kosten-Preis-Analyse** 379
**Kosten-Preis-Schere** 388 ff.
- Imputation Rule 389
- missbräuchliche ~ 390
- Rechtfertigung 392
- wettbewerbswidrige ~ 389 ff.

**Kostenveränderungen** 171 ff.

**KPI's** 34

**Krankenversicherung** 370
- Drei-Jahres-Rechtsprechung 971 ff.
- Prämienanpassungsklauseln 616 ff.

**Kreditwirtschaft** 783 ff., 873

**Kunden** 91, 98 ff.
- Personalisierung 104 f.
- Personas 101
- Segmente 98

**Kundenzustimmung** 182 ff.
- aktive Mitwirkung 988
- analoger Geschäftsbetrieb 991
- Änderungen der Hauptleistungen 1051
- Backend 203
- Befähigung der Mitarbeitenden 190 ff.
- bei Abschluss neuer Produkte 994
- Dashboard 207
- digitale Applikationen 194; *s. auch dort*
- Dokumentation 989
- Einholung ausdrücklicher ~ 987 ff.
- Erfahrungswerte 208
- Erfolgsfaktoren 182
- Erfolgskontrolle 205
- Erinnerungsschreiben 185
- erstes Anschreiben 185
- flexible Zustimmungslösung 217
- Incentivierung der Mitarbeitenden 193
- interne Kommunikation 186
- Klickstrecke 990
- Kommunikationskonzepte 183 ff.
- Kündigung des Vertrages 988
- Kündigung wegen ausbleibender ~ 185
- Nutzenargumentation 187
- Pricing-Excellence-Programm 211
- Schulungsplan 192
- Transparenzgebot 992
- Umsetzungszeitplan 184
- Werbeeinwilligungen 638; *s. auch dort*
- Wettbewerbsrecht 993
- Zustimmungsquote 206

**Kündigung des Vertrages**
- aggressive geschäftliche Handlung 529 ff.
- außerordentliche ~ 526 ff.
- Basiskonto 356 ff.
- Kundenzustimmung 185
- Kündigungsandrohung 529 ff.

231

# Sachverzeichnis

- ordentliche ~ 517 ff.
- Preisanpassungen 516 ff.

**Late-Mover** 42
**Lebensversicherung** 370
- Prämienanpassungsklauseln 610 ff.

**Leistungsänderungsrecht** 1058 ff.
- AGB 1060, 1065
- Änderung von Leistungsbeschreibungen 1061
- Leistungspflicht 1058
- Pay-TV-Vertrag 1063
- zumutbare Änderungssituationen 1062

**Leistungsvorbehaltsklauseln** 257
**Lizenzierung** 225 ff.
**Lock-in-Effekte** 221

**margin squeeze** 388
**Marktmacht** 117
**Marktpositionierung** 36 ff.
- Fast-Follower 41
- First-Mover 40
- Image 36
- Late-Mover 42
- Preisabstände zum Wettbewerb 38
- Preispositionierung 38 ff.
- Qualitätspositionierung 36

**Maximalpreise** 418
**Mehrfachversicherung** 572
**Mehrmarkenstrategie** 47
**Mengenrabatte** 396
**Mischkommunikation** 646
**Mobilitätsgarantie** 131

**Nebenleistungspflichten** 1072
**Netflix** 779 ff.
**Netzwerkeffekte** 221
**Next-Best-Product** 54
**Nutzenargumentation** 187

**On-Premises-Angebote** 231

**Paketrabatte** 398 ff.
**Pay-as-you-go** 143, 231
- verbrauchsindividuelles ~ 233

**PayPal**
- Rechtswahlklauseln 1100
- Zustimmungsfiktionsklauseln 825 ff.

**Personalisierung** 104 f.
**Personalisierungsstrategien** 65
**Personas** 101
**Plattformgeschäft** 57 f.
**Portfoliomanagement** 44 ff.
- Bundling 50
- Cross-Selling 50
- Diversifizierung eines Leistungsangebotes 45
- durchschnittliche Produktnutzung 51
- Erstkontakt 53
- Kannibalisierungsfrage 56

- komplementäre Produkte 49
- Makrosegmente 45 f.
- Mehrmarkenstrategie 47
- Monetarisierungsstrategie 59
- Next-Best-Product 54
- Plattformgeschäft 57 f.
- Product Led Growth 55
- Produktcluster 60
- Substitutionsprodukte 56
- Up-Selling 50

**Prämie** 359
**Prämienanpassungsklauseln** 573 ff.
- Absenkungspflicht 580
- Abstand der Überprüfungen 586
- AGB 575 f.
- Anpassungsfaktoren 581 ff.
- Bagatellgrenze 594 ff.
- Berufsunfähigkeitsversicherung 610 ff.
- Datengrundlage 591
- Durchführung der Prämienanpassung 602 f.
- Erhöhungsrecht 580
- Höchstgrenze 597
- inhaltliche Anforderungen 573 ff.
- Krankenversicherung, private 616 ff.
- Lebensversicherung 610 ff.
- mit Zustimmungserfordernis 607 ff.
- ohne Zustimmungserfordernis 573 ff.
- Personenversicherung 575
- Preissteuerung 573
- Rechtsschutz 604 ff.
- Risikogruppen 592 f.
- Teilkollektive 592
- Treuhänder 599
- Überprüfungsverfahren 584 ff.
- Vortrag nicht berücksichtigter Änderungen 598
- Wirksamwerden der Prämienerhöhung 590
- Zulässigkeit 574
- Zustimmungserfordernis 607 ff.

**Predatory Pricing** 385 ff.
**Preisabsprache, unzulässige** 374, 745 ff.
- Algorithmen 751
- Algorithmenbeschränkung 753
- Digital Pricing Tools 750 f.
- Kollusion, explizite 751
- künstliche Intelligenz 754
- Signalling 746; s. auch dort
- Verwertung von Marktanalysedaten 753

**Preisangabenverordnung** 288 ff.
- Bußgeld 293
- formelles Preisrecht 288
- Gesamtpreis 291
- Grundpreis 292
- Preisklarheit 290
- Preiswahrheit 290

**Preisanpassungen**
- Abo 81; s. auch dort
- AGB 7, 272 ff., 444; s. auch dort

## Sachverzeichnis

- ausdrückliche Zustimmung 474 ff.
- Banken 209 ff.
- Basiskonto 542 ff.
- Buchpreisbindung 538 ff.
- Bundling 180
- Dauer der Nutzung 81
- Dauerschuldverhältnisse 81, 546; *s. auch Abo*
- differenzierte Zustimmungsfiktion 1049 ff.
- Festpreismodell 117
- gesetzliche Verbote 295 ff.
- gesetzliche Vorgaben 4
- gestaffelte Preiserhöhung 1036 ff.
- Gestaltung neuer Preisklauseln 1002 ff.
- Hebeleffekt des Preises 77
- Indexierung mit einem Referenzwert 1012; *s. auch dort*
- Inflation 1
- IT-Dienstleister 220; *s. auch dort*
- Kartellrecht 372 ff., 743; *s. auch dort*
- Kostenkomponenten 174 ff.
- Kostenveränderungen 171 ff.
- Kundenzustimmung 182 ff., 987; *s. auch dort*
- Kündigung des Vertrages 516 ff.
- Leistungsänderungsrecht 1058; *s. auch dort*
- Massenanbieter 8
- Mengenrabatte 180
- ohne Zustimmung 1002 ff.
- Preisangabenverordnung 288 ff.
- Preisdifferenzierung 178 ff.
- Preiskommunikation 181
- Preismanagement 2
- Preispositionierung 90; *s. auch dort*
- Preisstrategien 2
- Preisuntergrenze 171
- Pricing-Excellence-Programm 210; *s. auch dort*
- rechtliche Rahmenbedingungen 435 ff.
- Rechtssicherheit 1
- Rechtswahl 1079 ff.
- Selbstkosten 175
- Sittenwidrigkeit 297 ff., 504
- Treiber für ~ 168 ff.
- Trigger 168
- Umsetzung 3, 182 ff.
- Unterlassungsklagengesetz 619; *s. auch dort*
- veränderte Leistungen/Nutzenaspekte 177 ff.
- Verlängerungsklauseln 1003 ff.
- Versicherungsverträge 546; *s. auch dort*
- vertragliche ~ 4
- Vertragsfreiheit 436 ff.
- Wegfall der Geschäftsgrundlage 505 ff.
- Wettbewerbsbeobachtungen 169 f.
- Wucher 300 ff., 504
- Zustimmungsfiktionsklauseln 6, 9, 478; *s. auch dort*

**preisbezogener Behinderungsmissbrauch** 376 ff.
- AKZO-Kriterien 387
- Angemessenheitsprüfung 379
- Bundeskartellamt 412
- EU-Kommission 412
- Kampfpreisstrategien 385 ff.
- Konkurrenzpreiskonzept 382 ff.
- Kosten-Preis-Analyse 379
- Kosten-Preis-Schere 388; *s. auch dort*
- margin squeeze 388
- Maßstab für Preisangemessenheit 378 ff.
- Rabattsysteme 393 ff.
- Rechtsfolgen bei Verstoß 412
- Vergleichsmarktkonzept 380 f.

**Preisbindung zweiter Hand** 413 ff.
- Festpreise 415
- Maximalpreise 415, 418
- Mindestpreise 415
- Preisempfehlungen 415, 418
- Verkaufspreise 415 ff.

**Preiscontrolling** 214

**Preisdifferenzierung** 62 ff., 178 ff.
- IT-Dienstleister 222

**Preisdurchsetzung** 214

**Preiseinhaltung** 334 ff.

**Preisempfehlungen** 418
- Schweiz 419 ff.
- Schweizer Pfizer-Urteil 420

**Preisfindung** 126 ff., 214
- AI Pricing 163
- Angebotsstruktur 133 ff.
- automatisierte Preisvariationen 164
- Cost-Plus Preisfindung 152
- Features 128
- Garantien 129
- Leistungsdifferenzierer 132
- Leistungsversprechen 126
- Methodenüberblick 150 ff.
- Mobilitätsgarantie 131
- Preismodell 138; *s. auch dort*
- produktfremder Service 130
- Services 129
- statistische Modelle 163 ff.
- Test-and-Learn Ansätze 158; *s. auch dort*
- Value-Based-Pricing 154
- wertbasierte ~ 154 ff.
- wettbewerbsorientierte ~ 153
- Zahlungsbereitschaft 128 f.

**Preishöhenmissbrauch** 377

**Preisindexklauseln** 251, 259 f.

**Preisklauselgesetz** 251 ff.
- AGB 269
- Ausnahmen 255 ff.
- echte Gleitklauseln 252
- Kostenelementeklauseln 263
- langfristige Verträge 267 f.
- Leistungsvorbehaltsklauseln 257
- Preisindexklauseln 251, 259 f.
- Spannungsklauseln 258 ff.
- Verbraucherpreisindex 259 f.
- Vergleichbarkeit des Maßstabs 253, 260 ff.

# Sachverzeichnis

- Wertsicherungsklauseln 251
- Wohnraummietverträge 266
- zu einer Ermäßigung führende Klauseln 264

**Preismanagement** 2, 24
- Ist-Situation 215
- Systematisierung 214

**Preismetrik** 139 ff.

**Preismodell** 138 ff.
- Beispiele 147
- Entwicklung 138
- IT-Dienstleister 224 ff.
- Pay-as-you-go 143
- Plattformmodell 143
- Preismetrik 139 ff.
- Preisstruktur 147

**Preisnebenabrede** 269
- kontrollfähige ~ 276

**Preisoptimum** 17

**Preispositionierung** 38 ff., 90 ff.
- Controlling 120, 123
- Digitale Tools 122
- externe Faktoren 116 ff.
- Filialgeschäft 121
- Funnel-Analysen 124
- interne Faktoren 120 ff.
- Kanal 109 ff.
- Kontext 90, 93
- Kunden 91, 98; *s. auch dort*
- Marktmacht 117
- Mehrwert 94 ff.
- Positionierung in der Wertschöpfungskette 118
- Preisfindung 126; *s. auch dort*
- Zeitpunkt 107 f.

**Preissetzung** 2, 13 ff.
- AGB 248 f., 272; *s. auch dort*
- auffälliges Missverhältnis 303
- Banken 209 ff.
- Basiskonto 337; *s. auch dort*
- Bedeutung 13 ff.
- Buchpreisbindung 323, 328; *s. auch dort*
- Daseinsvorsorge 312; *s. auch dort*
- Entscheidung des Managements 13
- gesetzliche Verbote 250, 295 ff.
- gesetzliche Vorgaben 4
- Informationsasymmetrie 18
- IT-Dienstleister 220; *s. auch dort*
- Kartellrecht 372; *s. auch dort*
- Komplexität 17 ff.
- Massenanbieter 14
- Preisangabenverordnung 288 ff.
- Preisklauselgesetz 251; *s. auch dort*
- Preisoptimum 17
- Preispositionierung 90; *s. auch dort*
- Preisstrategie 23; *s. auch dort*
- Pricing-Excellence-Programm 210; *s. auch dort*
- rechtliche Rahmenbedingungen 244 ff.
- Sittenwidrigkeit 297 ff.
- Versicherungsverträge 359; *s. auch dort*

- vertragliche ~ 4
- Vertragsfreiheit 244 ff.
- Wucher 300 ff.

**Preisstrategie** 2, 23 ff.
- Differenzierungsansatz 63
- Erfolgsfaktoren 70
- Kerninhalte 25 ff.
- Marktpositionierung 36; *s. auch dort*
- Organisation 68 ff.
- Personalisierungsstrategien 65
- Portfoliomanagement 44; *s. auch dort*
- Preisdifferenzierung 62; *s. auch dort*
- Preisfindung 126; *s. auch dort*
- Preismanagement 24
- Preispositionierung 90; *s. auch dort*
- Pricing-Excellence-Programm 214
- Reifegradmodelle 69, 71, 74
- Wachstums-/Gewinnplanung 26; *s. auch dort*

**Preisstruktur** 147

**Preisuntergrenze** 171

**Pricing-Excellence-Programm**
- Abhängigkeiten 211
- Banken 210 ff.
- flexible Zustimmungslösung 217
- IT-Dienstleister 220; *s. auch dort*
- Kundenzustimmung 211
- Module 216
- Nebenbedingungen 211
- Preiscontrolling 214
- Preisdurchsetzung 214
- Preisfindung 214
- Preisstrategie 214
- Profitabilität 213
- Regionalbanken 210
- Ressourcen 211
- Systematisierung des Preismanagements 214

**Product Led Growth** 55

**Produktcluster** 60

**Provisionsabgabeverbot** 365 ff.

**QR-Code** 200

**Rabattsysteme** 393 ff.
- Ausschließlichkeitsrabatte 397
- Bündelrabatte 398 ff.
- effektiver Preis 404
- Intel-Entscheidung 401
- Marktbeherrscher 395
- marktverschließende Wirkung 407
- Mengenrabatte 396
- Paketrabatte 398 ff.
- Preiswettbewerb 394
- qualitative Bewertung 403, 406 f.
- quantitative Bewertung 403 ff.
- Rabattarten 396 ff.
- Rabatte der dritten Kategorie 401
- Rechtfertigungsmöglichkeiten 408
- Synonyme 393

## Sachverzeichnis

- Treuerabatte 397
- unbedenkliche ~ 410 f.
**Rechtsschutz** 604 ff.
**Rechtswahl** 1079 ff., 1082
- Rechtswahlfreiheit 1092
- Rechtswahlklauseln 1085; *s. auch dort*
**Rechtswahlklauseln** 1085 ff.
- AGB 1093
- Auslandsbezug 1102
- Begriff 1085
- bilaterale Abkommen 1106
- Brexit 1104 f.
- nationalrechtliche Vorgaben 1108 ff.
- PayPal 1100
- Rom I-Verordnung 1089 ff.
- Transparenzkontrolle 1096
- UN-Kaufrecht 1107
- Verbraucherbeteiligung 1094 ff.
- Vorrang des Unionsrechts 1087
- wirksame ~ 1096
- zulässige ~ 1086
**Referenzzinssatz** 1029
**Regionalbanken** 210
**Reifegradmodelle** 71, 74
**Rom I-Verordnung** 1089 ff.
**RTL+** 846 ff.
**Rückforderung unwirksam erhöhter/eingeführter Entgelte** 886 ff.
- Darlegungs-/Beweislast 892 ff.
- Drei-Jahres-Rechtsprechung 955; *s. auch dort*
- Einwände 934
- Energielieferungsverträge 955 ff.
- Gegenansprüche, aufrechenbare 897
- Herausgabe der Zuvielzahlung 889
- Hinausschieben des Verjährungsbeginns 910; *s. auch dort*
- Kondiktionsansprüche 887 ff.
- konkludente Annahme 945 ff., 950 ff.
- Rechtsmissbrauch 941
- Rechtsprechungsänderung 898 ff.
- Regelverjährung 904 ff.
- verfassungsrechtlicher Vertrauensschutz 898 ff.
- Verjährung 903 ff.
- Verwirkung 936 ff.
- Weiterzahlung 945 ff.
- widersprüchliches Verhalten 941

**Sammelrevers** 327
**Schiedsgerichtsklauseln** 1079, 1135 ff.
- Brexit 1142
- nationale Vorgaben 1139 ff.
- New Yorker Konvention 1135 ff.
- Verbraucherbeteiligung 1141
**Selbstkosten** 175
**Services** 129
**Signalling** 746 ff.
- einseitige öffentliche Bekanntgabe 748

- Fall Container Shipping 749
- Horizontalleitlinien 748
**Sittenwidrigkeit** 297 ff.
- Preisanpassungen 504
- Rechtsfolge 309
**Sonderpreise** 331, 336
**Sondervergütungsverbot** 365 ff.
**Spannungsklauseln** 258 ff.
**Sparkassen** 783 ff.
**Stromversorgung** 314 ff.
**Substitutionsprodukte** 56

**Telefonwerbung** 647 ff.
- Payback-Entscheidung 705
**Telekommunikation** 320 ff.
**Test-and-Learn Ansätze** 158 ff.
- Ankereffekt 158 ff.
- Kundenbefragungen 162
- Markforschungsplattformen 162
- verhaltensökonomische Effekte 160
**Transparenzgebot**
- Indexierung mit einem Referenzwert 1032
- Kundenzustimmung 992
- Zustimmungsfiktionsklauseln 769, 879
**Transparenzkontrolle** 279 ff.
**Treuerabatte** 397

**Überversicherung** 571
**Unbundling** 313
**Unterlassungsklagengesetz** 619 ff.
- AGB 621, 624
- Anspruchsberechtigung 634
- außergerichtliche Schlichtung 637
- Verbandsklageverfahren 622
- Verbraucherschutzgesetze 628 f., 631
- verbraucherschutzgesetzwidrige Praktiken 628 ff.
- Verfahren 635
- Verfahrensvorschriften 626
- Veröffentlichungsbefugnis 636
**Up-Selling** 50

**Value-Based-Pricing** 154
**Verbraucher**
- AGB 465
- Gerichtsstandsklauseln 1120 ff., 1134
- Rechtswahlklauseln 1094 ff.
- Schiedsgerichtsklauseln 1141
- Zustimmungsfiktionsklauseln 498, 875
**Verbraucherpreisindex** 259 f.
- Indexierung mit einem Referenzwert 1034
- Zustimmungsfiktionsklauseln 495
**Verbrauchervertrag** 282 ff.
**Vergleichsmarktkonzept** 380 f.
**Verkaufspreise** 415 ff.
**Verlängerungsklauseln** 1003 ff.
- Bahncard 1008

235

# Sachverzeichnis

- regelmäßige Lieferung/Leistungserbringung 1006

**Versicherungsverträge** 359 ff.
- Änderungskündigung 547
- Anpassung wegen Über-/Mehrfachversicherung 571 f.
- Äquivalenzverhältnisstörung 548
- Darlegung von Preisen 361
- Dauerschuldverhältnisse 547
- Einzelvertragsprämien 362
- Gefahrerhöhung 559 ff.
- Gefahrverminderung 570
- Gestaltungsrechte 553
- Informationspflichten 361, 363
- Krankenversicherung 370
- langlaufende ~ 363
- Lebensversicherung 370
- Mehrfachversicherung 572
- Prämie 359
- Prämienanpassungsklauseln 573; *s. auch dort*
- Prämienanpassungsmechanismen 549
- Prämienanpassungsrechte, gesetzliche 551 ff.
- Preisanpassungen 546 ff.
- Preissetzung 359 ff.
- Provisionsabgabeverbot 365 ff.
- regulatorische Vorgaben 360
- Sondervergütungsverbot 365 ff.
- Überversicherung 571
- Verletzung vorvertraglicher Anzeigeobliegenheiten 551 ff.
- VVG-InfoV 361 ff.

**Vertragsfreiheit**
- Kartellrecht 372
- Preisanpassungen 436 ff.
- Preissetzung 244 ff.

**Verwirkung** 936 ff.

**Verzeichnis Lieferbarer Bücher** 332

**Wachstums-/Gewinnplanung** 26 ff.
- Gewinnerwartungen 27
- Gewinnoptimierung 27
- KPI's 34
- Kundenstamm 32
- Start-ups 31
- Wachstumsstrategie 27, 30

**Wasserversorgung** 317 ff.

**Wegfall der Geschäftsgrundlage** 505 ff.
- Corona-Pandemie 507
- Preisgarantien 513 f.
- zumutbare Anpassung 510
- Zustimmungsfiktionsklauseln 515

**Werbeeinwilligungen** 638 ff.
- Datenschutz 667; *s. auch dort*
- E-Mail-Marketing 652; *s. auch dort*
- Globaleinwilligung 642
- Granularität 642
- Kombination 639 ff.
- Lauterkeitsrecht 644 ff.
- Marketing 641
- Mischkommunikation 646
- Parallelisierung 639 ff.
- postalische Werbung 664 ff.
- Telefonwerbung 647 ff.

**Wertsicherungsklauseln** 251

**Wettbewerbsbeobachtungen** 169 f.

**Whitlisting** 430

**Wucher** 300 ff.
- auffälliges Missverhältnis 303
- bewussten Ausnutzen 308
- Preisanpassungen 504
- Rechtsfolge 310
- Unerfahrenheit 307
- Zwangslage 306

**Zeitungen/Zeitschriften** 327

**Zustimmungsfiktionsklauseln** 6, 9, 460 ff., 478 ff.
- AGB 792
- AGB-Recht 876 ff.
- Amazon Prime 799 ff.
- Änderung aufgrund geänderter Rechtslage 485 ff.
- Änderungen ohne Nachteil 490 ff.
- Äquivalenzverhältnis 759
- ausnahmsweise zulässige ~ 995 ff.
- Banken 783 ff.
- Benachteiligung, unangemessene 761 ff., 770, 880 f.
- Beschränkung auf Nichtverbraucher 1041 ff.
- BGH 788, 873 f.
- differenzierte Zustimmungsfiktion 1049 ff.
- Ebay 849 ff.
- Erheblichkeitsschwelle 1078
- EuGH 787, 790
- Fallbeispiele 755 ff., 863 ff.
- Formulierungsvorschlag 1069 ff.
- gesetzliche Vorgaben 478 ff.
- Handelsblatt 860 ff.
- höchstrichterliche Vorgaben 481 ff.
- Inhaltskontrolle 879
- Internetprovider 757 ff.
- Kaufmann 500
- Kautelarpraxis 1000 ff.
- Klauselrichtlinie 93/13/EWG 875
- Kreditwirtschaft 783 ff., 873
- Kundenzustimmung, ausdrückliche 987 ff.
- Kündigungsrecht 772 f.
- Leistungsänderungsvorbehalt, unwirksamer 760, 775 ff.
- Leistungsbeschreibung ohne AGB-Kontrolle 774
- Netflix 779 ff.
- PayPal 825 ff.
- Pay-TV-Anbieter 766 ff.
- RTL+ 846 ff.

– Rückforderung unwirksam erhöhter/einge-
  führter Entgelte 886; *s. auch dort*
– Sparkassen 783 ff.
– spezialgesetzliche ~ 997
– technischer Fortschritt 493
– Transparenzgebot 769, 879
– Unternehmerverkehr 883, 998

– Unterschiede B2B-B2C 497 ff.
– unwirksame ~ 872 ff.
– Verbraucher 498, 875
– Verbraucherpreisindex 495
– Wegfall der Geschäftsgrundlage 515

**Zustimmungsquote** 206